公共关系与公关礼仪

赵晓明　杨晓梅　编著

科学出版社

北京

内 容 简 介

本书从塑造形象的角度系统阐述了公共关系和公关礼仪两大板块的基本理论与相应的操作实务。全书共十三章，内容包括公共关系概述，公共关系的产生与发展，公共关系的目标——塑造组织形象，公共关系的主体——社会组织，公共关系的客体——社会公众，公共关系的手段——传播沟通，公共关系的类型，公共关系从业人员，公关礼仪与组织形象，公关人员的仪容、仪态礼仪，公关人员的服饰礼仪，公关会面礼仪与公关沟通礼仪。

本书可作为普通高等学校本科生公共关系和礼仪课程的教材，也可作为公共关系公司员工或从事公共关系相关工作的职员学习公关理论和增强公关能力的辅助材料，也可供社会组织的管理者和员工培养公关意识和规范职场行为的参考用书。

图书在版编目(CIP)数据

公共关系与公关礼仪/赵晓明，杨晓梅编著.—北京：科学出版社，2015
ISBN 978-7-03-043631-3

Ⅰ.①公… Ⅱ.①赵…②杨… Ⅲ.①公共关系学-礼仪 Ⅳ.①C912.3

中国版本图书馆 CIP 数据核字（2015）第 045580 号

责任编辑：相 凌 / 责任校对：朱光兰
责任印制：徐晓晨 / 封面设计：华路天然工作室

科学出版社 出版
北京东黄城根北街 16 号
邮政编码：100717
http://www.sciencep.com

北京建宏印刷有限公司 印刷
科学出版社发行 各地新华书店经销

*

2015 年 3 月第 一 版　开本：787×1092　1/16
2021 年 7 月第六次印刷　印张：17 1/2
字数：440 000
定价：49.00 元
（如有印装质量问题，我社负责调换）

前 言

在西方国家，有人把以计算机为代表的现代科技水平、以旅游业为代表的生活富裕程度和以公共关系为代表的经营管理效能，并列为衡量一个国家经济发展程度的三大标志。进入20世纪，随着经济全球化和市场国际化的迅速发展，日益激烈的市场竞争已由价格和服务的竞争转向品牌和形象的竞争，公共关系越来越成为创造品牌、提高信誉、树立形象、增强核心竞争力的强大助推器。作为一门组织形象学，公共关系在为社会组织塑造良好形象方面展示着独特的艺术魅力。目前，公共关系越来越受到社会各界的普遍重视，并在各类社会组织中得到广泛应用。

礼仪是人类文明和社会进步的重要标志，是现代人必须具备的基本素质。公关礼仪是礼仪文明的新成果，是公关人员从事公关活动所必须遵循的礼仪规范，也是传统礼仪在现代公共关系事务中的运用和发展，它代表着人际礼仪的发展趋向。就公共关系和公关礼仪两者的关系而言，公关礼仪是公共关系实务中的一项重要内容。从本质上来讲，公共关系和公关礼仪都是塑造形象的艺术，这是两者的结合点。区别在于，公共关系塑造的是社会组织的整体形象，公关礼仪是通过塑造员工的个体形象，展现组织的整体形象；从学科关系上来讲，公关礼仪是公共关系的一个分支，是从属于公共关系学科的一门子学科。

近年来，我国相当一部分就业岗位的人力资源供给量呈现出供不应求的市场态势。社会对各种应用型人才的迫切需要，使得高等教育中的应用型专业蓬勃兴起，因而培养适应现代社会的复合型高素质人才既是企业发展的当务之急，也是当前高等院校人才培养的根本目标。本书针对大学生就业的实际需要，对公共关系和公关礼仪的基本理论进行了系统的梳理和阐释，广泛地吸收和借鉴了这一领域的最新研究成果，从宏观上建立起比较完整的理论体系，对学习者从事公共关系工作具有较强的参考、指导意义。

本书的框架和内容较为新颖。每章均由"学习目标""本章导读""案例"引出章节内容，每章结尾设置具有启发性的"思考与练习题"；在内容上，体现了教材内容的时代性、知识体系的完整性和方法技巧的可操作性三者相结合的特点，既有利于学生掌握系统的专业理论知识，又有利于学生在情景模拟中深化对理论的理解，还有利于提高学生的实际应用能力。本书编写力求做到理论新颖、结构严谨、条理清楚、重点突出、语言流畅、案例鲜活，以期更好地为国家经济建设和教学实践服务。

在本书编写过程中，我们参阅并借鉴了国内外公共关系和礼仪方面的相关著作、最新资料和研究成果，也得到了出版社编辑老师给予的极大支持与帮助，在此一并表示衷心的感谢！由于时间仓促、作者水平有限，书中存在的不足之处，恳请同行和读者不吝批评指正。

编 者

2014 年 11 月

目 录

第一章 公共关系概述 1
    第一节 公共关系的概念 2
    第二节 公共关系的基本构成要素 8
    第三节 公共关系的基本特征 12

第二章 公共关系的产生与发展 17
    第一节 外国公共关系的产生与发展 18
    第二节 中国公共关系发展概况 29

第三章 公共关系的目标——塑造组织形象 40
    第一节 组织形象的内涵与要素 41
    第二节 组织形象塑造 48
    第三节 CI 战略——塑造组织形象的利器 58

第四章 公共关系的主体——社会组织 63
    第一节 社会组织 63
    第二节 公共关系机构 72

第五章 公共关系的客体——社会公众 87
    第一节 社会公众的概念和特征 87
    第二节 社会公众的分类 92
    第三节 社会公众分析 99

第六章 公共关系的手段——传播沟通 103
    第一节 公共关系传播沟通 104
    第二节 公共关系传播沟通的原则、方法及作用 110
    第三节 公共关系传播沟通的类型及媒介 114

第七章 公共关系的类型 123
    第一节 主体型公共关系 124
    第二节 对象型公共关系 137
    第三节 功能型公共关系 149

第八章 公共关系从业人员 156
    第一节 公共关系人员的基本素质 157
    第二节 公共关系人员的职业道德 167
    第三节 公共关系人员的培训与考核 172

第九章 公关礼仪与组织形象 178
    第一节 礼仪与个人形象 178
    第二节 公关礼仪概述 184
    第三节 公关礼仪的原则 187

第十章 公关人员的仪容、仪态礼仪 194
第一节 公关人员的仪容礼仪 195
第二节 公关人员的仪态礼仪 204

第十一章 公关人员的服饰礼仪 213
第一节 服饰的功能及构成要素 214
第二节 公关人员的着装礼仪 219
第三节 佩戴饰品的礼仪规范 227

第十二章 公关会面礼仪 233
第一节 常见的会面礼仪 233
第二节 称呼礼仪 239
第三节 介绍礼仪 245
第四节 名片礼仪 251

第十三章 公关沟通礼仪 256
第一节 电话礼仪 257
第二节 交谈礼仪 262

参考文献 273

第一章 公共关系概述

【学习目标】

通过本章的学习，了解什么是公共关系；掌握公共关系的含义、构成要素、基本特征等基本理论问题；认识公共关系作为一门新兴学科在塑造良好的社会组织形象方面发挥的重要作用。

【本章导读】

公共关系作为塑造社会组织良好形象的艺术，由社会组织、社会公众和传播沟通这三个要素构成。公共关系在其基本结构、目标、原则、方针和方法等方面形成了有别于其他关系的基本特征，体现了公共关系的性质及其发展方向。

唯品会如何依靠电视节目进行情景营销

唯品会是一家专门做特卖的网站，区别于其他网购品牌。每天100个品牌授权特卖，以低至1折的深度折扣和充满乐趣的限时抢购模式，为消费者提供一站式优质购物体验。其创立之初，即推崇精致优雅的生活理念，倡导时尚唯美的生活格调，致力于提升中国乃至全球消费者的时尚品位。

一、情景营销："歌手"联想"买手"

2013年12月23日，唯品会与乐视网签署战略合作协议，以千万级投入抢下乐视网独播的《我是歌手》（第二季）网络独家冠名权，并开展包括PC端、移动端、TV端在内的"五屏立体联动"推广战略合作。唯品会宣布，2014年起每周末与《我是歌手》同步推出一档网络购物活动，即"我是买手"。每期7大明星品牌0.7折起售，并邀请人气"星爸"张亮担任活动大使。如今网民的生活消费已越来越依赖网购，"电视网络化"就是其中一大趋势。《我是歌手》和"我是买手"的同期推出，可以说把握用户习惯，带给用户"边听《我是歌手》7大明星歌手最强音过招，边抢'我是买手'7大明星品牌0.7折最强折扣特卖"的连贯娱乐体验。

二、粉丝经济：张亮价值几何

除了情景营销，唯品会还同时打出了粉丝经济牌——力邀张亮代言。张亮，超级男模，在火遍中国的《爸爸去哪儿》中人气飙升，获封"男神奶爸"称号，在新浪微博有上千万的"粉丝"。很多"粉丝"无条件追随偶像，他们不知疲倦地在网上、生活中自发传播偶像的任何信息。现在，"星爸"张亮直接号召："唯品会'我是买手'周末特卖会，无论质量、价格、品牌全都没的说！"其效果可想而知！英国学者罗杰克在《名流》中写道："随着上帝的远去和教堂的衰败，人们寻求救赎的圣典道具被破坏了。名人和奇观填补了空虚，进而造就了娱乐崇拜，同时也导致了一种商品文化的统治。"为什么精明的老板们永远舍得出大价钱给最红的明星？因为值。

三、附着力："特卖"的极致诉求

《引爆点》是一部营销杰作，它给出了引爆一种产品、一个趋势的三大法则：个别人物、附着力因素和环境威力。简单说，一款产品流行，需要有明星人物（或专家等）的带领，需要优秀的产品和过目不忘的广告，同时需要和当前环境契合得非常好。张亮就是个别人物，《我是歌手》就是环境威力，"0.7 折起特卖"就是附着力因素。

由此可见，公共关系作为一种运作手段，可以从不同的角度，按不同的规律，以不同的手段参与各种竞争，其目的是树立良好的组织形象，赢得社会公众的信任、支持与合作，使企业获得更好的、更持久的生存和发展。

第一节　公共关系的概念

"公共关系"一词来源于美国，是英文"public relations"的直译，简称 PR。"public"既可以作为形容词，意为"公开的""公共的""社会的"，也可以作为名词，意为"公众"。"relation"是"关系"的意思，"relations"为复数形式，说明不是一种关系，而是众多关系。"public relations"也可译为"公众关系"，一般来说，译为"公共关系"更容易被人们接受。这是因为：第一，公共关系的公众，不仅包括个人、群体，而且包括政府、社区、媒介等公共事业单位，因而说公共关系更易被人准确理解；第二，"公共"一词与"私人"一词相对应，更好地说明了公共关系是公开的、公众的关系，而不是秘密的、私人的关系；第三，公共关系传入中国之初，中文著作多是这种译法，"公共关系"一词已经广泛流传而被人们所接受，因而也就成了约定俗称的概念。

一、对以往公共关系定义的梳理

公共关系的定义，是公共关系学研究中的一个首要问题，也是公共关系理论中的核心内容之一。"public relations"一词是美国第三任总统托马斯·杰弗逊在 1802 年的议会宣言中首次使用的；1882 年，美国律师多尔曼·伊顿在耶鲁大学法学院进行题为《公共关系与法律职业的责任》的演讲时再次使用这一词，意为"大众利益"；1897 年，美国铁路协会编辑的《铁路文献年鉴》中正式使用这一名词，意思为"铁路组织及其员工与顾客之间的利益关系"，此时现代意义的公共关系已初露端倪。可见，从"public relations"首次使用至今，只有 200 多年的历史。然而，自从公共关系诞生以来，国内外公共关系专家、学者就不断地探讨公共关系的丰富内涵，如何给公共关系下定义成为人们探讨的中心话题。人们都试图给公共关系下一个确切科学的定义，但是，由于每个人的思维方式不同，对公共关系认识和分析的角度不同，加之所在组织类型不同，因而人们对公共关系内涵的理解也是千差万别的，到目前为止仍未能取得统一的意见。人们为公共关系下了很多定义，可谓各具特色。20 世纪 70 年代中期，美国著名的公共关系学者莱克斯·哈罗博士就搜集到 472 个公共关系的定义。1989 年，深圳大学大众沟通系向全国征集近万条公共关系定义，形成了对公共关系十分广泛的理解和界定。正如公共关系学者斯蒂芬所说："令人头痛的不是公共关系一词缺乏意义，而是这个词包罗万象，囊括过多。"有人甚至幽默地说："有多少公共关系学者，便有多少种公共关系的定义。"

为什么出现这种现象呢？大致有三方面的原因。第一，公共关系包含着复杂的社会内容，公共关系学是一门多学科知识交叉的边缘科学。人们可从多个学科的角度审视它，自然会有不同的理解。第二，公共关系诞生较晚，从反映到人们的意识进而形成一门学科，需要一个很长的过程，目前正处于探索和发展中，尚未成熟。第三，英文"public relations"本来是一个多义词，既可以用来表述公共关系，也可以用来表述与公共关系相关的事物和现象，因而这个词就具有了多层含义。

归纳起来，对公共关系定义的表述有以下五种代表类型。

（一）管理职能论：公共关系是一种管理职能

持这种观点的学者侧重于从公共关系的功能和目标角度出发，强调公共关系的管理属性，认为公共关系是现代企业经营管理的一项重要职能，是一种新的管理哲学或管理方法。在这种理论框架下，国际公共关系协会给公共关系下的定义是：公共关系是一种管理职能，它通过连续性和计划性的工作，使各种组织或机构试图努力获得与其相关的公众的理解、同情和支持，并借助对舆论的评估，尽可能地调整自己的政策和行为，依靠有计划的、广泛的信息传播，谋求更有效的合作，以获得共同的利益。

美国《公共关系新闻》杂志给公共关系下的定义是：公共关系是一种管理职能，它评估公众的态度，检验个人或组织的政策、活动是否与公众的利益一致，并负责设计与执行旨在争取公众理解与认可的行动计划。

美国现代公共关系权威性著作《有效公共关系》给公共关系下的定义是：公共关系是一种管理职能，它用于认定、建立和维持某个组织与各类公众之间的互利关系，而各类公众则是决定其成败的关键。

被誉为"现代公共关系之父"的美国博雅公关公司创始人夏博新基于近40年的丰富从业经验，提出了自己对公共关系的理解："到底公关是什么？公关是认知管理。公关公司即认知管理公司，公关人士即认知管理者。"所谓认知管理就是通过管理公众对事物、企业或个人的看法，使他们改变行为方式及决策，最终获取他们的认同。很显然，这也是基于公共关系的管理职能这一论点而提出的。

在我国，不少公共关系学者和研究人员持管理职能论的观点。

（二）传播沟通论：公共关系是一种传播沟通行为

持这种观点的学者极为重视研究社会组织与公众之间的沟通行为与规律，更多地从公共关系的运作过程及其特点来界定公共关系。此观点认为公共关系的本质是交流，公共关系是社会组织对公众的一种有目的、有意识的传播沟通行为。

英国学者弗兰克·杰弗金斯给公共关系下的定义是：公共关系就是一个组织为了达到与它的公众相互了解的特定目标而有计划地采用的一切向内向外的传播沟通方式的总和。

无疑，弗兰克·杰弗金斯强调了公共关系在运作方式和手段上依赖传播沟通的特点。美国学者约翰·马斯顿讲得更为坦率，他说："公共关系就是运用说服力的传播去影响重要的公众。"

1981年出版的《不列颠百科全书》将公共关系定义为：公共关系就是旨在传递有关个人、公司、政府机构或其他组织的信息，以改善公众对其态度的一种政策和活动。

我国也有大量研究者持这种观点，如居延安编著的《公共关系学导论》对公共关系的表述就是：公共关系是一个社会组织运用各种传播手段，使自己与公众相互了解和相互适应的一种活动或职能。

（三）社会关系论：公共关系是一种社会关系

持这种观点的学者避开了管理职能论倾向于公共关系目标、传播沟通论偏重于公共关系手段的争论，而侧重于从公共关系的状态及公共关系的对象、效果涉及并影响整个社会的角度来认识公共关系。此观点认为公共关系作为社会组织与公众之间的关系，归根到底，是一种社会关系，又是一种调节社会关系的手段和机制。因此，他们认为公共关系是社会关系的表现形式之一，是一种特殊的社会关系，是优化社会互动环境的一种努力。

美国普林斯顿大学的希尔滋认为：公共关系是我们所从事的各种活动、所发生的各种关系的统称，这些活动与关系都是公众性的，并且都有社会意义。

英国公共关系学会对公共关系所下的定义为：公共关系的实施是一种积极的、有计划的、持久的努力，以建立及维护一个机构与其公众之间的相互了解。

这一类定义往往比较笼统而抽象，理论色彩比较浓厚，更多地从公共关系的本质属性上强调公共关系是社会关系的一种。我国也有不少学者持这种观点，不过他们更多地强调公共关系是社会组织与公众之间的关系，如张念宏主编的《公共关系词典》给公共关系下的定义是：公共关系是组织与其内外各种公众之间的关系。作为管理的一个重要职能，公共关系以大众沟通媒介为主要工具，以真诚的态度、周密的计划、客观的信息、持久的努力与组织周围的公众相互交流，在交流中产生理解、信任与合作，在塑造组织良好形象的同时，达到组织、公众与社会共同利益的满足。

（四）现象描述论：公共关系就是博取好感的技术

持这一观点的学者往往倾向于公共关系实务。与社会关系论偏重学理、笼统抽象正好相反，此观点对公共关系的描述直观形象、浅显明了，通常紧紧抓住公共关系的某一功能、某种现象或者某一侧面，进行形象、生动的描述，给出通俗的解释和具体而实在的定义。美国公共关系协会征询了2000多名公共关系专家的意见，从中选出四种公共关系定义，都带有浓厚的现象描述色彩。

——公共关系是企业管理机构经过自我检讨与改进后，将其态度公之于社会，借以获得顾客、员工及社会的好感和了解的经常不断的工作。

——首先，公共关系是一个人或一个组织为获取大众之信任与好感，借以迎合大众之兴趣而调整其政策与服务方针的一种经常不断的工作；其次，公共关系是对此种已调整的政策与服务方针加以说明，以获取大众了解与欢迎的一种工作。

——公共关系是一种技术，此种技术在于激发大众对任何一个人或一个组织的了解并产生信任。

——公共关系是工商管理机构用以测验大众态度、检查本企业的政策与服务方针是否得到大众的了解与欢迎的一种职能。

以上四种公共关系定义非常形象生动，除此之外下面一些定义更为具体直观。

"公共关系就是促进善意。"

"公共关系就是讨公众喜欢。"

"公共关系是塑造形象的艺术。"

"公共关系就是博取好感的技术。"

"公共关系就是争取对你有用的朋友。"

"公共关系就是百分之九十靠自己做得对,百分之十靠宣传。"

"公共关系就是和气生财的秘诀。"

"公共关系就是努力干好,让人知晓。"

"公共关系就是信与爱的运动。"

"公共关系就是说服和左右社会大众的技术。"

"公共关系不是一台打字机可以买到,也不是一张订货单可以延期,它是一种生活方式——时时刻刻表露在各种态度与行动中,对工作人员、顾客以及整个社会都有影响。"

"广告要大家买我,公共关系要大家爱我。"

"公共关系不会使不好的变成好的,但能使好的变得更好。"

"PR(公共关系)=P(自己行动)+R(被他人认识)"

以上定义都是从局部对公共关系进行的描述,言简意赅、生动形象、直观明了,便于记忆,有助于人们对公共关系的认识与理解,对于宣传公共关系很有用。但它们均不全面、不精确,只是部分地揭示了公共关系的含义,严格地说不能被称作定义。

(五)表征综合论:公共关系是一门艺术和社会科学

持这一观点的研究者将公共关系的各种表征综合起来进行表述。最具代表性和权威性的定义是 1978 年 8 月在墨西哥城召开的世界公共关系协会大会上达成的共识:公共关系是一门艺术和社会科学。公共关系的实施是分析趋势,预测后果,向机构领导人提供意见,履行一连串有计划的行动,以服务于本机构和公众利益。

美国《公共关系季刊》将公共关系的表征综合为以下十四个要点。

(1) 公共关系是一个完整的职能,目的在于增进公司利益和达到其他整体目标。

(2) 公共关系并不制定政策,但是可以帮助管理当局宣传公司的政策。

(3) 对于受公司措施影响的人们,公共关系人员注意他们的印象和可能的反应,因此,重大的措施虽然表面上与公共关系无关,但也应在出台前先向公共关系部门咨询。

(4) 行动比空言有力,所有信誉都建立在行动而非语言文字之上,但如果要让他人知悉并了解公司的行动,就得借助语言文字。

(5) 公共关系虽然是管理部门的职责,但也必须配备适当的预算及人员,至于所担负的任务,必须限于公司公共关系范围以内的工作。

(6) 公共关系人人有责,公共关系部门的最终目标是使人人都了解,传播对于良好的管理而言,是必要而不可分割的。

(7) 公司的形象是相对的,依某种公众对公司的具体要求和兴趣而定,例如股东、金融界、政府、教育家和舆论界,就各有各的看法。

(8) 人们经常根据不完全的证据形成对公司的印象,例如公司的名称、与某一位员工通信或偶然的会晤,虽然这些都是小事,但应尽力为公司争取良好的印象。

(9) 因为公司是在舆论所形成的环境下运营发展的,因此对于任何人士所具有的访问权利均应尊重。

(10) 人们通常对了解最少的事物感到厌恶、恐惧或猜疑,如果不提出理由并加以解释,人们就会自行想象，因此不要吝惜透露、传播资料信息。

（11）不可歪曲和夸大事实。公共关系的主旨在于陈述事实，以便他人对公司能公平评估，引起公众兴趣，进而对公众产生影响。

（12）少做做得好，比多做做不好要强。

（13）在观念的领域中，要引起特别的注意，竞争非常激烈，公共关系的一项基本任务就是要引起别人对公司的好感和兴趣。

（14）公共关系艺术成分多于科学成分，这种艺术一定要以社会科学的崭新知识为基础，对公众对象的组成及态度要做科学的评估，对公司本身要有透彻的认识。

综合所述，国内外专家学者对公共关系给出的定义十分繁多，上述五类观点具有相当强的代表性和影响力。不同组织机构、学者及专业人员对公共关系的定义各不相同，各有侧重，这有助于我们从不同角度深入理解公共关系，形成尽可能全面、准确、科学的认识。

二、公共关系的概念及其含义

通常人们给某一事物下定义多采用静态的方式，公共关系这一概念则具有双维性。从静态看，公共关系是一种状态，即社会组织与公众的一种状态。公共关系状态可细分为单纯的公共关系状态和良好的公共关系状态。单纯的公共关系状态又称一般的公共关系状态，是指社会组织本身所具有的现实关系状态。良好的公共关系状态是指组织拥有较高的且不断增长的知名度和美誉度，树立了良好的社会形象。一般来说，现实的公共关系状态有好有差，无论组织的关系状态优劣，都对组织产生重要的影响。因此，实现良好的公共关系状态是组织永无止境的追求目标。

组织要把单纯的公共关系状态上升到良好的公共关系状态，必须通过一系列的方式和手段。因此，公共关系不仅具有静态的方式，还具有动态的方式。从动态看，公共关系是一种沟通活动。这种活动可细分为日常性公共关系活动和专门性公共关系活动。日常性公共关系活动，又称自觉的公共关系活动，是指为了改善组织的公共关系状态，组织或个人自觉采取的措施或行动。如人们自觉遵守组织制定的各项规章制度、各种行为规范，自觉维护组织利益、公众利益、社会利益，谦虚有礼、诚实待人、热情服务、助人为乐等。正是这种日常性公共关系活动的开展才使得社会组织这台机器乃至社会这台大机器得以正常运转。但是，对于一个追求良好公共关系状态的组织而言，仅仅开展日常性公共关系活动是不够的，还必须有计划、有组织地运用有关技术和手段达到组织目标，这样就产生了专门性公共关系活动。一般来说，专门性公共关系活动是由组织的职能部门或公共关系专业机构组织与实施的。它富有活力，最能体现出公共关系的作用和价值，是实现良好公共关系状态必不可少的重要内容。其活动形式多种多样，可根据公共关系目标的实际需要来开展，如新闻发布会、恳谈会、展览会、纪念庆典活动、评优表彰活动、大型文艺活动等。

我国学术界曾针对公共关系的核心概念问题展开过一场大讨论，其焦点问题就是"组织形象说"和"沟通说"。一般而言，静态公共关系的核心就是为组织树立良好的社会形象，而动态公共关系的核心就是开展沟通活动。从静态和动态的结合点来说，公共关系的最终目标就是通过社会组织与公众的双向信息沟通，实现组织良好的公共关系状态，即为组织提高知名度、美誉度，树立良好的社会形象。因此，如果要给公共关系下定义的话，我们认为，公共关系是社会组织为了塑造良好的组织形象，运用现代传播沟通手段，通过开展持续不断的双向信息沟通活动，赢得公众信任与支持的经营管理艺术。简单地说，公共关系是社会组织与社会公众之间的传播沟通关系。

公共关系这一概念至少包括以下五层意思。

第一，公共关系是一个社会组织与其公众之间的关系。这种关系通常是由组织与公众相互影响、相互作用形成的。它的一端是具体的社会组织，另一端是与这个组织机构的生存、发展密切相关的公众。其中，社会组织是公共关系的主体，是公共关系的倡导者、承担者和策划者，一切公共关系活动都是组织负责开展的。社会公众是公共关系的客体，是公共关系工作的对象，组织之所以要不遗余力地开展公关活动，就是要获得公众的信任和支持。

第二，公共关系的主要手段是传播沟通。组织与公众之间要实现互通信息、相互交流，靠的就是公关人员的传播沟通活动。这种传播沟通不仅持续不断、双向互动，还要借助一定的现代传播沟通手段，如个人之间的传播、组织内部的传播以及报纸、杂志、广播、电视、网络等大众传播。通过这些传播手段，公关人员可将组织的相关信息传递给广大公众，同时收集公众对组织的意见和看法，再反馈给组织。所以，传播沟通活动是组织与公众之间必不可少的中介，是公共关系的主要手段。

第三，公共关系是一种特殊的思想和活动。在市场经济条件下，组织之间的竞争变得日趋激烈，要想使组织在竞争中取胜，就必须具备公共关系观念。公共关系是一种现代化经营管理和行政管理的思想，它代表了一种现代化的新观念，渗透于组织的全部活动之中。作为组织的领导人和公关人员，只有充分认识到组织形象的重要性、公众需求的合理性，并严格遵守社会组织在市场经济条件下的运行法则，自觉、积极、主动地开展一系列社会活动，才能建立真正的公共关系。因此，公共关系也是一种活动，是社会组织为了塑造自身的良好形象而从事的各种实务，其中包括协调、沟通和传播活动。

第四，公共关系的根本目的是塑造良好的组织形象。良好的组织形象已成为当今社会组织梦寐以求的目标。组织开展公共关系活动的目的在于扩大组织的知名度，提高组织的美誉度；内求团结，外求发展；通过一系列创造性的工作求得组织内外的"人和"，塑造组织真、善、美的良好形象，以赢得公众信任，增进公众了解，获得公众支持，为组织的发展创造最佳的社会环境，最终实现双赢。

第五，公共关系既是一门科学又是一门艺术。从理论上讲，公共关系是一门科学；从运作上讲，公共关系是一门艺术。公共关系是一种有计划、有组织的行为，既是经营策略，又是管理艺术。所以，公共关系是科学与艺术的统一体。

案 例 1-2

《江南 Style》风靡全球的营销之道

它，一经推出就成为当下最热门歌曲，并占据韩国各大音乐榜榜首；它，三个月的点击量就超过 2 亿次，打破了吉尼斯世界纪录；它，被神话组合、张东健、布兰妮等众多明星争相模仿。没错，它就是最近让欧美人士为之疯狂并风靡世界的韩国 MV——《江南 Style》。那么，它究竟有什么样的魔力在短时间内家喻户晓呢？

一、借力国际通用网站赚取点击率

《江南 Style》上线一周便赚得 6000 多万的点击量，绝对世间罕有，而之后点击量步步高升，短短三个月内就飙升到 2.5 亿次，一举打破吉尼斯世界纪录。这惊人的数字足以说明这支韩国"神曲"在群众口碑方面已出神入化，成为名副其实的高人气单品。

二、UGC病毒式传播

《江南Style》还有各种山寨、草根版本风靡于大大小小的网站，这对于其获得居高不下的人气也不失为一种助推。从魔兽版到植物大战僵尸版、各种电影版、母子版、萝莉版再到美国海军版、韩国警察版等多达上千个版本如病毒般蔓延到世界每个角落。简单明快的骑马舞步天下独绝，让世界网民为之癫狂直到掀起各种模仿热潮。

三、名人推荐推波助澜

《江南Style》能够一夜风靡全球，不仅仅在于其独特的表演形式、幽默夸张的表情，更多的是全世界名人都在推荐这支韩国"神曲"，使其传播力度增大，影响力也随之大范围扩散。如汤姆·克鲁斯在自己的主页上竭力推荐《江南Style》，"小甜甜"布兰妮、罗宾·威廉姆斯等明星的舞蹈版本横空出世，亚洲神话组合、李东赫和张东健等明星纷纷模仿"神曲"中的舞步，这些名人的粉丝看到他们的推荐和模仿不禁开始关注跟踪。

四、迎合大众口味

"鸟叔"一直在努力迎合大众的口味，他的歌贴近群众，因此，市场反响非常好。《江南Style》歌词简单易学，不像别的"神曲"那般非常人可以掌握，这也是其成功的一大因素。再看"鸟叔"那模仿骑马动作的滑稽舞步，让人忍俊不禁。这种尤为夸张、创意十足的演绎，具有极强的感染力。

五、社交网络传播

《江南Style》迅速走红各大网络与YouTube的传播关系甚大，虽说"鸟叔"在韩国很出名，但是其他国家的人对他还是知之甚少，很少接触到他的歌。因此，视频网站YouTube为《江南Style》的成功做出了很大的贡献。除此之外，Facebook、Twitter等社交网络对其传播也有很大的促进作用。

第二节　公共关系的基本构成要素

公共关系是一种客观现实的社会关系，特指社会组织与其公众之间的传播沟通关系。其构成要素为社会组织、社会公众和传播沟通。三者既有独立的功能，又相互影响、相互促进，共同构成了公共关系的基本范畴。公共关系的理论研究、实务操作及其运行发展都围绕这三者之间的关系层层展开。

一、社会组织——公共关系的主体

社会组织是公共关系的主体。主体可以很大，也可以很小，大到一个国家、一个政府、一个企业、一个工厂，也可以小到一所学校、一家诊所、一个商店、一个科室等。任何社会组织的生存和发展，都需要得到社会的认可、接受和支持，都要在一定的现实条件和环境中进行，它需要借助公共关系为其创造良好的发展环境、塑造美好的组织形象。因此，社会组织是公共关系的策划者、实施者，在公共关系活动中处于主导地位。一切公共关系活动都是由社会组织发动、组织、控制、实施和评估的，没有社会组织就无法确定是谁和为谁的利益而开展公共关系。

公共关系的行为主体是社会组织而非个人，这是我们理解公共关系这一概念的关键点。公共关系是一种组织的关系、组织的活动、组织的职能。也就是说，在公共关系活动中，个人不能取代社会组织成为公共关系的主体，正是因为有社会组织这个主体存在，我们才能区分公共关系与人际关系。任何公共关系活动都是组织行为，而不是个人行为。因此，我们在理解公共关系时，不能把个人的行为也说成是公共关系。比如，一个公司的老总，以个人的名义向贫困地区捐款时，这是他个人的行为，而不是公共关系；但当他以公司的名义捐款时，这种行为就是旨在提高组织的知名度和美誉度、扩大组织影响的公共关系行为。因为公共关系所追求的是整体的公共关系效应和组织的社会形象，而不是个人的利益和形象。

社会组织是一个集合体，这个集合体有完整的运行机制和确定目标，有领导，有成员分工，明确有序，紧紧围绕社会组织制订的目标制订公共关系计划和目标。组织的运行和发展，总是在一定的环境中进行的。构成社会组织运行和发展的环境有内部环境和外部环境。

二、社会公众——公共关系的客体

社会公众是公共关系的客体，是公共关系信息的接收者和受众，也是公共关系特定的对象。也就是说，公众必须是与某一社会组织有现实或潜在利益关系，并对社会组织的目标、政策具有影响力的个人或团体。比如，顾客到某商场买东西，就涉及商品的卖与买，顾客就成了商场的主要公众。商场除了与顾客建立关系外，还要建立其他各种对内对外的关系，如生产商、供应商、销售商、工商税务部门、银行、水电、上级主管单位、商场员工等，他们也是商场的公众。社会公众既可以是组织、团体，也可以是个人，这一点与社会组织不同。

社会公众构成社会组织的一种特定环境，任何社会组织的生存和发展都离不开良好的社会公众环境，都需要得到社会公众和舆论的认可与支持。每个社会组织都有特定的公众，而公共关系就是社会组织主动与其公众建立并维护良好关系的过程。因此，要做好公共关系工作，就应该了解公众、熟悉公众、研究公众，必须明确社会组织与公众的关系：一方面，组织的目标、决策和行为会影响公众的态度和行为；另一方面，作为客体的公众并不是完全被动的接受者，他们随时都可以表达自己的意志和要求，主动对公共关系主体的政策和行为做出反应。比如，如果公众不满意某一社会组织，便可能不再光顾某一商店，不再购买某一品牌，不再进入某一饭店、某一旅游景点……也就是说，公众的态度和行为也会影响社会组织的目标和决策。因此，社会组织的公共关系工作必须把功夫下在与社会公众建立、保持和发展互惠互利的利益关系上。社会组织在计划和实施自己的公共关系工作时，首先要做的是社会公众分析，只有这样，社会组织的活动才能有的放矢；在实施公共关系活动时，又必须时时处处以公众的利益和要求为工作的出发点；在评估此项活动时，应将是否使社会公众满意和是否引起社会公众的期望行为作为衡量标准。从这个角度来说，公共关系也可以称作公众关系。

三、传播沟通——公共关系的过程

公共关系的第三个要素就是公共关系的过程，它是一个象征互动的过程，一个传播的过程，一个交流、沟通、劝说的过程。在这个过程中，作为公共关系主体的社会组织与作为客体的公众相互交流信息、沟通意义、劝说态度，进而达到相互理解、相互合作的目的。这个过程就是传播沟通，即社会组织与其公众之间的信息交流行为。传播沟通既是社会组织与社会公众的连接方式,又是公共关系基本特征的具体体现。在公共关系中,社会组织是一端,社会公众是另一端,而传播沟通担当桥梁和纽带,将其有机地联系起来:

$$社会组织 \xleftrightarrow{传播沟通} 社会公众$$

传播是一个完整的行动过程,同时也是一种信息分享的活动。公共关系就是运用传播沟通手段,在社会组织和公众之间建立起有效的双向沟通,促进双方的了解、共识、好感与合作。因此,传播沟通既是公共关系的过程,也是公共关系的手段、方式和媒介。公共关系的最终目标就是运用现代信息技术的各种传播形式和手段,建立、完善组织与公众之间良好的关系,塑造符合公众理想的组织形象。而传播沟通包含了广泛的内容和含义,既有信息传递,又有协调关系;既有塑造形象,又有传播管理,这是公共关系活动的实质性内容。

综上所述,社会组织、社会公众和传播沟通是公共关系缺一不可的要素,三者有机结合、共同作用,才能使公共关系活动顺利展开。公共关系通过传播沟通这一手段将社会组织与社会公众有机地联系起来,社会组织通过传播沟通塑造自身形象,协调与其内外公众之间的关系;社会公众也通过传播沟通了解、认知社会组织,对其产生好感,进而信任、支持社会组织,并与之形成平等互利的关系。从这个意义上来讲,公共关系的理论及其实务就是社会组织、社会公众和传播沟通这三个要素的展开和体现,公共关系的全面阐述应从公共关系的基本构成要素入手。

公关推动美国大学蓬勃发展

大学是知识的殿堂、文化的高地,总让人感觉与公关有一定的距离。但实际上,在美国大学的早期建立、初期成长阶段,宣传公关一直发挥着积极的作用。

一、17世纪美国大学最早期公关的目的——筹款

殖民地时期的美国大学,规模不大,人数也不多,发展起来很困难。出现这种情况的根本原因就是资金少,靠着有限的学费,有的大学能够维持几个月就已经不易。因此,大学为了生存就不得不通过宣传来推广自己,获得影响,筹集到所需的资金。有记载的最早为大学筹集资金的公关行动,发生在1636年的哈佛大学前身——哈佛学院。不过较为著名的一次,则发生在1641年6月。

1641年6月2日,马萨诸塞州的州议会通过决议,派出萨勒姆的雨果·彼得、罗克斯伯里的托马斯·维尔德、波士顿的威廉姆·黑本斯三人前往英国,目的是募集资金来建设哈佛学院。三个人衔命而去,收获的效果则不同。最成功的是黑本斯,竟然筹到了500英镑,这在当时并非小数目,是哈佛学院当年全年财政拨款的一倍多。可是彼得、维尔德两个人却没有什么进展,他俩分析后认为是缺乏宣传所致,于是向殖民地发回了紧急求援信,希望制作最好的材料宣传新英格兰,吸引英国人的关注。

为此,马萨诸塞州迅速制作了宣传小册子《新英格兰的首批硕果》,并在英国本土成批印刷。小册子共有26页,描绘了美丽的新英格兰的地理风情、富饶的物产,进一步谈到了建立哈佛学院的意义,称这所大学能够让愚昧的印第安人获得他们期盼已久的福音。毫无疑问,这本小册子成为美国大学公关宣传的第一本册子。

这次行动有着十分重要的意义。如果要筹款,就要进行公关宣传,美国的大学充分感到了增加自己影响力的必要性。1758年,美国哥伦比亚大学的前身国王学院准备在纽约举办

第一届毕业生的毕业典礼时,就特别发掘了毕业典礼的公关价值。国王学院将毕业典礼的消息发给了《纽约公报》《报童》《墨丘利》等报刊,请求他们将这一消息插入下一期报纸中。除了这些公关宣传,处在经济困境中的大学还采取了其他募捐方法,如通过出售彩票募集资金的方法在1745年到1775年间非常流行。

二、18世纪美国大学公关进入发展阶段,出现了专业机构和专门刊物

进入18世纪后,美国大学的发展日趋多样,筹款之外还有其他多种需求,大学宣传公关随之出现了新的形式。1869年,哈佛大学校长查尔斯·埃利奥特在就职演说中谈到了公关的重要性。他说:"大学校长必须在公众知晓事实之前实施影响,大学必须及时应对实际情况的变化,一旦脱离了受众,就失去了继续存在的价值。"

威斯康星大学在校长约翰·巴斯康姆任职时期,于1870年创办了学校新闻处,当年6月出版了第一本月刊。担任编辑的詹姆士·巴斯福德毫不讳言地说,这本月刊的使命就是宣传大学诉求,纠正自身谬误,以彻底维护大学的自身利益。后来继任的历届校长继续重视新闻宣传推广工作。如查尔斯·肯德尔·亚当校长在任时,曾在小范围内发行《编辑简报》,并两周一次寄送给当地的报纸,为媒体提供大学的新闻信息。几个月之后,这一方法有了效果,威斯康星州的很多报纸编辑开始使用《编辑简报》上的资料了。

除了威斯康星大学,还有一些大学有过类似的举动。1897年,密歇根大学曾经考虑过组建大学宣传公关部门,为此开展了一项调查。调查发现:西储大学由校长办公室组织新闻编写,送往本州报社;印第安纳大学鼓励学生给家中写信,让家长了解更多学校的情况,还曾将学校动态提供给记者,印发资料给报社;密苏里大学提供一些大学新闻给本州媒体编辑,有心想编印大学的周报,等等。

三、18、19世纪之交,芝加哥大学做出了可贵的探索

芝加哥大学创建于1858年,在1886年曾经倒闭过,但是两位热心的牧师,说服富豪约翰·洛克菲勒捐献了60万美金巨款,后又募集了40万美金,因此芝加哥大学于1891年复校。复校后的首任校长是威廉·瑞尼·哈珀。哈珀是著名学者、教育家,他立意甚高,准备将芝加哥大学办成一个有研究生教育的大学,而且他充满活力,面对各种困境能够尝试多种办法,懂得公关宣传。

哈珀组织定期出版小册子——《大学纪事》,目的是为管理者、教职工、学生,包括校外朋友,提供学校重要事件的准确信息,增加大家对芝加哥大学的关注,让芝加哥人乃至更大范围的人们常常意识到芝加哥大学的存在。公开更多的情况是为了获得更多的支持,与外界、媒体保持良好的关系也能获得更多的支持。哈珀对每一位来访嘉宾都予以最好的官方接待,和媒体人士尽可能保持良好的关系。为了减少、消除不实报道,1905年,哈珀任命深受媒体和学校信赖的奥斯卡·斯凯尔顿为芝加哥大学的新闻监督。斯凯尔顿采取的方法之一,就是给当地报纸及纽约的报纸投递专题故事。

哈珀还开创了一个独特的公关方式——校庆。他力排众议,于1891年7月1日举行了正式的大学成立典礼;四周年校庆是首次校庆,给学生提供早餐,为校友供应午餐,洛克菲勒夫妇还被邀请到大学,参加了学校特意为他们举行的招待会、研讨会,以及三个图书馆的开工典礼;五周年校庆也办成了盛典;十周年校庆规模更大,洛克菲勒夫妇再次参加,学校举行了一座大楼的捐赠仪式和六座教学楼的开工仪式。通过校庆活动,哈珀为芝加哥大学赢得了非同一般的影响力。

第三节　公共关系的基本特征

北欧航空公司公关部的一位经理在给员工培训时，曾这样形象地描述公共关系："好比一名青年追求伴侣，可以有许多办法。大献殷勤是一种，起劲地表白自己如何喜欢她、欣赏她，这不算公共关系，而是推销；努力修饰自己的外貌和风度，讲究谈吐举止，也是一种吸引人的办法，不过这还不是公共关系，而是广告；如果这位青年经过周密的研究思考，制订个计划出来，而且埋头苦干，以优异的成绩来获得他人的称赞，而这种赞扬之词又通过众人之口传到姑娘的耳中，使姑娘对小伙子产生尊敬，进而转为钦佩与爱慕之情，这才是公关。"这个比喻很巧妙，它形象、生动地解释了公共关系的本质特征。

公共关系从本质上说就是协调各种关系，争取社会舆论支持的一种传播沟通活动。换言之，公共关系就是社会组织机构与社会公众环境之间的沟通和传播关系，它通过社会组织做好本职工作、协调与组织内外各种社会公众的关系，树立良好的组织形象。这些好形象通过舆论传播的方式，即通过他人之口传播出去，形成良好的口碑和较高的知名度。就内容而言，公共关系是主体、客体和媒体之间的关系，其核心是塑造主体形象，感染、影响客体，达到共鸣的目的。所以，公共关系既不同于商业广告，也不同于一般的推销活动，而是一种营销策略，是社会组织通过塑造、宣传自身形象增强社会组织内部凝聚力和社会组织对外部社会公众的吸引力的一种软性经营管理艺术。

公共关系的基本特征是指公共关系与其他类型的社会关系相比所具有的基本特点。它由公共关系的基本结构、基本目标、基本原则、基本方针和基本方法等要素构成，体现了公共关系的性质和发展方向。要有效地开展公共关系活动，就必须准确把握公共关系的基本特征。

（一）公共关系的基本结构——社会组织与其相关的社会公众之间的关系

公共关系以社会组织为支点，研究与社会组织的生存和发展有密切关系的各种各样的社会公众及其所形成的复杂的网状关系。离开社会公众，组织无法生存；不重视社会公众，组织得不到发展。与社会公众的关系如何，成为制约组织生存和发展的重要因素。如果说搞好人际关系是为了个人的生存和发展，那么搞好公共关系则是为了协调好社会组织和相关的内外公众的关系，使社会组织在其公众中树立良好的形象，以利于组织的生存和发展。因此，社会组织与其相关的社会公众之间的关系构成了公共关系的基本结构。

（二）公共关系的基本目标——提高组织的知名度和美誉度，树立良好的社会形象

一般的公共关系状态上升到良好的公共关系状态，才能实现组织的公共关系目标。任何公共关系活动都是为了实现组织的公共关系目标，即提高组织的知名度和美誉度，树立良好的社会形象。在不同的组织，不同的时期，不同的时间、地点、条件下，公共关系的目标是不同的。每一次公共关系活动都应有具体的、明确的公共关系目标。但是，对于任何一次成功的公共关系活动来说，其基本目标是相同的。它要为组织创造"人和"的境界，即和谐、友善的人事氛围和众口皆碑的社会舆论，以赢得社会公众的了解、信任、好感与合作。"人和"包括内部的"人和"和外部的"人和"。内部的"人和"就是使组织从领导到员工形成

强大的凝聚力、向心力和归属感；外部的"人和"就是在内求团结的基础上外求发展，结良缘、交朋友，使组织在外部公众中建立信誉，树立良好的社会形象。

（三）公共关系的基本原则——尊重事实、讲究信誉，善待公众、服务社会，真诚合作、互利互惠

公共关系的基本原则是指在开展公共关系活动时，组织必须遵循的行为准则和基本要求。任何公共关系活动都必须遵循以下原则：尊重事实、讲究信誉，善待公众、服务社会、真诚合作、互利互惠。所谓尊重事实、讲究信誉，就是要求组织在开展公共关系时，必须尊重客观事实，实事求是，在调查了解事实真相的基础上，客观地传播信息，公正地解决问题，说到做到，讲究信誉。所谓善待公众是指组织必须充分认识到公众对组织的重要性，并善待之。组织的一切公共关系活动，都要充分考虑并切实满足公众物质上、精神上、心理上的需要，公众的需要就是组织的责任。组织只有善待公众，公众才会善待组织。公共关系活动不仅要善待公众，而且要服务社会。因为良好组织形象的建立，必须得到社会的认可，只有服务社会，才能融入社会。作为社会的一员，组织的每一项公共关系活动都应注重社会整体利益。所谓真诚合作、互利互惠，是指组织在开展公共关系活动时，必须以真诚为信条，与公众相互适应、密切合作，使组织与公众互惠互利。诚实守信的组织才能真正取信于公众，社会组织要想塑造和维护良好的形象，追求长久的美誉度，必须与公众坦诚相待、真诚合作。公共关系不是以血缘、地缘为基础的，而是以一定的利益关系、业缘关系为基础的。从根本上说，公共关系的内在驱动力是组织与公众双方的利益要求。社会组织在发展过程中要想得到社会公众的长久支持与合作，就要奉行互惠互利的原则，既要实现本组织目标，又要让公众获得相应的利益。最好的公共关系状态是社会组织与其公众对象在道德规范下的利益目标的共同实现，不是"我赢你输"或"你赢我输"，而是"大家都赢"，这就是公共关系的利益目标。

（四）公共关系的基本方针——着眼于长远打算，着手于平时努力

公共关系作为当代一项最富竞争性和最有前途的事业，越来越受到了组织的青睐，它已成为现代企业在日趋激烈的市场竞争中形象制胜和顺利发展的有效法宝。然而，社会组织的良好形象和信誉、组织与其公众之间的良好关系，并非一朝一夕就能建立起来。即使建立起来，也需要不断加以维护、巩固、发展，需要长期不懈的努力。"宜未雨绸缪、毋临渴掘井。"公共关系的长远性与社会组织生存的长远性同根相生、相依为命。所以，公共关系的开展应分清长远利益与当前利益、整体利益与局部利益的关系。为了组织的未来和长久的利益，公共关系策划者应高瞻远瞩，具有战略家的眼光和意识，从长远利益、整体利益出发，为社会组织制订长期的战略性计划和措施。同时，在公共关系工作中要舍得付出眼前的代价，通过平时点点滴滴的工作和努力，逐步建立信誉、改善关系，以获得公众的理解和信任。只有这样，组织才有可能与公众建立起和谐合意的理想型关系，在最需要的时候得到公众的支持与合作。所以，目光短浅、唯利是图、急功近利、好高骛远、竭泽而渔等短期做法，是公共关系的大忌。例如，美国有一家名叫"西尔斯"的百年老店，其长盛不衰的秘诀，首先是西尔斯富有远见卓识的经营哲学——"货物出门、负责到底、保证满意、否则退货"；其次是西尔斯对这一经营哲学长期的坚持不懈的努力赢得了顾客的信赖。所以，公共关系的基本方针就是：着眼于长远打算，着手于平时努力。

(五) 公共关系的基本方法——内外兼顾、双向沟通

传播沟通是联系组织与公众的桥梁和纽带。在现代社会，社会组织与公众打交道，实际上是通过信息的双向传播和沟通来实现的。没有沟通，主客体之间的关系就不会存在，社会组织的良好形象也无从产生，互惠互利也不可能实现。要将公共关系的目标和计划付诸实施，只有通过双向传播和信息沟通，才能形成组织与公众之间的共同利益和互动关系。公共关系内容丰富，形式多样，运用的传播技术、手段和方法也不胜枚举。对于任何一次成功的公共关系活动来说，最基本的方法就是内外兼顾、双向沟通。

公共关系的切入点就是组织内部公共关系，即从内部做起，使组织内部信息畅通。此外就是外部公共关系，要广结善缘、广交朋友。无论是内部公共关系还是外部公共关系，都要采取双向的信息沟通交流，即不仅要有信息的传播，还要有信息的反馈。一方面，组织向内外公众传播和解释组织的各种方针、政策及信息，让公众认识、理解本组织；另一方面，组织征集内外公众对组织的意见、建议及各种反馈信息，吸取民意，及时调整、改善自身。只有这样，才能使组织与公众在交流互动和共享信息的基础上增进了解、增强信任，达到建立良好公共关系状态的目的。

美的公司靠公关塑造形象

广东美的集团股份有限公司是中国著名的十大乡镇企业之一，现已成为一家年营收逾千亿、享誉中国大陆乃至东南亚和北美洲的跨国企业。美的集团的发展令世人瞩目：1968年，美的集团公司原董事长兼总经理何享健于与23位居民集资5000元，创办了"北街办塑料生产组"，生产药用玻璃瓶和塑料盖，后来又转产发电机的小配件等；1980年开始制造风扇，进入家电行业；1992年毅然推动美的进行股份制改造；1993年在深圳证券交易所上市，成为中国第一家由乡镇企业改组而成的上市公司；2001年完成了公司高层经理人股权收购，进一步完善现代企业制度。如今美的集团拥有总资产90亿元，累计纳税30亿元，美的商标品牌价值达378.29亿元。美的空调、压缩机、电风扇、微电机等九大主导产品产销量均居全国前三名。2010年，美的集团销售收入超过1000亿元，集团提出了"再造一个美的"的宏大目标，预计2015年收入将超过2000亿元。

一个5000元起家的乡镇企业，何以发展壮大成今天这样的大型企业集团，并在国内外享有如此高的声誉？何老先生一语道破天机："一靠质量管理，二靠企业公关。"他说："在我们集团有一支素质很高的管理人员队伍，我们拥有博士、硕士以及高水准的科研人员，他们研制出了一流的电器产品，使我们有了参与市场竞争的有力武器。但是，如果离开了良好的公关沟通手段和公关宣传、营销策略，无论我们的产品多么好，世人不知，消费者不知道，那么我们的企业就不可能有经济效益可言！"在这样的公关意识下，他们高薪聘请了专职高水准的公关、广告策划人员，招收并培训了一批高质量的公关工作人员，制订并完善了一整套公关工作计划和一系列职员行为准则，把公关工作贯穿于集团管理的各个环节。大到外国政府首脑来访，小到学生假期参观，都始终如一地坚持树立良好的形象，把公关工作做到基层的每一个环节。下面试举几例。

一、名人赞扬"美的"名

1992年春，为树立"美的"形象，提高集团知名度，让人们更多地了解"美的"，集团

公司与中国桥牌协会联合举办了"北京中国名人桥牌邀请赛"。"美的"总经理和公关人员意识到，通过打桥牌和名人亮相，将会给"美的"带来极大的声誉，对美的集团今后的发展变化将产生极大的影响。于是，何总经理亲自挂帅，制订了详尽、周密的计划，并全力付诸实施，以求一炮走红。经过充分的准备，1992年5月22日下午，"美的杯"名人桥牌赛在北京人民大会堂如期举行，参加桥牌赛的知名人士有万里委员长、阿沛阿旺晋美副委员长、于光远、齐怀远、吕正操等20位领导及北京桥牌爱好者100余人。美的集团总裁在颁奖仪式上向来宾致辞，在京数十家新闻媒体对这一活动进行了报道和转播。紧接着，"美的杯"中国名人网球赛也于6月6日在北京香格里拉饭店网球馆开战。当时的国家教委主任李铁映、国务院副总理李岚清等中央领导参加了比赛。首都新闻界及各省驻京新闻机构对这一热点又一次进行了追踪报道。"美的杯"这三个字以极高的使用率飞向大江南北，四面八方……

美的集团通过组织开展这次体育活动，向社会展示了美的集团主办大型社会活动的能力和企业实力，同时也大大提高了美的集团的知名度和美誉度，使得美的集团新形象首次定位成功了。

二、借传媒立"美的"信誉

为密切配合北京"美的"公关活动，美的集团与北京盛事同步在北京、上海、山东、武汉、长沙、四川、广州等地开展公关活动，再通过新闻媒介向全国发出数十万份"美的"空调知识有奖竞答及"美的"发展佳策有奖征集信，在短短20天时间里，收到全国各地来信13万封。读者在来信中，普遍对美的公司推出高效节能空调，改变消费者对空调"买得起养不起"的观念表示赞许。"美的"人被读者们这种至诚至信的热情深深感动，而读者们则对"美的"虚心求教的精神十分感动。买家和卖家的隔阂顿时消失，距离拉近了。美的集团巧用公关原理在广大消费者中扩大了声誉。

三、重人才树"美的"形象

随着珠海实施重奖科技人才的政策，"美的"发布的《博士生马军在"美的"》新闻专稿，在全国引起轰动。广州华南理工大学热传导学博士马军投奔珠江三角洲以求一用武之地，但却未能如愿以偿。后来他来到"美的"。美的集团接纳了我国自己培养的、也是第一个踏进乡镇企业的博士研究生。马军不忘"美的"知遇之恩，仅用三个月时间便研制出第一代高效节能空调机。接着，"顺德乡镇企业有博士生在奉献"的消息以极快的速度飞向省城内外，各地报刊、杂志、中央电视台、香港《文汇报》都进行了采访报道。美的集团招贤纳才、尊重知识的名声大震于九州大地。"美的"重视人才的政策及其成功宣传，吸引了海内外的精英。在大批科技人才流入"美的"之际，集团公司总经理下令，投资1000万元为"凤凰"筑巢。"要让人才安居才能够使他们'乐业'，这些人告别家乡父老乡亲从海内外来到我们美的集团，我们善待人家，他们会加倍奉献，会主动宣传我们的企业，会弘扬和发展我们的企业文化和精神。"

在当今这个社会联系越来越紧密、信息传播越来越频繁、组织形象越来越重要的时代，一个组织在努力干好的同时，还必须及时地将自己干好的信息传播出去，让外界知晓。美的公司作为一家乡镇企业，通过一系列有声有色、高品位的公关活动，为自己事业的腾飞插上了翅膀。本案例展示了企业开展成功公共关系的一些技巧和艺术，说明了"努力干好＋让人知晓"这一公关信条的重要性，同时揭示了公共关系活动对于企业发展的意义。

【思考与练习】

1. 概括公共关系五类代表性定义的要点。
2. 什么是公共关系？它包括哪些含义？
3. 简述公共关系的基本特征。
4. 公共关系的构成要素有哪些？分别加以说明。

第二章 公共关系的产生与发展

【学习目标】

通过本章的学习,了解中外早期公共关系的思想和活动,认识公共关系的历史演变过程;把握现代公共关系兴起和发展的各个时期、代表人物及其主要思想;熟悉掌握公共关系在中国的传播与发展情况。

【本章导读】

人类早期的公共关系思想和活动为现代公共关系的产生和发展奠定了坚实的基础。随着市场经济和传播技术的发展,公共关系被越来越广泛地应用于社会生活的各个领域,现已成为风靡世界的一种社会思潮。

博物馆中的国际公共关系

纽约大都会博物馆是西方世界最为知名的博物馆之一,也是世界上最大的艺术博物馆之一。大都会博物馆位于纽约曼哈顿中央公园西南方向,主建筑物面积约有8万平方米,展出面积共计20多万平方米;2013年度参观人数超过620万人,在世界范围内仅次于北京故宫博物院和巴黎卢浮宫;在19个永久收藏品馆部中,博物馆藏有超过200万件来自世界各地的艺术品;在室内设计方面,各馆部根据展品模仿不同历史时期和地域的风格,从古埃及、古罗马延续至现代美国。

博物馆的亚洲艺术部共安排了54个展厅,其中有10个是日本展厅。其在布局上完全独立于其他亚洲展厅,这在客观上使日本展厅在相应的公共关系策划和公共关系实施上拥有较大空间与主动权。从公共外交以及国际公共关系研究的角度来看,大都会博物馆日本展厅对中国进行博物馆公共文化外交而言,有以下两个方面的启发。

一、重新发现国际公共关系中的博物馆平台

"博物馆是科学研究及文化教育机构,也是物质和精神文化遗存以及自然标本的主要储藏室。"其主要任务是"搜集、保存各方面的物质文化遗存和文献资料"。博物馆的功能主要是内部建设、科研、保管和陈列。同时,博物馆也是天然的公共关系场合,特别是大型综合性博物馆和历史、文化、艺术类专业博物馆,更是开展公共文化外交和国际公共关系活动的平台。

英国《艺术报》于2012年4月发布"2011年全球博物馆参观人数"报告。报告显示,该年度全世界范围内年参观人数达100万以上的博物馆有52家。而且,这些博物馆所在的城市与这些城市的国际化程度呈现出高度一致性,如伦敦、巴黎和纽约分别有7家、5家和3家博物馆上榜。对于国际旅行者而言,参观著名博物馆几乎是必然的选项,这一点可以从各种旅行类图书中得到印证。大型博物馆还是举办较大规模公共文化活动的公共空间之一,博物馆经常为国家间的文化交流年活动，各类特展、年展和双年展的落地提供场所。更为重要的是，博物馆的固定展览和特藏部分是一个可以进行深度公共关系策划的环节，通过"落地"型的长期运作，完全有可能实现公共文化外交的目标，以及实现塑造国家良好形象的国际公共关系目的。

二、如何在海外大型博物馆中塑造国家形象

在海外大型博物馆中塑造国家形象非常重要，大都会博物馆日本展厅与其他亚洲展厅相比，形成了几个比较明显的优势。

首先，展品安排上的传统与现代交融。日本展厅充分运用了相对独立和集中的10个展室给予的空间，在布展安排上，体现日本传统文化的展品（如和服、绘画及书法等）全部设置在依附墙体的橱窗内；现代展品（如现代雕塑、铁艺等）则全部安排在不设置橱窗、不依附墙体的展室结合部等处。在传统文化展品的介绍上，突出其历史感，在现代展品方面则刻意显示出创作者的年轻。在日本展厅的展品中，最早的展品可以溯及2000年前，最新的展品则是一位生于1980年的艺术家创作的工艺品。

其次，展室设计上的亲和力与动静结合。步入日本展厅，会明显发现其灯光、地毯和建材搭配都经过精心设计。展室色调和地毯设计，使公众很容易就能进入安静观展的状态。10个展室的整体分布呈长方形，没有采用略显呆板的对称结构，而是设计出一定的错落感。设计者在最大的展室专门安排了一个精简版的"日本庭院"，通过一方黑石，辅之以流水，营造出一种日本庭院的意境。仅仅是一笔勾描，就将滑石的灵动、清澈的溪流和潺潺水声结合在一起，驻足者多矣。

再次，注重展厅软环境与公众交流。这主要体现在参观者与展厅管理人员的互动方面。博物馆日本展厅安排了两到三个固定的工作人员，而且最后一个展室被完全设计成了一个参观者休息室，配备有日式古典家具，介绍日本艺术的书籍、画册和宣传片。该展室专门配备一位工作人员负责管理和接待。

第一节　外国公共关系的产生与发展

作为一门新兴的学科和一种独立的社会职业，公共关系产生于19世纪末20世纪初的美国，至今只有100多年的历史。但是，作为一种客观存在的社会关系和社会现象，作为一种思想观念和活动方式，公共关系却源远流长，有着久远的历史。它是伴随着人类社会的产生而出现的，即从人类社会产生起就有了公共关系，这一点从世界各个古老国家的社会历史发展中已得到印证。

一、外国早期的公共关系思想与活动

公共关系作为社会组织向其公众环境进行的一种传播沟通活动，自古就有。这是因为只要有人类的集群生活，有部落，就必然存在部落组织与部落成员之间的传播与交流，也就有了信息传递的说服活动和协调关系的各种做法。考古学家发现，早在公元前1800年，伊拉克就有一种古老的农业公告，它告诉农民如何播种，如何灌溉，如何对付危害庄稼的老鼠，如何收获农作物等，很像现代社会某些农业组织部门的宣传资料。

古希腊、古罗马是西方文化史上灿烂的一页，其中不乏类似公共关系的思想和活动。例如，古希腊许多王公贵族为了树立自己的名声和形象，经常花钱请人为自己写赞美诗，用易于被人们传播和记忆的诗歌去控制、影响社会舆论，表彰自己的功德，有的还用这种方法争取选民。又如，古希腊的民主政治导致公众代表议会和陪审团制度的形成，为公众提供了对话的讲坛，演讲逐步引起了人们的重视，代表人物有苏格拉底、柏拉图和亚里士多德。柏拉图于公元前387年创办了"柏拉图学院"，开设了演讲论辩术课程。不久，他的学生亚里士多德也在雅典创办了吕克昂学院，并且以他严谨的思维逻辑和科学的研究方法写出了经典著作《修辞学》，告诉人们如何运用语言去影响听众的思想和行为，强调语言修辞在人际交往和宣讲中的重要性。他认为修辞是沟通政治家、艺术家和社会公众相互关系的重要手段和工具，是寻求相互了解与信任的艺术。所以，西方的公共关系界普遍认为，亚里士多德的《修辞学》堪称最早问世的公共关系理论书籍。

早在奴隶制时期，西方统治阶级和思想家就认识到民心和民意的重要。古罗马时代就提出了"公众的声音就是上帝的声音"，在当时就创造了"公众赞成""公众反对"的专用名词。当时统治者十分清楚舆论的重要性，重视公众的呼声。因此，古罗马发展了传播技术，改进了诗歌形式，并且将宣传意图巧妙地渗透进去。例如，由于城市的发展，大量向往城市生活的人们涌入罗马城，一时间，罗马城变得拥挤不堪、人满为患。为了减轻城市人口的压力和稳定农业人口，政府曾委托诗人通过写诗来协助宣传。著名诗人维吉尔创作的《田园诗》就是其中之一。诗歌通过描述和赞美乡村生活、新鲜的空气、纯净的流水，以及身处大自然中的乐趣等，吸引人们对乡村生活的向往，借以宣传政府的政策，事实证明最终达到了宣传的目的。

在古希腊和古罗马，据说整个社会都非常推崇沟通技术，一些深谙沟通技巧的演说家往往因此而被推选为首领。其中，古罗马的独裁统治者恺撒就是一位精通沟通技巧的高手，堪称古代公关人员的楷模。他虽然出身于落魄的名门贵族，但精于权术、骁勇善战、谙熟韬略、擅长文词、口若悬河。他认为要获得民众的支持，就必须以自己的思想观念去影响他们，其手段之一就是派人四处散发传单去宣传、鼓动。据记载，公元前59年，他在担任执政官时就设置了官方公告牌，即《每日记闻》。其形式是在一个涂有石膏的特制木板上，每天写上元老院国民议会的简要记录、官吏使节、军队调动、宗教仪式以及其他一些事项，放在公共场所供人们观看。把国家大事公之于众，满足了公众的心理需求，争取了民众对他的支持。《每日记闻》可以说是恺撒发行的世界上最早的日报，恺撒用它种方式作为与臣民沟通的工具。后来，恺撒又带兵远征高卢和英伦三岛。正当他纵横驰骋于数千里之外血雨腥风的莽莽原野中时，聚集于首都罗马元老院的一些政客却在造谣中伤他。恺撒并没有采取正面的争辩，而是把他和军队的军旅生活、战斗情况写成富有感染力和鼓动性的报告，命令士兵用快马送往罗马。这些报道通俗易懂、十分生动，容易为平民所接受，因而常常被人们在罗马广场上传诵，成为人们关注的中心。之后，恺撒又将远征高卢的事迹写成《高卢战记》一书，宣传自己的丰功伟绩，再加上一些御用文人的大肆吹捧，恺撒深得民心。《高卢战记》这本书也被西方著名的公共关系专家亨利·比诺誉为"第一流的公共关系著作"。

综上所述，从国外的历史中可以找到大量类似于现代公共关系的思想和实践活动。但是，这些思想和实践活动由于受社会原因和历史条件的限制，存在明显的局限性。从严格意义上说，它们绝不是现代意义的公共关系，只是原始状态的"准公共关系"。概括来说，人类早期的公共关系具有以下三个特点。

第一，从产生的社会条件看，古代社会不具备现代公共关系产生的历史条件，当时人们所开展的各种宣传、沟通和协调活动大都带有明显的自发性和盲目性的特点，没有周详的调查研究与计划实施，主要依靠经验办事，效率较低。

第二，从其发挥作用的社会领域和活动范围看，由于当时生产力相对低下，分工又不明确，经济比较落后，人与人之间的经济关系还比较简单，因此，人类早期的公共关系活动主要体现在政治和军事领域，带有强烈的政治色彩和伦理色彩。

第三，从传播方式和手段看，由于古代社会传播技术水平有限，人们的信息交流、沟通活动主要以直接的、面对面的人际传播为主，大众传播媒介尚未产生。

可以说，人类早期的公共关系思想和活动只具有公共关系的意识和趋向。但是，正是这种意识和趋向，构成了一条悠久而绵长的文明线，为现代公共关系思想和活动的产生奠定了坚实的基础。

二、现代公共关系的兴起与发展

现代公共关系作为全新的思想、系统科学的理论和新型的职业，是随着商品经济的发展、政治民主化和科学技术水平的进步而兴起和发展起来的。它于19世纪末20世纪初首先在美国产生，进而在西方发达国家形成了公共关系理论和实践的浪潮，第二次世界大战后得到了迅猛发展。现代公共关系大致经历了以下几个发展时期。

（一）巴纳姆时期——现代公共关系的发端

1828年，美国总统候选人安德鲁·杰克逊改变以前的政治选举方式，按照竞选纲领进行呼吁、宣传、辩论，最后他以个人的英雄形象和平等态度取得了各界尤其是普通百姓的支持而获选。从此，全国规模的竞选活动出现，并促使有组织的公共关系活动出现。随着美国政治民主化的发展、经济的繁荣、科技的提高，19世纪30年代，以报纸为生力军的大众传播事业得到了迅速提高，新闻界的作用也日益突显。1833年9月，本杰明·戴伊首先创办了第一份面向大众的通俗化报纸《纽约太阳报》，从而掀起了以普通百姓为读者对象的"便士报运动"。所谓便士报，就是用1便士（即1美分）就能买到一份的报纸。由于便士报价格低廉，普通百姓都买得起，其发行量迅速增长。一些急欲宣传自己的工商企业，为了达到既节约广告费又能争取消费者的目的，便乘机雇佣了一批记者作为新闻代理人在报纸上制造能扩大自己影响的新闻，其中不乏许多虚假新闻。报纸为了迎合读者心理、扩大发行量，也与这些记者相互配合，相互利用，从而掀起了一场声势浩大的"报纸宣传活动"。当时最有代表性的报纸宣传代理人就是费尼斯·泰勒·巴纳姆，他是新闻代理活动的开创者，因此，这一时期的公共关系被称为"巴纳姆时期"。

巴纳姆（1810～1891），是马戏团的创始人、美国游艺节目演出经理人，以主办耸人听闻的游艺节目演出和奇人怪物展览而闻名。为了增加票房收入、推动马戏演出，他曾利用报纸大肆渲染、制造消息、鼓动舆论，为自己的马戏团无中生有地编造了许多"神话"。

巴纳姆的"神话"

巴纳姆在报纸上撰文,声称马戏团里有一个名叫海斯的黑人女奴,在100多年前曾养育过美国第一任总统乔治·华盛顿。这一消息见报后,立刻引起轰动,人们抱着好奇心纷纷到马戏团一探究竟,使马戏团的票房收入猛增。巴纳姆顺势以不同的笔名向报社寄去"读者来信",提出各种质疑,人为地引起了一场激烈的讨论,从而大肆炒作这一新闻。海斯死后,尸体解剖的结果显示她只不过80多岁,而并非像巴纳姆所说的160岁,巴纳姆却故作惊讶地"深感震惊",自称也是上当受骗者。实则是他通过制造这一"神话",每周从那些想一睹海斯真面目的人那里赚得1500美元的门票收入。

巴纳姆的表演能力,不仅明显地表现在他具有精明的天性,使他能够做到大众想得到什么他就给什么,还表现在他有能力使大众去渴求他认为他们应该需要的东西。有人曾幽默地说:"每一个人都有自己心目中的明星,巴纳姆心中的明星是感叹号!"其实,巴纳姆的谎言绝非海斯一例,他还将马戏团的一个侏儒吹嘘成汤姆将军,说其多年前曾率领一群小矮人,赶着一群矮种马拉车拜见过维多利亚女主,如此等等,不一而足。尽管有了解内情的人指出,巴纳姆的这些故事是骗局,但是巴纳姆却厚颜无耻地说:"只要我巴纳姆的名字在报纸上经常出现,我不在乎文章怎么评价我。"他恪守的信条是"凡宣传皆好事",认为"公众应该受到愚弄"。他完全不把公众放在眼里,以不断编造虚假信息制造轰动来欺骗公众,并由此牟取了暴利。当人们从谎言中清醒过来后,便纷纷批评指责报纸宣传活动。

从总体看,这一时期的报纸宣传活动具有两个致命的弱点:其一,马戏团之流的报纸宣传只顾赚钱,全然不考虑公众的利益,使公众处于单向接受信息的地位,给公共关系蒙上了一层可怕的阴影;其二,几乎所有报纸宣传员都以获得免费的报纸版面为满足,并为此而不择手段地为自己编造神话、欺骗公众,这与公共关系的宗旨是背道而驰的。因此,整个巴纳姆时期在公共关系的发展史上成为一段不光彩的历史,被人称为"公众受愚弄的时期""公共关系的倒流时期""公共关系的黑暗时期"或"单向吹嘘式的公共关系时期"等。

巴纳姆虽成为为赢利而滥用现代传播手段的反面典型,但是,他在促进公共关系发展为一种有组织的活动方面却具有积极意义。一方面,显示了有组织的大众沟通工具对控制舆论、塑造形象的功效,客观上促进了传播事业的发展;另一方面,催生了公众意识的觉醒,为以后公共关系奉行实事求是、诚实公正、维护公众利益的原则和精神提供了借鉴。从现代公共关系产生的意义来看,这一时期的活动蕴含着公共关系的主体(组织启用的报纸宣传员)、公共关系的客体(阅读报纸的广大公众)和连接二者的现实机制(报纸宣传的传播活动),具备了单向沟通公共关系模式的雏形。

总之,这一时期的公共关系活动已带有一定的组织性和较为明确的目的性。即公共关系已经不再局限于政治活动和思想宣传活动,而是与牟利愿望紧密结合在一起,为公共关系以后的发展奠定了基础。因此,巴纳姆时期被视为现代公共关系的开端时期。

(二)艾维·李时期——现代公共关系的职业化

19世纪下半叶,美国资本主义商品经济的发展开始从自由竞争走向垄断集中。到19世纪末20世纪初,全国五分之三的财富掌握在少数经济巨头手中,他们控制政府,采取种种欺骗、收买手段,巧取豪夺,肆意搜刮民脂民膏,践踏公众利益,从而造成劳资关系空前紧张、公众舆论强烈不满。由于巴纳姆时期"愚弄公众"的现象引起了社会公众的普遍不满,加之垄断财团对社会财富的疯狂掠夺造成尖锐的社会阶级矛盾,人们开始揭露工商企业的丑闻和阴暗面。以达威、格雷厄姆、菲力菲为代表的一大批新闻工作者以追求社会公正和平等为信念,自诩为"清垃圾者",愤然以笔代枪,利用全国发行量最大的50余家报刊和其他传播手段专门搜集资本家的丑闻,写成文章、画成漫画予以发表,进行抨击。据统计,从1903年至1912年的10年时间里,约有2000多篇揭露丑闻和阴暗面的文章发表,从而使许多大企业和资本家声名狼藉,这就是美国传播史上有名的"揭丑运动",史称"扒粪运动"。

 案 例 2-3

杜邦的"门户开放"

19世纪末,伴随着"揭丑运动",许多企业开始修建开放透明的"玻璃屋",增强企业的透明度,增进与新闻界和社会公众的关系。杜邦化学公司就是其中的佼佼者。

杜邦公司是一家从事炸药生产事务的化工公司。其时化学工业刚起步不久,工艺技术尚不先进,公司里难免发生一些爆炸事故。起初公司当局采取保密政策,一律不准记者采访。结果大道不传小道传,社会公众对此猜测纷纷,久而久之,杜邦公司在社会公众心目中留下一个"杜邦—流血—杀人"的可怕形象,对杜邦公司的市场扩展与企业发展造成极其不利的影响,杜邦为之深感苦恼。后来,他的一位报界挚友建议他实行"门户开放"政策,杜邦采纳了他的建议,并聘请这位朋友出任公司新闻局局长。此后,公司在宣传方面改弦更张,坚持向公众公开公司事故真相与公司内幕;同时精心设计出一个口号并予以广泛宣传:"化学工业能使你生活得更美好!"且重金聘请专家学者在公众场所演讲。此外,杜邦公司还积极赞助社会公益事业,组织员工在街头义务服务,一举改变了原先的可怕形象。

揭丑运动给不法资本家造成了经济上的巨大损失,他们开始认识到社会舆论的威力,认识到塑造组织的良好形象是现代企业经营的重要因素。于是,以"说实话""讲真话"来获得公众信任的主张被提出来,并得到工商界一些开明的企业家的赞同。许多企业为求得生存与发展,被迫走出"象牙塔"去修建"玻璃屋",以提高企业在公众面前的透明度。正是在这一背景下,一个新的职业诞生了,开创这一职业先河的就是美国的一个新闻记者艾维·李。

艾维·李(1867~1937),出生于美国佐治亚州的一个牧师家庭,毕业于普林斯顿大学,先后在《纽约日报》《纽约时报》和《纽约世界报》当记者。1903年,艾维·李在纽约创办了一家正式的公共关系顾问事务所,专门为需要办理新闻代理事务的客户提供服务,协助客户建立和维护与公众的良好关系,并收取一定费用。这是最早向客户提供公共关系咨询和传播服务并收取报酬的营利性公共关系机构,也是现代公共关系诞生的重要标志,艾维·李由此成为第一个向客户收取佣金的职业公共关系人员。

1905年,艾维·李向新闻界发表了著名的《原则宣言》,全面阐述了宣传咨询事务所的宗旨。他宣称:"这不是神秘的新闻机构,我们的所有工作都是公开进行的。这也不是单纯的宣传机构,我们的工作是具体的,提供任何有关问题的详细资料,帮助编辑澄清事实……简单地说,我们的计划是公开而坦率地代表企业和公共事务机构,向新闻界和美国的公众提供需要了解的、有关公众利益和价值的准确资料,并保证其正确性、迅速性。"艾维·李公共关系的核心思想是"说真话",主张"公众应该被告知"。他认为,一个企业或一个组织,要想获得良好的声誉，不能依靠向公众封锁消息或者以欺骗来愚弄公众，而必须披露真实情况，把与公众利益相关的所有情况告诉公众，以此来争取对组织的信任。如果披露真实情况确实对组织不利，就应该调整组织的行为，而不是竭力掩盖真实情况。《原则宣言》成为反映艾维·李公共关系基本思想的重要文献，在公共关系发展史上具有里程碑意义。在公共关系发展史上，艾维·李时期又称为"揭丑运动时期""说真话时期"。

艾维·李将其主张用于实践，如在受雇于洛克菲勒财团处理劳资纠纷和与新闻界的关系时，他聘请了社会上权威的劳资关系专家来调查导致事故的具体原因，并公之于众。他建议洛克菲勒财团邀请劳工代表参与协商解决劳资纠纷；建议洛克菲勒向社会慈善事业（如医院、博物馆、学校等）广泛捐款；建议增加工资、救济贫困、为儿童度假提供方便等，从而改变了洛克菲勒财团在社会公众中的不良形象。另外，艾维·李在处理宾夕法尼亚州铁路公司发生的人员伤亡事故时，果断采取了公布事实真相、向死难者家属提供赔偿、为受伤者支付治疗费、向社会各方诚恳道歉等措施，取得了良好效果。这一切使艾维·李名声大振。同时，在他的推动下，一些工商企业也纷纷改变他们对待公众的态度，企业家们开始认识到，企业的兴衰成败与公共关系的好坏有直接关系。

艾维·李的巨大成功，使他被许多著名的大公司聘请为公共关系代理人。在长达31年的公共关系生涯中，艾维·李从一个"单纯的代理人"成为一个"企业最可信任的顾问"，并成为这一行业最有说服力的发言人。作为一个出色的实践者，他凭借自己的努力使公共关系的作用得到社会的普遍认可，为现代公共关系实务的发展奠定了基础。更为重要的是，他促使公共关系走上职业化的道路，从此公共关系事业在美国各行各业中蓬勃发展起来。由此，艾维·李成为蜚声世界的公共关系专家，被人们尊称为"公共关系之父"。

毫无疑问艾维·李对现代公共关系的产生和发展做出了巨大的贡献。当然，由于时代的局限性和工作方法的限制，艾维·李时期的公共关系工作也存在一定的缺陷。缺陷之一就在于他虽然有丰富的公共关系实践经验，但没有构建系统而科学的公共关系理论，公共关系对他而言只是工作和艺术，而不是科学。真正为公共关系奠定理论基础，使现代公共关系理论化、科学化的是爱德华·伯内斯。

（三）伯内斯时期——公共关系理论化和科学化

如果说艾维·李对公共关系发展的贡献主要是开创了公共关系职业，那么，爱德华·伯内斯对公共关系发展的贡献主要体现为注重公共关系的理论研究，并努力使之形成一个独立的科学体系。

爱德华·伯内斯（1891～1995），奥地利人，1891年出生于维也纳，次年随父母移居美国，是世界著名精神分析学家西格蒙德·弗洛伊德的外甥，受其舅父的影响，他很注重公共关系的理论研究，并注意将理论运用于实践。伯内斯与艾维·李一样，都是新闻记者出身，1913年，22岁的伯内斯受聘于美国福特汽车公司，担任该公司的公关部经理。在职期间，它为该公司筹划并实施了一系列员工和社会服务、福利计划，树立了企业承担社会责任的榜样，为促进福特公司的发展起了重大作用。在他的努力下，福特"T"型车风靡美国，至1927年夏天总共售出1500多万辆；第一次世界大战期间，伯内斯受聘于总统威尔逊设立的官方公共关系机构"公共信息委员会"，专门负责向全球新闻媒介提供有关美国参战情况的背景和解释性材料；第一次世界大战后，伯内斯与夫人多丽斯·弗雷奇曼在纽约开办了公共关系公司，积累了丰富的公共关系经验，为日后撰写一系列公共关系著作奠定了坚实的基础。

案例 2-4

伯内斯纪念爱迪生的"灯光佳节"活动

在爱德华·伯内斯一生无数次的公共关系实践中，最为人们称道的，就是他发起组织的纪念爱迪生的"灯光佳节"活动。1929年10月21日晚，爱迪生的家乡——咸肯斯庄园里，明亮的灯光把漂亮的葡萄架照耀得分外美丽，这里正在举办庆祝爱迪生发明电灯泡15周年的"灯光佳节"活动。

人们注意到，当时的美国总统以及其他政界人物、社会名流都在人群中。这项活动就是伯内斯精心策划的。爱迪生作为美国伟大的发明家，被视为美国独立精神和科学创造精神的代表，纪念他当然是大家都极愿意参加的事情。

至晚上9时30分，庆祝活动达到了高潮：所有的灯光一下子全部都熄灭了，人们在漆黑的夜空中见到的是微弱暗淡的星光。为了纪念爱迪生，全世界的许多公共事业公司都在同一时间切断了自己的电源，为时一分钟。在这一分钟里，淹没在黑暗中的人们真切地感受着伟大的发明家爱迪生带给人们的福祉。

"灯光佳节"纪念活动举办得如此成功，以至于美国邮政总局专门为此发行了一枚两美分的纪念邮票。这个活动被人们盛赞为"和平时期美国举行的宣传活动"。1984年，电视台的节目主持人就公共关系的起源问题采访伯内斯时说："您使许多美国人做了许多您要他们做的事，您使全世界在同一时间灯光齐暗，无疑，这是一种极为强大的力量。"但伯内斯谦虚地说："我从来就不把它看做一种力量。我只不过把人们引导到他们希望去的地方罢了。"

1985年，93岁高龄的伯内斯仍在进行公共关系咨询、策划、宣传等工作。1995年，公关界的一代大师伯内斯逝世，享年104岁。

（资料来源：熊钟琪.公共关系教程.长沙：国防科技大学出版社，2006）

1923年，伯内斯出版了世界上第一部公共关系经典著作《舆论明鉴》（又译为《公众舆论的形成》），论述了公共关系的理论和实践。在书中，他首次提出"公共关系咨询"的概念，肯定了公共关系的职责不仅是向社会做宣传，同时也是向社会组织提供政策咨询。他还严谨地制定了公共关系活动由计划、反馈到评估的几个基本程序。同年，他把公共关系带入大学教育，以教授的身份在纽约大学首次开设并主讲了世界上第一堂公共关系课。此后，他又先后在夏威夷大学、波士顿大学开设课程，这为公共关系开辟了新的领地。1928年，伯内斯出版了新作《舆论》一书，使公共关系的基本原理和方法形成一个较为完整的体系。1952年，他又编纂了教科书《公共关系学》，从理论上对20世纪美国公共关系的实践进行了概括与总结。据统计，截至1978年，伯内斯已出版了16本有关公共关系、舆论和宣传方面的专著，参与撰写的公共关系著作达56本之多，发表了近300篇公共关系的论文。

爱德华·伯内斯无疑是公共关系实践和理论的集大成者，他是将公共关系从属于新闻出版界的地位中分离出来，使之成为一门独立而系统的学科的奠基人，是公共关系发展史上具有划时代意义的人物。伯内斯公共关系思想的核心是"投公众所好"，他认为组织开展的公共关系活动要有针对性，应该先了解公众喜欢什么，对组织有什么期待和要求，在确定了公众价值观和态度后，再进行公共关系工作。他还指出，在一定科学理论指导下进行的劝说活动具有巨大的威力，强调公共关系活动中组织与公众沟通的双向性。这就改变了艾维·李单向提供信息的工作方式，使之成为双向的信息沟通。因此，伯内斯时期的公共关系被称为

"双向沟通式公共关系时期"和"投公众所好时期"。

伯内斯时期公共关系发展的内容可概括为以下几点：第一，公共关系的信条——投公众所好，劝说的巨大威力要靠科学理论指导；第二，公共关系的特点——公共关系理论体系化、理论与实践一体化、公共关系意识跨入高层次；第三，公共关系的价值——创立了公共关系理论体系，是公共关系学科化、课程化的第一个里程碑，为公共关系的科学化奠定了理论基础。总而言之，伯内斯的主要贡献是他使公共关系走向科学化、系统化、规范化，并将其纳入高等学校的专业教育轨道。因此，伯内斯被世人誉为"公共关系泰斗"，美国《生活》杂志于1990年将其列入"20世纪100位最重要的美国人"。

（四）现代时期——公共关系的全新历史发展阶段

"二战"后数十年是公共关系稳定发展、成熟时期，公共关系从业人员的数量超过10万。这一时期，不断扩大的世界贸易和政治冲突，使公共关系实践延伸到全世界。加上电信的发展和交通运输的进步，为全世界带来了文明出现以来最密切的交往，在美国诞生和发展起来的公共关系传遍了全球。20世纪50年代以来，随着商品经济的繁荣、现代通信技术和大众传播的发展、民主政治的形成、现代管理理论的产生和人文主义思潮的兴起，公共关系得到了突飞猛进的发展，公共关系的理论和实践进入了一个全新的现代发展时期，主要体现在以下几个方面。

1. 公共关系的理论化和系统化

这一时期，涌现出一大批公共关系专家和大师，其中最具代表性的人物就是美国的斯科特·卡特利普和艾伦·森特。他们于1952年合著并出版了《有效的公共关系》一书，第一次明确提出了双向交流的公共关系原则，创造了公共关系的"双向对称"模式，本书成为一部集公共关系理论研究成果之大成的代表作，在其后的30多年中，共出过5个修订版，1985年第六版增加了一位新作者——格伦·布鲁姆，1994年第七版问世。经过不断充实新的研究成果、完善已有的理论体系和修订有关的事实及数据，这本书保持着永久的生命力，因而被誉为"公共关系圣经"。

该书中提出了著名的"双向对称"公共关系模式，主张社会组织与社会公众利益并重平衡，即在公共关系目标上，将组织和公众的利益放在同等重要的位置上；在公共关系方法上，坚持组织和公众之间的双向传播和沟通。这种利益双向均等、信息双向沟通的"双向对称模式"揭示了公共关系的本质规律，为国际公共关系界普遍接受。到目前为止，任何国家无论怎样开展公共关系活动，都未能超越卡特利普等人提出的以上原则，他们当之无愧地占据了公共关系思想发展的制高点。

美国另一位公共关系界的大师级人物——格鲁尼格，在其代表作《公共关系管理》中，提出并论述了公共关系实践的四种模式：①新闻代理模式，旨在通过新闻宣传制造轰动效应，以吸引公众的注意力，传播性质为单向，主要以巴纳姆为代表；②公共信息模式，偏重于经常性地对外发布信息，传播组织的真实情况，以便公众了解组织，传播性质也为单向，主要以艾维·李为代表；③双向非对称型模式，其核心是通过科学方法，诱导和劝服公众接受组织的有关观点，并进而支持组织的行为方式，其传播性质虽为双向，但在其组织和公众之间的效果并不平衡，相对来说只有利于组织，主要以爱德华·伯内斯为代表；④双向对称型模式，强调对话，注重坦诚、完整、准确的双向交流，目的是促进相互理解，其传播性质是双向的，且在组织和公众之间的传播效果是平衡的，因为公众能够像组织改变公众的态度和行为一样，也可以促使组织改变其行为，主要以卡特利普和森特为代表。

20世纪末，公共关系学者纷纷著书立说，对公共关系进行了系统的理论研究，重点研究公共关系的核心概念，提出了"组织形象说""沟通说""协调说"等；随后，"组织文化与公共关系""CI战略与公共关系"成为公共关系理论界研究的热点。到了21世纪初期，又提出"公共关系管理"概念，开始对"如何高效运用公共关系资源"进行研究和探索，力求科学、高效地运用公共关系提高社会组织的综合实力。

总之，这一时期的公共关系已经逐渐形成了完整的理论体系。公共关系从一种单向的劝服性活动，转为强调双方（组织和公众）利益、重视双向沟通的行为。因此，这一时期被称为公共关系的"双向对称时期"，也是公共关系的"现代时期"和"高级阶段"。

2. 公共关系在各国的推广及其发展

"二战"后，由于世界格局的变化，政治、经济和科学文化一体化趋势的日益加强，各国、各民族在诸多领域的沟通和联系也日益加强，加速了公共关系国际化的发展步伐。20世纪初期，在美国崛起的现代公共关系，以它特有的魅力很快传入西欧、亚洲各国，并迅速向全世界推广。

1920年，公共关系传入英国；1940年传入加拿大；1946年，公共关系在法国崭露头角，紧接着传入荷兰、挪威、比利时、联邦德国、瑞典、芬兰等国。欧洲大陆各国公共关系的主要特点是以对外界开放工厂或企业的形式推广公共关系，典型的有法国、德国和意大利。法国在战后的建设复兴过程中，发现对市民和职工家属开放工厂往往能收到较好的经济和社会效果，并能更好地树立形象，提高知名度。为此，法国的工商企业纷纷拟订自己的参观计划，积极与社会团体及教育机构保持密切的接触，加强与所在社区的联系。后来，联邦德国和意大利也纷纷着手推行类似于开放工厂的公共关系策划，以博取大众的支持。与此同时，各企业还积极开展公共关系实务，如20世纪60年代初，意大利航空公司在开通日本航线时成功运用了公共关系。他们在航线开通前3个月，就在日本举行盛大的记者招待会，公布通航消息，并将意大利著名诗人、画家等社会名流介绍给日本公众。日本所有的新闻传播媒介都充分报道了意大利航空公司，代表团到京都桂宫与奈良参观、品尝日本茶道等活动。同时，意大利航空公司又盛情邀请日本各界人士前往罗马，并特别安排了两名天主教中学生到罗马参观梵蒂冈。通过这一系列精心安排的公共关系活动，极大地提高了意大利航空公司在日本的知名度和亲切感，为开拓日本航线业务提供了极大的便利。

在拉丁美洲和大洋洲，20世纪50年代中期，公共关系便发展起来。1959年，墨西哥公共关系协会在墨西哥城召开泛美公共关系大会，美国和大多数拉美国家都出席了会议。在亚洲，日本的公共关系是随着第二次世界大战后美军进驻日本而传入的。1947年，美国当局为了向日本灌输西方文明，在日本各地政府设立"公共关系办公室"，公共关系的观念与技术逐步开始在日本传播和发展。随后，日本电通广告公司首任公共关系部长田中宽次郎搜集了有关公共关系的资料加以研究，把公共关系灵活运用于广告宣传，从而成为日本最早推广公共关系的人。公共关系成为一个独立的行业在日本得到发展是在1957年以后，当时日本企业兴起了海外贸易的热潮，企业的经营管理人员认识到公共关系在争取公众支持公司工作和接受产品方面的作用。于是，由日本人自己开办的公共关系公司陆续诞生。1964年，日本公共关系协会成立。其后，亚洲的其他国家和地区，如印度、印度尼西亚、菲律宾、泰国、新加坡、韩国、中国台湾、中国香港等，都纷纷开展了公共关系活动。自20世纪70年代开始，苏联和东欧各国，也引进和发展了公共关系。

毋庸置疑，公共关系已经成为一项全球性的事业，成为世界性的现代文明标志之一。

3. 公共关系传播手段的更新和公共关系教育的发展

21世纪，人们迎来了真正的双向沟通时代。微型电子计算机、有线电视、通讯卫星、移动电话、传真、条形码扫描仪、语音箱系统、互联网和万维网以及高科技手段的运用，为信息的传输和接收过程带来了技术上的革命，也为公共关系提供了重要的物质基础与技术支持，从根本上促进了沟通技术的进一步发展。随着公共关系事业的发展，公共关系也逐渐引进和运用了这些最新科技手段，在工作方法上有了新的变化，从而大大提高了公共关系工作的科学性和有效性。同时，公共关系也开始吸收传播学、行为科学、心理学、管理学、谈判学等学科的知识，研究公众心理和公众舆论，策划公共关系项目和工程、协调组织的内外部关系，使公共关系在社会生活的各个领域发挥更加重要的作用。

公共关系的教育事业也蓬勃发展起来。社会对公关人员的需求量急剧增加，对其专业水平和素质的要求也越来越高，这必然推动和促进了公共关系行业的壮大与发展。继伯内斯首开公共关系课以后，美国公共关系协会创始人之一莱克斯·哈罗博士也于1937年在美国斯坦福大学教育学院开设公共关系课；1947年，波士顿大学创办了世界第一所公共关系学院；20世纪50年代，许多大学也纷纷开设公共关系专业，一些学校还设立了公共关系学学士、硕士甚至博士学位，提高了人才培养的层次与规格。1968年，英国著名公共关系专家萨姆·布莱克教授和弗兰克·杰夫金斯教授等开办公共关系学院，讲授公共关系课程。他们对公共关系的研究及其教育实践，进一步丰富了公共关系的理论，促进了国际公共关系的繁荣。据不完全统计，目前仅在美国就有400余所大学开设公共关系课程，有近100所大学培养具有学士、硕士和博士学位的公关专业人才。除此之外，还有相当多的各类培训机构为公共关系人员的培养做出了贡献。

4. 各国公共关系协会的成立

在公共关系理论研究取得重大突破的同时，公共关系实务也在全世界各个国家、地区得到突飞猛进的发展。由于社会各方面的需要，公共关系自20世纪60年代以来在世界范围如火如荼地展开，成为当今世界发展最快的行业之一。各种公共关系协会、顾问公司犹如雨后春笋般生长起来，推动各国公共关系事业蓬勃发展，形成了国际公共关系事业空前繁荣的局面。

1926年，英国成立了第一个正式的官方公共关系机构——皇家营销部，运用一切力量开展全方位的公共关系活动，取得了惊人的成功；1940年，第一批公共关系协会在加拿大蒙特利尔和多伦多成立；1946年，荷兰出现首批公共关系事务，紧接着挪威、比利时、瑞典、芬兰、联邦德国相继成立了公共关系协会；1947年，英国公共关系协会成立，该协会现已发展成为欧洲最大的职业公共关系组织，拥有来自50多个国家和地区的2500多名会员；同年，美国将公共关系引入日本，设立公共关系机构，并举办各种讲习会、训练班；1948年，美国成立了全国公共关系的最高组织——美国公共关系协会，并制定了《公共关系人员职业规范守则》；同年，英国公共关系学会在伦敦成立；1949年，法国巴黎成立了由公共关系从业人员组成的"玻璃屋俱乐部"；1954年，意大利公共关系协会在罗马成立；1955年，法国成立公共关系协会；1955年5月，国际公共关系协会在英国伦敦成立，标志着公共关系作为一门世界性的行业独立存在，其总部现在瑞士日内瓦，会员逾千人，遍布欧、美、亚、非各大洲的60多个国家和地区；1959年，欧洲公共关系协会在比利时成立；

1964年，日本公共关系协会成立；1966年，中美洲公共关系协会联会在阿根廷圣胡安成立；1967年，亚洲公共关系联盟成立，同年，泛太平洋公共关系联盟在夏威夷檀香山成立；1969年，法国政府设立了公共关系部；1975年，非洲公共关系联盟在肯尼亚成立；1980年，北美公共关系委员会成立；1996年，拉美国家公共关系从业人员团体在波多黎各的圣约翰聚会，成立公共关系协会联盟，与此同时，澳大利亚和新西兰相继成立了公共关系协会。这一切无不表明，公共关系已在世界范围内成为一项真正的专门化职业、一门独立完整的新兴学科。

5. 公共关系的职业化和各国公关公司的成立

公共关系在各行各业中日益发挥着独特的功能，逐渐从经营管理职能和行业中分化出来，成为一种独立的、时髦的、热门的职业。美国自1908年电话电报公司设立第一个公共关系部以后，其他企业纷纷效仿，企业公共关系部迅速发展起来。到1980年，美国500家最大的实业公司中有436家设有公共关系部，全美85%以上的企业都设有公共关系机构，并外聘公共关系顾问，这些公司为公共关系提供的全部预算每年超过了20亿美元。

各种专门的公关公司在全世界很多国家纷纷成立。1957年日本成立首家公共关系公司——日本东京伊努公关公司，它为美国特民科技发动机公司策划的"日本售后汽车配件非标准化"公关活动荣获1996年度世界公共关系金奖；新加坡MAGF公关公司是新加坡最大的独立公关咨询公司，在财经传播领域独领风骚；芬兰Wasala传播公司是世界传播集团的分公司，在科技传播方面走在前列。20世纪80年代初，美国的公关公司就有近2000家之多，这些公共关系公司帮助经济组织实现大型商业计划，在经济停滞、萧条中为重新获得公众的理解、信任和支持发挥了重要作用。目前，国际型大公共关系公司主要有安可顾问有限公司、博雅公关有限公司、爱德曼国际公关有限公司、福莱国际传播咨询集团、伟达国际公关顾问公司、凯旋公关公司、奥美公关国际集团、培恩国际公关公司、罗德公关公司、万博宣伟国际公关公司等。当今世界最大的公共关系服务网络是美国的"世界传播集团公司（Worldcom Group）"，该网络由36个国家和地区的105个独立的公共关系服务机构组成，客户遍布美、欧、亚、非等地。

随着公共关系职业化程度的提高和公共关系机构的发展，公共关系行业的从业人员也迅速增加。20世纪50年代，美国公共关系从业人员有2万多人；到60年代后增加到10万人；进入80年代，公共关系从业人员达到20万人。每年支出的公共关系费用达几十亿美元，仅政府雇用公共关系人员的费用就达25亿美元。20世纪90年代初，有关机构对世界公共关系市场做过调查。数据显示，全球公关市场业务量每年增长率约为20%，其中欧洲市场业务量达到35%左右，亚洲市场业务竟高达100%。

案例 2-5

电视辩论：肯尼迪与尼克松的角逐

电视辩论是美国总统大选中一道独特的风景：候选人在镜头前唇枪舌剑，展示政治智慧和个人风采，为自己赢得选票。许多人认为电视辩论是美国总统选举过程中最具观赏性的环节，但对候选人而言，这无异于"面对几千万考官的求职面试"，稍有不慎就会前功尽弃。在过去的半个世纪里，许多候选人就是因为在这个环节出了差错，最终"倒在白宫门口"。

1960年9月26日，在芝加哥哥伦比亚广播公司的一个电视直播间里，两位年轻的政客理查德·尼克松和约翰·肯尼迪站在摄像机和聚光灯前，第一次通过电视辩论，进行白宫宝座的角逐。当时美国拥有电视的家庭已从1952年电视刚出现时的1500多万家发展到6000多万家，而且彩色电视也逐渐普及，很多家庭已拥有数台电视。

尼克松当时是美国副总统，肯尼迪不过是马萨诸塞州一名资历尚浅的参议员，此前许多人认为这将是一场一边倒的竞赛——经验老到的尼克松肯定会胜出。但是，电视屏幕改变了一切。尼克松的脸形棱角突出，好出汗，再加上刚动过膝盖手术，脸色苍白，身体消瘦，还发着烧。好"铤而走险"的尼克松拒绝电视顾问费尽心机为他设计的补救之道。相反，肯尼迪却与电视导演精密策划，养精蓄锐，精心彩排。如果你在广播中收听这场辩论，你会认为两个人旗鼓相当，不分高下，但是观众在电视屏幕上见到的却是一脸憔悴的尼克松PK阳光活力的肯尼迪：一个是两眼深陷、面色苍白、大汗淋漓、声嘶力竭的形象；一个是意气风发、红光满面、从容论道、挥洒自如、活力四射的形象。

当年参加现场直播的桑德尔·范奴克回忆说："我注意到副总统嘴唇附近满是汗渍，肯尼迪则非常自信，光彩照人。"这是美国总统竞选史上第一次电视竞选，所以选民们注意的并不是双方的政见，而是他们的仪态风度。"形象"的好恶决定了选票的投向，尼克松因此而败北。美国东北大学专门研究总统辩论的新闻学教授阿兰·施罗德指出："肯尼迪在第一场辩论中就确立了压倒性优势，尼克松想要翻盘是极其困难的。"事后肯尼迪也表示，如果没有电视辩论，他很难入主白宫。

1968年尼克松再次竞选时，接受前次的教训，雇用了一批公共关系及广告专家，为他精心设计电视形象，结果竞选取胜。

第二节　中国公共关系发展概况

一、中国早期的公共关系思想与活动

中国是人类四大文明古国之一，无论是在早期的著作中，还是在统治阶级的政治活动、外交活动、军事活动以及人们的日常生活中，都蕴藏着较为深刻的公共关系思想和较为丰富的公共关系活动。

（一）中国早期公共关系思想

西周末年，就有人对贪财好利、暴虐骄奢的周厉王提出了"防民之口，甚于防川"的劝谏，意思是用暴力堵住人民的嘴巴，比堵住河水不让它流还要危险。这一观点强调民众言论与政权的关系，表明当时已有人认识到社会舆论的好坏直接关系到政权的巩固与否。

春秋战国时期，诸子百家争鸣，他们从各自的学派立场出发，就如何处理人文关系进行论述，如老子提倡"鸡犬之声相闻，民至老死不相往来"的小国寡民思想；墨子主张"兼爱、非攻"的与人为善的交往原则；兵家认为"攻城为下，攻心为上"，推崇"不战而胜"，不迷信暴力；法家以"性恶说"为其理论根据，向帝王宣扬"法""术""权""势"的治民之道；纵横家则主张"远交近攻"的外交政策，等等。在这方面更为系统、成熟的认识，则首推以孔孟为代表的儒家。

儒家思想是我国传统文化的重要文化精神，在中国历史上占据很重要的地位，在2000多年的封建社会中被奉为正统思想，长期占有"独尊"的地位。儒家思想的主要内容是以

"德"和"礼"治国，坚持"亲亲""尊尊"的立法原则，维护"礼治"，提倡"德治"，重视"人治"。其核心是"仁"，主张施行仁政、王道，以"仁义"来维持国家秩序，树立国家形象。从其实质而言，儒家思想可以说是社会伦理学与社会管理学。它对中国的影响不仅体现在政治、经济、文化等方面，还体现在每个中国人的行为和思维方式之中。

儒家思想在重视"诚信"的同时，还特别强调"人和"。孔子曾说："和为贵，礼为尚。""有朋自远方来，不亦说乎！"孟子明确提出："天时不如地利，地利不如人和。"这里所说的"人和"，是指人与人之间的协调关系。孟子把追求"人和"，创造一个良好的人事环境和组织环境摆在克敌制胜诸多条件的首要位置，突出了"和"在关系协调中的重要位置，恰恰同现代公共关系活动遵循的基本原则和美好目标一致。正因为如此，有人把公共关系称为追求"人和"的艺术。

总之，儒家学说为政权组织的公共关系理论确定了基本核心，成为统治集团和一切社会组织开展公共关系工作的出发点和归宿，对现代社会组织开展公共关系有着重要的启迪意义。

（二）中国早期公共关系活动

中国古代时期，在政治活动、外交活动、军事活动和人们的经济活动中，都可以发现公共关系的实践活动。

公共关系活动在我国4000多年之前的原始社会就出现了。当时，部落联盟的首领们在遇到重大事务进行决策时，要"咨四岳"，即召开部落联盟首脑会议，沟通信息，协调关系，统一认识。在原始神话中，相传尧、舜、禹是中华民族原始部落时期的杰出领袖，受到历代人民的崇敬。关于他们的传说有很多，其中部落联盟民主推选氏族首领的"禅让"故事就反映了协调统治关系的思想。禹是我国妇孺皆知的英雄人物，他为了治水，"合诸侯于涂山"，通过会议使大多数部落首领认识到治水是为了各部落的共同利益，得到大家的支持。大禹在治水期间"三过家门而不入"，为他树立了良好的口碑。可以说，大禹治水的成功是我国历史上公共关系的巨大功绩。据史书记载，禹作为古代部落联盟大酋长，非常擅长演讲，懂得自我宣传、笼络人心。禹之所以能够被后人尊为治洪水的神人，除了他治水的功绩外，还在于他善于塑造自身形象。

据《尚书·甘誓》记载：大约公元前2100年，夏启在与有扈氏决战于甘之际，对将士们做了78个字的战前动员，这个鼓动性极强的演讲使将士们团结一致，同仇敌忾，取得了胜利。在稍后的商朝，商汤为了战胜夏桀，也在"鸣条之野"（鸣条，今河南省洛阳市附近，一说在今陕西省运城市夏县之西）对将士们做了战前动员。一段鼓舞士气、激发斗志的战前动员，能让原本平凡的将领变成下山的猛虎，能让原本懦弱的军团变成无坚不摧的利剑，战前动员实质就是一种沟通手段。有一则故事很有意思，是说卧薪尝胆10年后出兵伐吴、报仇复国的越王勾践，行军到了郊外时，遇见一只好像发怒的大青蛙，就立即停下来，手扶车前横木，站起身来向它致敬。众人不解其意，勾践说："我看这只发怒的青蛙，就像一位渴望战斗的勇士，因此对它十分敬佩。"全军上下得知此事后，深受感动，纷纷表示："大王如此尊敬怒蛙，我等受大王数年培养，难道不如一只青蛙吗？"于是，将士们互相劝勉，士气倍增，奋勇杀敌，终于攻灭了吴国。从现代公共关系的眼光看来，勾践运用"激励的理论"搞好组织内部关系，使全军上下产生了强大的凝聚力，从而达到了同仇敌忾、克敌制胜的目的。

春秋战国时期是中国历史上一个巨变时期，也是中国早期公共关系思想和实践得到长足发展和运用的时期。当时，中国的思想言论较为自由，百花齐放、百家争鸣的文化盛世，把中国文化推向了一个绝无仅有的最高境界。由于领主之间不断发生兼并战争，阶级分化复杂，经济制度变革，各个统治集团为了巩固政权，争当霸主，纷纷雇用专职人员四处游说，宣传各自的主张。这些专司游说宣传的"说客"和"唇枪舌剑者"，就是所谓的"士"。他们的职责就是树立各国君主的形象，协调天下诸侯之间的关系，为其领主谋求本国军事和政治的发展、壮大，实质上相当于现在的公共关系人员。纵横家苏秦和张仪，皆以出奇制胜的辩才在政治军事活动中发挥了不可忽视的作用。苏秦，奔波于山东六国，采用游说手段，靠三寸不烂之舌，向秦国以外的其他六国宣传自己的"合纵"主张，影响公众和社会舆论，终于说服了赵、齐、楚、魏、燕、韩六国结成同盟，以对付秦国的吞并；而魏国人张仪，则宣传"连横"的主张，凭自己的如簧之舌四处游说，离间各国关系，采取各个击破的策略，瓦解了六国联合的政治军事同盟，使得秦国出兵夺取了楚国汉中。苏秦和张仪等所从事的这种"国际间"的游说、宣传、劝服和沟通活动，类似于现代公共关系活动。

这种谋士游说之风，进一步推动了舌战宣讲艺术的发展。战国时期的君子士大夫手下常常有许多幕僚策士，特别是当时以齐国孟尝君为代表的"四君子"，家里都养了成群的门客，他们善于收集信息情报、提供参谋意见、进行外交宣传和说服等，帮助统治者争取民心或动摇敌心，为统治者在民众中树立美好形象和良好口碑，以维护和巩固统治者的地位。据《战国策·冯谖客孟尝君》记载，孟尝君礼贤下士，门下食客三千，其中有一个叫冯谖的读书人。有一次他奉孟尝君之命去领地薛邑收债，等债券核对完毕后，他假传孟尝君的命令，把所有的债款全部赐给了百姓，并且把债券全部烧掉。回到齐都后，他告诉孟尝君："我给您买回了'义'。"孟尝君不解。冯谖说："您的领地是小小的薛邑，不好好体恤薛邑的子民，反而像商人一样，从他们身上榨取利息。我便私自假托您的命令，把所有的债款全部赐给了百姓，把债券全部烧毁，百姓因而都高呼'万岁'，这就是我所说的为您买回来的'义'。"后来，孟尝君政治上失意，只好回到自己的封地薛邑。当地百姓扶老携幼，在半途迎接孟尝君。孟尝君对冯谖说："先生为我买的义，我现在感受到了。"正是冯谖当年"焚券""市义"的策略，为孟尝君积累了民心，使他后来东山再起，不但实现了自己的政治抱负，而且在齐国激烈的政治斗争中，地位一直坚如磐石，"为相数十年，无纤介之祸"。这一切都与冯谖的出谋划策是分不开的。冯谖的高明之处在于他看重民心而不是注重眼前利益，他善于利用复杂的外交关系，为孟尝君树立良好形象，提高孟尝君的地位和价值。从现代公共关系的角度来说，冯谖当时已预测到孟尝君的政治危机，深谋远虑地为他做了"公关投资"。

子产不毁乡校

春秋时期，郑国人喜欢聚集在乡间的学校里，七嘴八舌地议论国家主政的官员。大夫然明便对子产说："下道命令，不让他们聚集议论，以免是非，可不可以呢？"子产说："为什么要这样做？那些人早晚聚集在一起休息、谈笑，当然要议论我们把国家治理得好坏。他们肯定的，我们就努力去做；他们讨厌的，我们就马上改正。他们是我们的老师啊。为什么要打击他们呢？我只听说忠诚为善可以减少怨恨，没有听说以势作威就能防止怨恨。如果作威防怨而不能止住怨恨，就会像大河决口，我就无法救治了。所以，不如开个小缺口，让人们的怨恨有发泄的渠道，我就能从容地听从并改正了。"然明被子产的话折服了，弱小的郑国也在子产的开明治理下，出现了政通景明的气象。

这则故事中包含着早期公共关系的思想，它表明中国古代一些开明的统治者和思想家早已注意到民意和舆论在国家政治生活中的重要性。对于乡人聚会议政的乡校，子产把它作为获取群众议论政事的反馈信息的场所，而且注意根据来自公众的意见，调整自己的政策和行为。子产执政后，重视听取百姓的议论，还把刑书铸在鼎上公告于世，努力疏通统治者与被统治者之间的关系，颇得百姓的爱戴，从而使郑国强盛起来。

中国早期的公共关系活动不但在政治、外交和军事生活中屡见奇效，而且在经济生活领域更是发挥着极其重要的作用。尤其是在古代商业活动中，人们都自觉和不自觉地运用各种传播手段和沟通技巧来宣传自己，树立自己的良好声誉和形象，以便招揽顾客或者实现自己的经济目标。如古时"酒肆""茶楼"门前挑出一面旗帜，上面写着一个大大的"酒"或"茶"，类似于今天的广告宣传，正如《元曲·后庭苑》中所言："酒店门前三尺布，过来过往寻主顾。"各类商铺门前那些五花八门的招牌，就更具公共关系色彩了，如有的店铺门上挂着"百年老店""老字号""祖传秘方"等匾额，目的就是让人们知道这家店历史悠久、牌子老、质量可靠、信誉良好；许多商店常用"公平交易""如假包换""童叟无欺"字样的横幅，这是对正派的经营作风、诚实的经营态度的宣传，以此赢得顾客的信任。近代史上的商业名城广州，类似于今天公共关系的活动更为频繁，也更为典型。如旧日的广州茶楼一直是人们互通信息、洽谈业务、搞好同行间关系的重要场所。广州市民沿袭至今的饮茶风俗，最初就是为了适应商业行业间交往的需要形成的。还有民间古代广为流传的"和气生财"的经商准则，就是公共关系所追求的"人和"思想在古代商业交往活动中的运用。

在古代国际公共关系活动中，我国也写下了光辉的篇章。比如汉代张骞出使西域，历尽艰难险阻，开辟了汉与西域各国的经济文化交流通道。这是人类的一次冒险活动，它开辟了中西文化交流的一个新纪元。实际上，这可以说是中国古代一次规模宏大、艰苦卓绝、富有成效的国际公共关系活动。明朝郑和下西洋也是古代典型的国际公共关系活动。郑和七次远航下西洋，历时28年，途经30余国，最南到爪哇，最北到波斯湾，最西到非洲东岸索马里。他率领船队，每到一地都赠送礼品，以丝绸、瓷器等物品与当地的物产进行交换，并与其建立友谊，促进了中国与亚非各国的经济文化交流，在世界公共关系史上占有十分重要的地位。

综上所述，在中国古代历史上，可以找到大量公共关系的早期思想和实践活动，与古希腊、古罗马、古巴比伦的公共关系思想萌芽相比，它同样历史悠久，带有人类早期文明的特点。概括来讲，中国早期公共关系具有两个基本特点：第一，从自觉程度来看，当时人们所开展的各种沟通、协调活动带有明显的自发性和盲目性；第二，从发挥作用的社会领域和范围来看，由于当时社会生产力相对低下，经济相当落后，人与人之间的经济关系还比较简单，人类早期的公共关系活动主要发生在政治领域，带有强烈的政治色彩和伦理色彩。因此，从严格意义上说，中国古代类似于现代公共关系的这些思想和活动，也只是公共关系的萌芽，还不能称为公共关系。随着社会的不断进步，公共关系思想和活动才逐渐得到丰富和发展，它所发挥的社会作用亦日益明显。

二、公共关系在中国的传播与发展

20世纪60年代，美国、日本和西欧国家的一些跨国公司在我国台湾、香港地区开始设立子公司，这些子公司按照母公司所在国模式设立了公共关系部，聘用受过专业训练的公共关系人员从事公共关系工作，使公共关系一开始就具有较高的发展水平。此后，各种类型的企业、酒店和宾馆等也都纷纷设立了自己的公共关系机构，公共关系从业人员日渐增多，公共关系人员的教育、培训以及公共关系的理论研究水平不断提高，使得公共关系的社会影响和在经济活动中发挥的作用越来越大。就这样，公共关系在香港、台湾地区流行起来。到20世纪80年代初，公共关系作为一种新的经营管理方法和技术，随着改革开放的大潮，由南向北、从东到西、由沿海向内地，在中国的大江南北全方位地迅速传播开来，并逐渐从服务业、旅游业拓展到各行各业。

由此可知，公共关系真正步入中国大陆，并在理论上被认可、在实践中被加以系统运用，迄今只有30多年的时间。虽然中国公共关系事业起步较晚，但它一旦萌发，就立即受到人们的普遍重视，得到较快的发展。随着我国改革开放的不断深入，特别是社会主义市场经济的不断发展，公共关系就像一股清新的空气涌动在祖国大地，并在短短的几年间掀起了一股学习公共关系、研究公共关系和从业于公共关系的热潮。公共关系在中国的传播和发展大致经历了以下几个阶段。

（一）引入传播时期（20世纪80年代初期至中期）

现代公共关系真正开始引入并在我国传播，大概是在党的十一届三中全会后到1984年间。由于我国东南沿海地区经济比较发达，又是我国对外开放的窗口和门户，所以，公共关系在我国的传播和发展呈现出由南向北、由东向西的发展格局。

我国现代公共关系最初发端于沿海地区。在改革开放政策的引导下，1980年，《广东省经济特区条例》颁布，设立了深圳、珠海、汕头三个经济特区。此后不久，深圳和广州的一些外商独资或中外合资的企业，特别是合资的宾馆、饭店，出于工作的需要，率先依照国外现代企业的模式设立了公共关系机构，开办起公共关系业务。紧接着，北京、上海等地的一些中外合资或独资的宾馆、饭店，也都陆续设立公共关系部，并着手开展公共关系业务。从一定意义上讲，开创我国现代公共关系事业的先头兵，当数国内一批具有较高经营管理水平的宾馆、饭店。例如：1983年9月，广州的中国大酒店在国内最先成立了公共关系部；广州中外合资的白天鹅宾馆，于1984年5月按海外模式设立公共关系部，其公关活动在团结内部职工、吸引国外顾客、提高知名度等方面很快显示了现代公共关系的魅力。紧随其后的是广州南湖游乐园、东方游乐园、广州花园酒店等一大批中外合资企业，它们参照国外及中国香港、中国台湾模式，设立了公共关系机构，开展了卓有影响的公共关系活动，扩大了公共关系影响。

北京长城饭店在世界首次"亮相"

1983年在北京正式开业的长城饭店，是我国同美国合资兴建的第一座五星级饭店。开业伊始，饭店面临的最大问题是怎样招来顾客，也就是解决所谓资源的问题，从而保证饭店有较好的经济效益。

在讨论这个问题的会议上,不少人提出从饭店的流动资金中,抽出一笔费用,在报刊、电台和电视台开展一次广告战,以吸引顾客。但是,长城饭店领导算了一笔账,国内的电视广告,播映半分钟大约需付广告费数千元。如果每天播几次,一个月至少需要几十万元。况且长城饭店的主要客人来自海外和港澳等地,国内的电视广告对他们并不会起什么作用。而海外的广告费用更是高得惊人。何况长城饭店的资源不限于一个国家。如果到各个国家做广告,那广告费用岂不是"天文数字"?

究竟如何招来顾客,让世界各地的公众都知道中国北京有一个世界一流的大饭店——长城饭店呢?这就需要饭店的公关部门设计一系列公关活动来达到自己的目的。饭店从美国请了一位具有丰富公关经验的小姐主持公关工作。这位当过记者、熟谙公关技巧的小姐非常懂得新闻媒介在公关中的地位和作用。她知道,只有充分发挥新闻媒介的作用,长城饭店才能在公众心中树立起良好的形象。她懂得报纸、杂志、出版社、电台、电视台等大众传播媒介的记者、编辑既是公共关系人员赖以实现公共关系目标的重要媒介,又是公共关系人员必须努力争取的重要对象。作为公共关系人员,应该加强同新闻媒介的联系,同记者、编辑交朋友。于是,她首先把公关的目标集中在大众传播媒介的编辑、记者身上。她要让这些编辑、记者成为长城饭店的代言者。

她知道记者是"无事不登三宝殿"的。那么怎样才能把记者吸引过来呢?在一段时间里她一直苦苦地寻找机会。1984年12月22日,这个机会终于被她抓住了。这一天美国总统竞选要展开电视辩论,里根和蒙代尔将在电视中唇枪舌剑。她意识到这是举世瞩目的新闻。经过一番策划,她提议在长城饭店内举行一次在我国前所未有的实况电视转播活动,邀请各国驻京的外交官、记者等前来收看。她坚信,这些记者来长城饭店收看美国总统竞选的情况后,一定会往他们的国家发报道,在这些报道中,就必然要提到在长城饭店收看,这岂不是让全世界的记者做了一次不付钱的广告?

但是,要播卫星转播必须取得播映权,并且还得经过美国电视台的同意,这些都得花钱,而且数额不小。长城饭店才开张,经费不足,显然很难负担这次公关活动的开支,唯一的办法是寻找资助单位。来自美国的公关小姐充分利用了她的关系网络,说服美国驻华大使馆同意负担这次公关活动的费用。经费落实后,长城饭店又请求中央电视台在技术上给予支持和帮助,中央电视台欣然答应。

12月22日,通过卫星实况转播美国总统竞选的活动,在长城饭店如期举行。世界各国驻华记者蜂拥而至,转播结束后,这些记者果然纷纷"笔下生花",向各国发去一篇篇报道,"北京长城饭店"的名字自然随之传遍全球,全世界的众多读者从记者发回的电讯稿中,知道中国有一家一流的饭店——长城饭店。长城饭店的这次影响全球的广告宣传,不仅没花一分钱,还因饭店向每位收看转播的来宾收了20元茶点费,获得了一笔可观的经济收入。

(资料来源:上海公共关系协会.公共关系案例选.上海:上海科技出版社.1988,略有改动)

长城饭店这次向全世界"亮相"的公关活动,无疑是成功的。这一时期,公共关系实践活动主要集中在大型宾馆、酒店和饭店等服务行业,尤其是在经济发达地区的星级酒店,公共关系部的作用比较突出。由于星级酒店的行业特殊性,加上星级酒店具有较高的管理能力和策划水平,具有较为规范的管理体制和服务标准,所以大部分酒店的公共关系部门是严格依照国际规范建立和运作的,其主要职责是设计有利于酒店的企业形象、协调酒店的内外关系等。在这些企业担任公共关系部经理的主要是受过新闻、传播、公共关系等专业训练的香港人或美籍华人。如：中国大酒店的首任公关部经理、美籍华人田士玲女士，毕业于美国加利福尼亚大学新闻广播系，20世纪80年代里根竞选总统期间，曾任里根西部助选团的经理；第二任公关经理常玉萍女士，毕业于香港中文大学，主修新闻学，曾任职于亚洲最大的广告公司——奥美广告公司，她在广州为公共关系的传播和普及做了大量工作，曾被评为"广州十大杰出青年"。1985年拍摄的电视连续剧《公关小姐》，就反映了广州的中国大酒店的公关活动，田士玲和常玉萍的公关业绩，在这部电视剧中得到生动再现，成为国人心目中的公关神话。这部电视剧既有效地传播公共关系的观念和知识，也反映了我国公共关系发展初期的基本情况。随着电视剧的播出，"公共关系"一词也传遍了千家万户。

1984年以后，公共关系开始从服务业、旅游业扩展到工商企业。1984年11月，广州白云山制药厂成立了中国内地第一家国有企业的公共关系部，决定每年拨出占总产值1％的款项作为公共关系专项费用，用于信誉投资。公共关系人员通过举办"文化沙龙"等公共关系活动，在调节领导者与员工、员工与员工之间的关系，增强企业凝聚力等方面取得了突出成绩。在短短的几年里，这个原来只有200平方米厂房的企业就发展成为一个总厂辖四个分厂、以制造中成药为主的大型外向型企业，1987年总产值达3亿元人民币，这同企业开展卓有成效的公共关系工作是分不开的。

广州白云山制药厂的"信誉投资"

1984年，广州白云山制药厂率先挂出了国内第一块国有企业公共关系部的招牌，并注资120万元，开展公共关系活动，这是一个敢为人先的大手笔。在世界范围内，人们认为卓越的公共关系管理的"信誉投资"也就是0.8％的概念，而广州白云山制药厂却拨出了占年产值1％的资金用于社会服务与体育赞助。随后，白云山制药厂一发不可收拾，举办了广州"白云山杯"城市国际足球赛。广州歌舞团也被其收入麾下，白云山制药厂随着足球和歌舞团的南征北战而威名远扬。

（资料来源：王伟娅. 公共关系理论与实务. 北京：清华大学出版社，2009）

随着我国改革开放的顺利进行，大批国外企业到中国投资经商，引起了国外公共关系公司的注意。1984年10月，世界第二大公共关系公司——美国的希尔·诺顿公司在中国北京设立办事处，成为第一家在中国开办公共关系业务的外国公关公司。

公共关系的兴起，引起了国内新闻界、学术界和教育界的广泛关注，他们对公共关系做了大量的宣传、介绍和普及工作。1984年12月26日，《经济日报》刊载了长篇通讯《如虎添翼——记广州白云山制药厂的公共关系工作》，详细报道了广州白云山制药厂的公共关系工作，并配合发表重要社论《认真研究社会主义公共关系》，对公共关系的引进和发展提出了原则性的看法和指导意见。这是我国官方报刊首次发表关于公共关系的文章，在全国影响很大，对于打破当时人们的思想禁锢、推动我国公共关系事业的发展起到了积极作用。接着，《文汇报》《世界经济导报》《中国青年报》《北京日报》《广州日报》等35家报刊先后载文报道或评论公共关系，介绍国外公共关系，报道和宣传国内公共关系事业的发展情况，阐述或评析中国开展公共关系的必然性和必要性，这标志着现代公共关系在我国已经确立。仅仅几年的时间，公共关系就在中国由南向北、由东向西逐渐传播开来。

但是，这一时期中国公共关系还没有形成自己的公共关系思想体系和操作规范，主要是引进国外的理论和操作规则。因此，这一时期是公共关系理念和方法的引入传播时期，即把国外的公共关系运作模式、运作程序、管理经验及具体做法引入我国。由于人们对公共关系缺乏系统的认识，公共关系的运用较多采取简单照搬或模仿外国公共关系的方式。

（二）自主发展时期（20世纪80年代中期至90年代初）

随着公共关系活动的不断推进，作为舶来品的公共关系已经在我国正式落户。到20世纪80年代中期，公共关系事业已蔚然成风、遍地开花，公共关系作为"拿来"的事业经过本土的消化吸收已有了良好的发展势头。这一时期，不仅有一大批大型企业先后设立了公共关系部，而且一些较先进的中小企业也设立了自己的公共关系机构，开展了卓有成效的公共关系工作。还有一些企业，虽尚未设立专门的公共关系部，但也增强了公共关系意识，采取了切实可行的公共关系措施，开展了各种富有特色的公共关系活动，这些都有效地促进了公共关系事业的职业化和公共关系研究的学科化，公共关系进入了一个自主发展的新时期。

1. 各种公共关系组织相继建立

1985年8月，世界第一大公共关系公司——博雅公司，与中国新华社下属的中国新闻发展公司签订协议，成立中国第一家独立的公共关系公司——中国环球公关公司，为在中国从事外贸的外国机构提供公共关系服务。同年，中法公关公司成立。随后，中国公共关系公司、杭州国际公共关系公司等一批公共关系公司先后成立。1986年11月，我国内地第一家省级公共关系组织——上海市公共关系协会成立；1987年5月，国家体改委正式批准成立中国公共关系协会，同年6月22日，中国公共关系协会在北京召开成立大会，安岗任协会主席；同年8月，浙江省公共关系协会成立，并创办了全国第一份《公共关系报》；1988年1月起，天津、陕西、黑龙江、广东、贵州、辽宁、湖南、福建、山东、甘肃、广东等省市相继成立了地方公共关系协会，这些公共关系组织为促进我国公共关系事业的顺利发展做出了突出贡献。

2. 公共关系教育迅速发展

自1985年以来，全国各地分别采取不同的方式，开展了丰富多彩的公共关系教育培训工作，培养了不同层次和多种类型的公共关系工作人员，为我国公共关系事业的健康顺利发展做出了重大贡献。具体来说，我国公共关系教育具有以下特点。

一是采取短期培训的方式，使很多工作人员了解和掌握公共关系的基本知识和精神。如1985年1月，深圳市总工会最先创办公共关系培训班，开我国公共关系培训事业之先河；同年4月，北京师范大学开设公共关系讲座；6月，北京大学研究生院举办公共关系讲座；1985年下半年，中山大学与广州青年经济协会、广州财贸管理干部学院联合举办了三期公共关系讲习班，为公共关系的及时传播和普及做出了重要贡献。此后几年间，全国各地的大专院校、企事业单位以及各种社会团体，都相继在不同地区和不同范围内举办了各种形式的培训班。

二是对广大在职人员进行系统的公共关系专业教育，使广大在职人员既能较系统全面地掌握公共关系的基本理论和知识，又能紧密结合各自的工作实际学以致用。如深圳大学举办的新闻与公共关系专业函授、中国公共关系专业委员会举办的公共关系函授、兰州大学举办的新闻与公共关系专业函授以及其他地区和单位举办的各种专业的函授教育，都是根据我国公共关系事业发展的需要和公共关系工作人员的具体特点开展的行之有效的教育。

三是我国公共关系高级专门人才的培养已开始起步。1985年9月,深圳大学由当地政府批准设立了我国首家大专层次的公共关系专业,开设公共关系的必修与选修课程,从此公共关系被正式列入我国大学课程,登上高等学府的讲坛。1987年2月,国家教委在广州召开的经济管理类专业目录审议会上,提出在高等院校设立公共关系专业,并把公共关系课程列为若干专业的必修课和选修课。在以后的几年中,深圳大学、复旦大学、中山大学、杭州大学、国际关系学院、南京大学、兰州大学等百余所大学相继开设了公共关系课程,有的还创办了专科或本科公共关系专业。这对于我国公共关系正规教育的发展有着十分重要的意义。

总之,这一时期,我国公共关系人员的教育、培训已初具规模,并逐渐向规范化和系统化的正规教育过渡。

3. 公共关系理论研究取得成果

随着我国公共关系实践和公共关系教育的发展,一大批有识之士开始结合中国政治、经济和文化的特点来探索中国公共关系的一些重大理论问题,从而在我国学术界掀起了一股研究公共关系的热潮。其显著标志就是大量的公共关系译著、专著、教材、辞典纷纷出版,各类公共关系报纸、杂志相继面世,各种公共关系研究会先后成立并开展了丰富多样的研讨活动,这些极大地推动了公共关系的普及和公共关系向纵深的发展。如1986年1月,中山大学在广州成立了中国第一个公共关系研究会;1986年1月成立了我国内地第一个公共关系民间团体——广州地区公共关系俱乐部,3月在广州和北京分别召开了"公共关系与现代化""公共关系和新闻工作"研讨会;1986年11月,我国第一部公共关系学专著《塑造形象的艺术——公共关系学概论》由中国社科院新闻研究所公关课题组编著、科学普及出版社出版;同年12月,王乐夫等人编著的《公共关系学》、曹小元等人编写的《实用公共关系手册》也先后出版;1987年1月,我国第一份公共关系专业报纸、由浙江省公共关系协会主办的《公共关系报》在杭州创刊,向全国发行;1987年7月,在杭州召开了由复旦大学、中山大学和杭州大学发起的全国高校公共关系理论研讨会;1988年5月,在北京召开了由中国环球公共关系公司和美国博雅公共关系公司联合主办的首届国际公共关系专业研讨会,来自美国、日本、新加坡、马来西亚、泰国、中国等地的近200名公共关系人士参加了大会;12月,在杭州召开了全国省、市公共关系组织首次联席会议,来自全国18个省、市的公共关系组织负责人出席了会议;1989年1月25日,中国第一份国内外公开发行的公共关系杂志——由陕西省公共关系协会和中国公共关系专业委员会联合主办的《公共关系》在西安创刊;同年,在青岛又有一份专业报纸——《公共关系导报》创刊;5月23日,在武汉召开了由全国30多个省份的70多名代表参加的第四届全国公共关系组织联席会议,会议通过了《中国公共关系职业道德准则》;12月,在深圳召开了全国高校第一届公共关系教学研讨会。

总之,这一时期我国公共关系事业无论在实践活动方面,还是在教育培训、理论研究方面,都取得了重大进展,公共关系在我国社会生活中发挥的作用也越来越大。

(三) 成熟发展期(20世纪90年代初期至今)

20世纪90年代以来,公共关系日益受到社会各界的重视,更多的党政领导人支持公共关系工作,更多的组织把公共关系工作看做是制胜之道,越来越多的人积极参与公共关系活动。公共关系组织有了更大的发展,公共关系理论研究空前活跃,公共关系国际交流不断加强。公共关系作为一种智力产业，经过市场经济的大浪淘沙之后，已成为一项引人注目的职业，开始步入更加专业化的发展阶段，逐步由沿海向内地、由大城市向中小城市推广。我国公共关系呈现出蓬勃生机，进入繁荣发展的新时期。

1991年4月26日，中国国际公关协会在北京成立，宣告中国公共关系研究开始与国际理论研究接轨。此后，各省及各大中城市也相继成立了公共关系学术团体，它们为社会提供公共关系咨询和服务、培养公共关系人才、开展公共关系理论研究以及介绍公共关系知识和发展动态，为我国公共关系知识的广泛传播起到重要作用。5月5日，中国公共关系工作会暨中国十大杰出企业公共关系评优颁奖大会、全国企业公共关系交流研讨会在北京人民大会堂隆重召开。大会总结了我国改革开放以来的公共关系工作，进一步明确了建设有中国特色的公共关系发展方向。党和国家领导人李瑞环、薄一波分别给大会发来贺电，对公共关系在社会主义经济建设中的作用给予厚望。由此，拉开了中国公共关系健康、稳步发展的序幕。

经过十几年的发展，公共关系职能已渗透到各行各业。公共关系涉及的行业范围不断扩大，公共关系不仅开始从服务行业进入各种形式的企业和经济实体，还逐渐扩展到其他各种社会组织和行业。如社会团体、科研机构、党政部门、机关、学校、银行乃至军队等，都越来越重视运用公共关系来促进自身的发展。

公共关系的理论研究进一步发展，学术著作种类繁多。有关专家和学者更注重研究中国特色公共关系学体系的建立，如1992年10月出版的《中国公共关系特色初探》（翟向东主编）、1993年5月出版的《中国公共关系学》（崔义中主编）和1994年3月出版的《中国公共关系教程》等著作，都在创建有中国特色的公共关系学科体系方面进行了可贵的探索和独到的论述，填补了我国公共关系理论领域的一项空白；1994年8月，我国最大的一本公共关系巨著——550万字的《中国公共关系大辞典》问世；2002年，《中国公共关系大百科全书》出版，直接推动了中国公共关系的快速发展。

公共关系的教育得到迅速发展。自1985年深圳大学设立第一个公共关系专业以来，目前全国有近百所大学设立或准备设立公共关系专业，有500多所高等院校开设了公共关系课程，全国高校已基本形成立体化、多层次、多形式的公共关系教育体系。从低级到高级，具体类别有业余培训与讲座、函授教育，普通全日制专科、本科教育，公共关系专业方向的硕士研究生（含硕士、博士）的培养，呈现出学历教育与非学历教育并存的局面。特别是2000年以来，中国公共关系教育向纵深发展。

到目前为止，从事公共关系事业的实体遍及全国，公共关系从业人员已达10万人以上，省、市级公共关系协会已有上百家。为了正确评价中国公共关系业的发展状况，2014年2月20日至3月12日，中国国际公共关系协会（China International Public Relations Association，CIPRA）对中国大陆境内主要公共关系公司进行了为期21天的调查活动，于2014年4月29日发布了一项旨在反映2013年度公共关系服务市场运行态势的调查报告——《中国公共关系业2013年度行业调查报告》。该报告显示，2013年，中国公共关系市场继续保持稳定增长，整个市场的年营业规模约为341亿元人民币，年增长率为12.5%左右；2013年度中国公共关系服务市场的前四位为汽车、快速消费品、制造业、房地产，市场份额分别为25%、15.5%、7.5%、6.9%，与之前相比，表明中国公共关系服务市场的范围越来越广，继续呈现行业扩散化趋势；数据还显示，通讯、医疗保健、互联网等其他行业均呈现稳步增长趋势，尽管IT、金融和政府及非营利机构业务呈下降趋势，但依然占据了一定的市场份额。这表明，中国公共关系市场业务呈现均衡分布格局。总体而言，作为新兴产业的公共关系行业,行业的成长速度要高于整体经济发展的增速。

综上所述,中国的公共关系事业从照搬到借鉴,从理论到实践,正在一步步走向成熟,走向兴盛。在激烈的市场竞争中,公共关系扮演着越来越关键的角色,在北京申奥、上海申博、SARS危机、四川汶川地震和甘肃舟曲泥石流等重大事件中起到了非常积极的推动作用。公共关系正逐渐被中国企业、非营利组织乃至各级政府接受,在提升组织竞争力,促进经济、社会协调发展等方面发挥着越来越重要的作用。

【思考与练习】

1. 简述现代公共关系发展的几个阶段。
2. 艾维·李的公共关系思想对公共关系事业的主要贡献是什么?
3. 怎样理解卡特利普和森特的"双向对称"公共关系模式?
4. 简述中国早期公共关系的思想及活动。

第三章 公共关系的目标——塑造组织形象

【学习目标】

通过本章的学习,了解组织形象的重要性和塑造组织形象的意义;理解并掌握组织形象的含义、特征、构成及要素等基本知识;掌握组织形象塑造的基本原则和方法;熟悉CI战略及其构成要素。

【本章导读】

社会组织的形象问题是公共关系理论和实践的核心问题。良好的组织形象是组织的立足之本、发展之源。现代公共关系的根本目标与神圣职责就是塑造良好的组织形象。CI战略是社会组织为塑造富有个性的社会形象而实施的一项系统工程。

案例 3-1

一个售货员的铜像

北京闹市中心的王府井百货大楼广场中,高高矗立着一座铜像,镌刻在铜像的花岗岩底座上的陈云同志的题词"'一团火'精神光耀神州"金光闪闪。在铜像背后还刻着两行字:全国劳动模范、王府井百货大楼售货员张秉贵同志。"一个售货员的铜像!"人们赞叹着。张秉贵没有惊天动地的经历、辉煌显赫的业绩,但是他几十年如一日,主动、热情、诚恳、耐心、周到地为顾客服务。张秉贵的铜像矗立在广场上,表明了王府井百货大楼全心全意为顾客服务的企业宗旨,从而在消费者中树立了良好的企业形象。

本案例中的张秉贵原本是一名普普通通的员工,却成为一个企业的"名片"。其原因就是他几十年来一直以"为人民服务"的热忱,在平凡的售货员岗位上练就了令人称奇的"一抓准""一口清"的技艺和"一团火"的服务精神,成为新中国商业战线上的一面旗帜。张秉贵被誉为"燕京第九景",这是首都人民群众对其售货艺术的美誉。将张秉贵的形象以铜像的形式矗立于广场,是王府井百货大楼"全心全意为顾客服务"这一企业宗旨的高度体现,也充分展现了百货大楼以人为本的企业精神。一个员工的良好形象被延展到人们对其所在企业的深刻印象,这足以说明形象的长久魅力及其重要性。

公共关系作为一种管理职能,不同于具体的人、财、事、物的管理,而是以优化公众环境、树立组织形象为宗旨的,其经营管理的内容就是组织的形象和声誉。组织的形象和声誉作为一种无形资产,必须借助公共关系特有的传播沟通的方法来处理,而且,组织的形象和声誉不是由组织自己主观认定的,而是由公众来认可和评价的。因此,与公众建立和保持良好的关系,赢得公众的信任和支持,既是组织塑造良好形象的前提和过程,又是组织具有良好形象的标志和结果。所以说,社会组织的形象问题是公共关系理论和实践的核心问题,公共关系的根本目标就是塑造组织形象。因为良好的组织形象是任何一个社会组织立足于社会的根基,它既是一笔无形财富,也是每一个组织长期奋斗的最高目标。公共关系的全部活动和功能,最终都是为了树立和塑造组织的良好形象。社会组织只有树立良好的组织形象,才能赢得社会公众的广泛赞誉和支持,营造一个畅通、稳定、广阔的外部经营环境,从而保证其在激烈的市场竞争中立于不败之地。

第一节 组织形象的内涵与要素

公共关系是塑造组织形象的艺术。成功的公共关系犹如一支优美和谐的交谊舞曲,社会组织就在这优美和谐的旋律中与各界社会公众广结善缘、广交朋友,建立真挚的友谊,为自身树立良好的社会形象。

一、组织形象的概念及其含义

"形象"一词有三层基本含义:一是指人的相貌或物的外观形状;二是指能够作用于人们的感官,使人产生印象、观念、思想及情感的物质;三是指具体与抽象的统一、物质与精神的统一。被誉为"现代营销学之父"的美国学者菲利普·科特勒先生曾说:"形象就是人们持有的关于某一对象的信念、观念与印象。"我国学者罗长海从哲学层面将形象分为五个层面:个体形象、类形象、组织形象、艺术形象、创造形象。形象从不同角度和层面可以划分为内在形象和外在形象、整体形象和局部形象、静态形象和动态形象、真实形象和虚假形象、物质形象和精神形象等。

从公共关系角度来讲,组织形象又称为公众形象或公关形象,是指社会组织在社会公众心目中相对稳定的地位和整体印象,换句话说,组织形象就是社会公众或消费者对社会组织的整套要求、总体看法和综合评价。组织形象具体表现为:在一定的时间和环境条件下,社会公众对组织机构的精神面貌、行为特征、产品和服务质量等所产生的认知、看法、感情、要求和评价等。组织形象往往通过组织内在精神、外在行为和外显事物等表现出来。它包括以下四层含义。

第一,组织形象是社会组织的表现和特征在公众心目中的反映和一般认定,因此,组织形象的感受者和评价者是组织的内外公众。

第二,组织形象是一个组织展现给社会公众的整体印象,而社会公众对组织的评价也是一种总体评价,是各种具体评价的总和。公众对组织形象的认可是整体的、综合的,而不是局部的、个别的,是经过理性思考而形成的最终印象。

第三,组织形象源于社会组织的表现,也就是说,公众对社会组织的印象和评价不是凭空产生的,而是基于社会组织的种种表现。因此,组织形象是主客体的统一。

第四,组织形象不是形象主体的自然流露,而是组织刻意塑造和追求的结果,公众对组织形象的认识是从感性上升为理性,并据此做出的判断和评价。

二、组织形象的基本特性

了解组织形象的基本特性对于深刻理解组织形象的内涵和探索组织形象发展的规律是十分重要的。组织形象的基本特征主要体现在以下几个方面。

(一) 整体性和系统性的统一

组织形象的整体性是指组织形象是一个有机的整体,是社会组织内部诸多因素共同作用的结果。以一个企业组织为例,它的形象包括:①企业历史、社会地位、经济效益、社会贡献等综合性因素;②员工思想、文化、技术素质、服务态度、服务方式、服务质量等人员素质因素;③产品质量、产品结构、经营方针、经营特色、基础管理、专业管理、综合管理等经营管理因素;④技术实力、物资设备、地理位置等其他因素。这些不同的要素形成不同的具体形象,但这些具体形象只是构成企业形象的基础,而完整的企业形象是各个具体形象要素所构成的总和,它才是对组织具有决定性意义的宝贵财富。当然,有些组织可能会因某一方面的形象比较突出,进而掩盖其他方面的形象,导致组织形象的片面性或不完整性,这也是正常的。因为组织宣传有侧重点,公众也不可能完全了解组织的所有情况,他们对社会组织的印象大部分源于他们所能接触到的一个或几个方面的情况。这就要求社会组织要认真对待组织形象的各个方面和环节,力求在公众心目中形成良好的整体形象。

组织形象的系统性是指组织形象本身是由许多复杂因素组成的,有公众容易感知的产品质量、功能、形状、色彩、包装、标志、服装、旗帜、厂房、店面等;有公众不太容易感受到的员工思想、文化素质、行为规范、风俗习惯、基本管理等;还有公众最不容易感受到的组织目标、宗旨、精神、风气等。这些看似复杂的组成因素之间其实有着内在的必然联系,它们相互依存、互为条件,因此就决定了组织形象是一个具有很强系统性的整体。

组织形象的整体性和系统性是统一的,社会组织在塑造组织形象时应从整体着手,全盘规划,绝不能只重视其中一个方面或几个点而忽视了其他方面。

(二) 主客观二重性

组织形象是社会公众对社会组织的一种综合印象和总体评价。由于社会公众本身具有差异性,他们的社会地位、文化水平、价值观念、思维方式、认识能力、审美能力、道德标准、生活环境、人生阅历及性格情趣等各不相同,再加上他们观察组织的角度、审视组织的时空纬度也不可能完全相同,因此,同一个社会组织在不同公众心目中有不同的形象。此外,在组织形象塑造和传播的过程中,需要发挥组织成员的主观能动性,渗透组织员工的思想、观念和心理感受等。因此,组织形象具有主观性。

从另一个角度来看,组织形象又具有鲜明的客观性。社会公众心目中的组织形象,是公众在对组织各方面有了具体的了解、感知和认识之后逐渐形成的印象,是组织各方面活动和表现出的一系列客观状况在公众心目中的反映。由于组织形象赖以形成的物质载体是客观的,如组织实体是实实在在的,产品是实实在在的,组织的各种活动是实实在在的,组织的员工也是实实在在的。所以,组织形象作为客观事物的反映,不受包括组织领导人在内的任何人承认与否、喜欢与否的左右,也不管组织是否主动去塑造,它与组织本身如影随形。组织形象自组织诞生之日起便开始形成,伴随组织的成长而发展变化,甚至组织由于各种原因消失了(如倒闭或被兼并),组织形象也还会在一定范围内存在,其生命力超越了组织本身。另外,说组织形象是客观的,还基于一种统计规律。组织形象是公众对组织的意见或看法,这个公众不是单个的人或少数群体组织,而是一个公众的集合。个人的意见是主观的、可变的,但作为一个整体的公众或大多数公众的意见则是客观的。虽然有时大多数人也可能被误导或因其他原因而产生错误看法,但这也正是公共关系状态的一种反映。如果不从整体公众来理解组织形象，便无法形成客观真实的组织形象。

总之，组织形象具有主客观二重性。承认组织形象的客观性，并不是说组织在自身形象面前无能为力。组织是由具有主观能动性的人组成的社会组织，人们可以通过管理组织、改善经营、开展公共关系及对外宣传活动等有意识的实践活动，主动影响和塑造组织形象，而不是只能被动地接受。

（三）相对稳定性和动态性的统一

组织形象不是凭空想象出来的，其产生、更新和发展是一个连续的过程，是社会组织综合行为的结果。因此，组织形象一旦形成，不论是内在理念还是外在形象，都会在一定时空条件下，在一定的公众心目中形成一种心理定势。它不会随着组织行为的某些变化而轻易改变或马上消失，因此，它具有一定的稳定性。这是我们从客观角度认识、了解、分析和把握其基本规律的重要前提。组织形象的相对稳定性可能产生两种结果，一是组织因良好形象被维持而受益，二是组织因不良形象难以改变而受损。

当然，组织形象的稳定性并不是绝对的，而是相对的，组织形象还是会随着组织的发展而不断发展。由于组织的生产经营情况、构成公众的人群、信息传播所借助的媒介渠道等决定组织形象的因素总是处于发展变化之中，因此，组织形象也是运动的，而不是静止不变的。另外，组织形象虽然对员工中存在的现代生产意识、竞争意识、文明意识、道德意识以及组织的理想、目标、思想等方面具有稳定性，但随着时空的变迁、技术的飞跃、观念的更新、市场竞争的激化等客观形势的变化，社会组织必然要做出与之相适应的反应，这就反映出组织形象的动态性。稳定性和动态性的统一，使组织形象不断趋于完善。

三、组织形象的基本构成

一般来说，组织形象由以下三部分构成。

（一）组织的总体特征与风格

组织的总体特征与风格是组织最为显著的且能代表组织整体情况的一些特点，是社会公众对社会组织及其行为的概括性认识，也是社会组织整体精神风貌的体现。组织是开拓进取还是墨守成规，是蒸蒸日上还是江河日下，都在一定程度上体现出组织整体的精神状态。组织的总体特征与风格分为内在总体特征与风格和外在总体特征与风格。

组织的内在总体特征与风格，包括组织的精神风格、组织的价值观、组织的凝聚力、组织的实力和办事效率等要素，这是构成组织形象的"软件"；组织的外在总体特征与风格，包括组织的建筑及其布局，房屋的装饰，设备技术的状况，卫生及环境保护、美化的状况，员工的仪表、着装、态度，办公用品及设施中独特的色彩与标志，工厂的厂旗、厂徽、厂歌，特有的产品包装等，这是组织形象的"硬件"部分。

内在总体特征与风格和外在总体特征与风格是一个范畴的两个方面。内在特征与风格是外在特征与风格的支柱和依据，它决定着外在特征与风格的价值取向，比较含蓄；外在特征与风格是内在特征与风格的直接表现，很直观，容易形成第一印象，使公众迅速了解组织的特色。两者相辅相成，相得益彰，在塑造组织形象时，两者不可偏废。

（二）组织的知名度和美誉度

评价组织形象最基本的指标有两个：一是知名度，二是美誉度。知名度是指一个组织被公众知晓、了解的程度，以及社会影响的广度和深度。这是评价组织"名气"大小的客观尺度。知名度是一个中性词，没有好坏之分；美誉度是指一个组织获得公众信任、赞美的程度，以及社会影响的美、丑、好、坏。这是评价组织"名声"好坏的指标。

知名度和美誉度分别从质和量两个方面评价组织形象。一个组织形象的好坏，取决于它所具有的知名度和美誉度的高低。但知名度和美誉度并不是对等的。一个组织知名度高，其美誉度不一定高；知名度低，其美誉度不一定低。譬如，两种产品价格一样，质量相当，销售条件相同，但一种供不应求，另一种无人问津，究其原因，就在于两种产品的知名度不同；再如，两家商店，所处环境相同，一家顾客如云，另一家门可罗雀，究其原因，就在于两家商店的美誉度不同。因此，一个组织若想树立良好的组织形象，就必须把提高知名度和美誉度同时作为工作的目标。

（三）组织形象定位

组织形象定位是公共关系实务或公共关系策划的重要内容之一，一个组织选择什么样的总体特征与风格，在不同时期的知名度、美誉度要达到多高，都要有一个定位才能形成组织形象。如果没有统一的、准确的组织形象，就无法开发形象资源。组织形象定位就是社会组织在公众心目中确定自身形象的特定位置，这个特定位置通常是将特定组织与同类组织相比较而确定的。组织形象定位总是根据组织的自身特点、同类组织的情况和目标公众的情况这三个要素来实施的。因而，组织形象定位就是组织根据环境变化的要求、本组织的实力和竞争对手的实力，选择自己的经营目标及领域、经营理念，为自己设计出理想的、独具个性的形象位置。

四、组织形象要素分析

组织形象可以从以下两个角度来分析。

一是组织形象的表现要素，可分解为内涵和外显两个方面。如质量和性能是产品形象的内涵，外观的包装是产品形象的外显；素质、能力是人员形象的内涵，作风、仪表是人员形象的外显；价值观念、职业意识是文化形象的内涵，口号、厂歌、厂旗是文化形象的外显；情调、风格、含义是标识形象的内涵，品牌、商标、文字、图案设计是标识形象的外显，等等。

二是组织形象的构成要素，可分解为物质、社会和精神三个方面。物质要素主要包括产品质量、服务质量、商标徽章、地理位置、建筑群落、风景设施、装饰点缀等。其中，核心要素是产品和服务质量，其他要素都须建立在优质的产品和服务质量的基础上，才能发挥为组织形象增光的作用；社会要素主要包括组织的历史与传统、方针政策、办事程序和效率、市场开发能力、信守合同的信誉、技术开发的实力、经济效益、福利待遇等；精神要素主要包括员工的品行、素质、作风、能力、精神风貌、职业意识与职业道德、组织的价值观念和管理哲学等。

不同的社会组织有不同的形象要素，下面以企业组织为例，介绍几个重要的组织形象要素。

（一）产品形象

产品形象是指通过组织的产品所反映出来的组织形象，包括产品的质量、性能、外观、名称、商标、包装、价格等。产品是个比较宽泛的概念，除了企业生产的产品，服务业的项目和品种、餐馆的菜肴、宾馆的客房、出版社的书籍、电视台的节目、学校培养的学生、医院治疗的病人等，都是特定组织的产品。社会公众往往通过产品来了解一个社会组织，而社会组织也往往通过向社会提供优质产品来争取广大社会公众的理解、信任和支持。社会组织通过产品形象使组织整体形象得到提高并不断扩大社会的影响力，从而占领更大的市场份额，获取更高、更多的经济回报。因此，产品形象是组织形象的基本要素和客观基础，也是社会组织在特定的经营与竞争环境中塑造组织形象的有力手段。

产品形象一般是由产品的视觉形象、品质形象和社会形象三方面构成的。产品的视觉形象，即通过视觉感官能直接了解到的形象，包括产品的造型、风格、包装和广告等内容。视觉形象是人们对产品形象的认知部分，属于产品形象的初级阶段层次；产品的品质形象，即人们通过对产品的使用而形成的对产品品质的体验，包括产品的规划、设计、生产、管理、销售、使用和服务等内容。品质形象是通过产品的质量体现出来的，属于产品形象的核心层次；产品的社会形象，包括产品的社会认知、社会评价、社会效益、社会地位等内容。社会形象是产品的视觉形象、品质形象从物质层面综合提升为精神层面，它是物质形象外化的结果，是非物质的，也是最具生命力的。总体来说，产品形象是产品内在的品质形象和外在的视觉形象、社会形象形成统一的结果。当"外在"和"内在"的因素在人们的感官上达到统一后，就会形成一种对产品的总体印象，构成一个完整统一的产品形象系统。

（二）服务形象

服务形象指社会组织内部相关人员在销售产品或提供技术的服务过程中所表现出的服务态度、服务方式、服务质量、服务水准，以及由此引起的社会公众对社会组织的印象和评价。服务形象与组织的产品和人员密切相关。现代社会组织的形象竞争很大程度上取决于服务的竞争，谁的服务好谁就容易赢得社会公众的心。世界上最佳的企业组织往往把自己的业务称作服务，他们追求尽善尽美的服务几乎到了狂热的程度，并因此而取得巨大成功。

服务是细节问题，但往往一滴水能见到太阳。美国有一位著名的汽车推销员，名叫乔·吉拉德。他于1963~1978年这15年间总共推销出13001辆雪佛兰汽车，成为世界上售出新汽车最多的人，曾经连续12年荣登吉尼斯世界纪录世界销售第一的宝座，他所保持的世界汽车销售纪录是"连续12年平均每天销售6辆车"，至今无人能破。他的"魔法"是什么呢？就是"服务"二字。乔·吉拉德在商战中总结出了"250定律"，他认为每位顾客身后，都大约站着250个人，这是与他关系比较亲近的人，如同事、邻居、亲戚、朋友。你如果赢得了一位顾客的好感，就意味着赢得了250个人的好感；反之，如果你得罪了一位顾客，也就意味着得罪了250位顾客。在乔·吉拉德的推销生涯中，他每天都将"250定律"牢记在心，抱着顾客至上的态度，时刻控制着自己的情绪，不因顾客的刁难、不喜欢对方或自己心绪不佳等原因而怠慢顾客。他说："你只要赶走一个顾客，就等于赶走了潜在的250个顾客。因此，在任何情况下，都不要得罪哪怕是一个顾客。"乔·吉拉德时刻牢记"顾客就是上帝"这一销售理念，不但十分注意售前的服务，而且特别注重售后服务。他说："我相信推销活动真正开始是在销售之后,而不是销售之前。"他每月都不知疲倦地给顾客寄去邮件,一月向顾客祝贺新年,二月向顾客祝贺华盛顿诞辰日,如此等等,整年不停。他时常诚心诚意地替顾客着想,如他所说:"顾客的车出了毛病,你应该替他感到心痛。"正因如此,乔·吉拉德才有了如此辉煌的销售业绩,他也因此被《吉尼斯世界纪录大全》誉为"世界最伟大的销售员"。

在现代社会,由于科技的日新月异,企业间产品的规格、性能、技术指标、质量十分接近,业务上的独占性也越来越小,因而服务就成为企业一争高低的战场了。有专家认为,产品从工厂生产出来,实现本身价值的过程是第一次竞争;产品送货、服务、安装、咨询等则是第二次竞争。第二次竞争比第一次竞争对顾客更有吸引力,更能使消费者倾心。现代市场竞争,归根到底是争夺消费者的竞争。美国一些成功的大企业均以追求优质服务为主要目标。他们认为:"以服务顾客或消费者为目标,利润则自然随之而来。"奥尔布雷克在《服务管理》一书中强调:"服务本身就是产品,而且是可重复销售的商品。"所以,如何规划"服务管理"并将其作为日常工作中一项有效的工具,进而增加竞争优势,创造发展空间,是当前社会组织应全力以赴达到的目标。

(三)人员形象

人员形象是指社会组织成员的品行、素质、作风、能力、态度、仪表等给社会公众留下的整体印象。人员形象是组织形象的一个重要方面,可以说是组织形象的化身。一位著名的公关大师曾说:"在世人眼里,每一个商务人员,他的个人形象,就如同他所在单位的产品和提供的服务一样重要。因为它不仅真实体现着他本人的教养、阅历、是否训练有素,而且准确地体现着他所在单位的管理水平和服务质量。"

良好的人员形象是塑造良好组织形象的根本和保证。组织的人员形象包括组织领导人的形象、管理人员的形象和全体员工的形象。

1. 领导者形象

领导班子的知识结构、年龄结构、能力结构、学历结构、经验情况,领导者的战略眼光、决策能力、创新精神、开拓精神、风险意识、组织能力、协调能力、交际能力、领导作风等,不仅决定着公众对领导是否尊重和依赖,而且影响着内外公众对组织决策的评价,以及他们对组织前途的信心。

2. 管理者形象

社会组织尤其是社会经济组织经营得好坏,同组织内部中层管理者个人和群体素质的关系极大。中层管理人员的素质高低,决定着组织决策的执行情况和工作效率。良好的管理者形象对组织内部职工是无声的命令、良好的表率,它可以增强企业职工的凝聚力,激励职工的积极性。管理者必须是高效的沟通者、领导的积极追随者、员工的直接指挥者、组织效率的保证者。一个优秀的管理者给职工和外界的印象应该是:具有卓越的管理能力、良好的品德素养,具有大公无私、豁达坦荡、热情宽厚的优秀品德,能像磁铁一样把全体职工吸引在自己的周围。

3. 员工形象

员工形象是指组织员工在职业道德、服务态度、工作作风、管理水平、技术素质、文化水准、精神风貌、言谈举止和仪表装束等方面的总体素质和外在表现。员工是社会组织的主人，是组织经营活动的创造者。任何一个社会组织的所有活动，都不能离开员工的参与。员工形象既是组织形象的重要组成部分，又是组织形象人格化的体现。组织内部每一个员工在特定的场合都代表着组织的形象，如接打电话、商务谈判等。甚至在其朋友或邻居面前，他们的举止言谈是大方得体，还是粗俗不堪；对组织是满怀信心、充满自豪，还是心灰意冷、怨声不断……这些都会影响组织的整体形象。因此，许多公司尤其是国际大公司，如微软、宝洁、沃尔玛、福特等都非常重视员工的培养，每年都要对一批员工进行培训。

（四）环境形象

环境形象是指通过组织和相关的环境设施所展现的形象，包括组织的地理位置、建筑群落、风景设施、卫生绿化、装饰点缀、门面招牌、厂容店貌、橱窗布置、展览厅、会客厅、办公室、生产场地、指示牌的陈设等诸多内容，是组织环境从直观上给公众的整体感觉和印象。环境形象是组织形象的重要组成部分，构成社会组织办公文明、生产文明、商业文明的一部分，对组织起着烘托和装饰的作用，构成组织形象的硬件部分。

环境形象对社会组织尤其是现代企业是非常重要的，它是组织的门面和窗口，在一定程度上反映了组织的主体意识、管理理念及审美原则，标志着组织的综合实力和管理水平。组织环境的好坏，一方面反映了组织经营状况的好坏，另一方面体现着组织的现代文明程度、人员素质的高低和对外界传播文明信息的多少。一般而言，独特的建筑可以加强公众对组织的印象和记忆，如美国不锈钢公司的办公大楼就是用不锈钢建造的，全美铝加工公司的大楼则是用铝建造的；中国海尔集团位于青岛郊区的一个分厂的建筑，其外观与海尔集团生产的家用电器的造型及颜色完全一样，一看就能迅速识别电器的产品名称和组织名称。另外，组织办公楼内的展览室、会客室、办公室的布置，包括桌椅、办公用品、茶具等，以及生产场地的设施和指示牌的陈设等，一般也都要求有统一的风格，以突出组织的和谐。总之，组织的环境形象有利于提升组织形象，使内外公众产生心灵的愉悦和美感，进而产生热爱这个组织的倾向。

（五）标识形象

标识形象是组织通过标识和识别系统所展现出来的组织形象，包括组织的名称、产品的品牌、商标或徽记、广告形象、主题词、典型音乐、特定的字体、特别的色彩、包装的设计、宣传的格调等。组织标识是指通过造型简单、意义明确、标准统一的视觉符号，将组织的经营理念、规模和内容、文化精神、产品特性等要素，传递给社会公众，使之识别和认同组织的图案和文字。组织将具体的事物、事件、场景和抽象的精神、理念、方向通过特殊的图形、文字、符号、色彩表达在不同材料载体上，使人们在看到组织标识的同时，自然产生联想，从而对组织产生认同。

标识是现代经济的产物，它不同于古代的印记，现代标识承载着组织的无形资产，是组织综合信息传递的媒介。标识形象作为组织CIS战略的主要部分，是组织形象中最关键的元素，在组织形象传递过程中应用最广泛，出现频率最高。组织强大的整体实力、完善的管理机制、优质的产品和服务，都被涵盖于标识中，通过不断的刺激和反复刻画，深深地留在受众心中。品牌名称和品牌标志是标识形象中最重要的部分。有些公众往往只依据品牌名称或品牌标志来选购商品，甚至只认品牌不认组织。因此，品牌名称和品牌标志既是标识形象的重要组成部分，也是企业形象最直接、最具体的外在表现形式。比如，拥有3000多家连锁店的美国麦当劳快餐公司,在世界各地的快餐店都有一个统一的招牌,不管你是否认识英文字母,都能看懂这个牌子的意思,即表示这里是麦当劳快餐店。这个牌子只有一个字母"M",字体是统一的,颜色是统一的,均为金黄色。这种组织标识形象形成了公众对麦当劳的特殊识别,达到了视觉沟通的效果。当你走在街上时,如果想吃麦当劳,就去找这个独具风格的"M"字母吧。

总之,除了以上所列举的产品形象、服务形象、人员形象、环境形象和标识形象外,组织形象的构成还包括组织的方针政策、办事程序与效率、财政资信、市场开发能力、技术开发实力、信守合同的信誉、参与社区活动的影响等方面的内容。可见,组织形象的构成是多方面的,是一个综合性的有机整体,其中任何一个要素都会对组织形象产生效应。因此,要树立良好的组织形象,必须使这个形象系统中的每一个要素都发挥作用。

上海锦江饭店的形象塑造

上海锦江饭店是一家闻名遐迩的五星级花园式饭店。为了适应集团公司业务的拓展,1987年公司成立了直属集团总经理领导的锦江集团公关部,主要任务是为集团拓展业务,提高知名度和美誉度。经过实践与探索,该饭店逐步确定了"全方位公关"的工作方针,并通过多年持续的、有计划的努力使锦江饭店的形象趋于完美。

锦江饭店全方位公共关系活动计划的第一步,是让公众了解锦江,让锦江熟识公众,树立"锦江是属于公众的"这一形象。由于长期以来,锦江饭店由政府直接经营,接待对象级别高、层次高、规格高,因此在一般公众甚至国外宾客的心目中,锦江饭店的形象是庄严有余,亲切不足。饭店公关部认为,必须在发挥锦江饭店原有高贵华丽形象优势的同时,赋予它亲切、平和、宜人的情调色彩。于是,公关部提请决策层采取措施,打破森严的壁垒,开门迎客。还通过各种媒体大做广告,使"锦江是属于公众的"这一信息广为传播。这些举措使锦江内的新南楼锦丽厅、北楼西餐厅、中楼蝴蝶厅等曾经让普通市民望而却步的地方,一下子成了门庭兴旺的场所。锦江饭店在社会公众心目中的形象,由神秘高傲变成了平易近人。近年来,锦江饭店积极联络公众,在饭店策划和承办了各类酒会、招待会、新闻发布会、学术研讨会和各种联谊活动,并从单纯提供活动场地发展成为各类组织进行公关活动的中介,取得了经济和社会形象的双丰收。

第二节 组织形象塑造

组织形象是公共关系理论的核心概念,是贯穿公共关系理论与运作的一条主线。在现代社会,组织形象关系到组织的兴衰荣辱。良好的组织形象是组织的立足之本、发展之源。因此,塑造良好的形象是现代公共关系的根本目标与神圣职责,也是公共关系的核心职能。

一、塑造组织形象的意义

塑造良好的组织形象对组织的生存和发展极为重要。概括起来,塑造组织形象有以下几方面的重要意义。

（一）塑造组织形象有利于加强组织自身建设

在塑造形象的过程中，社会组织会确定正确的价值观，制定组织目标、方针和政策，营造良好的组织文化，力求向社会提供优良的产品和服务，讲求信誉和效益，关心并完善自己在社会公德、思想情操和文明举止等方面的表现，提高文明水准和素质等。同时，社会组织要塑造自身的良好形象，就必须调查公众对自己的评价，掌握自己被公众知晓和赞美的程度。当社会组织了解到公众的实际评价，找到了自我期望形象与实际形象的差距时，就会努力缩小这个差距。一方面，组织按照公众的需求不断修正组织的形象，使其更趋于完美，提高美誉度；另一方面，通过加强传播使更多的公众认识、了解并支持组织，增加其知名度。无论哪一方面，都有利于组织自身建设。

（二）塑造组织形象有利于获得社会各界的信赖、支持和帮助

在现代社会，组织作为社会系统的一部分和社会整体中的一个基本单位，在经营和发展过程中，不可避免地要与社会各界进行密切的接触，发生各种各样的联系。组织的社会关系日益复杂，组织与组织之间的相互联系不断增加，已经成为一种普遍的趋势。例如，组织要获得政府机构的财政支持，要从资金市场和金融机构筹集资金，要从上游组织采购原材料等。形象良好的组织容易获得社会各界的好感、喜爱和谅解，能够优先获得社会各界的信任、支持和帮助。比如，一个值得信赖的企业，由于其信誉好，银行愿意提供优惠的贷款，公众愿意购买其股票和债券，企业就能获得充裕的资金，能获得可靠的原材料、能源及零部件的供应，从而不断壮大组织自身实力，获得更大的发展机遇。有人曾说："如果可口可乐公司全球的工厂在一夜之间全部被烧毁，那么第二天各大媒体的头条新闻将是——《各银行巨头争相向'可口可乐'贷款》"。因为人们相信可口可乐公司不会轻易放弃"世界第一饮料"的形象和信誉。

（三）良好的组织形象有助于优化外部环境

组织形象本身就是一个含金量极高的牌子。在现代经济社会，人们对五花八门的商品和服务越来越心存疑虑，不敢轻易抉择。然而，一旦某组织的良好声誉和口碑为公众所了解，在公众心目中形成了良好的印象，那么，公众在使用其产品或享受其服务之前，态度就已经倾向于认同了。这种预先存在的印象和感觉，往往对公众行为起主导作用，使他们在众多产品和服务面前，更愿意选择该组织的产品和服务，从而促进组织的发展。

公众对产品和服务的选择，不仅是对产品性能和价格的选择，同时也是对组织品牌、服务水准等的全面选择。良好的组织形象可以引导公众在纷乱繁杂、眼花缭乱的商品世界中选择组织的产品和服务，使公众对组织的产品和服务产生"信得过"的购买心理，培养公众对组织、产品的忠诚度，从而达到组织争夺更大的市场份额、获得较高的经济效益的目的。

（四）塑造组织形象有利于培植组织的无形资产

社会组织的资产包括有形资产和无形资产两部分。组织形象是社会组织无形资产的重要组成部分。组织形象的好坏决定了无形资产价值的高低。组织形象的知名度越高、美誉度越好、认可度越佳、定位越准确，无形资产的价值就越大，增值率就越高。良好的组织形象意味着良好的信誉，较高的知名度、美誉度和优良的组织文化等，它和有形资产一样具有资产

增值效能。也就是说,组织形象越好,无形资产价值就越高;无形资产价值越高,组织的财富也就越多。如中国的海尔、联想,美国的可口可乐、IBM、麦当劳,日本的松下、日立、丰田等企业,之所以长久地占据广阔的国际市场,在商界立于不败之地,其法宝就是拥有良好的形象。

(五)塑造组织形象有利于增强组织的吸引力、凝聚力和竞争力

现代组织的竞争,从根本上来说是人才的竞争。谁赢得了人才,谁就能赢得优势,赢得成功。因此,组织竞争力的源泉在于高素质的员工。在现代社会,吸引人才、留住人才不仅仅靠丰富的物质报酬,更多的是靠组织的内在凝聚力和精神支持,即良好的组织形象。一方面,良好的组织形象能在组织内部形成尊重知识、尊重人才的氛围,这有利于组织员工积极性和创造性的发挥;另一方面,良好的组织形象可以满足组织员工的成就感,形成"荣辱与共"的归属感,从而使组织形成强大的向心力,同时也为吸引组织外部人才创造了条件。俗话说:"人往高处走,水往低处流。""良禽择木而栖,良臣择主而事。"谁不愿意到一个闻名遐迩、人人称道的单位、集团或公司去奉献所学、建功立业呢?良好的组织形象不仅可以吸引人才,而且能够凝聚人心、留住人才,它在团结内部公众、吸引外部公众等方面,发挥着独特作用。所以说,良好的组织形象是组织的巨大财富和竞争力,是组织谋求生存、争取发展的基础和条件。

二、塑造组织形象的基本原则

组织形象是组织展现自我形象、与社会进行沟通的重要方面,也是组织参与国际国内竞争的基础。组织形象的塑造是否富有成效,很大程度上取决于策划的成败。因此,在塑造组织形象时,不可随心所欲,必须遵循以下三个基本原则。

第一,战略性原则。组织形象战略是一种全方位推出的系统战略,是对组织的内外环境、运作发展的全面规划。组织形象策划一旦完成,就成为内部的全体员工在较长时间内严格遵守的准则,任何成员、任何部门都不能违反。

第二,整体性原则。社会组织只有把不自觉的、分散的、不连续的公共关系工作系统化、统一化、整体化,使组织向外界传达的所有信息都突出组织的整体形象,才能产生一种优势相加的效果,形成一种合力,使组织的知名度和美誉度都不断提高。

第三,个性化原则。组织形象诸要素如经营理念、品牌标识、广告口号等,均应突出自己的特色,表现出鲜明的个性化特色,如 IBM、可口可乐、海尔等众多企业就是根据自身的企业理念、社会地位、奋斗目标、企业精神、产品定位等,设计了具有鲜明个性的标识,使公众从众多庞杂的符号信息中将其识别出来,形成牢固的记忆,进而走向成功。

三、如何塑造组织形象

要塑造良好的组织形象应当抓住三个方面的和谐统一:一是组织形象诸要素的和谐统一,因为组织整体形象的特征和风格都是在各个要素和谐统一的基础上表现出来的;二是组织的理念系统、行为系统和视觉系统的和谐统一,因为这三个系统能够形象地体现组织对于社会公众的真诚善行和灵感,容易使公众感知该组织所具有的与众不同的形象特色;三是知名度和美誉度的和谐统一,因为知名度要以一定的美誉度为基础,方能保证组织形象沿着良性方向发展,

获得更为广阔的传播效果，产生积极的形象效应，同样，美誉度要以一定的知名度为基础，才能将组织各个方面的超群品质广而告之。下面通过一些事例来谈谈如何塑造组织形象。

（一）树立产品形象

产品形象是组织形象的重要构成要素之一，是组织形象的具体体现，在很大程度上决定着组织的兴衰成败。社会组织往往通过塑造产品形象来维持生存、获得发展。那么，如何塑造良好的产品形象呢？

首先，必须把好产品的"质量关"。质量是产品的灵魂，是组织的生命。一个组织要想在公众中树立美好的形象，就必须重视产品的质量，因为产品质量的好坏将直接影响组织的形象。比如，德国人的自豪感，大多数是建立在本国产品具有国际水平质量的基础上的；中国五粮液集团的产品质量观是"创新求进，追求卓越，永争第一"；日本一家公司在广告中声称"本公司在世界各地的维修人员闲得没事干"，言下之意是该公司的产品质量极好，返修率极低。目前，与发达国家的组织普遍重视产品质量相比，处于发展中国家的社会组织则良莠不齐。但随着经济的发展和市场的成熟，那些用假冒伪劣产品欺骗公众的组织将不会再有任何立足之地。

其次，要重视品牌的价值。商标是产品形象的一个重要因素，一种产品有无良好形象、有无良好的市场环境，在极大程度上取决于商标的设计与选择，取决于商标的信誉含量和质量保证。对有声望的企业来说，商标是最有价值的资产，是非常宝贵的财富。毫不夸张地讲，驰名商标是一种承诺、一种信誉，它代表组织的形象，是组织的摇钱树和商战中的武器。可口可乐总裁曾经骄傲地说："即使我们在全世界所有的工厂全被烧毁，全世界找不到一瓶可口可乐，我也可以让它在一个晚上重建起来！"这不是自夸，而是他清楚"可口可乐"这个名字的价值。2013 年，英国品牌价值咨询公司 Brand Finance 评选出全球十大最有价值品牌，苹果位居榜首，品牌价值 873.04 亿美元；三星位居第二，品牌价值 587.71 亿美元；谷歌和微软分列第三、第四，品牌价值分别为 521.32 亿美元、455.35 亿美元。可见，在激烈的市场竞争中，商标是最重要的购物导向。商标越驰名，追逐者就越多，价格就越贵，销路就越好，这就是真正的品牌效应。正如联合国知识产权组织权威人士所说："商标是一个国家的国宝，哪个国家拥有更多驰名世界的商标，它就是未来世界的经济强国。"

再次，要重视产品的包装。产品包装是产品形象的一个重要因素。包装是盛装产品的容器和包裹，它可以保护产品，便于储运和销售，利于消费者携带。现在的包装，已不仅仅是包裹和容器的代名词，更多地融进了文化的、公共关系的、营销的、美学的内容，甚至还增加了许多温情氛围。社会组织塑造良好的产品形象时，不仅要重视产品包装的实用价值，更要重视其审美价值。比如，过去中国的名酒、人参、粉丝等产品在国际市场上常常被评价为"一流的质量、二流的价格、三流的包装"，这种情况不利于中国产品在国际市场上的竞争。现在我国许多厂家已经认识到包装的重要性，不惜投入巨资为产品寻求完美统一的包装，力求用优异品质与精美包装来塑造良好的产品形象。需要注意的是，包装固然重要，但也要适度，不要从一个极端走到另一个极端，如果企业不注重产品质量而一味地追求外在包装，最终必然会被淘汰出市场。

万宝路成功的品牌形象塑造

1954 年始创的万宝路香烟的牛仔形象，现在已成为无与伦比、举世公认的卓越品牌形象。然而鲜为人知的是，万宝路香烟最早推向市场时，其目标消费者是女性，使用了"像五月天气一样温和"的广告语。但事与愿违，尽管当年美国吸烟的人数逐年上升，但万宝路一直销量平平。妇女们抱怨白色的烟嘴常会染上鲜红的唇膏，红点斑斑，很不雅观。后来万宝路虽然把烟嘴换成红色，但是销路依然不佳。

于是，菲利普·莫里斯公司决定对万宝路香烟进行全新的品牌塑造。经过周密的市场调查和创造性的构想，他们大胆提出：让人们忘掉这个带脂粉香艳的女子香烟，而用同一个万宝路牌子创出具有男子汉气概的香烟来。科学严密地改造万宝路香烟形象的计划产生了：产品品质保持不变；包装采用当时首创的平开式盒盖新技术，并用象征力量的红色作为外盒的主要色彩；万宝路的广告不再以妇女为主要对象，而是面向硬铮铮的男子汉，要在广告中强调香烟的男子汉气概。

主角人物形象开始选用马车夫、潜水员、农夫等，但最后理想中的男子汉集中到美国牛仔这个形象上：主角是一个目光深沉，皮肤粗糙，浑身散发着粗犷、豪迈英雄气概的男子汉；他的袖管高高卷起，露出多毛的手臂；手指中总是夹着冉冉冒烟的万宝路香烟。而万宝路的广告中表现出这样的画面：一个或几个美国西部牛仔骑着骏马，潇洒地奔驰于绿地、河流和山野之间。整个广告给消费者的印象是奔放、粗犷、刚强、奋斗的牛仔形象。这种牛仔是自我奋斗、开拓事业的刚强男子汉的化身，是美国精神的代表。

万宝路新形象问世后，引起了消费者的极大兴趣，其销量也奇迹般地在一年后提高了整整三倍，并一跃成为世界品牌香烟。在至今的40多年发展中，万宝路投入了数十亿美元广告费，并保持了宣传中的统一形象、风格和文化内涵，终于在消费者心目中树起"哪儿有男性，哪儿就有万宝路"的品牌形象。

案例中，万宝路从默默无闻到一举成为世界第一的香烟品牌，究其原因，并不是因为万宝路香烟在品质上比其他品牌的香烟好，而是归功于其成功的品牌形象塑造。

（二）塑造服务形象

在现代社会，"服务"一词是一个广泛社会化的词语，使用范围极其宽泛。可以说，社会上所有的行业都是直接或间接为他人服务的。塑造良好的服务形象，可以增强企业的竞争力、美誉度，这是建立团结媒体、密切顾客关系的必由之路，关系着企业的前途与命运。对社会组织而言，为社会公众提供优质服务是塑造组织形象的一个重要方面。

优质服务是指从公众的利益诉求出发，完善服务理念、提高服务质量、规范服务操作、科学简化服务流程，力求实现服务的合规、高效和人性化。优质服务不但体现在业务经办的操作上，也体现在与社会公众的沟通态度上。因此，社会组织要想塑造良好服务形象，就应该树立顾客至上的观念，端正服务态度，提高服务水平，以精湛的技术为顾客服务，体现组织机构对社会的责任。需要注意的是，服务形象一定要根据社会组织自身的特点和公众的需要来设计，如增加服务的种类、扩大服务的范围、延长服务的时间、挖掘服务的深度、改善服务的态度、提高服务的效率等。从世界范围看，成功的组织（如IBM、可口可乐公司、海尔集团等）无不以优质的产品和服务获得社会公众的青睐，塑造了不同凡响的良好形象。

海尔的服务理念

20世纪90年代中后期,海尔决策层提出了"服务重于利润"的战略思想,并据此制定了二次创业的核心目标:以开展星级服务成为中国家电第一品牌为中心,以市场份额的不断扩大和产品的不断创新为重点,在2000年把海尔建设成为国际化的企业和跨国集团公司。

在"用户就是我们的衣食父母""用户永远都是对的"等服务理念的指导下,海尔制定了"高标准、精细化、零缺陷"的星级服务目标,确定了"向服务要市场""靠服务创国际名牌""靠服务拓展国际市场""靠服务驱动产品创新"的二次创业思路。为了保证服务与企业的总体机制、整体精神和战略目标一致,保证星级服务的连续性、有效性,海尔设计了"售前、售中、售后"的星级服务内容。之后,又推出了服务"一、二、三、四"模式。即:"一个结果"——服务圆满;"二个理念"——带走客户的烦恼,留下海尔的真诚;"三个控制"——服务投诉率小于0.1%,服务遗漏率小于0.1%,服务满意率大于0.1%;"四个不漏"——一个不漏地记录客户反映,一个不漏地处理用户反映的问题,一个不漏地复查处理结果,一个不漏地将处理结果反映到设计、生产、经营部门。

一位农村的用户给公司来信,说新买的冰箱不制冷。张瑞敏感到很奇怪,觉得不大可能,但他马上派员工带上一台冰箱,跑了200多公里路到他家,准备换一台。工作人员赶到后,一查原因,原来是用户不懂操作,没有打开温控器。打开温控器后,什么问题都没有。回到公司,他向张瑞敏抱怨:这个用户文化水平太低了,使用说明书上写得明明白白他都不懂。听到这话,张瑞敏心里咯噔一下:用户不会使用,责任在自己身上。说明书中虽然写清楚了该怎么做,但用户的水平参差不齐,不一定都能理解。于是,公司总部下了一道命令:今后海尔所有产品的说明书都改成图文并茂的形式,以更好地指导各个层次的消费者使用。张瑞敏希望海尔的服务能做到这两点:一是不断向用户提供意料之外的满足;二是让用户在使用海尔产品时毫无怨言。

海尔将自己的冰箱推向上海市场时,发现在北京销路很好的冰箱上海人不喜欢。因为上海的家庭住宅面积比较小,冰箱的占地面积太大;另外,上海人喜欢外观比较小巧的冰箱。发现了这一点,海尔设计了一种瘦长型的冰箱,推出后一下子就轰动了上海。

这几年,农村的冰箱需求量上升很快。张瑞敏并没有简单地把现有的冰箱拿到农村去。他仔细地研究了农村的特点。一是农村人的消费水平比较低,现在的冰箱价格他们难以接受;二是农村电压不稳,最低只有160伏,若低压时间过长,冰箱的压缩机就会烧掉。针对这些特点,海尔在开发农村冰箱时,把现有的功能大幅度削减,以降低价格;同时把压缩机重新改造,适应低压启动。这种冰箱在农村非常畅销。

"只有淡季的思想,没有淡季的市场。"张瑞敏提出了这样一个口号。洗衣机的销售淡季在每年的5月到8月。尽管夏季人们的衣服换得很勤,但由于现在市场上的洗衣机容量都太大,用户换下几件衣服,就用大容量的洗衣机来洗,费时费水又费电;但又必须及时洗,就只好用手洗了。张瑞敏瞄准了这一空档,组织海尔的科研人员奋斗100余天,终于在1996年夏天推出了容量仅为1.5公斤的"小小神童"洗衣机。它以"体积小、及时洗"的优势,成功地填补了机洗和手洗的空白,所到之处无不被消费者抢购一空。

用户的要求有多少,海尔的服务内容就有多少;市场有多大,海尔的服务范围就有多大。在这种国际星级服务实施3年多的时间里,海尔系列产品的市场份额不断扩大,企业形象更具稳定性。

(三) 诚实守信,讲求信誉

有句话说得好:"人生因为诚信而精彩,社会因为诚信而和谐。"原香港特别行政区行政长官董建华曾说:"没有什么资产比诚信更重要。"对个人来说,诚信是做人之本、成材之基。言而无信之人会遭人唾弃,社会组织也是如此。对社会组织而言,诚信是其生命之源、生存之本和立足之道。组织信誉是社会组织综合素质的反映,它产生于社会组织与其公众的经济、技术及社会交往过程中。讲求信誉可以降低交易成本,为组织赢得经济效益,更会赢得社会公众的信任和好感。组织信誉的核心集中体现在"诚"字上,对公众要以诚相待,不弄虚作假,遵守对公众的承诺,这是组织具有良好信誉的基本保证。诚实守信、讲求信誉有助于提高组织的效益,塑造美好的组织形象。

案例 3-5

从"海尔砸冰箱"看企业信誉

1984年,34岁的张瑞敏入主青岛市海尔电冰箱厂。一天,一位朋友要买一台冰箱,结果挑了很多台都有毛病,最后勉强拉走一台。朋友走后,张瑞敏派人把库房里的400多台冰箱全部检查了一遍,发现共有76台存在各种各样的缺陷。张瑞敏把职工们叫到车间,问大家怎么办。多数人提出,反正也不影响使用,便宜点处理给职工算了。当时一台冰箱的价格是800多元,相当于一名职工两年的收入。张瑞敏说:"我要是允许把这76台冰箱卖了,就等于允许你们明天再生产760台这样的冰箱。"他宣布,这些冰箱要全部砸掉,谁干的谁来砸,并抡起大锤亲手砸了第一锤!很多职工砸冰箱时流下了眼泪,内心受到的震撼是巨大的,他们对"有缺陷的产品就是废品"有了刻骨铭心的理解与记忆,对"品牌"与"饭碗"之间的关系有了更切身的感受。

张瑞敏并没有就此而止,也没有把管理停留在"对责任人进行经济惩罚"这一传统手段上,他要充分利用这一事件,将管理理念渗透到每一位员工的心里,再将理念外化为制度,形成机制。在接下来的一个多月里,张瑞敏发动和主持了一个又一个会议,讨论的主题非常集中:"我这个岗位有质量隐患吗?我的工作会对质量造成什么影响?我的工作会影响谁?谁的工作会影响我?从我做起,从现在做起,应该如何提高质量?"在讨论中,大家相互启发,相互提醒,更多的则是深刻的内省与反思。于是,"产品质量零缺陷"的理念得到了广泛的认同。这一事件预示着海尔实现了注重自律,从逃避道德责任开始转向注重自身道德责任的管理理念。三年后,海尔人捧回了我国冰箱行业的第一个国家质量金奖。

"海尔砸冰箱"事件是海尔发展史上的一个经典案例,它证明了海尔集团坚持诚信立身、讲求信誉的良好品质。通过这一事件的传播,海尔注重企业管理、注重产品质量、注重诚信的形象被极大地树立起来,为以后的发展奠定了良好的基础。经过20年的发展,海尔打造出中国家电行业的第一品牌。从抓产品质量,到五星级服务,到对消费者的"真诚到永远",海尔树立了优质的品牌形象。品牌的核心价值就是"真诚到永远"。对谁真诚?对消费者!对消费者"真诚到永远"换来的是消费者对海尔的信任和喜爱,不是一时的信任和喜爱,而是持久的、广泛的信任和喜爱,这就是品牌最基本的实质。

大连天百集团的承诺

大连天津街百货大楼集团是全国的诚信单位。1994年1月15日，在消费者权益保护法实施的第15天，大连天百大楼就推出了以"不满意就退换"为核心的15项系列服务，激励全体员工真心实意地为顾客服务，把顾客的困难和意见解决在柜台前、商店里。到2004年12月27日，大连市消费者协会宣布，这家商店创造了连续4000天无一起社会投诉的纪录。这意味着在将近11年的时间里，到"天百"购物的消费者，无论遇到什么问题都在这里得到了满意的解决，而这一切并没有消费者协会、工商行政部门和新闻媒体的介入。这对一个每天与数以万计、各种各样的消费者打交道的大型商场来说，是不容易做到的。但"天百"始终秉承"向消费者承诺的无论付出怎样的代价，都要做到做好"的营销理念，坚持"商品打折，诚信不打折，承诺不打折"，做到"酬宾不玩假，打折不抬价"。据统计，在1994年到2002年这8年中，天百集团为顾客退货24万人次，退款金额达4935万余元，损失达37.6万元。但这一切赢得了顾客的心和企业效益的上升。天百集团的销售都8年累计38.77亿元，利润2亿元。用"天百"老总李贵的话说："这是天百集团信誉沉淀的结果，正是信誉的厚积薄发，使我们找到了撬动市场的支点。"

以上案例中，天百集团依靠诚实，坚守"不满意就退货"的承诺，在消费者心目中树立起良好的形象，这一良好的形象也为天百集团带来了巨大的经济回报。由此说明，诚信是商业成功的法宝。相反，如果一个社会组织不守诚信规范，则不但会削弱自身的竞争力，损害组织形象，而且会扰乱社会经济秩序，影响政府宏观决策，阻碍国家的市场化进程，甚至还会祸国殃民。当前，确有为数不少的企业只追求利润，不考虑消费者的利益，只追求产值，不注意产品质量。据统计，我国每年假冒伪劣产品造成的经济损失达1000亿元，几乎占国民经济总产值的十分之一。比如，全国每年都有因使用劣质热水器而导致的伤亡事件，无辜群众成为劣质产品的牺牲者。许多本来准备出口的新产品，由于忽视质量、违反合同，致使对方中止合同，由此造成的损失也是触目惊心的。假冒伪劣产品伪造商标，冲击优质产品，败坏了名牌产品的声誉，扰乱市场，使消费者蒙受巨大的经济损失。更可怕的是，假冒伪劣食品、药品已严重地威胁到人类的健康。因此，诚信不仅是维护组织形象的一个重要因素，更是关系国计民生的重大问题，绝不可掉以轻心。

（四）营造组织文化，体现独特风格

从广义上来说，组织文化是指社会组织在建设和发展中形成的物质文明和精神文明的总和，包括组织管理中的硬件和软件，即外显文化和内隐文化两部分；从狭义上来说，组织文化是指社会组织在长期的生存和发展中所形成的组织特有的、组织多数成员共同遵循的最高目标、价值标准、基本信念和行为规范等的总和及其在组织中的反映。具体地说，组织文化是指组织全体成员共同接受的组织精神、价值观念、行为准则、团队意识、思维方式、工作作风、心理预期和团体归属感等群体意识的总称。

不同的组织会呈现出不同的组织文化，以适应组织的发展需要。组织有个性的文化构成独具魅力的形象，深深地影响、吸引着公众。组织文化是组织管理的工具，更是组织发展的动力。组织文化中，组织精神是组织的行为准则和精神动力，代表着组织员工的精神风貌；价值观念是组织精神的核心，是组织获得成功的哲学精髓，为全体员工提供了共同努力的方

向；团队意识能激发员工巨大的力量，因为他们一旦明确了组织的主张，理解了组织的意图，就会共同拥护并支持组织，自觉遵守组织规范。一个团结奋进、积极向上的组织，其不断进取的组织精神、正确的价值观念，会让员工树立起坚定的信念和共同的理想，从而增强组织的凝聚力和向心力，并赢得社会公众的赞誉和厚爱。因此，组织文化建设是塑造组织形象的重要手段，更是塑造组织形象最持久的动力。建设优秀的组织文化必须满足四个标准：基于个性、基于战略、基于商业准则和基于人性。

日立精神

日本三大电器公司（索尼、东芝及日立）之一的日立集团，自1910年创办至今，一直深受创始人小平浪平先生所倡导的"日立精神"的影响。"日立精神"包括三个方面，即：诚实、独创；积极进取；齐心协力与团结一致。在"日立精神"的熏陶下，产生了一代又一代"日立人"。他们勇于承认自己的不足，敢于承担责任，善于独立思考，有干劲，勇于发表意见，并且能够精诚合作，积极、主动、和睦地工作。就这样，"日立精神"孕育了"日立人"，"日立人"又缔造了"日立王国"，并使之不断发展壮大。"日立精神"为企业增添了无数财富，它对内激励员工，使他们多出技术、多出成果，对外给广大公众留下了深刻的印象，二者凝聚成一股巨大的合力，推动了企业的进步和发展。

（资料来源：熊钟琪．公共关系教程．长沙：国防科技大学出版社，2006）

产品名称作为产品的识别符号，不仅是产品形象的代名词，还体现了组织文化的风格。因此，赋予产品的名称，应具有新颖别致、简洁易懂、寓意深刻的特点。因为产品的名称对消费者的选购有直接影响，名称取得好，其销路也会随名大开；名称取得不好，产品可能会滞销。例如，日本有"樱花"和"富士"两个品牌的胶卷，尽管"樱花"和"富士"都是日本国的象征，但一年四季樱花有开有谢，而富士山却永恒耸立，所以樱花牌胶卷最终竞争不过"富士"牌胶卷，这不能不说与名称的寓意有关；美国有一种饮料名叫"Sprite"，意为"妖精""精灵"，尽管美国人认为这个名称很可爱，但中国人忌讳谈"鬼怪"，因此当这种饮料进入中国市场时，美国人就给这个"妖精"重新取了一个动听的名字"雪碧"，结果其销路看好；中国曾出口一种"紫罗兰"牌内衣，但使用的名称"Pabsy"在销售国是"没有男子气概，同性恋男子"的意思，结果可想而知。

（五）善于宣传，实施形象投资

有人曾这样定义公共关系："公共关系是90％靠自己做得好，10％靠宣传。"即PR＝P（自己行动）＋R（被人认识）。意思是说做公共关系工作仅"干得好"是不够的，还需加上一定的宣传，才能达到预期的目标。正所谓"酒香也怕巷子深"，社会组织做得再好，如果不进行有效的宣传和适当包装，永远都不会受到关注，不会被更多的人知晓。社会组织的工作需要有良好的"外环境系统"，也就是说，只有赢得社会各界及公众的理解、信赖、合作和支持，形成良好的社会舆论，才能树立组织的良好形象。因此，塑造良好的组织形象离不开宣传。纵观当今著名企业，没有哪一家不是每年投入大量的资金进行组织形象宣传的。

媒体舆论是组织形象提升的重要环节，是组织形象成功塑造的影响因素。组织的产品质量、服务态度、人文环境、员工精神风貌等都是公众舆论的对象，而"一传十、十传百、百传千"的舆论宣传效果可以对公众的思想认识起引导作用，因为很多公众并非直接接触组织，他们对组织的印象往往是从各种宣传信息得来的。那么，社会组织如何靠宣传来塑造良好的组织形象呢？首先要有丰富的宣传手段和形式，其次宣传的重点是企业文化和产品，应将两者有机结合起来，有策略地进行宣传。一般来说可采取以下三种途径：

第一，利用媒体的传播作用，实施形象投资。报刊、杂志、广播、电视、网络等大众传播媒介，是社会的舆论阵地。社会组织应该努力与媒体建立良好的关系，充分利用媒体的媒介作用和传播特性，合理而适宜地借助媒体报道来宣传组织及其产品、服务、技术等，提高组织的知名度和美誉度，使组织形象更深地印在广大公众的心中，以提升组织的社会影响力。媒体报道宣传是一种"不花钱能办大事"的宣传手段，其宣传效果往往胜于广告投放。很多企业和品牌的知名度建立并不是靠广告而是靠媒体的公关报道。如微软成立最初的25年里，从来没有投放过广告，而是靠源源不断的新闻报道就缔造了价值650亿美元的品牌。可见，媒体作为客观的第三方的报道为品牌宣传带来的价值是巨大的。需要注意的是，社会组织面对媒体时应清楚实际上面对的是它背后的一大批消费者，媒体会代表消费者用挑剔的眼光审视社会组织。当然，社会组织如果做得好，媒体会很热情地给予肯定并帮助社会组织做宣传，相当于免费帮社会组织做了广告，而且比花钱做广告更有效，因为第三方的推荐，消费者认为更客观和可信。

第二，利用广告的轰动效应，实施形象投资。加拿大传播学者马歇尔·麦克卢汉认为："广告不是提供人们有意识消费的，它们是作为无意识消费的药丸设计的，目的是造成催眠术的魔力"。广告提供给人的是一种生活方式，而广告本身是展现这种生活方式的手段和途径。广告活动作为一种市场行为，能够把握集体无意识的心理学原理，激发受众的购买行为，满足受众的期待视野，形成一定的轰动效应。现代广告不再是传统的产品促销活动，而是以消费者为中心，结合市场策略进行的信息传播活动。根据麦克卢汉的"媒介即信息"理论，媒介对信息是具有决定意义的。从这个角度来看，广告所选择的媒介才是广告的真正意义。社会组织可以适当采取组织形象宣传片、宣传手册、路牌广告、报社登载专版、电视台播放专题等多种形式，详细宣传和介绍公司的概况、经营理念、产品、企业文化等内容，向公众展示组织的良好形象。

第三，利用公益活动的社会效应，实施形象投资。社会公益活动是很好的树立组织形象、宣传组织文化理念的方式。参加募捐活动、赞助失学儿童或文艺体育、扶贫帮困等活动，除了向社会献爱心、帮助社会解决问题之外，更能为社会组织赢得赞誉、提高组织的文化品位和口碑，从而在公众中树立组织的良好形象。因此，社会组织的高层领导应积极参加各种社会公益活动，让公众从另一种渠道加深对组织的了解和认识，实施形象工程。但是，需要注意的是，组织的资源是有限的，社会问题却有很多，而且解决某一个社会问题的公益事业方向一般有多个，如支持全球变暖的社会问题的公益事业方向包括节能减排、植树造林、减少温室气体排放等。因此，要达到社会利益与组织利益双赢，就需要选择最适合组织目标的社会问题，同时组织还要结合自己的价值目标和自身资源来判断、选择最合适的公益事业方向。如佳洁士关注口腔健康问题，石油企业关注环境保护问题等。一个合适的社会问题需要考虑三个方面：与组织目标实现的关联性，与组织目标群体利益的相关程度，相较于竞争对手的领先性和差异性。确定一个公益事业方向一般来说有五个原则：能与企业的价值观、产品或者服务协同配合；能够得到长期支持；具有对竞争对手的领先性和差异性；能对社会问题起到直接有效的改善作用；目标群体易于参与。

"仕奇"的形象宣传战略

内蒙古仕奇集团是全国重点企业之一。集团生产的"仕奇"牌服装 1994 年被评为"中国十大名牌西装",之后仕奇公司就在首都几家报纸刊登广告《仕奇宣战》,提出要向在中国市场销售的海外名牌挑战,并向公众宣告:"在同等价格上,仕奇的质量要高于挑战对象;在同等质量上,仕奇的价格要低于挑战对象……能否拿出世人公认的名牌,是对中华民族的严峻考验,仕奇愿为此竭尽全力"。这则广告刊登后引起了强烈的冲击波。首先是《中国青年报》做出反应,并专门组织专家座谈,研讨中国品牌的振兴战略;其次是引起了国内同行的关注,很多企业对此表示赞同,并着手制定自己的名牌战略;再次是国外记者纷纷开始采访仕奇。马洪、吕东等著名经济专家为此做专题研究报告,"仕奇现象"与中国名牌战略高级研讨会也在京召开。《文汇报》《光明日报》等几家全国性报纸做了专题报道。一时间,仕奇被炒得如火如荼。仕奇的精神、仕奇的质量、仕奇的自信,被公众广泛知晓。1999 年"仕奇"品牌被国家工商总局认定为中国驰名商标,经过十几年的发展,"仕奇"服装在业内已经成为高档服装的佼佼者,知名度享誉国内外,是内蒙古自治区纺织、服装行业的支柱。

第三节 CI 战略——塑造组织形象的利器

在当前激烈的市场竞争状态下,社会组织间的竞争已从局部的产品竞争、价格竞争、资源竞争、人才竞争、技术竞争、信息竞争,发展到组织的整体竞争,即组织形象的竞争。组织也从注重短期行为发展到注重长期的策划与战略研究,从注重公共关系对商品销售促进的作用,发展到注重社会影响和良好企业形象的塑造。这些变化使得组织形象的塑造至关重要,已成为推动社会组织发展的一种动力。实施 CI 战略的目的就在于进一步加强这一动力,通过完整的系统创意将组织的经营观念、组织精神和文化个性等信息有效地传播出去,让广大消费者对组织及其产品产生信赖和好感,使组织外部的整体形象和内部的凝聚力相结合,从而促使组织将一般的经营活动上升为一种经营哲学。

一、CI 战略的产生和发展

CIS 是现代组织形象整体策划和实施系统的简称,是英文 "corporate identity system" 的缩写。字面意思为"组织(或团体)的个性系统",中文一般译为"企业识别系统",也有人译为"企业形象系统",人们常根据其含义引申为组织形象战略(corporate identity),简称 CI 战略。CI 战略是指组织(或团体)为塑造富有个性的社会形象,将其理念、行为、视觉形象等一切可感受的形象统一化、标准化、规范化,并进行有计划的传播与实施,提高组织的竞争力和形象力的一项系统工程。

CI 战略起源于第一次世界大战前的德国 AEG 电器公司,他们在一系列电器产品上采用了彼得·贝汉斯所设计的商标,后来这一商标就成为该企业统一视觉形象的 CI 雏形。1933 年至 1934 年,英国工业协会会长弗兰克·毕克负责规划的伦敦地铁,在设计政策与识别上也称得上是世界经典之作。第二次世界大战以后,市场经济蓬勃发展,企业经营范围日益扩大,逐步迈向多元化、国际化,为适应这种突飞猛进的形势,诸多有远见的企业已经开始意识到，必须建立统一的营利性组织识别系统，才能正确传达组织情报，建立有影响力的组织形象。1947年，意大利事务器械所奥力维提开始聘请专家来设计标准字。1951年，美国国家广播公司NBC在各媒体广泛运用由高登设计的"巨眼"标志。1956年，美国IBM公司在其总经理的全力支持下导入CI计划，建立了一套完整的CI识别系统，树立了"公司制度健全、充满自信、永远走在电脑科技尖端的国际性企业"的良好形象，成为CI成功开发的典型范例。1970年，可口可乐公司革新了世界各地的可口可乐标志，以醒目的红色与波动的条纹构成的"Coca-Cola"标志，树立了风行全球的品牌形象，这使可口可乐名声大振、利润倍增，更好地提升了组织形象，进一步扩大了其市场占有率。这一成就使CI很快在美国、日本、韩国和我国台湾等地迅速发展，在世界上掀起了一股CI热潮。

日本的CI引进比欧美晚了一二十年。1975年，日本东洋物产株式会社马自达汽车公司开发设计CI，树立了日本第一个开发组织识别系统的典范，拉开了日本组织导入CI的序幕。接着，大荣百货、伊士丹百货、松屋百货、麒麟啤酒、亚瑟士体育用品等知名企业也纷纷导入CI计划。随后，富士胶片、美津浓体育用品、华歌尔内衣、白鹤清酒等先后导入CI，将CI这股热潮推向一个新的高峰。之后，世界上许多企业，特别是一些跨国企业集团，都把企业形象作为经营战略的重要组成部分。一时间，CI风行世界，成为塑造市场王牌的现代经营策略。企业家们称之为"赢的策略"或"长期开拓市场的利器"。

20世纪80年代，CI传入韩国和中国台湾。台湾最早引入CI计划的是大企业家王永庆的台塑关系企业，随后味全企业、和成窑业企业、声宝电器企业、肯尼斯体育用品、普腾电器企业、中华航空企业、台湾电视股份有限企业、统一企业等一大批公司、企业先后导入CI计划，宣告了中国台湾CI时代的到来。

1985年以后，在中国的公共关系向纵深方向发展的过程中，CI战略也悄然而至。作为改革开放前沿地区的广东，广州太阳神集团率先导入CI计划，创造了从数千万到12亿的销售神话。随后，健力宝集团、今日集团（乐百氏）、白云山制药厂、浪奇化妆品、富绅衬衫、科龙电器和以广州白天鹅宾馆为代表的各大宾馆也都先后导入CI计划。在实施CI计划的短短几年中，它们皆以崭新的企业形象、优质的产品和经营服务昂首挺胸地走向市场，向人们展示了CI战略的价值。2001年我国加入世贸组织后，由于国际经济一体化，市场竞争更加激烈，企业纷纷借助CI战略武器，规划未来发展，强化品牌形象，提高综合竞争力。除了著名企业之外，大量的中小型企业的品牌意识也逐渐增强，无论是终端产品还是中间产品，制造业还是服务业，企业还是团体，都将CI放在重要的位置。至今，CI仍方兴未艾，成为企业创立品牌、寻求可持续发展的基本战略。

二、CI战略的基本构成要素

CIS一般由三个子系统构成。

1. 理念识别系统（mind identity system，MIS/MI）

MIS是组织识别系统的核心和原动力，属于思想文化的意识层面。理念识别系统由企业宗旨、企业目标、企业使命、企业作风、企业理念、企业精神、价值观、企业经营哲学、企业道德体系等几部分组成，是组织精神的体现，主要用于确定企业的战略发展追求，以及为实现这一战略追求所规定的指导思想、精神规范、道德准则和价值取向。

2. 行为识别系统（behavior identity system，BIS/BI）

BIS 是组织行为的内外展现，是一种动态的识别形式。行为识别系统以明确而完善的经营理念为核心，显现组织内部的制度、管理、教育等行为，并扩散回馈社会的公益活动、公共关系等动态识别形式。行为识别系统将组织理念由抽象的理论落实到具体的、可操作的措施，要求全体员工共同遵守并身体力行。具体包括对内和对外两部分：对内包括内部干部教育、员工培训、生产福利、工作环境、内部修缮、生产设备、废弃物处理、公害对策、研究开发等；对外包括市场调研、产品开发、公共关系、市场营销、流通政策、代理商、金融业、股市对策、公益性和文化性活动等。

3. 视觉识别系统（visual identity system，VIS/VI）

VIS 属于外在直观部分。视觉识别系统是指组织根据其理念和行为所设计的具有视觉感知性和冲击性的统一的组织标识系统，其基本要素包括组织名称、品牌标志、组织标准字体、组织标准色、组织象征图案等；应用要素包括事务用品、办公用具、设备、招牌、旗帜、标志牌、建筑外观、橱窗、服装饰品、交通工具、产品、包装用品、吉祥物、广告传播、展示陈列等。视觉识别系统是静态的识别符号具体化、视觉化的传达形式，也是项目最多、层面最广、效果最直接的一个子系统。

传统的 CI 战略理论认为，CIS 的构成要素为 MIS、BIS 和 VIS，它们是相互联系、相互依存的统一整体，共同带动组织经营的步伐，塑造组织独特的形象。随着人们对 CI 战略研究的不断深入，有的学者提出了"大 CI 战略"，认为 CIS 的构成要素还包括环境识别系统、听觉识别系统、味觉识别系统和信息传递系统等。但必须强调的是，MIS、BIS 和 VIS 是 CI 战略最基本的要素。其中，MIS 是 CIS 的核心，它决定着 BIS 和 VIS；BIS 和 VIS 的执行与推动都依赖于 MIS；BIS 是 MIS 的动态显示和具体落实；VIS 是 MIS 和 BIS 的外观显现。有人曾说："如果把 CIS 比作一棵树，那么 MIS 就是树的根部，BIS 就是树的躯干、枝条，VIS 就是树叶、花和果实；如果把 CIS 比作一个人，那么 MIS 就是人的心、脑、中枢神经，BIS 就是人的躯干、四肢，VIS 就是人的面部。"这些比喻比较形象地说明了三者之间的关系。

三、实施 CI 战略的意义

在当今全球化的大众传播时代，世界变得越来越小，组织间的竞争日益激烈，因此形象宣传的一致性、形象宣传的视觉冲击力就显得越来越重要。CI 战略作为一种创造企业形象、增强企业形象影响力、改善企业管理的有效工具，从第一次世界大战前发端、第二次世界大战后在西方兴起，经过几十年的运作，已经被证明是一种功能强大的企业发展推进剂，它所强调的整体性和多元性正适应了时代变化的特征。目前，许多成功的企业无不与导入 CI 战略有关，而这些成功的企业又是在导入 CI 战略系统的过程中融入自身独特的文化品质而确立了自己在社会中的形象。

从 CIS 的理论和实践来看，社会组织导入 CI 战略有利无害。具体来说，实施 CI 战略有以下几方面的意义。

第一，有利于全方位地塑造和提高组织形象。

第二，有利于提高员工士气，增强组织的凝聚力和向心力。

第三，有利于为组织进行理念定位、行为规程策略定位、视觉形象定位，制定长远的战略战术。

第四，有利于提高组织在国内外的竞争力、形象力，有利于创造名牌。

第五，有利于优化组织的生存和发展环境，提高组织的社会地位。

德力西的CIS策划

中国德力西控股集团有限公司是一个集资本营运、品牌营运、产业营运为一体的大型集团，注册资金10亿元。德力西始创于1984年，当时企业取名为"乐清县求精开关厂"，商标为"乐求牌"，含义是"以质取胜，制造精品"。这在当时温州柳市低压电器假冒伪劣成风的背景下，有着特殊的意义，也标志着企业质量意识的觉醒。其"质量立厂"的经营理念，也为"乐求牌"注入了鲜明的质量创牌内涵。随着企业的发展和经营规模的不断扩大，产品不能仅仅满足于质量，还要提高技术含量、提升产品档次、树立产品形象，逐步走向国际。显然"乐求牌"这个品牌满足不了这些要求，其内涵和外延的发展都受到限制。CIS专案组在策划定位时从以下几个方面考虑德力西的品牌突破和创新。

1. 整合视觉识别

1991年，公司启用"德力西"品牌时，其使用的注册商标图案呈圆形，外圈环状文字为"德力西集团"；内圈底面分三色——底部黑色象征黎明前的大海，中间红色象征灿烂的朝霞，上部浅黄色象征万里长空；居中的是"德力西"三字的头一个拼音字母"DLX"，一气呵成。远远看去，红日跃出海面光芒四射的景色，显示了德力西蓬勃发展、前程似锦的强大生命力。

但通过CIS策划前期调研，工作人员发现这一商标有很大局限性：一是复杂、系数大，记忆点不够集中；二是传统色彩过浓，红日、大海没有个性，冲击力不强；三是创意思维、效果受时空限制，难以和国际接轨。针对上述不足，CIS专案组根据企业国际化发展态势，重新定位、重新整合出个性风格鲜明的全新概念。现在的商标以"德力西"的中文拼音"DELIXI"为造型基本元素，以红色为标准色。"DELIXI"字母加粗变化后显得结构稳重、简洁大方，具有强烈的现代感和国际性，能够体现德力西集团现代企业的经营理念和品牌文化。"DELIXI"中文拼音下用汉字"中国德力西"组合，配套使用，采用特定的美术字体，风格严谨、稳重，充分体现了标志的可读性、易记性与冲击，也突出了德力西品牌的个性特征。

2. 提升品牌内涵，培育品牌文化

随着德力西的知名度不断提高、规模不断扩大、实力不断增强，CIS专案组认为德力西不能再局限于原有的全力追赶德国的西门子，铸造东方"西门子"的理念，而应以"德报人类、力创未来、赶超西方"的博大理想为主题理念，率领企业坚定地迈向世界。德力西更应该从追求利润最大化的经营理念向价值最大化的价值理念转化，要讲求责任、奉献和回报。这一理念为德力西品牌注入了新的崇高的理念灵魂。随后，德力西从7个方面进行了品牌的文化培育。

（1）以规范企业和员工行为为基础，形成一个和谐、有序、文明、高效工作环境的制度文化。

（2）以人力资源开发与管理为核心，创造一个"海纳百川，让蛟龙腾飞；千舟竞发，任群英争先"发展环境的人本文化。

（3）以研发中心、博士后科研工作站为载体，建立科技创新体系，大力开发新品，形成科技创新文化，提高品牌含金量的技术文化。

（4）以ISO9001和ISO14001为基础，推行全面质量管理，提高全员质量意识，使质量意识从产品向工作、效率、作风、服务延伸，形成"质量是一种自觉行为"的质量文化。

（5）把"德报人类，力创未来"这一主题理念注入德力西品牌，使员工共同树立"让品质写出德力西人的尊严"的价值观，形成理念文化。

（6）融思想品德、商业道德、社会公德、家庭美德为一体，建立有德力西独特内涵的道德文化。

（7）建立统一的品牌策略体系，树立企业的整体形象，形成系统的形象文化。

3. 规范员工行为

在构建MIS和VIS的基础上，德力西将制定的文化理念、战略理念、经营理念、企业远景、工作行为、管理行为、学习行为、质量保证行为、考核奖惩行为、礼仪行为、视觉元素等，印制成《思想道德行为规范》《礼仪行为规范》《金牌员工规范》等行为规范，人手一本，责任清楚，目的明确，让员工自觉遵守执行，提高效率。

4. 策划效果

德力西CIS策划是将企业的企业战略、经营理念、技术质量、共同价值观、工作作风、行业规范、星级服务等融入品牌，形成独具特色的品牌文化，使德力西从一个不知名的品牌成为中国驰名品牌，为创造世界级品牌奠定了雄厚的基础。

【思考与练习】

1. 什么是组织形象？它的含义包括哪些方面？
2. 组织形象的构成要素有哪些？请简要论述。
3. 组织的人员形象是如何反映出来的？
4. 简述组织形象识别系统（CIS）的基本构成，谈谈它们之间的关系。

第四章 公共关系的主体——社会组织

【学习目标】

通过本章的学习，了解并掌握有关社会组织的概念、含义、构成要素、基本特征、主要类型等；了解并掌握有关公共关系机构的概念、类型、业务范围等基本知识；理解公共关系机构在公共关系运转中发挥的重要作用及各自的优势与不足。

【本章导读】

作为公共关系的主体要素，社会组织处于公共关系的核心地位。公共关系机构是专门从事公共关系工作的组织机构，并代理特定组织的公共关系工作，主要有社会组织内部的公共关系部、组织外部的公共关系公司和公共关系社团等。

美国亨氏集团的"母亲座谈会"

美国亨氏集团与我国合资在广州建立婴幼儿食品厂。但是，生产什么样的食品来开拓广阔的中国市场呢？筹建食品厂的初期，亨氏集团做了大量调查工作，多次召开"母亲座谈会"，充分听取公众的意见，广泛了解消费者的需求，征求母亲对婴儿产品的建议，摸清各类产品在婴儿哺养中的利弊，之后进行综合比较，分析研究，根据母亲们提出的意见，试制了一些样品，免费提供给一些托幼单位试用。收集征求社会各界对产品的意见、要求，相应地调整原料配比。他们还针对中国儿童食物缺少微量元素，造成儿童营养不平衡及影响身体发育的现状，在食品中加进一定量的微量元素，如钙、锌和铁等，食品配方更趋合理，使产品具有极大的吸引力，普遍受到中国母亲的青睐。于是，亨氏婴儿营养米粉等系列产品迅速走进千千万万中国家庭。

（资料来源：杨俊. 公共关系. 合肥：合肥工业大学出版社，2005）

这则案例很好地体现公共关系的三要素：美国亨氏集团——社会组织；婴幼儿的母亲——社会公众；"母亲座谈会"、收集征求社会各界对产品的意见等做法——传播沟通。可以看出，公共关系的行为主体是社会组织。纵观20世纪以来的社会发展史，可以看出，社会组织演化的速度不断加快，形式不断创新，人们对社会组织的理论研究日益深入，这为公共关系的发展提供了条件。社会组织作为公共关系的行为主体，具体实施公共关系行为的还包括组织内部的公共关系部门、组织外部专门从事公共关系工作的公共关系公司和公共关系团体。

第一节 社会组织

公共关系是社会组织与公众对象之间的传播沟通关系。在这一关系中，社会组织是主体,是公共关系的构建者、承担者和实施者,是在公共关系活动中起主导作用、主动影响客体的一方。社会组织处于公共关系的核心地位,其经营理念和行为对公共关系的形成和发展起着至关重要的作用。不同的社会组织面临的公众对象不同,公共关系的目标、策略、内容和方法也就不同。因此,对社会组织进行分析是十分必要的。

一、社会组织的基本含义

社会组织,简称组织。对于社会组织的研究,不同学科可以从不同的角度分析。在日常生活中,组织这个词有三种含义:从社会学意义上来理解,组织是指为了实现一定的目的、履行一定的职能而组成的团体;从行为活动的意义来理解,组织是指对人、财、物的管理;根据约定俗成的习惯,组织被理解为特定的政治组织和群众团体组织。公共关系中所讲的社会组织,是社会学意义上的组织,即人们为实现某种特定的目标,按照一定的宗旨、原则、程序和制度建立起来的社会群体或社会集团。应该说,社会组织是构成宏大社会的个人的特定集合。现代社会中,社会组织占据着决定性的地位,其性质、特点及运行方式都会影响甚至决定人们生活和工作的各个方面。我们可以从以下五个方面理解社会组织。

第一,社会组织是人类社会的组合方式。马克思说过,人是社会关系的总和。在人类社会生活中,人与人之间会发生各种各样的联系和交往,在这些交往活动中,人们发现个人的活动往往会受到种种限制。于是,人们为了实现某个共同的意愿或目标,彼此孤立的个人通过一定的社会活动进行交往,以特定的形式联系并组合在一起,从事政治、经济、文化、军事、宗教等方面的社会活动,形成了一个个独立的社会单元,为社会承担一定的责任和义务,这个独立的社会单元形式上是社会组织,本质上是社会关系的体现。我们生活的社会就是由各种各样的社会组织构成的,大部分人都属于某一组织,或同时属于几个组织,将来还有可能属于其他组织。在现代社会里,各种组织的影响已渗透到社会的各个角落,其存在和发展构成了人们日常生活的基本部分。所以说,社会组织是人类社会的组合方式。

第二,社会组织具有明确的目标。社会组织是处于一定环境条件下的功能活动体,它是各个构成部分发挥各自的特殊功能,为实现共同目标,连续不断地做出集体努力的活动过程。目标是组建社会组织的前提,任何社会组织的诞生都有特意的使命,追求特定的社会效益、经济效益或其他效益。根据美国知名学者帕森斯的理论,从宏观上讲,社会组织的目标导向分为四种:①以经济生产为目标导向,通过向社会提供物质产品和服务获得经济利益;②以政治为目标导向,目的是谋求权力分配,实现某种政治意图;③以协调社会冲突为目标导向,保持社会秩序;④以社会维模为导向,为社会培养符合特定文化要求的接班人,维持社会的持续发展。社会组织必须有明确的目标。

第三,社会组织具有科学的分工与协作机制。如果某项活动依靠个人就能够完成,是无须组建社会组织的。组建社会组织就是要把大家的力量整合起来,共同完成个人无法完成的使命。为此,社会组织要建立科学的分工与协作机制。分工是借助专业化提高劳动力和其他各种资源的使用效率。协作是借助集体力量提高组织的效益,使组织的力量得以放大。应该说,社会组织是建立在部门分工基础上的整合组织。

第四,社会组织具有权力与责任制度。权力和责任是社会组织实现目标的基本保障。社会组织的正常运行离不开科学的权力和责任制度。赋予有关部门特定的权力,是为了有关员工能够在合理的范围内围绕目标自主地配置各种资源。明确有关部门的责任,是为了引导员工的权力行为服务于社会组织总体目标的实现,防止滥用权力进而破坏社会组织的正常运行。

第五,社会组织具有健全的组织活动。如果没有健全的组织活动,社会组织仅仅是一个"外壳"而已,不可能产生实质作用。社会组织的组织活动是为了实现职能目标、围绕社会组织的运行而形成的,主要包括以下五个方面:①设计组织的机构;②适度分权和授权,明确职务责任;③进行人力资源开发与管理;④开展组织文化建设;⑤推动组织变革。

二、社会组织的构成要素

社会组织既是人类社会最常见、最普通的社会单元,也是一个复杂的社会群体。在现实生活中,社会组织表现为大小不一、功能各异、形态万千。它可以大到一个国家,也可以小到只有几个人的个体企业。那么,作为一个组织,它由哪些要素构成?

国外一些组织理论的研究者曾根据古希腊哲学家亚里士多德"物体四因说"的观点,把组织构成要素归结为四大类:第一类是物质要素,包括人员、经费、物质资料、工作地点、工作设备等,这是构成一个社会组织的最基本的要素;第二类是形成要素,包括组织中的职责、规章制度、部门分工与合作等,这是组织构成要素的核心内容;第三类是环境要素,包括组织面临的各种多变的内部和外部环境,这些环境直接或间接地对组织的生存和发展产生影响;第四类是目的要素,包括组织的目标、基本宗旨、组织要完成的任务等。

管理学家切斯特·巴纳德认为一个社会组织必须具备三个基本要素。第一,组织目标。他认为组织的目标不是单一的,而是多样化的。包括收益目标、发展目标和保持稳定目标。组织目标的确定、分解和变更对组织结构的形成来说一贯是重要的基本因素。第二,协助意愿,指个人要为组织目标贡献力量的愿望,这种愿望对组织来说是必不可少的因素。第三,信息。在组织的两端分别是组织目标实现的可能性和对组织有协作意愿的分散的个人。信息像一座桥把这两者联结起来,使之成为有机体,即社会组织。

综合以上各种观点,我们认为从大的方面讲,社会组织的构成要素包括两个方面:一是作为组织构成有形要素的物质条件,即组织的人、财、物、信息等要素;二是作为组织构成无形要素的精神条件,包括组织的目标、理念、宗旨、信念、价值观等。社会组织通过有形要素的流动,与外部进行能量交换,实现组织的生存与发展。在这一过程中形成的组织观念、组织风格、组织信誉,成为社会组织宝贵的精神财富。具体来讲,社会组织的基本构成要素包括以下五点。

第一,人员,包括组织的领导者和员工。这是社会组织要素中最基本的要素之一。

第二,资金、物资、设备、技术和信息等。这些是一个组织必备的物质条件,是构成社会组织的基本要素。

第三,组织目标,包括组织的近期目标、长远目标,也包括组织成员的个人目标。这是组织建立的原因和生存发展的基础,它规定、制约着组织的其他要素。

第四,组织的责权结构,即根据责、权、利来具体确定并划分组织内部的各个部门和层次。组织结构设置是否合理,对组织目标的实现将产生一定的影响。因此,它是构成组织要素的核心内容。

第五,协作意愿。这是构成社会组织的精神要素,只有充分调动具有协作意愿的成员的积极性,才能使组织的各个部门与各个成员在统一指导下通力协作,保证组织目标的实现。

三、社会组织的主要特征

社会组织一经产生，便显示其独特的效能和重要作用。随着社会的发展，组织也根据社会的需要，不断地由小到大、由弱到强，成为结构复杂、功能综合、因素众多、规模空前的"小社会"。一般来说，社会组织有以下三个特征。

（一）整体性

社会组织具有整体性特征。社会组织是由各种要素所构成的一个有机系统，同时，它又是整个社会大系统中的一个小系统。它是一个完整体，组织整体与各构成部分之间是统属关系，彼此密切联系，不可分割。比如，一个公司由经理室、办公室、人事部、财务部和业务部等部门组成，各个部门之间具有紧密的联系，这些部门的有效运行构成了公司这样一个社会组织。任何社会组织都有一套规范的章程和具有权威的领导体系，以及合理的组织结构、制度和规则，将本组织中人们的各种活动组织起来，使之有序、高效地发挥作用，成为一个"命运共同体"，从而达到社会组织的目标。

（二）目的性

目的性是社会组织的根本属性。任何社会组织的建立，都是为了达到某个特定的目的，无目的的组织是不存在的。如政府的目的就是为人们服务，学校的目的就是培养人才，工厂的目的就是生产产品。可以说，组织内部的各种活动与外部的各种交往和联系，无一不是围绕着社会组织的目的进行的。社会组织本身是因为社会分工的需要而建立起来的，社会组织要完成的社会分工的角色任务，就是它的工作目标。正如汉普顿所说："每当人们联合起来去实现某一目标时，他们就创造一个组织，或者说是一个社会机器，它有潜力完成任何个人独立所不能完成的工作。"

目标是要达到的主要目的。组织目标是确立组织宗旨、原则、章程、规范和计划的依据，是调动组织资源、发挥组织群体效应、完成组织任务的前提和基础，也是区分不同社会组织类型、性质和职能的标准。组织目标代表了组织存在的意义和奋斗的方向，对社会组织成员具有统一认识、规范行为的作用，对组织的全部活动起指导和制约作用，组织行为必须服从和服务于组织目标的实现。社会组织的生存和发展，其实质就是社会组织目标能否实现的问题。因此，组织目标是组织形成的基本条件之一，是构成该组织的核心要素。

（三）适应性

社会组织是一个有机的"生长体"，处于一个变动的社会环境中。如同动植物的成长要依赖阳光、水分、温度、湿度、土壤、气候等适宜的环境，社会组织的生存和发展必然要受到社会发展及环境变化的影响。影响社会组织运行的因素概括起来主要有：物质因素（材料、设备、能源、自然环境等）、人为因素（人力、人情、人气、民意等）、信息因素。这些因素构成了社会组织运行的环境，社会组织应随着社会环境的不断变化而不断地调整组织战略、经营策略、管理模式、人员构成等。既要有适应性和应变能力，又要积极主动地创造条件和改善环境，把握环境变化给组织带来的机遇。比如，过去大学毕业生由国家统一分配，现在则要自谋生路、自寻出路。因此，高校在培养人才这一总目标不变的前提下，在毕业生如何适应市场需要这一分目标上就应有所改革，以适应环境的变化。

社会组织的发展与变化是现代公共关系产生的基础。随着社会的发展，社会组织也不断调整改变。社会组织与环境因素关系密切，在当今社会，社会组织必然要受制于各种环境因素，因此，在社会组织的管理和运行中，每一项政策，每一个行动，都会涉及众多方面，需要及时了解环境，掌握大量的环境信息，为决策提供科学的依据，使运行沿着正确的方向健康前进。同时，公共关系工作的环境千变万化，要适应环境的可变性、复杂性和不确定性，公共关系人员必须要思维敏捷、勤于思考和分析，善于捕捉和利用各种可靠的信息。比如，上海一家储蓄所因底楼维修，临时搬到楼上营业，便在底楼贴了一张告示："因底楼维修，办理业务请您登楼。"上到二楼又见一告示："二楼办理单位业务，个人储蓄请您再登楼。"到了三楼还有一告示："尊敬的储户，您辛苦了，个人储蓄在四楼，请您更上一层楼"。结果在维修期间，储蓄业务一点儿也没有受影响。

四、社会组织的类型

社会组织是具有特定目标、职能及一定独立性的社会群体，具有多样性。不同的组织，其目标、原则、利益等往往有很大的差异，所以有必要对社会组织进行科学分类。但目前，社会组织数量众多，形式多样，尚缺乏统一的分类标准。目前比较有影响的分类方法有以下几种。

（一）根据社会组织成立的依据和内部关系状态分类

根据社会组织成立的依据和内部关系状态，把社会组织分为两大类，即正式社会组织和非正式社会组织。

正式社会组织是依据法律的许可而成立的，其性质、目标、宗旨、职能、结构等都有比较明确的要求和规定，组织成员之间的责、权、利关系明确，是一个相对稳定的社会实体，如政府、军队、学校和企业集团等；非正式社会组织是依据其成员的兴趣和特长资源组成的，其目标、职能和结构具有随意性，组织约束力差，组织成员之间的关系比较自由，如各种协会、学会、沙龙和俱乐部等。

（二）根据社会组织的性质、功能及目标分类

根据社会组织的性质、功能及目标，把社会组织划分为政治组织、经济组织、文化组织、群众组织和宗教组织五类。

1. 政治组织

政治组织即具有国家政治职能和社会管理职能、专门从事政治活动的组织，包括政党组织和国家政权组织，如中共中央、国务院、各级省市地方党政组织、政协组织、人民代表大会、武装力量和司法机关等。政治组织集中代表和反映社会统治阶级的整体利益或某一阶层的利益。

2. 经济组织

经济组织即从事物质资料的生产、流通、交换、分配、管理和消费等的组织。从物质资料的生产一直到把产品送到消费者手中，凡是参与这一过程并以此为目标的组织，都是经济

组织,包括生产组织、工业组织、商业组织、金融组织、交通运输组织和一切服务性组织等。经济组织担负着为人们提供衣食住行和文化娱乐等物质生活资料的任务,履行社会的经济职能。

3. 文化组织

文化组织即以满足人们的各类文化需求为目的,以从事各种文化活动为基本内容的社会团体,包括文化艺术团体、科研院所、教育机构、医疗卫生部门等,如各类学校、图书馆、社科院、文化馆、影剧院、歌舞团、医院等。文化组织具有传播、研究和改造文化艺术和科学技术的功能。

4. 群众组织

群众组织即在党和政府的领导下,广泛团结各阶层、各领域的人民群众,开展健康有益的社会活动的各种类型的组织,包括各级工会、青年团、妇联、科协、文联、工商联合会和各专业学会等。群众组织代表某一社会阶层或领域公众的利益。

5. 宗教组织

宗教组织即以某种宗教信仰为宗旨形成的社会组织,主要工作是根据宪法代表宗教界的合法权益,办好正常的宗教活动。我国现有佛教、道教、天主教、基督教、伊斯兰教等教会组织。宗教组织的公共关系任务是在信教群众和宗教界人士心目中树立一个宽和的组织者形象,与不同的信仰和平共处,帮助信教群众和宗教界人士提高社会责任感并得到他们的拥护和爱戴。

(三)根据社会组织的性质和功能分类

根据社会组织的性质和功能是否营利,把社会组织划分为营利性组织、公益性组织、互益性组织和服务性组织四类。

1. 营利性组织

营利性组织是指以所有者和经营者的经济利益为目标、追求经济利润的组织,如工商企业、金融机构、旅游服务业、交通运输业、旅游业、保险公司以及艺术团体等。由于这类组织最大的公众是消费者,又是非权力型的组织,因而它们以公共关系主体的身份出现,主要是向社会公众提供有形的或无形的、物质的或精神的商品来获得利润,其公众对象主要是消费者。因此,营利性组织应处理好与消费者之间的关系,树立企业和产品的品牌形象。

2. 公益性组织

公益性组织是指为全社会服务、为整个社会公众谋利益的组织,属于非营利性组织,如政府部门、治安机关、司法机关、军队、消防队、交通安全部门、气象预测部门、环境保护部门、报社、广播电台、电视台等。这类组织以国家和社会整体利益为目标,其公众对象最为广泛,包括社会各行业和各阶层。因此,公益性组织应树立廉洁奉公的形象,保证广大社会公众的利益。

3. 互益性组织

互益性组织是指以本组织利益为目标的非营利性组织,如各种党派团体、工会组织、职业团体(学会、协会、研究会等)、妇联、工商联合会、群众社团组织、宗教团体等。由于这类组织重视组织内部成员的利益和目标,重视内部成员对本组织的凝聚力和归属感,重视组织内部的沟通，因此，更应保持与相关群体的沟通，及时了解他们对组织的要求，争取他们对组织的理解、支持与合作。

4. 服务性组织

服务性组织是指以社会公众为服务对象的非营利性组织，包括学校、医院、社会福利机构、慈善机构、社会公共事业机构等。在我国，这类组织在改革中大多已经出现产业化的倾向，在一定程度上追求经济利益。服务性组织以其特定服务对象的需要为目标，应特别重视自身的组织形象建设，同时还必须与其资助者保持稳定的关系。

（四）以公共关系活动应用的对象为标准分类

以公共关系活动应用的对象为标准，将社会组织划分为政府组织、企业组织、社区组织、大众传播媒介组织、事业组织和社会团体等类型。

1. 政府组织

政府是国家权力执行机关，是对社会进行统一规划和有序管理的权力机构。广义的政府指行使国家权力的所有机关，包括中央和地方的全部立法、行政、司法机关；狭义的政府仅指中央和地方的行政机关，即依照国家法律设立并享有行政权力、担负行政管理职能的国家机构，在我国，亦称为"国家行政机关"。

政府依据国家的法律和法规，对国家和社会各方面实务进行指导和管理。任何一个组织，作为社会大系统中的一个子系统，都必须服从各级政府的统一管理。与其他社会组织相比，政府是一个权力共同体，在拥有权力、掌握资金、了解信息、控制舆论等方面占有绝对优势。在社会生活中，作为国家权力机关的执行机关，以国家强制力为后盾，通过政策的制定和执行，依法对国家事务和社会公共事务进行管理，具有绝对的权威性。

2. 企业组织

企业组织是指为实现企业的目标及执行企业的战略策略，对企业的人力资源进行调配建立的社会机构。企业组织是一个独立运作的经济实体，营利性是它的显著特征。

3. 社区组织

"社区"是社会学的一个概念，是指居民相对比较集中的居住区，如乡镇、村落、小区、街道等。社区组织是指社区内有目的、有计划地建立起来的满足一定需要的各种团体和机构。它是社会组织在社区中的表现形式，其类型多种多样，通常划分为经济组织、政治组织和文化组织等。就其活动方式和功能来说，有的社区组织主要是满足社区内的特定需要，活动范围主要在社区之内；有的社区组织的活动方式主要是外向型的，与本社区之外的更大社会系统保持结构和功能方面的关系。

4. 大众传播媒介组织

大众传播媒介组织是指以其拥有的某种大众传播媒介专门从事大众传播服务的社会组织的统称，主要是指报社、杂志社、广播电台、电视台和互联网服务机构这五种机构。概括地讲，大众传播媒介组织的主要特征有以下五个方面。

（1）有专门的组织机构。目前我国的大众传播媒介组织从地位来讲有两种基本类型：一是具有独立法人地位的独立传播机构，如中央电视台、新民晚报等；二是隶属于某一法人的传播机构，如一些企业所属的有线电视台、大学所属的学报编辑部等。但无论其法律地位如何，一般都没有专门的组织机构。

（2）有一定数量的专业人才。如电视台的采编、播音、技术、导播、发射和报社的采编、制版、印刷等工作都必须由专业人才来完成。

（3）有一定数量和种类的专业设备。如电视台有摄像、编辑等多种专业设备，报社也有编辑、排版、制版、印刷等多种专业设备。

（4）有一套规范而严密的传播规则。大众传播活动总是在特定的传播规则下进行，而传播机构的所有工作，也都必须按照相应的规则来进行。如电视台的工作，就涉及编码规则、发射规则等；报社的工作，也必须以标准的字体、纸张来编辑、印刷，必须按既定的方式来发行、出售。

（5）有严格的管理制度。由于大众传播活动一般都具有一定的社会影响，所以几乎所有国家都对其实行不同程度的政府控制，这种控制既体现在政府的监管体制和制度规定方面，也体现在传播机构内部的管理制度方面。

5. 事业组织与社会团体

事业团体组织包括事业组织和团体组织，都属于非营利性机构。事业组织是指为适应社会需要由国家提供资金设立的专门性机构，如学校、医院、博物馆、科研院所、图书馆等。团体组织是指具有共同利益或背景的人们为实现某种社会理想而自愿结合形成的非营利性组织，如专业学术团体、少数民族团体、宗教团体、残疾人团体、妇女团体等。

案例 4-2

十年奋斗　心怀责任
——上海移动十周年内部公关案例

项目主体：中国移动通信集团上海有限公司

作为中国2010年上海世博会全球合作伙伴，2009年既是中国移动的3G发展元年，也是迎接世博的冲刺年，同时还是中国移动上海公司成立十周年。在这个里程碑时刻，希望通过系列内部公关，与员工共同回顾并分享公司十年发展路程中在践行企业社会责任方面的丰硕成果，丰富企业文化内涵，进一步强化团队凝聚力。

一、项目调研

十年发展，中国移动上海公司形成了完整、系统的企业文化体系，员工文化认同度高。但由于集团员工负责多元化的业务，又横跨不同地区，工作、文化背景和教育水平都迥然不同，大大增加了公司内部沟通的挑战性。2009年作为迎世博的关键年，需要进一步提升员工对子公司作为世博赞助商身份的责任感。同时，随着3G牌照的发放、电信企业的重组、TD技术的深入应用、市场需求的变化，中国移动面临前所未有的压力，如何激发员工创新力，并勇于面对激烈的市场竞争，成为摆在企业面前的重要课题。

二、项目策划

1. 公关目标

通过设计系列活动，提供内部员工互动平台，强化团队凝聚力；进一步丰富企业"责任""卓越"核心文化内涵，促进员工对企业社会责任的深入了解；展现公司十年发展路程中在践行企业社会责任方面所取得的丰硕成果；加强员工对公司获得世博赞助商身份的责任感；营造良好的外部舆论环境，提升企业的社会认同度和美誉度。

2. 目标受众

首要层次是中国移动上海公司以及各属地分公司全体员工；其次是合作伙伴、媒体、政府及社会公众。

3. 公关策略

针对中国移动上海公司以及各属地分公司全体员工，策划旨在激发员工责任意识的公益日系列活动、企业社会责任讲坛，设计系列创意新颖、参与性强的活动，包括征文比赛、摄影作品征集、案例评选、感恩沙龙等，通过多形式、多内容的活动吸引个体员工积极参与。同时，为了更完整、更生动地宣传展示企业十年来的发展历程，通过图片、画册、视频等表现形式，以不同的侧重点展现公司与员工共同走过的十年征程。

4. 媒体选择

（1）在内部，充分利用《上海移动通信报》、双月刊、"移动之窗"闭路电视、OA等自有媒体渠道，同时，将多种内部传播渠道与方法相结合，灵活运用，以实现传播效果最大化。

（2）在外部，选择具有公信力的大众媒体与行业媒体刻画积极承担企业社会责任的优秀企业公民形象，通过与电视、网络媒体深度合作实现与网民的互动式宣传推广，让受众达到认识的统一。

三、项目执行

上海移动十周年系列活动执行从2003年6月至8月底，为期三个月。

1. "做可爱的世博人"公益行动

2009年7月5日，开展了"世博窗口服务日"活动，组织公司领导与员工零距离了解客户需求，亲身体验客户服务代表的一日工作；7月15日开展了"世博环境清洁日"活动，根据属地特色，组织员工开展回收废旧电池、赠送环保袋等活动，并网络评选出优秀员工进行奖励表彰；7月25日开展"世博公共秩序日"活动，牵手广海儿童福利院，参观上海世博会展示中心，通过亲身示范来灌输遵守公共秩序的文明理念，共计1400余人参与活动，取得了极好的社会反响和媒体效果。

2. 企业社会责任大讲坛

8月1日，公司举办了"倾力世博G活明天"企业社会责任讲坛暨中国移动十周年庆活动。活动邀请到多位领导出席，以回顾片的形式讲述公司走过的十年发展路，并展望TD、世博等新时代背景下的发展任务，同时发布2008年度企业社会责任报告书及企业文化宣传手册。活动通过讲坛的形式从如何共建和谐企业社会责任、如何履行环境责任、世博会需要怎样的移动通信技术三个方向进行了进一步的探讨。

3. 互动、征集、评选活动

（1）"向企业微笑"摄影作品征集活动及图片展。征集员工微笑瞬间和服务世博、TD营销和网络质量提升等重点工作的感动瞬间。活动从6月20日开始至7月10日结束，共征集作品1300余幅，并最终评选出350余幅在公司十周年庆典活动及公司内部进行巡展。

（2）企业文化十大金牌案例评选。评选活动从6月中旬开始，征集员工先进事迹，通过网上投票并结合内部评审意见，选出十大金牌案例，并借助"庆公司十周年"平台进行展示。活动得到了广大员工的积极响应和踊跃报名，参与人数达到1165人。

（3）公司十周年功勋奖评选。发动各单位民主推荐与全体员工投票评选相结合的方式，评选出"十周年功勋金质奖"10名、"十周年功勋银质奖"90名，并对获奖者予以奖励，进一步激励全体员工学习先进。

（4）图片展。以展板与多媒体手段相结合的形式，将公司的十年浓缩为七个篇章，从公司文化、社会责任、创新服务、支撑网络、信息化建设、TD与世博以及弘扬先进的角度深入诠释，共展览照片350余幅。其间结合TD业务演示，向来宾展示一个完整且精彩的中国移动上海公司。《拾·瞬间》纪念画册按"关怀""精益""至诚""人本"四个板块划分，共收录200余张照片，通过一个个精彩瞬间映射公司成长各阶段的真实历程。OA网平办《珍贵瞬间》栏目。

（5）十周年视频回顾片。以时间为线索，盘点不同时期公司的重点任务，以珍贵的影像资料全程记录公司发展十年路。回顾片于7月31日公司内部表彰会、8月1日企业社会责任讲坛以及《移动之窗》进行播放，对内对外都起到了良好的宣传效果。

四、项目评估

整个项目通过各类活动的深入开展，充分调动了企业各属地公司员工积极参与，并得到了政府、媒体、社会各界的关注和支持。其中世博公益日系列活动直接参与人数达1400余人，其他系列活动员工参与率达到90%，很好地保证了活动效果。员工对企业理念和核心价值观的知晓率达99%以上，认同度达90%以上，进一步激发了员工向上的积极情感元素，缔造了中国移动优秀企业公民形象。

（资料来源：中国国际公共关系协会．最佳公共关系案例．北京：企业管理出版社，2011）

这个项目虽然是内部公关，但其涉及大量的对外传播和沟通，实际上是一个对内对外的综合公关传播项目。在本项目中，移动结合"十周年"的特殊时间点，将"服务窗口"和"企业社会责任"这些公众关心的信息有效提取，作为对内对外沟通的整合概念，既丰富了中国移动作为世博顶级赞助商的品牌内涵，又具备足够的创意延展度，进一步强化了公众对移动服务的正面形象认知。

第二节　公共关系机构

公共关系工作是一项长期的、专业性和技术性很强的工作，随着社会的发展，这项工作的职业化特征越来越明显，因此，需要专门的组织机构和专业人员来从事公共关系工作，公共关系机构便应运而生了。

公共关系机构是为了贯彻公共关系思想、实现组织公共关系目标、发挥公共关系职能，专门从事公共关系工作的各类组织或部门。根据公共关系实践的历史和现状，公共关系机构可分为四类：①社会组织内部的公共关系机构，如公共关系部；②社会上各类公共关系专业组织，如公共关系公司；③公共关系社团组织，如公共关系协会、公共关系学会、公共关系教学研究会、公共关系专业委员会等；④具有一定公共关系职能的其他各类组织或机构，如宣传部、外交部、工会、外联处、交际处、信访办等。

一、组织内部的公共关系部门

组织内部的公共关系部门是社会组织为贯彻本组织的总体战略目标和公共关系策略，在组织内设立的、由专职公关人员组成的、专门负责处理公共关系事务的职能部门，是社会组织开展公共关系活动的行为主体。其名称和存在的形式在不同的社会组织内部各不相同。据不完全统计，使用较多的称呼有：公共关系部、公共事务部、公关信息部、传播沟通部、公关与广告部等。其他的称呼还有：公共关系处、公共关系科、公关策划部、传播企划部、市场推广部、公关宣传部、公关联络部、公关与新闻办公室、公关与开放办公室、社区关系部等，可谓五花八门，比较通用的称谓是公共关系部。

现代公共关系发展史上，第一个公共关系部在1908年设立于美国电话电报公司。著名的新闻关系专家威尔担任该部的第一任经理，他出色的工作使该公司公共关系部闻名遐迩。此后，许多公司、政府等组织纷纷效仿，公共关系部的作用得到充分发挥，地位也随之逐步提高。在中国，公共关系的理念还没有传入时，许多组织的公共关系职能是分散在其他职能部门中的。如总经理办公室（行政办公室）、宣传部、调研室、秘书处、外事办，甚至党、团、工、青、妇，均承担部分公共关系职责。"公共关系"这一概念被人们逐渐接受以后，广东及东南沿海的一些外资企业率先成立公共关系部，中国开始出现专门的公共关系职能机构。这些企业的公共关系部以其出色的公共关系工作赢得了社会公众的一致好评，提高了企业的知名度和美誉度。如今，我国的公共关系组织在规范自己的公共关系行为和职能时，逐步与国际接轨，公共关系部在企业组织中已经屡见不鲜。从我国目前的公共关系现状来看，组织内部的公共关系部是公共关系事业的基层组织，它发挥的作用最大，也是公共关系事业的主体部分。

（一）公共关系部的作用

社会组织内部的公共关系部门是为了处理、协调、发展本组织与其内外公众之间的关系而设立的专业机构。该部门与组织内部的其他部门一样，都是社会组织的重要组成部分，是重要的职能部门。公共关系部门围绕社会组织目标所从事的各项公共关系工作，有助于塑造和维护社会组织的良好形象，有助于营造和维持社会组织的良好生存环境，也有助于社会组织整体效益和战略目标的实现。具体来说，公共关系部在社会组织中的作用主要表现在以下几个方面。

第一，公共关系部是社会组织的信息情报部，发挥"耳目"作用。在现代全球化时代和信息社会中，信息是社会组织赖以生存与发展的基础。任何一个社会组织要想生存与发展，都要时时刻刻关注和了解与组织密切相关的各种信息情报，做到"知己知彼"。这样，社会组织在激烈竞争中才能具备主动性和灵活性，才能在竞争中稳操胜券。所以，社会组织内部的公共关系部作为公共关系活动的发起者，就义不容辞地承担起情报部和监察站的职责。

公共关系部门是组织的信息枢纽，它在社会组织各部门之间、社会组织与社会公众之间发挥着桥梁和纽带作用。可以通过市场调查、文献资料搜集和分析、报刊检索、网络信息检索等多种手段，搜集与本组织发展密切相关的一切信息，掌握丰富的情报资料，并进行分析、加工和整理，使组织能够及时把握自身所处的环境和公众的状况，预测组织和公众发展走向，提出科学、合理的公共关系建议和计划。除此之外，公共关系部还要随时注意和观察社会组织内外部环境的变化已经或可能带来的影响，从而确保社会组织决策的正确性和发展的稳定性，提高社会组织的生存能力和适应能力。

第二，公共关系部是社会组织进行决策的参谋部，发挥"智囊团"的作用。公共关系部在组织中扮演着"思想库""点子库""智囊团""参谋部"的角色，这方面的作用是其他部门不能替代的。如现代著名决策理论学派代表人物、诺贝尔经济学奖获得者、美国的西蒙教授曾说："管理的重心在于经营，经营的重心在于正确的决策。"决策的结果直接关系到社会组织本身的兴衰存亡。而任何正确的决策都取决于社会组织信息管理的质量，即"90%的情报加10%的判断等于决策的科学化"。

公共关系部的工作目标是树立社会组织的良好形象，这就意味着它与其他管理部门不同，它不是一线部门和决策部门，而是在采集、整理和分析信息的基础上为社会组织的决策部门提供可选方案，协助决策层进行决策的部门。因此，它与社会组织内其他职能部门不同的地方之一，就是它拥有网络信息、监测环境的功能，而且它所拥有的信息量是最多的，也是最全面的，并具有极高的参考价值。公共关系部应直接隶属于社会组织的最高领导者手下，将有关信息直接而及时地反映给最高领导者。这样，一方面向最高领导者进行咨询；另一方面帮助最高领导者进行科学的决策。正如美国的亨利·罗瑞评论所说："今天，经理们都认识到公共关系如同设计、调查、制造、销售一样，对企业有重要的影响。他们认识到，公共关系部主任必须参加有关制定战略决策的会议，并帮助制定这些决策。"

第三，公共关系部是社会组织的宣传外交部，发挥着"外交官"和"喉舌"的作用。公共关系的职能中包括传播沟通、宣传信息、协调关系等功能。这些功能可以使社会组织与其内外公众进行有效的双向沟通、互动，减少相互之间的摩擦和矛盾，有利于建立相互理解、相互信任的和谐关系，从而为社会组织的生存与发展营造一种"人和"的环境。因此，公共关系部理应担负起宣传部和外交部的职责，通过召开新闻发布会、记者招待会、组织参观与展览、举办联谊会、对外联络、接待访问、社会服务、社会赞助以及参与社会组织与社会公众之间纠纷的调解、参与对外的各种谈判等多种活动，向各类社会公众公开组织信息，宣传组织的有关政策和行为，让社会公众能够充分了解组织的发展情况，以加强组织与其内外公众之间的联系沟通，协调各种关系，塑造组织的良好形象。从这个意义上来讲，公共关系部起着类似于"外交官"和"喉舌"的作用。

第四，公共关系部是社会组织的"形象塑造部"，发挥着"艺术家"的作用。公共关系是塑造形象的艺术。具体来说，是塑造社会组织的良好形象、创造有利于其生产和发展的内外环境的艺术。因此，在公共关系的思想中，最重要的就是珍视良好形象的思想。尽管公共关系部门的工作和活动形式多种多样，但其职能归结为一点便是塑造良好的组织形象，这不仅是公共关系活动的目的，也是社会组织追求的长期目标。

事实上，组织的每一个成员都是组织良好形象的树立者和维护者。所以，公共关系部还担负着向本组织员工传播公共关系思想、形成全员公关意识的任务。一方面，公共关系部门需要展开对组织内部其他成员的公关，利用各种机会向组织全体成员介绍本部门的工作，宣传公共关系思想，培养全员公关的意识；另一方面，公共关系部门也需要和人力资源部门或其他相关部门合作，对全体组织成员开展公共关系的知识培训，提高全体成员的公共关系意识。让组织成员认识到，个人形象是组织形象的重要组成部分，在一定程度上代表着组织形象。

（二）公共关系部的结构模式

在社会组织中如何设置公共关系部门，没有权威的"处方"。公共关系部的设置，涉及组织的结构设计和职责分工，也直接影响公共关系部在组织中的地位及作用的发挥。中国公共关系部的结构模式基本上都是脱胎于美国的模式，再结合自己的条件而形成的。由于每个社会组织的性质、规模、业务范围、经营模式等不同,公共关系部的结构模式也各不相同。总结我国企事业单位的实际情况,公共关系部的结构模式主要有以下类型。

第一,从公共关系部的隶属关系来看,公共关系部的设置有以下五种模式。

(1) 领导直属型。这种类型的公共关系部,其负责人由社会组织的最高领导人(厂长或总经理)直接担任,明确了公共关系部在社会组织中的特殊地位,具有一定的权威性,有利于公共关系部充分发挥组织的整体效应,全面、及时、有效地开展公共关系工作。这是一种较为理想的设置模式。

(2) 部门并列型。这种类型的公共关系部,其负责人由组织的副厂长或副总经理直接领导,作为组织的二层机构,与其他管理职能部门地位平等,各司其职。这种类型较为常见,也是一种比较理想的模式。

(3) 部门所属型。这种类型的公共关系部设在某个职能部门(如办公室)之下,属三级部门,地位较低。公共关系部的不同归属,常见的情况有以下几种:归属于经营部门,强调公共关系在整个经营活动中特定管理的功能;归属于销售部门,偏重于公共关系的促销功能;归属于广告宣传部门,强调公共关系的传播功能;归属于外事接待部门,强调公共关系的社会交往功能;归属于办公室,以便对公共关系进行灵活掌握和管理。

(4) 公共关系委员会型。这种类型的公共关系部由组织的领导人和各职能部门的负责人组成,对各项公共关系工作统筹安排,分工负责,其权威性较大,但各种关系较为复杂,一旦出现矛盾,不易协调,会使各种关系变得更为复杂。它相当于组织的一个临时性部门,往往对公共关系工作缺乏长远规划,不能保持一贯性。

(5) 职能分散型。在许多社会组织的机构设置系列中,不设公共关系部,但不等于没有开展公共关系工作。这些组织有意无意地将公共关系的职能分解,在其他部门中分别体现出公共关系职能。如有的企业在营销部门中设专人从事企业及产品形象的调查和宣传工作;在宣传部门中,有人专门负责与新闻媒体联系;由办公室安排厂长(总经理)与公众见面、接待来访人员和宾客、发布新闻等;工会部门的一些工作,主要目的是增强社会组织的凝聚力和向心力,其实这些工作都属于内部公共关系工作。我国很多社会组织采用职能分散型的公共关系部门形式,虽然它阻碍了公共关系职能的全面发挥,但对我国企事业单位来说,却是一个必经的发展阶段。

第二,从社会组织规模的大小来看,公共关系部可划分为大、中、小三种类型。

(1) 大型社会组织公共关系部。一般有四个层次:公共关系部的负责人下面设若干部,每个部又设若干科,每个科又设若干股。大型社会组织人员多,机构复杂,业务范围广,所涉及的内外部的关系对象广泛而繁杂,因而导致公共关系部的内部结构复杂。

(2) 中型社会组织公共关系部。一般有三个层次:公共关系负责人下设几个部,每个部下面再分设几个股。中型社会组织相对于大型社会组织来讲,员工数量要少些,机构相对简单,其公共关系部的内部结构不是太复杂。

(3) 小型社会组织公共关系部。一般包括两个层次:公共关系负责人下设一些小组。小型社会组织人员少,机构简单,其公共关系部的内部结构也相对简单。

第三,从公共关系部自身的小组设置来看,公共关系部有三种类型。

(1) 业务型公共关系部。即根据公共关系工作专门业务来确定公共关系部所属小组的名称,如调查研究组、专题活动组、编辑出版组、声像组、美术制作组、新闻通讯组等。

(2) 对象型公共关系部。即根据公共关系工作的主要对象来确定公共关系部所属小组的名称，如员工关系组、股东关系组、消费者关系组、媒介关系组、社区关系组、政府关系组、国际关系组等。

（3）复合型公共关系部。即根据公共关系工作专门业务和对象两方面来确定所属小组的名称，这是基于公共关系工作的实际需要而采取的一种行之有效的方法。

公共关系部门的设置只是一种形式，并非内容。一切形式应该服务于内容。作为社会组织，应根据本组织的具体情况，决定是建立公共关系部还是在特殊事件上聘用公共关系公司。

（三）公共关系部的工作内容

公共关系部在社会组织中作为一个特殊的职能部门，其工作主要涉及三个方面，即：对外关系协调、对内关系协调和专业技术工作。

1. 外部关系协调

外部关系协调主要涉及媒体关系、政府关系、社区关系、公众关系等。其具体工作主要包括：负责同新闻媒体、出版机构的合作关系；负责同政府有关部门的联系；负责与社区的联系；对消费者开展产品促销活动；进行各种礼宾接待工作，等等。

2. 内部关系协调

内部关系协调包括员工关系、干群关系、部门关系、股东关系等，其具体工作主要包括：利用各种内部媒介与员工沟通；教育引导组织的全体员工，增强公共关系意识，实现"全员公关"；编辑、出版内部刊物；随时收集组织内部员工的各种意见；参加董事会和生产、市场营销以及其他主要负责人的会议；为社会组织领导确定公共关系目标提供方案、数据，并为领导层的其他决策提供参考意见；定期召开股东大会；编制年度报告；培训公共关系工作人员，等等。

3. 专业技术工作

专业技术工作的具体工作有以下几个方面：组织安排社会组织的庆典活动；组织安排开幕仪式；筹划和组织纪念活动；举办记者招待会；安排社会组织领导人与新闻媒体的接触；举办展览会；组织参观活动；开展广告业务；编辑、出版有关内部刊物；负责图片、摄影等支持性工作；组织民意测验，开展舆论、意见研究；制作并维护社会组织识别标识；负责赠送礼品活动，等等。

（四）公共关系部工作的优势与局限性

公共关系部作为组织内部的公共关系机构，相对于组织外部的公共关系机构而言，有一定的优势，但也存在一定的局限性。

1. 公共关系部门的优势

（1）公共关系部比较熟悉本组织的内部情况和外部环境，如组织的历史沿革和现实状况，生产工艺、流程和营销手段，产品及服务方式，主要的目标公众，社区环境等。熟悉情况就能在公共关系工作中做到有的放矢。

（2）公共关系部有利于开展组织内部公共关系活动。如可以随时随地与组织内部公众沟通信息、协调关系、交流思想；可以根据需要召开各种形式的联谊活动、组织各种内容的演讲赛；可以及时对员工进行公共关系意识和能力的培训，等等。这些对提高公共关系工作的实效极为有利。

(3) 公共关系部容易抓住本组织现有公共关系问题的症结，提出有效的改进意见。

(4) 公共关系部能够及时提供公共关系服务。如可以随时为决策者提供咨询建议，能够迅速对突发事件做出反应，及时调查事件因果，解释和疏导矛盾冲突，及时提出解决问题的预选方案或建议。总之，能做到"招之即来，来之能战"。

(5) 公共关系部工作运作成本较低。由于公共关系部的利益与组织的利益一致，因此在公共关系工作中就能做到节约经费、控制预算。

(6) 公共关系部能够确保组织公共关系政策及工作的连续性和稳定性。

2. 公共关系部的局限性

(1) 公共关系部在开展工作的过程中，容易受主客观因素的影响，对组织本身的公共关系问题往往缺乏足够的敏感性。

(2) 由于公共关系部门本身受组织的领导，所以，在开展公共关系活动或处理问题时，容易受到组织内部人事关系的制约或来自各方面的人为干扰。如领导的个人意见或者其他组织成员的意见，往往会左右公共关系部的决策，从而使公共关系活动或问题的处理结果可能不够客观和公正。

(3) 公共关系部容易与外部公众产生心理距离。如在协调组织与外部公众之间的利益冲突时，由于其自身的角色及立场，往往倾向于为本组织的利益服务，容易偏袒本组织而忽视外部公众的利益，容易造成公众的不满情绪，很难得到公众的信任与支持。

(4) 公共关系专业性的广度和深度不足。虽然公共关系部门熟悉本组织的相关工作流程和公共关系活动的开展方式，但一般来说内部公共关系人员的经验范围较狭小，其公共关系工作难以有大的创新和突破。一旦面临重大的、复杂的公共关系问题，因受视野和专业技术的局限，将难以胜任。与公共关系专业公司相比，它在开展公共关系活动的广度和深度方面有所欠缺。

二、公共关系公司

公共关系公司是专门从事公共关系咨询或受某一社会组织的委托为其开展公共关系工作的社会服务性机构，是由具备公共关系专业知识和技能、丰富的公共关系经验和较高的职业技术水平的公共关系专家和经过专业培训的公共关系职业人员组成的专业公共关系机构。公共关系公司与社会组织内部公共关系部相比，其服务对象扩展到各个行业和地区，是一个独立的专门负责公共关系管理的社会机构。同时，它也是一个独立的营利性机构，依靠为客户（即各种组织）提供收费服务而生存。

（一）公共关系公司的产生与发展

公共关系公司是随着公共关系成为一种职业而产生和发展起来的，它诞生于20世纪初的美国。1900年，在波士顿成立的宣传公司，是世界上第一家具有公共关系管理性质的公司；1902年，法国记者威廉·史密斯在华盛顿成立了第二家具有公共关系管理性质的公司；1903年，美国著名公共关系专家艾维·李与乔治·派克合资创立了第三家具有公司性质的公共关系事务所，即宣传顾问事务所，为企业、财团等社会组织提供咨询策划、代理宣传等服务；1920年，美国人N.W·艾尔正式开办了公共关系公司。此后，公共关系公司如雨后春笋般发展起来。1930年,卡尔·博雅成立了一家专业公共关系公司——博雅公司。经过80多年的发展历程,博雅公司现已发展成为世界上最大的跨国公共关系公司,业务网络遍及世界各地。据统计,20世纪40年代,美国有75家公共关系公司。第二次世界大战后,公共关系公司迅速扩展到西欧乃至全世界。现在,仅美国就有2000多家公共关系公司,英国有600多个公共关系咨询机构。随着世界市场的不断扩大,越来越多的企业跻身世界市场。为使本企业产品在别国打开销路,必须委托大的公共关系公司了解这些国家和地区社会公众的消费心理和习惯,了解他们的礼仪、禁忌和文化背景等。这就为公共关系公司的产生和发展提供了条件。因此,公共关系公司作为新兴的第三产业,在世界范围内有了蓬勃的发展,并在全球逐步发展成为一个新兴的、蓬勃向上的行业。

随着我国经济社会的发展,对公共关系公司的需求与日俱增,公共关系事业在中国逐步发展起来。一些世界知名国际公共关系公司（如美国希尔顿、博雅、伟达等）纷纷入驻中国。1985年,美国博雅公司在新华社的邀请下进入中国,成为最早进入中国市场的国际公关公司之一。1986年,博雅公司和新华社合作,在北京成立了中国第一家专业公关公司——中国环球公关公司。随后,全国各地纷纷涌现出许多公共关系公司。2001年,中国公共关系行业具有一定经营规模和固定客户的专业公司数目已超过100家,年营业额达到20亿元人民币,专业从业人员超过10000人。根据《中国公共关系业2012年调查报告》,该产业整个市场延续了快速增长的发展势头,公共关系公司的专业化水平和服务品质进一步提升。通过调查数据测算,2012年度全行业营业额达到303亿元人民币,增幅约为16.5%。公共关系行业的集中地区是北京、上海、广州、成都四个城市,领域主要集中在汽车、IT、旅游、酒店、金融等传统的服务市场。随着网络传媒的发展,以网络公关为主要服务手段的公共关系业务有了较大的增长。同时,细分市场的趋势更加明显,专业化程度越来越高。2014年全球公关公司排行榜TOP250中,中国公关公司蓝色光标以208.8%的收入增长,排名第9,首次进入TOP10排行榜,即跃居全球十强公关公司。

博雅公关公司的公关服务

美国博雅公共关系有限公司成立于1953年,是全球领先的公共关系和公共事务公司。公司在广泛的公共关系、公共事务、广告及与网站相关的服务领域向客户提供战略思维和项目实施服务。公司的全球无缝网络由44个全资事务所及49个子事务所构成,在全球六大洲的57个国家开展业务,在全球拥有1600名专业员工。

罗马尼亚政府在20世纪90年代初曾委托美国博雅公关公司,帮助罗马尼亚增加对美国市场的出口。博雅受理这项任务后,动员了大批人力、物力,进行了公关代理业务活动。为了帮助罗马尼亚厂商选好打入美国市场的突破口,帮助他们了解美国消费者的心理偏好,选择自己在美国市场上有潜力的产品组装生产,他们安排了美国一流的时装专家到罗马尼亚举办讲座,介绍美国的流行款式和质量标准。在罗马尼亚举办了美国酒类展览会,帮助罗马尼亚酒类厂商了解美国人对酒的品种和质量要求。为了帮助美国公众更多地了解罗马尼亚及其产品,博雅在美国举办了"罗马尼亚周"展览会,专卖罗马尼亚的产品。还在美国收视率较高的《今日》电视节目中连续播放了一周有关罗马尼亚的报道。美国博雅公关公司的这一代理活动使罗马尼亚政府较好地实现了预定目标。

该案例中的博雅公关公司为罗马尼亚政府拓展业务进行了一系列公关活动的策划和实施，成功地帮助罗马尼亚企业进军本国市场，实现了罗马尼亚政府预定的目标。公共关系公司全面代理客户公共关系工作的这种服务方式，在欧美国家是极为普遍的。它们经常为本国企业打入国外市场，或为国外企业进入本国市场提供全方位的公关咨询和拓展业务的相关服务；常常充当彼此的联系人和协调人，并按照客户的要求，在调查了解客户的基础上，代表客户确定相应的公关目标，制订公关计划，推行公关事务活动，沟通内外公众与客户的联系，消除矛盾和误会，争取公众的理解和支持。

（二）公共关系公司的类型

公共关系公司依据不同的划分方式，有多种类型。不同类型的公共关系公司在规模、结构、业务范围等方面有很大的差别。从规模上看，有跨国度、跨地区经营的大公司，也有局限于一个地区、一定范围的中小公司；从业务范围上看，有多种业务项目的综合型公司，也有承办专门业务项目的专业公司。国际上，公共关系公司大致有以下三种类型。

1. 顾问型公共关系公司

这类公司是受客户委托，为客户提供公共关系咨询、指导，承担公共关系项目服务的公司，其成员基本上都是有一定名望的某一工作领域的专家，如公共关系专家、新闻传播专家、社会心理分析专家、公共关系协调专家、市场分析与预测专家等。这些专家阅历广、知识新、头脑灵、眼光远，不仅能为客户做决策咨询，还可进行各种公共关系具体业务的指导，有利于帮助组织取得良好的公共关系效果。

2. 综合服务型公共关系公司

这类公共关系公司是指规模大、范围广、业务全、实力强的公共关系公司。这类公司一般拥有先进的信息收集系统和信息储存系统，通过多种途径广泛采集世界各国政治、经济、文化、法律、社会政策、风俗习惯及市场动态等方面的信息。公司拥有一大批擅长处理不同方面问题的专家和协调不同方面关系的专家，如演说专家、出版物专家、民意测验专家、宣传资料专家、媒体关系专家、消费者关系专家、社区关系专家、员工关系专家等。公司为不同类型的客户提供多方面的综合性的服务，如政府、社区、媒体、顾客乃至雇员关系的处理与协调，客户CI战略的策划与实施，公众调查及人员培训。

3. 专项业务型公共关系公司

这类公共关系公司是专门提供某一方面公共关系技术服务或专门为某一特定行业提供公共关系业务的公司。如专项为客户进行市场调查；为客户搜集有关公共关系方面的信息、做公共关系形象、制订公共关系计划方案；为客户制订和实施传播计划、设计公共关系形象、寻求实现公共关系形象的基本途径；为客户设计广告、提供广告方面的技术服务；为客户编辑公共关系杂志并代理发行；为客户制作公共关系电影、电视及各种试听资料；为客户撰写新闻稿件，并与新闻界建立联系；为客户提供专题公共关系活动的系列服务，等等。其公共关系人员通常都是某一领域的专家，在该工作领域有精深的专业知识、丰富的公关操作经验技能和广泛的社会关系。

（三）公共关系公司的业务范围

在业务范围上，公共关系公司的业务可分为咨询业务和代理业务，具体业务有以下几个方面。

1. 向客户提供公共关系咨询服务

公关公司利用自己的专业优势和系统、完善的资料档案，根据客户的要求，为客户提供政治、经济、文化、教育、科技等方面的情报，提供市场信息、公众态度、社会心理倾向及社区文化习俗等方面的分析资料，帮助客户分析公共关系失调的情况和原因，找出存在的问题和潜在的不利影响，提出劝告和建议，制定防范和纠正措施；或者利用公司的丰富经验和系统资料为客户提供管理决策、协调内外关系的建议和方案；或者应客户要求，进行组织形象调查和评估，提出改善组织形象的建议，并为客户的形象设计、形象评价提供咨询服务；或者解答客户的疑难问题等。

2. 全面代理客户委托的公共关系业务

一些没有设置公共关系部门的组织，在需要开展公共关系活动时，往往会委托公共关系公司代理其业务。此时，公共关系公司会按照客户的要求，在调查了解客户的情况后，代表客户确定相应的公共关系目标，制订公共关系计划和撰写公共关系策划方案并予以实施；沟通内外公众与客户的联系，拓展业务，消除矛盾和误会，减少危机带来的损失，争取公众的理解和支持；为客户策划组织各种专题活动（如剪彩仪式、庆典、联谊及各种社会赞助活动等）；组织各种会议（如交流会、产品展销会及洽谈会等）；帮助客户传播信息，包括为客户撰写新闻稿件、选择新闻媒体、建立媒体关系、举行记者招待会（或新闻发布会）；为客户设计、印制宣传材料和纪念物品及统一的标识制品；为客户制作宣传影片、录像带或光盘等试听资料；为客户制订广告投资计划，设计制作产品广告及公共关系广告；协助客户推广产品信息，制造有利的市场气氛；帮助客户改善公众形象，在公众中建立良好的信誉。如协助客户与相关公众进行有效的联络沟通，帮助客户与政府、社区、媒体等公众建立并维持良好的关系，等等。

3. 与客户的公共关系部门协调开展工作

为了帮助客户树立良好的形象，公共关系公司也可应客户要求协助其公共关系部门搞好组织内部公共关系工作。如协助客户进行组织形象和社会舆论的调查；协助客户确立公共关系目标、制订公共关系计划；协助客户完成自身不能独立完成的公共关系活动，比如设计问卷调查表，撰写新闻报道稿件，设计制作公共关系广告，组织产品展览，编印组织公共关系内刊和外刊，以及撰写公共关系活动策划方案，并帮助确定宣传内容和沟通方式等。

4. 为社会组织培训专业公关人员

随着市场经济的不断完善、现代企业制度的相继建立，各类组织都开始重视公关工作对组织的作用，它们要么请公共关系公司的专家来企业进行公共关系专题讲座和实践指导，要么将自己的公共关系人员派往公共关系公司进行培训和深造。公共关系公司受客户委托，为客户的公共关系人员或全体员工进行公共关系理论和实务的培训，使其具有足够的专业理论知识和实际操作技能，以适应岗位的需要。这对各种组织的公关人员迅速充实专业知识和经验，提高专业公关工作的技能，发挥了积极和有效的作用。

案例 4-4

最大的公关公司和最小的公关公司

20世纪有专家对全世界数不胜数的公共关系公司按规模进行统计,其中最大的公共关系公司当属美国的博雅国际公共关系公司,总部位于美国纽约,是全球领先的公共关系和传播咨询公司。拥有上万名雇员,分公司遍布世界50多个国家和地区、年收入额达1.04亿美元。博雅公关公司的全球网络由73家全资办事处及83家合资办事处构成,在遍布全球六大洲的110个国家和地区开展业务,自20世纪80年代起成为世界最大的公共关系公司。

世界最小的公共关系公司肯定不止一家,而1987年由美国俄亥俄州的女接线员嘉芙莲创办的电话道歉公司,可以算是最小公共关系公司之一。老板和员工就是这位女士,她的住所和一台电话机就是公司的全部固定资产,而她开展的业务却深受顾客的欢迎。

(四)公共关系公司的优势与不足

公共关系公司作为专业公共关系机构,在开展公共关系业务方面,比社会组织内部的公共关系部门具有明显的优势,但由于种种原因,也存在自身的不足。

1. 公共关系公司的优势

(1)观察分析问题客观公正。俗话说:"当局者迷,旁观者清。"公共关系公司是组织外的公共关系服务机构,不是客户的所属部门,其工作人员和客户之间不存在固有的人事关系,只是聘请与被聘请的关系。他们不受客户内部复杂的人际关系的牵累,也不必听命于客户的某位领导。因此,他们在观察和分析问题时,一般不会受到组织特有的文化和价值观的影响,也没有那种因长期处在一个社会组织中而形成的思维惯性或定势,再加上他们和组织之间没有直接的利益冲突,因而他们的观察和分析更客观,能更敏锐地发现组织的问题所在,并能客观、公正地分析和解决问题。

(2)职业水准比较高,提供的建议和方案更权威。公共关系公司是专业公共关系机构,其公共关系人员一般是学有专长的专家。由于他们大都接受过非常专业的职业教育,理论知识扎实,且他们承揽的业务往往是社会组织难以解决的复杂工作,在实际的公共关系操作中积累了丰富的经验,技能水平高超,因此,公共关系公司的从业人员在公共关系领域具有明显的智力优势和经验优势。他们的工作更具专业性和权威性,提供的建议和方案容易得到客户的信任,赢得决策者的重视和采纳。

(3)获得信息的渠道多。由于公共关系公司长期从事公共关系业务,与各界公众联系广泛,而且都建立了良好的关系,已经有意识地形成了比较完善的信息网络,一旦受理客户业务,就会迅速打通信息渠道,启动信息源,获取相关信息。

(4)具有较强的灵活性和实用性。公共关系公司在人力和技术力量上具有的优势,使它开展公关活动更具有灵活性和实用性。当客户需要某次业务时,它会立刻提供相关业务,尤其是客户面临一些自己的人手不能胜任的大型或专题公共关系活动时,公共关系公司可以迅速提供人力和技术支持,及时帮助客户解决难题。

(5)具有更优的性价比。公共关系公司是一种营利性组织,名牌公共关系公司一般收费相当高,但如果综合考虑,选择公共关系公司还是比较划算。一方面,组织维持一个部门的运转,同样需要支付员工工资、办公经费和日常费用等;另一方面,公共关系公司提供的方案往往更合理、更权威、效果更佳,其创造的收益也更大。而且,知名公共关系公司的形象具有扩散效应。对于那些想尽快提高知名度和美誉度的社会组织来说,聘请知名公共关系公司开展一次或一系列成功的公共关系活动是很好的选择。因此,对那些小型组织而言,选择公共关系公司要比在内部常设公共关系部更经济。

2. 公共关系公司的不足

(1) 对客户的情况了解不深入,影响工作进度和质量。公共关系公司与大多数客户的关系都不是"零距离"关系,它们难以对客户的内部情况做深入细致的了解,因此有时难免会为客户提出一些不切实际,并难以实施的对策。

(2) 为客户提供服务的时间一般不会太长,难以为客户制订和执行长期的公共关系计划。

(3) 难以"用情专一"。由于公共关系公司与各客户的关系不是独占关系,而是同时效力于众多客户,因此不可能对每个客户"用情专一",这会让客户对公共关系公司提供的情报有所顾虑。

(4) 运作成本较高。与公共关系部开展业务所花费的成本相比,公共关系公司从事业务的经费开支往往要高出许多。

轩尼诗创意之源

1992年,美国爱德曼国际公共关系有限公司接受法国轩尼诗酿酒公司的委托,担任它在中国的公共关系代理,与世界其他国家干邑生产商竞争中国市场。爱德曼公司根据市场调查结论并结合轩尼诗公司历来推崇文化艺术活动的特点,为其策划了树立企业和产品高品位形象的"轩尼诗创意之源"文化艺术系列活动计划。

为此,爱德曼公司成立了对高档消费品公共关系了如指掌的法国公关专家、谙熟市场开拓和营销的美国专家,以及深入了解中国市场和媒介的中国员工组成的项目服务小组,并同时启用了北京、上海、广州和香港的4个分公司。1993年至1995年,他们先后通过为中国著名艺术家和青年艺术家颁发"轩尼诗创意和成就奖""轩尼诗创意和成就青年奖";分别在北京、上海和广州电视台黄金时段播放奥斯卡获奖经典影片;赞助法国绘画大师在中国举办个人画展;让消费者品尝轩尼诗干邑等系列活动,成功地树立了轩尼诗公司的良好形象。这一系列活动还荣获了1996年中国颁发的"政府公共关系案例全奖"。

(资料来源:杨俊.公共关系.合肥:合肥工业大学出版社,2005)

作为经济组织的公共关系公司在为企业塑造形象、打造品牌的过程中所起的重要作用,是其他任何性质的组织都不可替代的。本案例中,美国爱德曼公关公司凭借自己的职业优势,全面代理了法国轩尼诗酿酒公司委托的公共关系业务,并通过公共关系调查、策划和实施等一系列专题活动,成功地实现了轩尼诗公司的预定目标。

三、公共关系社会团体

公共关系社会团体是指社会上自发组织的、非营利性的、从事公关理论研究和实务活动的群众组织或群众团体,主要包括公共关系协会、学会、研究会、专业委员会、俱乐部、沙龙、联谊会等公共关系机构。其主要职责是做公共关系事业发展的推动者和公共关系行业的引导者，主要任务是宣传普及公共关系知识、发动社会力量开展公共关系活动、组织公共关系理论研讨和工作交流、协调公共关系组织的关系、规范公共关系行业的行为等。公共关系社会团体要依照国务院颁布的《社会团体登记管理条例》的规定到民政部门申请登记，经批准后组建，并在宪法规定的范围内独立开展活动。公共关系社会团体的建立和发展，是公共关系成熟程度的一个标志。

（一）公共关系社会团体的产生和发展

1903 年艾维·李把公共关系变成一种职业后，各种专业性的公共关系协会（学会）也迅速发展起来。1915 年 7 月，在美国芝加哥成立了金融公共关系协会；1917 年 4 月，美国高等院校公共关系协会（当时名为"美国高等院校新闻协会"）宣告成立；1948 年 2 月 4 日，美国的全国公共关系顾问协会和美国公共关系理事会合并成立美国公共关系学会，总部设在纽约，下设 80 多个分会，成员超过 1 万人；1948 年，英国公共关系学会成立，有 12 个地区性的团体，会员超过 3500 人，他们在建立和推行职业道德准则方面走在世界前列；1955 年，国际公共关系协会成立，总部设在伦敦。刚成立时，只有 5 个国家和 15 名会员，现在已发展到 77 个国家、数千名会员。国际公关协会是得到联合国正式承认的，其会员也作为顾问服务于联合国经济社会理事会。国际公共关系协会每年聚会两次，颁发"促进世界理解杰出贡献奖"，出版《国际公共关系评论》季刊；由于其在推动专业承认、高标准和职业道德等方面的成就，使其成为目前世界上最大、最具影响力的公共关系社团。

在我国，最早的公共关系社团是 1986 年 12 月成立的上海公共关系协会，这是全国第一家省级公共关系协会；1987 年 5 月，全国权威性公共关系社团组织——中国公共关系协会，在北京成立，到 20 世纪 90 年代中期，该协会已有团体会员 500 余家，个人会员 2000 多名；1991 年 4 月，以促进国内外公共关系界交流与协作为己任的中国国际公共关系协会在北京成立；1995 年，中国高等教育公共关系专业委员会成立。这一系列公共关系社团的成立，标志着公共关系作为一个整体行业在社会上扮演着越来越重要的角色。

（二）公共关系社会团体的主要职责及活动内容

公共关系社会团体是一种特殊的公共关系组织，它既是广大公共关系专家、学者及公共关系爱好者组成的民间团体，又是公共关系界与政府、工商企业及其他组织相互联系的纽带与桥梁。其宗旨是宣传公共关系思想、普及公共关系知识、协调公共关系活动。当前，我国的公共关系社会团体已形成了不同层次和范围的网络，并正向国际化发展。概括起来，公共关系社会团体的具体职责及主要活动内容有以下几个方面。

1. 发展和联络会员

为了公共关系事业的发展，公共关系社会团体要将社会各行各业的公共关系爱好者和实际工作者，源源不断地吸收到社会团体中来，通过组织学术和经验交流，研究我国公共关系理论和实践，更好地促进我国社会主义公共关系事业的发展。同时，还要与会员建立经常性的联络机制，加强相互间的沟通、交流、协调，以便形成网络，进行广泛的协作。

2. 宣传普及公共关系知识

为了推动公共关系学术理论的发展、匡正社会公众对公共关系的误解、提高全民的公共关系意识，公共关系社会团体有必要将宣传普及公共关系知识作为一项经常性的重要工作来做。比如编辑出版公共关系方面的报刊、专业资料和书籍，传播公共关系学知识，这是宣传公共关系的重要手段。如美国公共关系协会编有《公共关系评论》；加拿大公共关系学会编有时事通讯季刊——《公报》；国际公共关系协会的官方出版物是《国际公共关系评论》。

3. 组织公共关系专业人员的培训工作

公共关系社会团体通过举办培训班、讲习班等形式来培训公共关系专业人员，不断提高公共关系专业人员的职业素质和专业水准。在中国公共关系协会和中国国际公共关系协会的共同努力下，公共关系人员国家职业资格认定于1999年6月获得国家劳动和社会保障部的正式批准，使长期以来一直困扰着广大公共关系从业人员的资格问题，有了一个职业归属，这将会大大推动我国公共关系职业的健康蓬勃发展。这样，公共关系社团就有责任组织公共关系从业人员参加职业资格考试的培训工作。

4. 交流公共关系信息，开展公共关系咨询服务

公共关系社会团体需要建立公共关系信息网络，发展本行业与社会各界及国外同行之间的联系与合作，为当地社会组织、会员及各界人士提供公共关系专业方面的咨询服务。如招商引资、内引外联、帮助困难企业出谋献策等，以更好地促进公共关系实务的推广。

（三）公共关系社会团体的特征

在公共关系发展的过程中，公共关系社会团体起到了非常重要的引导和促进作用，与公共关系部和公共关系公司相比，公共关系社会团体具有以下特征。

1. 群众性

公共关系社会团体是社会群众团体，在很大程度上是一个各行各业从事公共关系工作和热爱公共关系事业的团体和个人参加的、广泛联谊性的组织。公共关系社会团体的成员包括其所在地区的企业、新闻、科研、文化教育单位和党政机关部门等社会各界人士，还包括其所属行业中各方面的代表性组织，由于不受时间、地域、年龄、性别、职业等条件限制，只要具有一定的公共关系理论或实务活动经验，都可以自发组织或参加公共关系社会团体。这说明公共关系社会团体具有广泛的群众基础。

2. 松散性

公共关系社会团体是人们自发组建的群众性组织，与公共关系公司、公共关系部相比，具有松散性特点。它不需要制定明确的纲领、具备严格的组织机构，不具有强制性，会员入会和离会手续较简单。会员只是对公共关系有共同的兴趣，平时各司其本职工作，需要时就聚集在一起研讨问题或组织活动。

3. 服务性

参加公共关系社会团体的往往是社会上从事公共关系工作和热爱公共关系事业的团体和个人，其中聚集了一批有理论、有实践经验的公共关系专家、学者和实际工作者，他们可以通过一系列活动，为会员和社会公众提供公共关系理论研究方面的信息与动态，提供公共关系实务方面的经验和机会，组织公共关系人员培训，普及公共关系知识等，为社会提供优质高效的服务，满足社会对公共关系的需求。

4. 非营利性

公共关系社团不是商业机构，而是学术团体。它所提供的服务虽然也要收取一定的成本费用，但绝不以营利为目的。因此，在市场经济大潮的冲击下，为了维护自身的信誉和形象，公共关系社会团体在实际运作中应特别注意这一点。

（四）公共关系社会团体的类型

公共关系社会团体的类型多种多样，根据我国公共关系社会团体的现状，可大体分为以下几种类型。

1. 综合型社会团体

即不同地域范围内的公共关系社会团体，包括全国性的、地方性的、国际性的社会团体，大多为民办官助，具有指导、协调、监督和服务等多方面的综合职能。如中国公共关系协会、中国国际公共关系协会等，多是跨行业、跨地域的大型社会团体。

2. 学术型社会团体

即以学术交流和研究为主的学术团体，包括公共关系学会、研究会和研究所等纯学术性团体。他们通过举办各种学术研讨会和交流会，探讨公共关系理论问题，把握公共关系发展的动态、趋势和方向，及时为公共关系从业人员、研究人员、教学人员提供理论信息，进行理论指导。

3. 行业型社会团体

即某一行业系统内部成立的公共关系社会团体。如1935年，美国成立的美国公立学校公共关系协会；1939年成立的美国图书馆公共关系理事会；1946年成立的美国妇女公共关系主管人协会；1952年成立的美国铁路公共关系协会等。在中国，行业型社会团体有浙江新闻公共关系学会、煤炭公共关系专业委员会、新闻界公共关系学会等。行业型社会团体侧重于研究具有行业特点的公共关系理论与实践，这样就在组织上保证了公共关系事业的深入发展。同时，公共关系组织的行业化，在国际上已成为一种趋势。因此，行业型社会团体是一种很有潜力的公共关系社团组织形式。

4. 联谊型社会团体

这类社会团体形式松散，一般没有固定的活动方式、组织机构和严格的会员条例，组织名称各异，如公共关系俱乐部、公共关系沙龙、公共关系联谊会等。其主要作用就是让会员沟通信息、联络感情，建立良好的人际关系。广东地区公共关系俱乐部是我国第一个联谊型公共关系社会团体。

5. 媒介型社会团体

即通过报纸、杂志、网络等大众传播媒介进行联络，并以此为依托组建的公共关系社会团体。这种社会团体直接利用媒体探讨公共关系理论、普及公共关系知识、交流公共关系经验等。目前，我国有关公共关系的报刊已有20多家，如《公共关系学报》《公共关系导刊》《公共关系学》《公关世界》等杂志。其中，《公关世界》以其充裕的内容、高雅的格调、宽阔的思路、独特的视角，成为国内公共关系刊物的一面旗帜，被中国公共关系界认定为本行业发行量最大、独一无二的核心期刊，由此成为中国公关界的第一品牌期刊。再如，创办于1998年的中国公关网，是集前瞻性、专业性、服务性于一体的中国公共关系行业最权威的官方门户网站，多年来致力于推动和促进中国公共关系事业的发展，为广大的公共关系行业人士和企业提供了一个高速、迅捷、互动的网上交流服务平台。

【思考与练习】

1. 社会组织的类型有哪些？请简要论述。
2. 公共关系部的结构模式有哪些？
3. 试比较公共关系部门与公共关系公司的优缺点。
4. 公共关系社会团体的类型有哪些？请举例说明。

第五章 公共关系的客体——社会公众

【学习目标】

通过本章的学习,理解社会公众的概念、含义和特征;学会根据不同标准区分公众的类型;掌握社会组织面临的公众类型和公众系统,了解如何确定公众类型、如何对公众进行分析。

【本章导读】

公共关系是赢得公众的艺术。对公众分类是制订公共关系计划、实现公共关系目标的必要前提,也是公共关系理论的重要内容。开展公共关系工作,首先应该确定组织所面临的公众类型,其次就是对这些公众进行分析,在此基础上制定正确的公共关系的目标和策略,并在具体实施中采取灵活有效的措施,以便建立良好的公众关系。

一个真实的"顾客是上帝"的故事

一次,我驻外代表蔡君夫妇在纽约市的一家超级市场选购商品。蔡太太推着采购车只顾浏览货架上琳琅满目的商品,一不小心,采购车撞在货架上,两瓶茅台酒应声落地,酒液和瓷瓶碎片溅了一地。蔡太太惊得面色煞白,蔡君也手足无措,暗自寻思:"糟了,这回不但要赔款,还准得挨一顿训。"没想到超市的服务员不但没责怪,反而连声说:"对不起,由于我没能照顾好先生和夫人,让你们受惊了。"她立即打电话向经理通报事故。一会儿,一位40多岁的经理微笑着走来,谦恭地说:"我已经从闭路电视中看到刚才发生的一切,我的职员没有将货架放稳,令二位受惊了,这个责任在我们。"看到蔡君的裤腿还残留着点点酒斑,他立即从西装口袋里掏出雪白的手帕,并一再致歉,不仅没让蔡君赔偿损失,还亲自陪同蔡君夫妇选购货物,最后热情地送他们两人离开超市。

也许是出于对经理的回报,这一次蔡君夫妇几乎将囊中所有的钱全花在这家超市,以后每周购物,他们不用商议,就驾车直奔这家超级市场。当他们离开纽约时,粗略地计算了一下,花在这家超市的钱,比两瓶茅台酒的价值多出何止百倍。

(资料来源:杨俊.新型实用公共关系教程.北京:中国物资出版社,1999)

要做好公共关系工作,首先应该明确公共关系的客体对象,即搞清楚对谁搞公共关系。从以上案例中可以看出,社会公众是社会组织的工作对象,是公共关系信息的接收者,是公共关系实践活动中不可或缺的构成要件。《孙子兵法》中有一句话:"知己知彼,百战不殆。"如果说研究社会组织的目的在于"知己",那么,研究社会公众的目的就是"知彼"。

第一节 社会公众的概念和特征

社会公众是公共关系学中的一个基本概念和要素,对它的研究是公共关系学的重要内容。一个社会组织要开展公共关系工作，必须要了解、熟知并研究自己的公众对象，只有对公众有正确的认识和分析，才能为社会组织制定正确的公共关系目标、策略和措施提出有效的依据。

一、社会公众的概念及其含义

美国公共关系学者杰弗金斯在谈到为何要给社会公众下定义时曾说："为了所有与公共关系工作方案有关的人员和集团，为了在现有经费和条件范围内确定工作的优先点，以便选择新闻媒介和工作技巧，以便准备既能被接受又有实效的信息。"可见，准确定义社会公众这一概念，是社会组织适应环境需要、有针对性地开展公共关系活动的先决条件。同样，正确理解公众的含义，对于树立正确的公众意识、科学理解和把握公共关系工作的实质具有重要的指导意义。

《现代汉语词典》（第6版）对"公众"的解释是"社会上大多数的人"，这是社会学意义上的概念，类似于"大众""群众""民众""受众""人民群众"和"普通老百姓"等政治学、社会学上的名词。而公共关系学中研究的公众，是一个特定的概念。尽管两个概念的词语形式相同，但内涵却不同。公共关系中的社会公众是相对于社会组织而言的，泛指与社会组织在某一特殊情况下构成的相互关系。它不仅包括与社会组织相关的个人、群体，也包括社会组织。而社会学意义上的公众是相对于领袖而言的，主要指群体，并不包括社会组织。

目前，在对公众概念的表述上，公共关系学界还没有形成统一的看法。公共关系专家余明阳认为："公众是与特定的社会组织发生联系，并对其生存和发展具有影响的个人、群体和组织的总和。"管理学者王乐夫认为："公众是指与一个组织机构直接或间接相关的个人、群体和组织，他们对该组织机构的目标和发展具有实际或潜在的利益关系或影响力。"中国《公共关系辞典》中这样定义："公众是与某一特定组织机构相联系的、所处地位相似或相同，具有共同的目的、共同的利益、共同的问题、共同的兴趣、共同的意识或共同的文化心理等合群意识的社会群体。"尽管这些定义表述不一，各有侧重，但大同小异。从中可以看出"公众"这个概念包括以下几层含义。

第一，公众是相对特定组织而存在的，离开了特定的社会组织，公众是不存在的。

第二，公众是社会组织传播沟通的对象。

第三，公众是因共同的利益、问题等联结起来并与特定组织发生联系或相互作用的个人、群体和组织的总和。

第四，公众不是抽象的，而是具体的，是客观存在的。

综上所述，我们认为，社会公众是指与社会组织利益相关并相互影响、相互作用的个人、群体或组织的总称。这一概念涵盖了公共关系工作的所有对象，即凡是公共关系信息传播沟通的对象都可称为公众。

二、社会公众的基本特征

社会公众是一个复杂的社会存在。组织的性质不同、规模不等、层次不一，它的公众对象就不同，这就决定了公共关系必然是一种立体、多维和全方位的社会关系。为了便于社会组织更加清楚地认识和把握自己的公众对象、正确分析和判断公众的利益需求，进而在保证公众利益得以实现的基础上，有针对性地开展公共关系工作，我们有必要对社会公众的特征进行分析。一般来说，社会公众具有以下基本特征。

（一）相关性

相关性是指一定社会组织的社会公众，总是与这个组织在某种利益上存在着相互影响、相互制约的关系，即一个社会组织面对的社会公众，一般都是要求从这个社会组织获得某些权益的个人、群体或社会组织。因此，社会公众不是一个抽象的概念，而是相对于特定的社会组织而存在的，两者之间是互相关联的。一方面，社会公众是由于面临共同问题而产生的，而且这种问题直接或间接地与社会组织的目标和发展相联系，这种联系就是社会组织与社会公众之间的相关性；另一方面，社会组织与社会公众利益相关。这里的"利益"，既包括物质方面的，也包括精神方面的。一般来讲，社会组织与其公众都希望通过对方得到某种利益，他们之间的相互利益有时完全一致或基本相同，有时则完全对立或基本相反。社会组织开展公共关系活动，就是要寻找和确认与社会公众之间的这种相关性，通过具体分析确定其目标公众，从而有针对性地制定公共关系策略。

（二）同质性

社会公众不是一盘散沙，而是具有某种内在共同性的"合群意识"的群体，即由于具有某种共同利益、目的、需求、心理和兴趣，而形成了共同意识的一群人、团体或组织。同质性是指同类型的社会公众都面临着共同的问题，有着共同的意识，因共同的需要、共同的目标、共同的兴趣、共同的背景等而结合。社会公众是具有某种内在共同性的群体，当某一群人、某一社会阶层、某些社会团体因为某种共同的问题而发生内在联系时，这些人往往就会有"同属一类"的意识，他们的态度和行为会表现出相同或相似性，构成社会组织的一类特定公众。如企业在生产经营中开发出新产品，对改善人们的生活方式起到某种积极的作用，使产品使用者受益，他们对该企业会产生集体认同感。如果企业在生产经营活动中出现环境污染、产品缺陷、缺乏信誉等问题，使公众利益受损，他们自然会形成统一联盟，保护自身权益。

（三）群体性

任何社会组织所面对的社会公众都是由与该组织运行有关的各方面公众所组成的复杂的群体环境。在具体的公共关系工作中，公众的表现形式可能是群体，有时也可能是代表某类群体的个人。认识社会公众的群体性，就是强调要用全面的、系统的观点来分析自己的公众。一方面，应该将组织所面对的公众对象视为一个完整的环境，注意组织与公众环境之间的整体平衡与协调。当公众群体的利益以个人形式出现时，组织不能只看到个体，而应考虑到群体环境。当某个人投诉组织的某方面行为不当时，组织就应该高度重视此问题，从全局考虑、研究这一问题的影响面。不能认为这是投诉者个人行为而草草了事，因为投诉者投诉的问题极有可能是一个群体面临的共同问题。另一方面，任何组织的生存和发展都离不开一定的公众环境，这个公众环境指组织运行过程中必须面对的公众关系和公众舆论的总和。这些公众关系和公众舆论范围很广，涉及组织内部和外部，以及社会的方方面面，而且相互关联，关系比较复杂。因此，公共关系工作不能只注意其中某一类公众，而忽略其他公众。对任何一类公众的疏忽，都有可能影响整体公众环境的质量，甚至导致公众环境恶化，影响社会组织的生存和发展。

(四) 多样性

社会公众存在的形式不是单一的,而是复杂多样的。首先,社会公众的构成具有不同层次。公众是一个统称,具体的对象形式既可以是个人,也可以是群体;既可以是一个具有严密组织结构的团体或组织,也可以是松散的群体。即使是同一类的公众对象,也可以有不同的存在形式。所以说,社会公众具有多元角色、多重身份。如某个生产性企业,面对的政府、供应商、经销商等都是具有严密组织结构的团体或组织,而它所面对的消费者,却是一个松散的群体。因此,日常的公共关系工作对象,包括多种多样的个人关系、群体关系、团体关系、组织关系等。其次,社会公众具有不同的需求层次。作为公众的个人、群体或组织,其性质和作用各不相同。虽然他们面临某一共同问题,但对于解决这一共同问题的利益追求和价值取向是不一样的,即目的和需求不同。再次,社会公众具有不同的联系方式。最后,社会公众对同一个组织的态度、看法和评价是多样的,与社会组织的关系疏密程度也是不一样的,而且根据不同的标准,可以划分出不同类型的公众。

(五) 互动性

由于社会组织与其公众对象之间存在相关的利益联结,因此二者总是处于相互影响、相互作用的互动关系中。一方面,公众的意见、态度和行为对本组织的目标和发展具有现实的或潜在的影响力和制约力,甚至决定着组织的成败。比如,某企业的社区公众通过法律诉讼的方式解决企业的排污问题,企业就必须积极采取应对措施。任何一个社会组织对公众的能动性是不能忽视的,必须及时了解和分析公众的态度、满足公众的需要,争取公众对组织的理解、支持与合作,并要善于引导公众的能动性向有利于本组织的方向发展;另一方面,该组织的决策和行为也对这些公众具有现实的或潜在的影响力和作用力,制约着他们利益的实现、需求的满足、问题的解决等。社会组织可以采取多种方式对公众的思想和行为进行正确的引导。

(六) 可变性

社会组织所面对的公众不是静态的,也不是封闭僵化、一成不变的对象,而是一个动态的群体,是一个始终处于不断变化发展过程中的开放系统。随着社会的发展、环境的变化和社会组织条件的改善,公众也会发生相应的变化,产生不同需求的公众。公众的可变性不仅表现在公众群体的结合、解体和数量增减上,还表现在公众的需求、态度和作用的改变上,公众与非公众是经常处于相互变换之中的,这必然导致公共关系活动处于动态的变化之中。首先,公众形成的原因是出现了共同问题,一旦这个问题得到解决,那么,由此问题所形成的公众群体就自动解体了。比如乘坐×次特快列车的乘客构成了一类公众,而到了终点站,乘客下了车,他们便不再是这次列车的公众了。其次,公众可以选择公共关系主体,这种选择取决于客体的需求、对主体的态度和双方的关系等因素。如:武汉人去上海可以选择的交通工具有飞机、火车、轮船、汽车等,也就是说他们可以成为不同社会组织的公众。再次,公共关系主体和客体在一定条件下可以相互转化,即作为公共关系主体的社会组织也可以转化为作为客体的社会公众。

公众环境的变化,必将导致公共关系工作的策略和手段的变化。反过来,组织自身的变化也会导致公众环境的变化,比如社会组织的政策、行为或产品的变化,使公众的看法、评价、态度或行为发生相应的变化,这种变化的结果又会反过来对组织产生影响和制约作用,这使得公共关系工作富有动态性和挑战性。因此,社会组织必须以动态的、发展的眼光认识和看待自己的公众对象。

太立德仁:在清水湾打造顶级沙滩演唱会

太立德仁(中国)公关传播机构是一家中国顶尖的全线整合运营商。2014年1月20日,在辞旧迎新之际,太立德仁为御海地产张罗了一场"清水湾以此为'峰',珊瑚宫殿唱响好声音"沙滩新年演唱会。本次演唱会是御海地产为了答谢长期以来一直关注珊瑚宫殿的业主朋友们特别打造的。回顾这场音乐会,无论是歌手选择,现场布置,还是媒体展开,看似按部就班的工作流程下,是太立德仁人的经验与思考,更是太立德仁人的专业、细心、精心。从演出效果来看,主办方认为这种充满正能量的音乐盛事与珊瑚宫殿的品牌形象不谋而合,其展现出来的个性、张扬与珊瑚宫殿的时尚、国际化完全吻合,希望借此盛宴,展现出珊瑚宫殿更全面、更丰富的形象,也给都市新贵们带来与众不同的惊喜。

一、歌手选择,恰似精装版春晚

既然是春节期间,全国人民,特别是全国媒体的目光自然盯住了央视春晚。太立德仁在歌手选择方面自然需要更精准,需要为御海地产考虑更多:御海珊瑚宫殿项目占地超过1400亩,位于海南清水湾赤岭风景区内,藏于海棠湾和清水湾两大国际级海湾的中间私密地带,拥有独立的海岸线,地势北高南低坡向海面;项目定位高端,御海表示此次不惜重金举办新年演唱会,目的就是打造皇室宫廷级音乐盛宴。

在资金充裕的情况下,更要拼公关公司的实力——是否能请来当红的一线歌手,是否能在当红一线歌手中选取开发商需要的"具有宫廷范儿"的流行歌手,以此打造流行音乐的皇室宫廷级盛宴。

作为摇滚乐坛的领军人物,汪峰无疑是春节期间被竞相邀请的大忙人。然而,太立德仁做到了——让汪峰不上头条不上春晚上海南!他不仅带来激荡人心的老歌《怒放的生命》《当我想你的时候》,还带来压轴歌曲《像个孩子》,引发全场粉丝大合唱,将音乐盛宴推向巅峰。新专辑《生来彷徨》的重磅来袭,更是让来到现场的御海VIP客户大呼过瘾。而华语乐坛传奇女声韩红的亮相,更是让清水湾的波涛有了契合呼应的天籁之音,此起彼伏。还有金池、张赫宣、艾菲等新生力量,无不是太立德仁精挑细选的。从现场的反应来看,完全是现场嘉宾喜欢的那一杯"鸡尾酒",听觉盛宴,味道好极了。

一位从广州赶到现场的御海地产优质客户说:"春晚是给全国人民看的大众口味的电视节目,而本次演唱会,是符合珊瑚宫殿未来社区基调的演出。可以说,今天的演唱会,虽然来的都是流行歌手,可效果堪比精装版春晚。"

二、现场氛围,以当代事物演绎宫廷范儿

从古至今,建筑至经典者莫过于宫殿,从法国的枫丹白露、英国的布莱顿皇家行宫到中国康乾行宫——承德避暑山庄,其非同寻常的品质传承,从未随沧桑变化而褪色。宫殿对于一个城市而言,不仅仅是一座标志建筑,更代表着特定时代和人的精神面貌。正如珊瑚宫殿是为中国的高端阶层量身定制的一处极致奢华的度假场所,是一座建造在海边的度假行宫,让业主享受到国王级的待遇。

话虽如此，可毕竟当代产品与古代不同，无论是建筑设计理念，还是材料选用。而太立德仁为御海打造的这场新年演唱会，其实就非常巧妙地诠释了何谓当代贵族范儿。太立德仁认为："这是一次天赋稀贵与天籁好音的巅峰碰撞，珊瑚宫殿傲居清水湾与海棠湾双湾核心，占据稀缺山海资源，精工细琢，奢华雕琢，以'中国顶级滨海度假生活'为目标，打造一线海景豪宅，显耀奢贵宫廷风范。"因此，太立德仁为此次演唱会定下基调——倾听天籁好音，品鉴海南藏品级艺术宫殿。

珊瑚宫殿，私藏于顶级湾区海南清水湾与国家海岸海棠湾之间，环抱大小赤岭，拥有330米正南向绝美一线海岸，傲居上风上水宝地。在这里，当汪峰、韩红等当代华语流行音乐顶级人物亮相时，如何与御海地产投巨资开辟的欧式宫廷综合休闲专属之地融为一体？御海地产的相关人士这样评价："流行歌手们展现出来的个性、张扬与珊瑚宫殿的时尚、国际化完全吻合，希望借此盛宴，展现出珊瑚宫殿更全面、更丰富的形象，也给都市新贵们带来与众不同的惊喜。"

此次演唱会为2014年开年之初娱乐界带来了一次星光璀璨的表演，吸引了众多好声音以及梦之声粉丝关注，许多粉丝更是从全国各地组团奔赴海南美丽的陵水县清水湾珊瑚宫殿项目现场观看。当晚21时25分，当《今夜无人入睡》在珊瑚宫殿响起时，现场弥漫起浓浓的新年气氛，全场观众在喜悦当中，迎来璀璨夺目的焰火表演。

第二节　社会公众的分类

科学的公共关系工作建立在对公众分类的基础上，在具体的公共关系实践中，公共关系政策的制定、公共关系方法技巧的运用、公共关系调查研究以及组织形象的评估等，都依赖于对公众的科学分析。公众分类可增强公共关系工作的针对性，提高公共关系工作的效率。由于公众对象的构成是非常复杂的，因此，可以根据不同的标准对其进行分类。

一、根据社会公众对社会组织的重要程度分类

（一）首要公众

首要公众，是指对组织有重要的制约力和影响力，甚至关系到组织的生死存亡、决定组织成败的公众群体。他们与组织联系最密切、最频繁，对组织具有特殊的意义。首要公众包括两部分。一是组织的工作人员即内部员工，如企业股东、企业员工等。这些公众群体是社会组织正常运转和发展的主要动力，是构成社会组织结构和功能的基础。可以说，没有他们就没有组织本身。二是决定组织生存和发展的那些公众对象，如酒店宾客关系中特别重要的宾客，商厦超市中的顾客、供应商等。这类公众是与社会组织息息相关、决定社会组织兴衰的最基本因素，是公共关系活动的首要对象。

（二）次要公众

次要公众，是指那些对社会组织的生存和发展有一定影响，但并不起决定性作用的公众群体。对于一个组织来说，多数公众属于次要公众。次要公众虽然对组织不产生决定性作用，但也不应完全放弃。次要公众有可能转化为首要公众，所以，在保证首要公众需求的前

提下，社会组织要投入相当的人力、物力和财力来维持、改善与次要公众的关系，争取他们的合作与支持。

（三）边缘公众

边缘公众是指那些对社会组织的生存和发展可能具有一定作用，但相关性极小的公众群体。比如，对于企业来讲，慈善机构、宗教团体、学术团体、政治集团、学校、医院等社会组织及一般大众就属于边缘公众。他们对企业的生存发展影响甚微，甚至不发生直接关联。一般来说，对边缘公众不需要投入专门的精力去研究分析。但是要知道，这类公众有可能转化为次要公众甚至首要公众。因此，公共关系部门要做好思想及物质上的准备，时刻注意这种转化的可能性，以便不失时机地开展工作，能够迅速、及时地争取这部分公众的理解、支持和合作，获得良好的公关效果。

总之，对一个组织来说，它的首要公众、次要公众和边缘公众的区分有较大的相对性，它们在不同的时期可以互相转化，今天的首要公众有可能变成明天的次要公众或边缘公众，今天的次要公众或边缘公众也有可能变成明天的首要公众。这种变化主要由组织的目标决定，同时也取决于组织的环境条件。把握这一点，就要求组织的公共关系部门根据组织的需要和形势的变化确定公共关系的主要对象，并努力处理好与他们的关系。例如，某水泥厂建在市郊，筹建期间，社区内的公众并未有任何异议，此时，社区公众就是次要公众。可是，水泥厂投产后，废水对附近的农田造成了严重污染，农民的利益极大地受损，他们强烈要求该厂要么采取措施治理废水，要么搬迁到别处，否则就对该厂的设备采取行动，这时，本来属于次要公众的社区就成了水泥厂能否在此处生存下去的首要公众。而某科研所对于这家水泥厂而言是边缘公众，但当科研所开发了一项新技术，而这项技术对水泥厂改进生产流程、提高效率非常有用，水泥厂积极想从科研所引进这项技术时，科研所就由边缘公众变成了首要公众。

二、根据社会组织和社会公众的归属关系分类

（一）内部公众

内部公众，是指由社会组织内部成员、部门和组织构成的公众群体，包括组织的管理人员、技术人员、生产人员、销售人员、辅助人员、股东以及内部各级组织、部门等。从广义上说，员工的家属也可以列入内部公众的范围。这类公众与社会组织有隶属关系，是组织的构成部分，同该组织有直接、密切的利害关系。他们归属于组织，依赖于组织。同样，组织也离不开他们。组织的生存和发展、组织各项目标的实现，必须依靠内部公众。社会组织与内部公众的利益是一致的。同时，内部公众既是组织公共关系工作的客体，又是组织对外开展公共关系工作的主体，具有身份上的两重性。因此，内部公众是公共关系要协调的最重要的公众之一，也是公共关系"内求团结"的主要对象。

（二）外部公众

外部公众，是指组织的外部沟通对象群体，即除内部公众之外，一切与组织有直接或间接关系、对组织的生存与发展有现实或潜在影响力的个人、群体和组织。包括企业产品的用户、商店的顾客、酒店的客人、电影院的观众、出版社的读者、原料供应商、批发商、零售

商、协作者、竞争者、记者、名流、政府部门、金融机构、社区居民、新闻媒体等。外部公众，是组织进行信息传播的重要目标对象，更是组织"外求发展"的主要对象。一个社会组织只有加强对外交往，获得外部公众的理解、信任和支持，才能增强在市场中的竞争力，进而发展壮大。在现实社会中，能否正确地处理与外部公众之间的关系，是衡量一个社会组织素质的基本标准之一，也是一个社会组织获得成功的先决条件。因此，公共关系人员必须充分了解、熟悉本组织的外部公众，以便根据他们的权益要求制定公共关系目标和策略。

三、根据社会公众发展过程的不同阶段分类

（一）非公众

非公众，是指处在社会组织公共关系工作视野外，并在一定时空条件下与社会组织之间不存在任何关联和相互作用的社会群体。他们的观点、态度和行为不受社会组织的影响和约束，也不对组织产生任何作用和后果。因此，可以将这类公众排除在公共关系工作对象之外。比如，出版社可以将那些根本不买书也不读书的人确定为出版社的非公众。划分出非公众是为了减少公共关系工作的盲目性，提高公共关系工作的准确性和针对性，避免不必要的浪费。

（二）潜在公众

潜在公众，是指将来可能与组织发生直接利益关系的公众群体。对潜在公众可以有两种理解：一种是指有待开发，但尚未与组织发生任何直接利益关系的那部分公众，也称为"潜在顾客""潜在用户"；另一种是指已经和组织发生了某种关系，并由此出现了某些问题，但自己尚未意识到问题存在的公众群体。例如，购买了某公司不合格产品的顾客，在产品质量问题暴露前，就是该公司的"潜在公众"。因此，潜在公众也称为"潜伏公众""隐患公众"，是社会组织需要关注的对象。

由于潜在公众还未发展为现实的公众对象，与社会组织尚未发生直接利益关系，或者对自身所面临的问题处于无意识状态，所以在一定时间内不会采取行动，暂时不会对组织产生影响，但他们将来可能与组织产生联系，或者迟早会意识到问题的存在，并采取一定的行动，即潜在公众有可能转化为知晓公众或行动公众。因此，社会组织对这类公众群体不可忽视，要一分为二地看待：对可能产生正效应的潜在公众要善加引导、催化，使其对本组织的生存和发展起到积极的推动作用；而对有可能产生负效应、造成危机、影响本组织生存和发展的潜在公众必须给予充分关注，要善于发现和识别这一类公众，有针对性地制定多种应对方案，采取相应的沟通措施，实行有效的预测、控制和引导，做到未雨绸缪，避免公共关系纠纷的发生，以便维护组织形象。如果对这类公众坐视不管、消极等待、被动应付，以为他们还未对社会组织构成威胁，便不去研究和着手处理，无异于养虎为患。

（三）知晓公众

知晓公众是由潜在公众发展而来的，指那些已经知晓自己的处境，明确意识到自己面临的问题与特定社会组织有关，并已考虑与该组织联系，但暂时还未付诸行动的公众对象。也就是说，知晓公众不仅面临着组织行为引起的共同问题，而且本身已经意识到了问题的存

在，已经基本明确问题的性质、发展趋势和对自身利益的影响，因而他们迫切需要了解问题的缘由以及解决的方法，并且已经开始寻求一切与问题有关的信息，构思相应对策，但还未采取相应行动。他们正在静观事态发展，并根据事态的发展方向来决定自己的行动方向。他们的行动可能对社会组织有益，也可能对社会组织不利。因此，知晓公众一旦形成，社会组织的公共关系部门就应该马上采取公关措施，主动应对、积极沟通、妥善解决问题。一方面，社会组织要及时发布与问题相关的消息，力求实事求是、客观公正，向公众说明情况，满足公众被告知的愿望和要求，赢得公众对组织的理解和信任，同时使舆论态势得以控制；另一方面，对那些可能会对组织不利或产生危害的公众态度和行为，必须及时采取防范措施，及时沟通、化解疑虑、求得谅解，防止事态激化，并使其向有利于问题解决的方向转化。

（四）行动公众

行动公众是由知晓公众发展而来的，指那些不仅意识到问题的存在，而且已经采取行动，试图解决这一问题，以求捍卫自身利益的公众对象。行动公众一般有两种情况：一是在一体化的公共关系模式中，行动公众的存在有利于组织的生存发展。这种模式要求组织与公众密切联系，双方形成充分了解和相互信任的关系，呈现出组织与公众浑然一体的状态。二是在两极化的公共关系模式中，行动公众的产生往往与突发事件或公共关系纠纷有关，处理不好对组织的生存、发展构成直接的压力或威胁，或给社会组织造成较大的困难或较为恶劣的影响，尤其是通过新闻媒介的传播之后，影响更大。因此，社会组织应尽量避免这类行动公众的形成，最好能把这类公众的问题解决在潜在或知晓阶段。倘若由于某种原因，行动公众已经出现，公共关系人员就要集中力量全力采取补救措施，查清事实、缓解矛盾、妥善处理、达成谅解，以免使社会组织陷入被动状态。有时可以通过新闻媒体或第三方来协调和缓解矛盾。

总之，从非公众到行动公众是一个连续发展的过程，社会组织的公共关系部门及其工作人员应该及时注意公众的变化情况。首先，应把工作的重点放在知晓公众和行动公众上，因为他们与社会组织有着密切的利害关系，不协调好这部分公众的关系会直接危及组织；其次，应该考虑到潜在公众，做到未雨绸缪、防患于未然。公共关系人员必须进行细致的调查研究，加强预测，密切监视事态的发展，制定多种应付的方案，积极引导事情向好的方向发展，以利于掌握良好的公共关系机会。

大亚湾核电站的危机

20世纪80年代末期，中国政府经过科学的分析和调查，决定在深圳大亚湾修建一座核电站。然而建设之初，工程指挥部对外封锁消息，关起门来搞建设，没有向大亚湾及周边地区（包括中国香港）的公众进行有关核电站知识的介绍和宣传，公众被蒙在鼓里，处在潜在公众的位置。1986年，苏联发生了切尔诺贝利核电站爆炸事故，造成了严重的后果，这一与人类生存攸关的重大问题引起了世界各国人民的广泛关注。我国在大亚湾建核电站之事也成为中国香港各界公众的热门话题，潜在公众发展成为知晓公众。

然而，政府这时仍未开展积极有效的公关活动向香港公众进行正确宣传，因此，反对在大亚湾修建核电站逐步成为一股社会舆论。香港公众组织了反核的专门机构，发起香港各界

100万人的签名活动,并派出请愿团赴北京请愿,将125万香港公众的请愿名单送至北京。知晓公众发展成为行动公众。

而这时核电站的工程建设已经开始,工期拖一天,就会给国家造成100万美元的损失。工程指挥部经过分析,认识到风波产生的原因在于我们对大亚湾核电站的修建缺乏宣传,香港公众不了解情况而产生了误解,处理此事应采取公关宣传软处理的方式。于是,指挥部门采取如下对策:第一,立即组建核电站公关处,由一位高级工程师任处长,以增强公关宣传的针对性;第二,通过新华社、中新社等新闻媒体,如实报道苏联切尔诺贝利核电站爆炸事故调查及救援工作的开展情况,并及时详尽报道了调查结果——事故是操作人员操作不慎造成的,并非技术问题;第三,由权威的科学家和核电专家在香港举办关于核电知识的讲座;第四,组织香港人士参观大亚湾核电站基地和设施,增加工程的透明度。通过以上公关活动的开展,一场轩然大波终于平息了。

(资料来源:杨俊.新型实用公共关系教程.北京:中国物资出版社,1999)

从以上案例中可以看出,非公众—潜在公众—知晓公众—行动公众是按公众发展的时间顺序分类的,而且它的发展是非常迅速的,更是难以预料的。在公众发展的不同阶段,社会组织应该采取不同的公关对策积极应对,采取强有力的补救措施,以期赢得声望,树立良好的形象。

四、根据社会公众对组织的态度分类

(一)顺意公众

顺意公众是指那些对组织的政策、行为及产品持赞赏、认同和支持态度的公众群体。这类公众是推动组织发展的基本公众和主要力量。如:某企业生产的一种健身器材质量优良、使用效果好、售后服务好,某顾客使用后对该产品大加赞赏,并主动向别人推广,那么,这位顾客就是该企业的顺意公众。顺意公众对宣传和美化社会组织、提高组织的知名度和美誉度,有着极为重要的作用,应该把这类公众视为组织的财富,进行悉心呵护。由于社会情况会发生变化,任何公众自身的情况也不是一成不变的,因而公共关系部门必须不断加强与顺意公众的联系、沟通,维持和强化他们的顺意态度,避免他们的态度发生逆转而产生不利于组织的行为。

(二)逆意公众

逆意公众也称反对公众,是指对社会组织的政策、行为及产品持否定、批评、反对甚至敌视态度的公众群体。这类公众是公共关系工作的重要对象,他们之所以产生逆意,一定事出有因。一般情况下,逆意公众的形成大致有两种原因:一种是在利益上与社会组织产生了利害冲突;另一种是对组织的政策和行为产生了误解。比如,某品牌的保健酒宣称对高血压具有一定的治疗作用,一个消费者在饮用了这种保健酒之后,血压不但没降反而升高了,一怒之下去找商家索赔,商家不予解决。这位消费者对生产该保健酒的厂家和销售商产生了不满情绪,对其产品和行为持否定态度。这位消费者就是该商家的逆意公众。因此,社会组织的公共关系人员要加强公共关系力度,全面调查逆意公众产生的背景及原因,主动进行适时有效的沟通,澄清事实、说明情况,争取谅解,促使其改变敌对态度,尽可能"化敌为友",

即使不能将其转化为顺意公众，也促使这部分公众成为中立公众，以达到"多交友、少树敌"的目的。

（三）中立公众

中立公众，也称为独立公众或不确定公众，是指那些对组织的政策、行为及产品持中立态度或观点、意向不明朗的公众群体。比如，对于一家化妆品生产企业来说，已经使用了其产品但尚未见效的公众，目前既没有完全认同、赞美该产品，也没有完全否定、批评该产品，那么，他们就是该企业的中立公众。中立公众介于顺意公众和逆意公众之间，他们对组织缺乏感情定向，既可能是顺意公众，也可能变为逆意公众。中立公众的态度倾向往往成为组织竞争中的决定因素，他们应是社会组织争取的对象。因此，做好这部分公众的沟通工作，争取他们对社会组织的理解、支持和合作，是公共关系工作的重点。公共关系人员要耐心细致地做好他们的工作，积极争取，引导他们向顺意公众转化，防止他们成为逆意公众。

五、根据社会公众的稳定程度分类

（一）临时公众

临时公众是指由于某一特定环境中的特定问题、偶发事件、临时因素或专门活动而形成的公众群体，又称为偶然公众，如观光的游客、展览会的观众、影剧院的观众、饭店的顾客、等候飞机或火车的旅客、观看足球比赛或文艺演出的观众等。绝大多数情况下，临时公众是由社会组织召集起来的，他们对社会组织构成了应变的压力。

（二）周期公众

周期公众是指按一定规律和周期间断出现的公众群体，如逢节假日出游的旅客、春节回家的农民工、节假日购买商品的消费者、参加高考的学生、定期到某学校上课的函授学员等。这类公众的出现一般与季节、重大纪念日、节假日等周期性问题相联系，具有规律性，可以预测，有利于社会组织做好必要的准备，以便有计划、有针对性地开展公共关系活动。

（三）稳定公众

稳定公众是指相对具有长期稳定关系和结构的公众群体，如定期到医院体检的职工、商场的老顾客、报刊的老订户、宾馆饭店的熟客、社区居民、组织的内部公众等均属此类。这类公众是社会组织的基本公众，对社会组织的稳定发展具有重要的保障意义。

综上所述，可以看出公众的分类是多维度的，不同的社会组织有不同的利益和目标，所面临的公众对象各不相同，每一类公众都可以按各种分类标准细分为相应的类型。然而，现实生活中的具体公众都不纯粹属于某种类型。某一个体公众或组织公众可能同时承担或被赋予多重公众身份，如一类公众既是外部公众，同时也可能是首要公众、顺意公众、行动公众和稳定公众等。在具体的公共关系实践中，应有针对性、有重点地选择公众对象，在符合公众利益的前提下进一步对公众施加影响，并获取公众的信任和支持。

案例 5-4

姚明——"我参加公益活动时没有杂念"

姚明,作为一个中国人,他不仅以精湛的篮球技术在强势文化存在的美国 NBA 中站稳了脚跟,而且以高度的责任感与爱心,征服了全世界许多观众与球迷,成为新时代的超级偶像。

一、宣传抗击艾滋病

姚明曾多次参加"抗击艾滋,关注儿童"的公益活动。这些孩子大都因父母感染艾滋病去世而成为孤儿,其中有些孩子自身也携带艾滋病病毒。姚明与孩子们游园联欢,共进午餐,并与孩子们相约 2008 年去北京看奥运。在接受记者采访时,姚明说:"这些孩子不仅需要物质上的救助,也需要心理上的帮助。"他呼吁那些关注他的球迷,在关注他的同时也来关注他参加的公益活动,关注艾滋病孤儿。同时,姚明还接受香港特别行政区政府和香港艾滋病基金会等单位的邀请,到香港去向人们宣传帮助艾滋病人,给他们捐款、捐物等。当一名学生问他为什么抽出自己宝贵的时间,到香港宣传公益事业时,姚明回答说:"时间本身是没有宝贵不宝贵之别的,把宝贵的事情填补到时间里,这样的时间才可以称为宝贵;宣传防治艾滋病这份工作在我看来是一件很有意义的事,所以我愿意为之付出我的时间。"

二、奔走抗击"非典"

2003 年,在"非典"最肆虐的日子里,姚明曾利用自己的影响力,动员了一大批世界级的篮球和足球巨星,为中国抗击"非典"募集款项。姚明说:"我在 2003 年 4 月 16 日结束了我的第一个赛季,4 月 26 日回到了我的祖国,我的祖国面临着一场艰苦的战争,这场战争面对的敌人是非典病毒,这场战争是艰苦的持久战,因为在很有效的药物问世之前,我们仅有的有效办法是尽量控制这种病毒的传播,这也是一场科技战争,因为它拼的是我们医疗人员的技术和他们的精神,很多医疗人员在这种时候勇敢地站在最前线面对这种病毒,他们是非常伟大的。"

此后,姚明不遗余力地投入到为一线医护人员改善工作条件和募集科研资金的工作中,为白衣天使募捐。他广发英雄帖,从火箭队的队友、NBA 的明星、"老虎"伍兹,到美国前总统克林顿、老布什,再通过签约的百事公司找到世界级的球星马尔蒂尼、贝克汉姆等,他给"世界上所有能联络到的名人"都发了信。而写信和回信也成了姚明那几天最主要的生活。为了搞好防治"非典"的电视直播活动,姚明又参与了《超 G 明星超级爱心》《非凡英勇》等宣传片的录制,像陀螺一样奔忙。捐赠仪式上,姚明的个人代表章明基将"小巨人"的 50 万元捐款支票递到了会长谢丽娟手中,明确表示,姚明此次之所以要与上视体育频道一起组织这一活动,不只是为了抗击"非典",更重要的是倡导人们参与公益活动的意识。NBA 总裁大卫·斯特恩赞扬姚明说:"NBA 历史上,有许多来自世界不同角落的人,现在姚明为我们做出了榜样。"

三、热心捐献骨髓

2005 年 9 月 4 日,在北京举办了一场特殊的公益活动。当天下午,在中国人民大学举行的"中华骨髓库校园爱心之旅"启动仪式上,姚明在现场数百人的注视之下,伸出自己粗壮的胳膊,接受了中华骨髓库的血样采集,成为一名捐献造血干细胞的志愿者。姚明说:"在此我们郑重承诺,一旦患者配型成功,我们一定捐献骨髓。捐献骨髓拯救生命只需要一点点勇气,我希望广大青少年朋友一起加入中华骨髓库,造福世界华人。"

无疑，面对毫无经济效益可言的社会公益活动，姚明的态度和行动为其他明星树立了榜样。有人猜测姚明不仅有爱心，而且很有商业头脑，因为篮球的主要观众是青少年，他这样做有没有商业方面的考虑？姚明说："我认为公益活动和商业应该是完全划分开的，不可否认它会提升你自己的影响力，在其他方面会给你带来意想不到的好处，但是我在做这件事情的时候是没有杂念的。"2005年，经国务院批准，上海共有135人正式当选全国劳模，姚明也在当选之列。当姚明得知自己当选全国劳模后，通过经纪人对记者说："这是社会各界又一次对我的鼓励和鞭策……我自己同那些为共和国做出卓越贡献的人士相比，应该提高的东西还有很多。"

姚明身上体现了中华民族的坚韧、拼搏、健康向上等优良品质，不少美国人就是通过姚明进而了解中国的，称姚明为两国之间的友谊使者也不为过。尽管效力于NBA，2004年雅典奥运会期间，姚明仍作为中国代表团的一员出征。他经常说："我随时等待祖国的召唤。"赤子之心、爱国之情溢于言表，姚明的形象可以说代表了中国的形象、上海的形象。

（案例来源：曾琳智. 新编公关案例教程. 2版. 上海：复旦大学出版社，2010）

正如美国通用汽车公司董事长约翰·史密斯所言："只有负担起对社会的责任，才能使一个企业卓尔不群。"作为公众人物也是如此，只有承担起社会的责任，才能在公众心目中建立起长久的美誉度。在这个案例中，姚明通过一系列公益活动，为自己树立了责任心和爱心的品牌形象，也为很多公众人物如何参与公益活动提供了有益的启示。

第三节 社会公众分析

社会组织开展公共关系工作，在对其面临的社会公众进行划分之后，接下来就应该进一步对各类公众做出认真的分析和具体的确定。社会公众的态度和行为反映着社会组织公共关系目标的实现程度，是检验公共关系成败的最佳尺度，因此，对公众的分析是公共关系的重要内容。社会组织只有正确地认识和分析自己的公众对象，才能有的放矢地制定公共关系的目标、策略和方法，使公共关系工作建立在科学的基础上。

一、社会组织面临的公众类型

国外公共关系专家认为，直接或间接涉及企业或公司整个营运过程各个环节的内外公众，大致有以下24种：职工、股东、顾客、社区、一般公众、消费者、竞争者、原料供应商、批发商、代销商、经销商、公务员、金融机构、新闻媒介、慈善团体、宗教团体、上级主管、工会、学校、政治团体、政府机构、公共事业团体、行业团体和合作协同者。本书将在第七章对一些重要的公众类型进行专门的介绍和分析，故在此不再赘述。

不同的社会组织面临的公众不同，了解并掌握各类组织所面临的公众类型，有利于公共关系人员在纷繁复杂的社会组织和公众面前，准确地辨认和确定公众对象，以便制订针对性较强的公共关系活动计划。

二、社会组织面临的公众系统

一个社会组织往往面临着多种类型的公众，这些公众之间都存在着直接或间接的联系，构成了一个复杂的公众网络系统。这个系统中的公众,其数量、范围、性质、态度都随着时间的推移而不断变化。如果对这个公众网络系统进行认真的分析研究,就可以找到对公众进行划分的某些规律。这些规律将有利于鉴别与确定公众,并有针对性地制订计划和开展活动。美国公共关系研究专家格鲁尼格和亨特认为,在一个组织复杂的公众网络系统中,一般存在着四个不同的公众子系统。

1. 生存性公众系统

生存性公众系统,是指能够使某个社会组织得以合法存在的公众系统,也叫做支撑性或权力性公众系统,如国家立法机关、政府管理部门、上级主管部门、股份公司的董事会和股票持有者、社区领导者。这些公众涉及一个组织存在的法律依据、资金来源、地区环境、管理决策等,直接影响着组织的生存与发展。分析与确定这个系统的公众,便于准确、及时地掌握这类公众的可靠信息及其变化趋势,有针对性地策划并开展公共关系活动。妥善处理与生存性公众的关系,对组织的生存和发展有关键性的意义。

2. 功能性公众系统

功能性公众系统,是指能够使社会组织正常发挥自身功能的公众系统。这个体系又分为输入子系统和输出子系统。输入子系统包括员工及由员工组成的工会等群众性团体、为组织提供生产资料或半成品的横向协作单位等公众;输出子系统包括产品用户、批发商和个人消费者等公众。一个组织与其员工的关系、与原材料供应商的关系就属于输入子系统的公众关系,而与消费者的关系则属于输出子系统中最重要的公众关系。

3. 横向同业公众系统

横向同业公众系统,是指与社会组织生产同类产品、面临同类问题、具有同类价值观念的所有其他组织共同构成的公众系统。比如,某个家用电器生产厂家与除自己以外的所有家用电器生产厂家共同构成横向同业公众系统。以同类组织为公众对象的公共关系活动,主要是为了搜集与本组织相关的行业信息,协调本组织与其他组织的关系。

4. 扩散性公众系统

扩散性公众系统,是指不属于某个正式组织的其他公众共同构成的公众系统,包括青年、学生、妇女、选举投票人、社区居民等。其中,新闻和传播媒介是这个系统中非常重要的公众。

三、社会公众分析

1. 了解并分析社会公众的权利要求

任何一个社会组织与其公众之间的关系都是在利益需求与满足中形成的。因此,对于社会组织来说,必须认识到每一类公众都对社会组织有特定需求,这种需求属于公众的正当权利。社会组织的公共关系部门及其工作人员必须了解公众对社会组织的特定权利要求,在对公众进行分类的基础上,对公众的各种权利要求进行分析与概括,并列出各类公众对组织的权利要求结构表。

分析公众的权利要求一般应该注意以下三点:第一,公众权利要求结构表应该尽可能全面地反映各类公众共同的、具有一般性和普遍性的权利要求,使之明了清晰,以便比较分析;第二,通过比较分析概括出各类公众权利要求的相对共同点,权利要求相同,便属于一类公众,以此为根据,可以确定开展公共关系活动的目标公众;第三,分析各类公众对象的特殊权利要求并分辨出轻重缓急。虽然对具有特殊要求的公众都应该给予重视,但是分辨轻重缓急,有针对性地选择与社会组织密切相关的公众作为公共关系的工作对象,可以取得事半功倍的良好效果。

2. 了解并分析社会公众的不同态度

公共关系活动的本质就是能动地改造社会组织现有的环境形势,变消极为积极、化被动为主动、趋利避害、化险为夷。一个组织所面临的环境因素是多种多样、极其复杂的,并且是经常变化的。从公共关系学的角度来看,社会组织所面临的环境实际上就是公众对组织的现有态度。环境的变化,也就是公众态度的变化。公共关系学将社会公众的态度划分为消极态度和积极态度两大类,每一类又分为五种表现形式。如消极态度表现为无知、冷漠、偏见、乏味、敌意;积极态度表现为了解、感兴趣、赞同、钟情、同情。消极态度与积极态度的表现形式是对应排列的,如:无知—了解,冷漠—感兴趣,等等。

社会公众是社会组织赖以生存和发展的基础,他们对社会组织的态度直接影响着组织的各项工作。公共关系的核心目标是塑造良好的组织形象,而社会公众的态度既是评价组织形象的重要指标,又是决定组织形象的关键因素。因此,从某种意义上来说,公共关系工作就是转变公众态度的工作。通过种种努力,有效地转变公众态度,使之朝着有利于社会组织的方向发展,是公共关系从业人员的主要任务。由于不同类型的公众对社会组织持有不同的态度,通过了解和分析公众的态度,可以鉴别不同类型的公众,从而确定公共关系活动的目标公众。所以要想做好转变公众态度的工作,就必须对公众态度进行认真的分析,对公众的类型进行有效的鉴别,确定开展公共关系活动的重点公众对象(即目标公众)。然后再针对这些公众对象及其态度,制订公共关系活动的目标和切实可行的活动计划。

3. 确定社会公众应注意的问题

任何一个社会组织在开展公共关系活动前,都应该精心划分和确定其目标公众。因为公众选择的准确与否直接影响公共关系活动目标的确定,影响整个活动的策划,也影响活动的质量和效果。为了使公共关系活动达到预期的效果,在选择和确定公众时应注意以下几点。

第一,不要随意扩大公众的范围和数量,以便集中力量对已确定范围内的一定数量的公众展开公共关系工作。

第二,让应该知道相关信息的公众一定都知情,让不应该知道相关信息的公众最好不知情,把解决问题的活动限制在尽可能精确的公众范围内,以免公共关系工作遇到不必要的麻烦。

第三,注意公众范围的确定性与公众的变化性之间的辩证关系,以便增强公共关系活动的应变性和灵活性。

第四,公众的满意度是一种感知,所以,了解公众的心理是非常重要的。社会公众在自身知识、经验、情绪、价值观等主观要素的影响下,会形成社会偏见,如首因效应、近因效应、光环效应、刻板效应、投射效应等。这就要求在处理公共关系时要熟悉人的知觉特性,掌握社会偏见规律,提高公共关系自觉性和公共关系工作的科学性。

河南新乡家用电器厂的"名人效应"

1982年初,河南省新乡家用电器厂研制出"远红外健身器",该产品利用远红外线的穿透能力,治疗腰腿扭伤、关节炎、伤口不愈等病症,疗效神奇。因此,人们称之为"神灯"。

然而，产品虽好，在全国范围却迟迟打不开销路。投入巨资做广告，当时企业的财力实在不允许。怎样让人们尽快了解、喜欢进而购买这个产品，是当时新乡家电厂的一大难题。

此时正在进行世界女子排球锦标赛。一天，新乡家用电器厂的厂长和一些职工观看中国对秘鲁的关键性比赛。紧要关头，中国队主力张蓉芳却扭伤了腰，疼痛难忍，不得不换一名替补队员上场。一名职工随口喊道："快把我们的'神灯'送去！"一句话，解开了厂长心中缠绕多日的愁结。他突发奇想：若把我们的"神灯"送给中国女排，减轻她们的疼痛，受到她们的欢迎，那么全中国人民就一定会关注"神灯"，喜欢"神灯"。这样一来，何愁打不开销路！厂长随即赶赴北京，几经周折，把一个个"神灯"赠送给中国女排的姑娘们。姑娘们经过试用，异口同声地称赞疗效神奇。厂长抓住这个珍贵时刻，把队员们试用"神灯"的情形一一拍摄下来。时隔不久，一个全国性的家用电器展销会在安阳召开。开始，由于人们对"神灯"了解不够，订货很少。第二天厂长把中国女排队员试用"神灯"的照片展示以后，家电厂摊位前面马上热闹起来，询问的、订货的、看照片的络绎不绝，当天接受订单4000余台，"神灯"成了供不应求的热门货。

1990年5月，厂长赴美国芝加哥展销产品，回国途中，在旧金山巧遇中国女排名将郎平。老友相逢，谈笑风生，话题谈到1982年新乡家电厂送给中国女排的"神灯"。郎平说道："效果很好，可惜我出国前把它丢在北京训练局了。在美国学习期间，我身上的伤痛时有发作，美国医生让我用热疗法，我买了几个国产的医疗器，效果都不如'神灯'，你是不是再给我定做一个？"厂长听后欣然应允，同时想到郎平在国内外享有盛誉，倘与她建立长期的合作关系，岂不对企业更好？当即，厂长就对郎平提出让她当厂里顾问的愿望。1990年8月18日，厂长亲自把聘书送到郎平家，同时将一盏"神灯"和该厂另一种新产品按摩垫赠送给郎平试用，并请她试用一段时间后，把试用效果告诉厂里。1991年3月，远在美国深造的郎平给厂里写来一封热情洋溢的信，信中谈到她一直坚持使用理疗器械治疗膝关节，用远红外健身器治疗肩关节，效果都不错，可以减轻疼痛、消除疲劳，使伤处尽快恢复正常，郎平在信中一再感谢厂里对她的关心。郎平的来信，使这两种产品身价倍增，订货合同和求购信件，像雪片一样飞向新乡家电厂。

成功的名流关系工作，带给新乡家电厂显著的经济效益。1988年、1989年、1990年连续三年，家电厂的经济效益均成倍增长，1991年，只用3个月就完成了全年利润承包计划。

（案例来源：陈向阳．最佳公共关系案例．合肥：安徽人民出版社，2005）

【思考与练习】

1. 简述社会公众的概念及其含义。
2. 社会公众的基本特征有哪些？
3. 如何理解顺意公众、逆意公众和中立公众的含义？三者之间有何联系？
4. 根据格鲁尼格和亨特的理论，请谈谈社会组织所面临的公众系统。

第六章 公共关系的手段——传播沟通

【学习目标】

通过本章的学习,理解并掌握公共关系传播与沟通的概念、含义、特点及构成要素等基本理论知识;了解、认识公共关系传播沟通的原则、方法及作用;熟练掌握公共关系传播沟通的类型及媒介;掌握公共关系选择传播沟通媒介的基本原则。

【本章导读】

传播沟通是公共关系的媒体要素。它既是公共关系的重要方式和手段,又是公共关系活动的基本内容和过程。传播沟通有自我传播沟通、人际传播沟通、组织传播沟通和大众传播沟通四种类型。公共关系大众传播沟通媒介可分为语言传播媒介、非语言传播媒介和电子传播媒介三大类。

案 例 6-1

"燕子"的致歉信

日本某城市有一个世界一流的旅馆,每年春夏两季,客人的入住率都很高。但是每年4月以后,成群的燕子便争相飞到旅馆屋檐下,筑窝栖息,繁衍后代。招人喜爱的燕子有随便排泄的不懂事之处,刚出壳的雏燕更是把粪便溅在明净的玻璃窗上或雅洁的走廊上,尽管服务员不停地擦洗,但燕子的我行我素使旅馆总会留下污渍。于是,客人不高兴了,纷纷找服务员投诉,致使该旅馆在形象和效益方面出现了危机。旅馆的公关人员为此大伤脑筋。但不久,这种现象就渐渐消失了。原因是客人们看到了一封"燕子"写的信。

女士们、先生们:

我们是刚从南方赶来这儿过春天的小燕子,没有征得主人的同意,就在这儿安了家,还要生儿育女。我们的小宝贝年幼无知,很不懂事,我们的习惯也不好,常常弄脏你们的玻璃窗和走廊,使得你们不愉快。我们很过意不去,请你们多多原谅。

你们的朋友:小燕子

来这里放松心情、寻找欢乐的游客看到这封信后,都感觉很有意思,不仅给逗乐了,连原来留在肚子里的怨气也在笑声中悄然散去。

(资料来源:朱权.公共关系基础与实务.北京:机械工业出版社,2008)

案例中,燕子的"致歉信"作为一种传播沟通方式,有机地连接了旅馆和游客,充分发挥了公共关系媒体的中介作用,别出心裁地展现了传播沟通在公共关系活动的独特魅力。公共关系是社会组织与社会公众之间的传播沟通行为,它所使用的方式和手段就是传播沟通,即现代信息社会所提供的各种信息传播与沟通媒介,以及运用这些媒介所形成的各种信息传播与沟通方式。因此,驾驭各种现代信息传播媒介与技术,就成为公共关系最具时代魅力的一个特色。

第一节 公共关系传播沟通

公共关系学的应用理论认为：要使社会组织与公众之间建立起一种真诚的信任和友好的关系，即达到良好的公共关系状态，就必须通过信息的传播沟通这个桥梁。从公共关系的角度来看，运用传播媒介，实行双向沟通，一方面能弥补采取行政、法律、经济等强制手段产生的负效应；另一方面还能使社会组织及时准确地了解自身与社会环境及其关系的真实状况，提高社会组织决策的科学化，有利于组织目标的实现。

一、传播与沟通的含义

"传播"是从英文"communication"一词翻译过来的，源自拉丁语"communis"，意为"与他人建立共同的意识"。《新华字典》对这一词的解释为：散布、推广，主要是指信息的交流过程。传播的核心是"传"，即"观念、知识等的分享、传递或交换"。传播是一种社会性交流信息的行为，指个人、群体、组织、社会之间通过有意义的符号所进行的信息的传递、接收、交流、分享的过程。因此，传播是一个过程，这一过程的起点是传播者，终点是受传者，内容是各种信息。传播的社会性在于人类能够运用语言或非语言符号交流信息、传递感情、交换意见、沟通思想、调节行为，结成一个有机整体，从事生产或参与各种社会活动。在现代社会，人们每天都在进行传播，每天都在接受传播，传播已成为人们社会生活的一个重要组成部分，成为建立相互联系、维持社会生活的一种社会行为。

"沟通"一词在《新华字典》中的解释为：使彼此相通。中外各类著作里关于沟通的定义，大概有几百种。美国学者贝克认为，沟通是一个涉及思想、信息、情感、态度或印象的互动过程。可见，沟通的手段主要是信息的传播和信息的反馈。可以这样理解，沟通是指信息通过一定符号载体，在个人和群体间从发送者到接收者进行传递，并获取理解的过程。即通过信息的传播和反馈，使双方互相理解、明白、接受或采纳对方的观点、主张、要求或意图，达成一致或妥协。沟通的含义主要包括：沟通是对信息、思想、态度、情感等意义的传递；成功的沟通不仅需要意义的传递，还需要意义被理解；沟通者通过信息符号传达意义；沟通需要通过信息载体（沟通渠道）作为中介；沟通的形式多种多样，无以计数；沟通成功与否受到沟通主体、客体、渠道、文化等众多因素的制约和影响。

可以看出，传播侧重于信息的单向传递，沟通侧重于信息的双向交流互动。在公共关系活动中，社会组织要实现自己的目标，就必须通过信息的传播和交流互动，与内外公众进行有效沟通。有效的沟通是社会组织提高效率的切实保证，也是一切管理艺术的精髓。

二、公共关系传播与沟通的含义

公共关系活动的过程，其实就是社会组织与其公众之间进行信息传播沟通的过程。所以，从本质上说，公共关系是一种系统的信息传播沟通活动。传播沟通是公共关系工作的基本内容与手段，要顺利开展公共关系工作，首先，必须借助于传播技术的有效运用；其次，必须与传播对象进行有效的沟通。

所谓公共关系传播，是指社会组织利用各种有效的传播媒介把组织的相关信息传递给公众，影响或改变公众的态度和行为，创造有利于组织的舆论环境的信息交流行为。公共关系传播的基本含义包括两个方面。

第一，公共关系传播是一个有计划的、完整的行动过程。"有计划"是指传播必须按社会组织的公共关系总目标有步骤地进行。"完整"是指传播过程必须符合美国传播学家拉斯韦尔提出的传播经典模式——"5W"系统模式，即在完整的传播过程中，要包括以下几个方面：who（谁）、say what（说什么）、through which channel（什么渠道）、to whom（对谁说）和 what effect（产生什么效果）。

第二，公共关系传播是一种双向的信息交流、共享活动。美国学者亚历山大·戈德认为："传播就是使原为一个人或数个人所独有的化为两个或更多人所共有的过程。"

不仅如此，在传播过程中，传播者和接受者在信息的传递、交流、反馈等一系列过程中都获得信息。因此，公共关系传播不是一般意义上的单向信息传递，而是通过双向的信息交流沟通，使双方在利益限度内最大限度地取得理解、达成共识。

所谓公共关系沟通，主要是指社会组织的管理者（沟通者）为了维护组织形象，实现与公众之间的互相了解、信任，与沟通对象进行信息交流互动的过程。公共关系沟通的基本含义主要包括：①公共关系沟通是在组织的管理活动中，在管理者与相关的公众对象之间进行的；②公共关系沟通总是围绕着社会组织的一定目标展开的；③公共关系沟通是一种双向的信息交流；④公共关系沟通必须借助一定的信息符号和形象载体（管道）进行；⑤公共关系沟通既是科学，又是艺术。沟通时要遵循一定的规则，但在不同的时间、场合，运用的具体方法又不尽相同。而且，即使在相同条件下，不同的管理者运用相同的方法，其沟通效果也会不同，甚至相差悬殊。

总之，传播沟通是公共关系的重要方式和手段，是联系公共关系主体与客体的中介和桥梁。现代社会是一个由传播沟通维持的相互联系的关系网。能否有效地利用各种传播媒介、遵循沟通活动的基本原则，营造有力的舆论环境，是社会组织开展各类公共关系活动成功与否的关键，也是衡量公共关系人员能力水平的重要标准。公共关系人员只有熟知传播沟通的理论、掌握传播沟通的技巧，才能真正懂得公共关系的精髓，掌握公共关系的要领，策划并实施有效的公共关系活动。

三、公共关系传播沟通的构成要素

公共关系传播沟通的构成要素有两大类：一类是基本要素，包括信源、信宿、信息、媒介、信道和反馈，属于"硬件"部分；另一类是隐含要素，包括传播活动中的时空环境、心理因素、文化背景、信息质量和信誉意识等，属于"软件"部分。无论是基本要素还是隐含要素，其中每一个要素，都会对传播沟通效果产生一定的影响，缺少任何一个要素，都无法构成完整有效的传播沟通行为。

（一）传播沟通的基本要素

1. 信源

信源也叫传播者、传者、主传者或沟通者。对于传播来讲，信源就是信息的发布者；对于沟通来讲，信源就是沟通的行为人。信源可以是一个人，也可以是一个集体或机构。公共关系传播沟通的信源一般指某一个具体的社会组织。但是，在传播沟通活动中，必然是具体的个人担任信源的角色,他可以是组织的负责人、公共关系人员,也可以是组织之外的"把关人",如新闻机构中的编辑、记者或有关的专家、学者等。因此,从公共关系的角度看,信源是指处于传播沟通过程的起点,并通过一定的传播沟通媒介,输出信息符号的社会组织或代表该组织的个人。

2. 信宿

信宿也叫受者、受众、听众、受传者、接收者。对于传播来讲,信宿就是接受并使用信息的人;对于沟通来讲,信宿就是沟通对象。信宿可以统称为受众。受众的反应在信息传播中占有重要的地位,是传播沟通得以存在的前提,既是传播沟通的目的地,又是传播沟通者的反馈信源。公共关系传播沟通是双向的信息交流互动活动,因此,在传播沟通过程中,信源与信宿的地位可能会相互转化。即信源输出的信息符号被信宿接收后,信宿进行信息反馈,此时,信宿成为反馈信息的信源,而原来的信源就变成了信宿。公共关系传播沟通的信宿就是社会公众,既可以是个人、群体,也可以是社会组织。

3. 信息

信息即用于传播沟通的材料和内容,包括消息、情报、指令、知识、资料、数据、信号等,其中也包括观念、态度和情感等。我们生活的社会是一个信息社会,信息无处不在,无时不有。信息交流总是通过一种能被人们感知、有特定明确含义、能代表某种意念的事物来进行,比如语言、文字、图像、手势、眼神、表情等。因此,人们便把这些能够代表且传递某种意念的事物,统称为信息符号。信息符号作为信息交流的手段,在公共关系的传播沟通过程中,成为不可缺少的因素。在公共关系传播沟通中,传播者要根据社会公众与传播媒体的需要而有目的、有准备、有计划地制作并传播组织的信息。

4. 媒介

媒介也称为信息载体,即承载信息符号的物体,它是传播过程赖以实现的中介。信息符号在信息交流过程中代表并传递某种意念。信息符号要真正发挥作用,还必须借助一定的传播媒介。在信息传播中,由于传播形式各不相同,因而传播媒介也是多种多样的。根据信息表达手段的不同,媒介可分为语言媒介、印刷媒介和电子媒介。由于媒介种类繁多、类型不同,其功能和效率也各不相同。不同的媒介传递信息的距离远近不一,传递信息的速度或快或慢,传递信息的空间范围或广或窄,承载的信息量也或多或少。因此,在公共关系传播沟通中,社会组织应根据所传播信息的内容、各类媒体的特点,以及自身的经济条件等,合理选择传播媒介。

5. 信道

信道即信息传递的途径、渠道。信道的性质和特点,将决定对媒介的选择。比如,在公共关系传播中,传者如果以声波为传播信道,就可以选择以口语为载体的语言传播媒介,传播形式可采用面谈、演讲、谈判、座谈会等;如果以文字为信息传递渠道,就可以采用报纸、杂志、书籍、刊物、小册子等印刷媒介;如果以电磁波、频道为信息传递渠道,可选择广播、电视、电影、录像、网络等电子媒介。

6. 反馈

反馈即信宿对信源所传达信息内容的反应与评价。在公共关系传播中,反馈是构成信息双向沟通的基本要素。反馈可分为正反馈和负反馈。正反馈是指与传播的信息内容一致的反馈,表明信息传播正确,或受者对传播内容持赞同、支持的态度;负反馈是指与传播的信息内容不一致,表明信息传播出现失误,或受者对传播内容持否定、批评态度。社会组织可以根据社会公众的反馈信息检验传播效果,并据此调整、充实或改进公共关系工作。

以上就是公共关系传播沟通所具备的基本要素。例如,我们平常收听广播就是一个传播的过程,它具备以上六个要素:信源是广播电台的编导及主持人;信宿是收听广播的各类听众;信息是主持人的讲述或播出的节目内容;媒介是广播;信道是电磁波、频道;反馈是在听众中产生的影响及发生的行为变化,如听众打电话向电台进行咨询、质疑等。

(二)传播与沟通的隐含要素

1. 时空环境

时空环境,是指传播沟通的时间环境和空间环境。"时",包括时间、时机。从时间角度讲,真正衡量传播沟通效果的是单位时间内所传播的有效信息量;从时机的选择来讲,在何时进行传播沟通,对传播效果也有很大的影响。公共关系传播与沟通选择和把握适当的时间和时机,会收到事半功倍的效果。例如,1997年,河北旭日升集团公司将其产品投放石家庄市场时,选择了"五一"国际劳动节期间的休息日,他们买断了市内几条主要公交干线,并与动物园合作,规定凡持有旭日升冰茶易拉罐的市民可免费乘坐指定的公交车,可凭罐免费游览西郊动物园。这一活动引起了众多市民的积极参与,旭日升冰茶一下子名声大振。

"空",即空间,是指传播沟通活动的场所。传播信息总是在具体的空间环境中进行,一般来说,空间环境主要包括两个方面:一是座位的设置排列;二是交流环境的气氛。不同的环境条件会使人对信息有不同的感受,并产生不同的沟通效果。实践证明,一个社会组织在光线暗淡、声音嘈杂、布置混乱的办公室接待顾客、洽谈业务或进行商务谈判,十有八九不会产生良好的信息互动效果。因此,在公共关系传播与沟通中不可忽视"环境效应"的重要作用。社会组织在开展公共关系活动时,一定要创造良好的空间环境,主动把握有效空间,包括视觉空间(光线、色彩、造型)、听觉空间(音量、音调)、感觉空间(严肃、活泼、紧张、舒缓)和心理空间(接受、反对)等。

2. 心理因素

心理因素,主要是指信息接受者的情感心理状态。在不同情感状态下,人们接收信息的效果是不同的。比如,人在情绪愉悦时,能迅速接收信息,并强化理解、记忆或行动,正所谓"人逢喜事精神爽";而在情绪低落时,会抑制信息的接收量,从而可能放过许多有利的机会。因此,传播沟通行为的发生、延续和发展,应建立在双方心理愉悦的基础上。如果双方心灵不通,是无法获得最佳的沟通效果的。所谓"酒逢知己千杯少,话不投机半句多"便是心理因素作用的结果。因此,在公共关系传播与沟通中,一定要注意了解和把握公众的心理动态及其感受,获得理想的信息反馈和情感共鸣,进而产生有利于组织的公众行动。

比如,在旅游胜地的花园内、树林旁,向游客宣传"爱护花草树木"这一观点,同样的木牌上写上不同的话,效果就会截然不同。如"严禁摘花折枝、不准乱写乱刻!违者罚款!"和"除摄下美景,其他的请别带走;除留下足迹,其他的请别留下。""大家倡导做个'绿色出行者',旅行过程中爱护当地环境、不乱扔垃圾、不破坏一草一木,共同守护大自然的美。"前者是训斥性的语言、命令式的口气,这种宣传的效果并不理想,其强制、生硬的口号易引起人们心理上的逆反;后者是一种艺术性的语言,温婉的语气,容易深入人心,在唤起受众肯定、积极的愉悦性情感和行为上的接纳方面起到促进作用。愉悦性情感是促使传播与沟通取得成效的"催化剂"。

3. 文化背景

文化背景，包括价值取向、思维模式和心理结构等。传播沟通是一种文化现象，它反映广泛的时代文化背景，又受到文化特质的制约。传播沟通过程中，传受双方的文化差异往往会对传播效果产生影响。不同的经济环境、民族心理、风俗习俗、文化背景、性格特征、兴趣爱好、思维方式、价值观念，使人们对同一信息内容可能产生不同的认识和感受。

文化背景对传播沟通的制约也在广泛的国际商务交流中得到警示。如我国某公司欲引进设备和技术支持，与美国某公司进行了真诚友好的商务谈判，谈判过程较为顺利，在签约前，我方特意组织美方代表游览当地名胜，并派一名漂亮的女职员陪同前后，在登山过程中，女职员对美方代表中一位70多岁的老者呵护有加，诚心搀扶与照顾，可老者却再三拒绝，而我方职员不忍心放弃，最终导致老者勃然大怒，认为不被尊重，感觉受到了侮辱，险些使合作泡汤。看来同样的传播沟通行为，在不同的价值观和文化背景下，产生的效果大相径庭。再如，1980年初，联合国秘书长飞抵伊朗解决人质问题。伊朗的大众传播媒体一播放他抵达德黑兰时发表的讲话——"我来这里是以中间人的身份寻求某种妥协"，他的努力立即遭到严重的抵制，甚至连他的专车也受到石头的袭击。产生这种结果的原因是"中间人"（mediator）一词在伊朗是指"爱管闲事的人"。因此，在跨文化传播与沟通中，公共关系人员务必要了解和尊重受众的文化习惯，避免产生沟通障碍。

4. 信息质量

信息质量，是指传播内容对于信息接收者的利用价值。信息接收者时刻面临着大量的信息袭击和选择，而只有那些最有价值、最适合他们自身需求的信息才能引起有效的注意，才有可能产生预期的传播效果，如减肥市场的众多产品，消费者最关心的还是适合自己的、明确产品性能的品牌。而"曲美"系列减肥产品的信息传播中，突出了"腰身瘦一点儿、体重降一点儿"的宣传信息，质量比较高，传播效果自然比较好。而有些产品宣传中的"包治百病""一试就灵"的信息则使人感到不可信。

一般来说，衡量信息质量的指标主要有三个方面：一是相关度，即此信息与受传者的关联程度，是有用的还是无用的；二是可信度，即受众对信息的信任程度，是真实的还是虚假的，其真实性占多大比重；三是精确度，即信息自身的针对性和准确度，是具体的还是宽泛的，是精确的还是模糊的。公共关系信息绝对禁止用"大概""也许""可能"等模糊的语言符号。

5. 信誉意识

信誉意识包括两个方面：一是指传播内容的可信度；二是指传播者被受众信赖的程度。在传播沟通过程中，信息内容权威性越高，受众对之就越信服；反之，就很难使受众信服，从而影响沟通效果。所以，对新产品的宣传，广告主往往利用用户来信、有关学术权威机构的鉴定、产品获奖的名次等来提高广告信息的可信度，如1988年9月11日，《新民晚报》刊登了一则鲜为人知的消息——"注意：97.68%的成年人脸部都有螨虫感染"，然后推出一种螨虫克星——虹雨牌肤美灵嫩肤霜。对于这样一种还没有被人了解的新产品，扬州美容化妆品厂采取了提高广告信息可信度的方法：说明该产品获第十四届日内瓦国际发明奖、中国首届发明奖成果专利应用，并指出该产品"系全国著名皮肤病专家曲魁遵教授发明"。从而增强了信息来源的可信度，起到了改变公众心理倾向的有效作用。

传播者被受众信赖的程度,与传播的信息内容一样重要,它将极大地影响信息传播的效果。受众对传播者所产生的信赖感,一般产生于三个因素:第一,产生于"权威效应",即传播者客观上是这一方面的专家、学者;第二,产生于"名人效应",即传播者本不是这一方面的专家,但由于他的职位、身份而带来的声望,增加了感召力;第三,产生于"首因效应",即传播者给受众的第一印象良好等。

从"奥妙"降价的奥妙看中国环球公关公司的媒体公关

"奥妙"是世界知名企业联合利华旗下的重要洗涤产品品牌。1993年,"奥妙"成为第一个进入中国大陆市场的国际洗衣粉品牌。经过几年的发展,"奥妙"已经成为中国大陆高档洗衣粉市场最有影响的品牌之一。1999年,联合利华在华资产重组顺利完成,实现了资源共事,使奥妙洗衣粉的生产间接成本大大降低。在内部条件成熟的情况下,联合利华决定推出两种新款奥妙洗衣粉,并对价格进行大幅度调整。

中国环球公共关系公司受联合利华委托,处理围绕"奥妙"降价产生的媒体关系事宜。日用消费品的价格大幅度变动势必引起新闻媒体的关注。新闻媒体在关注此事件的过程中,一方面会在客观上帮助联合利华传播"奥妙降价"这一重要信息,引起消费者的关注;另一方面也有可能引发不利于联合利华的舆论报道,从而可能导致联合利华这一重大的市场举措失败。环球公关公司在进行了充分的调查研究后,认为大幅度降价对"奥妙"品牌来说是一把"双刃剑"。从公关领域分析,"奥妙"降价的举动在产品、企业和外部环境三个层面都同时面临着机遇与挑战。在处理"奥妙"降价事件的媒体关系过程中,一方面要利用新闻媒体形成有利于"奥妙"的社会舆论;另一方面必须采取有针对性的措施,消除新闻媒体易产生的误解,防患于未然。

为了有效地传播新"奥妙"的产品优势(价格、性能),形成对"奥妙"有利的舆论环境,避免有可能产生的不利报道,维护"奥妙"业已形成的良好形象,环球公关公司制定了详尽的公关措施。具体公关措施如下。

一、掌握事件的主动

1. 在第一时间召开新闻发布会。1999年10月,分别在上海、广州、北京召开新闻发布会,邀请全国主要的新闻媒体参加,公布"降价"消息,尽可能回答记者感兴趣的问题,形成一定宣传规模和强度,同时以事实来消除有可能产生的主观臆断和猜想。

2. 用心挑选各个地区有影响的媒体及适合的版面、栏目,进行宣传报道,做到有的放矢。

二、制定防患措施

1. 针对不可回避的敏感问题,做出合理的答案,以防止负面报道的产生。

2. 指定新闻发言人,保证对外发布统一的信息。

3. 从不同角度撰写新闻稿,引导记者形成有利于"奥妙"的报道思路。

三、与媒体保持良好的协调

1. 在发布会前后,尽可能充分地与媒体沟通,增加媒体记者对"奥妙"举措的认同感。

2. 针对在处理"奥妙"降价媒体关系方面不可回避的问题,归纳并准备了将近40个问题,确保发言人在答记者问时做到心中有数。比如,"奥妙"降价如何保证质量、重组之后如何解决"下岗"问题、冲击中资品牌问题、环保问题等,并都相应地确定了回答要点,可以从容不迫地回答记者的提问。

3. 从不同角度撰写新闻稿。为了引导记者形成有利于"奥妙"的报道思路，从以下四个方面撰写不同的新闻稿：①"奥妙"闪亮登场；②"奥妙"降价不降质；③"奥妙"降价给国有企业的启示；④国内洗衣粉市场的发展与潜力。

此次以新闻发布会为主体的媒体关系协调工作完成得十分顺利，达到了预定的公关目标，媒体反响强烈。截至发布会结束的一个月内，媒体发稿量大，报道中没有出现有损"奥妙"品牌形象的情况，而且报道篇幅大，短时间内形成新闻热点。在"奥妙"降价之后的一个月内，其销量大幅度上升。围绕"奥妙"降价展开的媒体关系协调工作最终取得成功。

第二节 公共关系传播沟通的原则、方法及作用

一、公共关系传播沟通的基本原则

（一）公共关系传播的原则

1. 实事求是的原则

公共关系传播是社会组织的重要组织行为，是公共关系塑造和改善组织形象的主要手段。在组织信息传播过程中一定要坚持实事求是的原则，这是公共关系传播的首要原则。社会组织开展传播活动，就是要与公众建立融洽的关系，公众需要了解的是社会组织的真实信息，因此，社会组织绝不能弄虚作假、欺骗公众。如果故意传播虚假信息，终究会被公众察觉，那么，公众必然认定该组织是不诚实的、不可信的，其结果是组织形象大大受损，信誉一落千丈，再想挽回和修补将非常困难。所以，社会组织开展传播活动必须坚持实事求是的原则。

2. 对社会负责的原则

社会组织要树立良好的组织形象，必须要履行其社会职责。任何一个社会组织都是社会这个大系统的一个组成部分，因此，社会组织做任何事情都要本着对公众负责、对社会负责的原则。社会组织只要一直秉持对社会负责的态度，终究会得到社会的认可和赏识，也会给社会公众留下美好的印象。这时组织的任何传播活动都将产生事半功倍的效果。

3. 服务于组织目标的原则

公共关系传播是社会组织公共关系活动的一部分，应该服务于社会组织的公共关系目标，为社会组织树立良好形象，协调组织内外关系。在公共关系的各个不同阶段和不同情况下，又会有不同的具体的工作目标。所以，公共关系的传播活动一定要围绕这些工作目标开展工作。如果公共关系的工作目标是提高组织的美誉度，那么，社会组织的传播活动就要设法宣传组织的产品和服务质量，以增加社会公众对组织的好感；如果社会组织的公共关系工作目标是协调社会组织内部的关系，那么，社会组织的传播活动就要围绕这一目标开展对内部公众的沟通协调工作。

4. 选用适当媒介的原则

公共关系传播要根据传播对象、传播方式、传播时间、传播场合等具体情况来选择适宜的传播媒介。比如，如果双方面对面地交流，那么，选择语言媒介就比较适宜；如果企业迫

切需要增加知名度、提高美誉度,那么,仅仅采用语言传播显然是不够的,还需选择包括印刷媒介和电子媒介在内的大众传播媒介等,因为这些传播媒介信息覆盖面广,传播速度快,可信度比较高。在具体的公共关系传播过程中,可以多种媒介并用,如主要运用报纸、杂志传播的同时,也可以适当利用广播、电视或网络等媒体,通过生动、具有说服力的声音和图像影响广大公众,这样就能最好地发挥不同媒介的优势,为公共关系传播创造最佳效果。

(二) 公共关系沟通的原则

1. 双向沟通原则

即沟通双方互相传递、互相理解的信息互动原则。这一原则体现为:第一,沟通双方互为角色,当一方是信息的发出者时,另一方是信息的接收者,反之亦然。在沟通过程中,不断更换角色位置。第二,沟通不仅仅是一种信息的交流,更是人的一种认识活动的反映。第三,沟通的过程由两个基本阶段组成——传递阶段和反馈阶段。

贯彻双向沟通原则的目的是提高信息互动的质和量,最大限度地迅速消除障碍。为了取得更好的沟通效果,需要注意三点:第一,沟通双方应该存在一定的共识域,即共同经验范围;第二,沟通双方必须具备反馈意识;第三,沟通双方应根据反馈进行自我调节。

2. 平衡原则

即信息的发出者利用"相似性"的人际吸引为中介,通过沟通,与信息接收者产生认同,达到协调的原则。贯彻平衡原则的目的是实现有效沟通,协调双方关系。要注意的事项是对等式平行沟通与情感沟通。

3. 整分合原则

即在整体规划下,将沟通过程的各相关部分进行有效综合的原则。沟通具有系统的整体性特征,由于系统的整体具有其组成部分在孤立状态下所没有的性质,整体大于部分之和,所以,沟通这个系统内部的各构成要素是相互依存的。贯彻整分合原则的目的是使沟通过程中各组成部分排列有序,即准备、编码、传递、接收、译码、反馈,有计划地设计沟通的各个环节,做好各项"活动",最终达到预期最佳沟通效果。在沟通过程中,既要注意多种沟通方式的综合运用,如垂直沟通、横向沟通、非正式沟通等,又要注意多种信息载体的综合运用,如视觉刺激、触觉刺激、听觉刺激等。

4. 有效原则

即通过传受双方的沟通行为取得预期效果的原则,它追求的是沟通的有效度和有效率。贯彻有效原则的目的是不失时机地充分利用信息,力求达到最佳的沟通效果。要提高沟通的有效度和有效率,必须注意以满足受众的需求为前提。

藤田田的"情感沟通术"

在日本,提起"藤田田"这个名字几乎无人不晓,他是日本商界叱咤风云的人物。日本现有 1.35 万家麦当劳餐厅,一年的营业总额突破 40 亿美元大关。这两个数据的主人就是日本麦当劳社名誉社长——藤田田先生。

藤田田是日本麦当劳汉堡店的创始人和经营者,也是一位非常擅长"情感沟通"的专家。他有句名言:"感情投资是在所有投资中,花费最少,回报率最高的投资。"他曾说:"记住这一句话——'日本麦当劳成功的信条是为员工多花一点儿钱绝对值得'。"他认为,勤劳的员工是公司的财富,对员工不能吝啬。他说:"日本麦当劳汉堡店每年平均在员工身上花费1000万日元,当然这笔钱绝对不是浪费。"

为了保障员工及其家属的健康,公司每年共支付1000万日元给东京获洼卫生医院和警察医院,作为保留病床的基金。当员工或其家属生病、发生意外时,可立即住院接受治疗或动手术。即使在星期天有急病,也能马上送入指定医院,避免在多次转院途中因来不及施救而丧命。麦当劳所采用的方法是全体员工及其家属都能得到一张诊断卡,可随时凭卡住院。像这样处处为员工着想的企业机构,在日本算得上是绝无仅有。

在维持麦当劳内部的"人和"方面,藤田田可以说是不遗余力。每当新年来临之际,麦当劳的员工可以收到董事长赠送的红包。藤田田认为,新年见面时口头上只说"恭喜"或"新年快乐"没有太大的意思,倒不如给红包来得实惠些,虽然金额不多,但是拿到红包的人心里一定会很高兴。员工们在愉快的心情下说出"新年快乐",再以旺盛的精神开始一年的工作,对公司的业务当然大有帮助。分店在端午节时也会准备一份津贴送给员工。

藤田田有一项创举,就是把员工的生日定为员工个人的公休日,让每位过生日的员工当天可和家人一同庆祝生日,并可得到5000日元的贺礼。对麦当劳的员工来说,生日是自己的喜日,也是休息的日子。在生日当天,他可以和家人尽情欢度美好的一天,养足精神,第二天又精力充沛地投入到工作当中。而每一位男职员的太太在生日那天,也会收到藤田田叫花店送去的鲜花。花虽不贵,但这些太太们非常感动,有的说:"连我丈夫都忘了我的生日,想不到董事长却记得送花来。"就连员工的孩子每年过儿童节时,也会收到藤田田赠送的5000日元的礼金,这样,孩子幼小的心灵上就打上了父亲公司以温情感人的烙印。

再如,公司每年要发三次奖金,藤田田每次都把每一位男职员的奖金发给他们的太太,并附上短函:"公司能有这样好的业绩都是因为各位太太的协助。虽然直接参与的是先生们,但假如没有你们的帮助,先生们的工作成绩将大打折扣,所以,这笔奖金是你们应得的。"员工的太太们自然十分高兴,员工们更高兴,一则是因为藤田田私下里又教给男员工向太太要零用钱的秘诀;二则是因为太太们的喜悦让他们感到作为男子汉的自豪与骄傲;三则是因为他们的太太没有参与公司的工作却能拿到公司的奖金,他们感到太太也是公司的一员了,所以他们工作起来更加带劲儿。员工的家庭都和谐美满,太太们对丈夫的工作更是积极支持和协助。藤田田还表扬每一个为公司做了有益事情的员工,不管事情大小,都能让员工产生一种成就感和价值感。

二、公共关系传播沟通的一般方法

公共关系人员进行传播沟通应该遵循信息传递的一般规律,传播沟通的一般方法可归纳为以下五个方面。

第一,确定传播沟通的对象。社会组织进行传播沟通,首先要确定传播沟通的对象,然后才能根据受众目标来制定相应的传播沟通时间、场所、方式、方法、途径和手段等对策。

第二,拟定传播沟通的内容。传播沟通内容要根据公共关系目标,尤其是当前必须实现的子目标以及目标公众的具体情况而定,同时对要传播的信息结构、次序等也要予以关注,以求引起公众的兴趣,增加其对公众的吸引力。

第三,安排信息传播的具体形式。在公共关系传播沟通中,还要注意选择适当的形式传递信息。如果用书面广告传递信息,就要确定文字、色彩等元素,使用新奇、对比、引人注目的图片和标题等;如果通过电台传递信息,就要注意音质、音色、语言表达、语速等细节。

第四,选择信息传播媒介。选择媒介是公共关系传播沟通中一项非常重要的工作,媒介选择的合适与否会直接影响传播效果的好坏。选择信息传播沟通的媒介,一方面要考虑公众对象的职业特点、分布范围等,如对农民、司机等适宜采用广播媒介;对家庭主妇,则适宜采用电视和趣味性杂志;而对上班族、学生等适宜采用网络媒介。另一方面要考虑信息内容的特点,要根据信息的专业化程度、信息的时效性、信息价值的资料性、信息的容量等,选择适宜的传播媒介。如要传播的信息量比较大,就适宜选择具有较大容量的报纸媒介;对于动态型的报道则适宜采用广播媒介;对于比较复杂的信息,最好采用文字和图解相结合的印刷媒介,等等。

第五,反馈传播沟通效果。社会组织传播信息后,应调查传播信息对受众的影响,反馈公众对信息传播的反应,具体了解公众对传播信息的接受程度,以便调整传播的策略。一般来说,传播沟通会引起的反应有了解、偏爱、信服等几种。

三、传播沟通在公共关系中的作用

传播沟通在公共关系中是非常重要的,它是社会组织塑造良好形象,最终实现公共关系目标和社会组织目标的重要渠道和主要手段。传播沟通在公共关系中的主要作用,应该从公共关系主体、客体两个方面来分析,它既有利于社会组织,也有利于社会公众。

1. 传播沟通有利于社会组织塑造良好的自身形象

塑造良好的组织形象,最根本的还是要靠社会组织的良好行为。组织的良好行为只有让其公众知晓才能收到好的效果,而要想让公众知晓,就必须通过传播沟通,将信息传播出去。当公众获得了社会组织传送来的有关组织形象的信息时,传播沟通的第一步目标就达到了,为社会组织塑造良好形象打下了基础。同时,通过传播沟通,社会组织可以有效控制信息的合理流动。社会组织在运行过程中会面临很多信息,这些信息中有正面信息,也有负面信息,社会组织开展公共关系活动,通过媒介向公众传播的主要是可控的、能够为社会组织的公共关系目标服务的正面信息。在信息爆炸的时代,控制信息的流动对社会组织运营的成功具有非常重要的意义。正面信息的传播沟通,对于增加公众对组织的好感,树立、维护组织的良好形象具有重要意义。

2. 传播沟通有利于满足社会公众的信息需求

社会组织开展公共关系活动,是为了更好地生存、发展,创造更大的效益,但是社会组织的公共关系活动是一项系统工程,要想使公共关系活动产生的效果更持久、更深入,社会组织还必须更好地为社会公众服务。社会组织在公共关系中进行的传播沟通活动,就是为社会公众提供各方面信息,为满足公众获取对自己有用信息的需要服务。同时,在传播沟通过程中,使公众开阔视野,丰富和增长知识,掌握一些生产和生活方面的新技能、新技巧,为公众带来学习、生活和工作等方面的便利,也会收积极的社会效果。而且,社会组织在与公众进行传播沟通的过程中，在给公众提供信息的同时，公众也会反馈大量对组织有用的信息，这将使社会组织的行为更加优化，有助于社会组织形象的良性发展。

与优势媒体联手，提升了美的品牌形象

美的电饭煲、电磁炉、电压力锅、饮水机作为小家电行业的领导品牌，国内市场占有率超过三分之一。2006年7月，美的联合中央电视一套《天天饮食》节目成功开展"巧厨娘，美的生活新主张"的海选活动，成为首个涉足娱乐营销的家电企业品牌。美的公司通过市场调查获悉：小家电的市场规模达3500亿元人民币，小家电的品牌多达1000多家。未来竞争的结局依然是"胜者为王""品牌为王"，市场前五名的品牌将占据市场80%的份额。中国公信力、覆盖率最高的媒体是"CCTV-1"。美的公司积极策划与"CCTV-1"联手在《天天饮食》栏目中开展了"CCTV'巧厨娘，美的生活新主张'全国电视选秀活动"。在活动中，美的电磁炉、电饭煲、电压力锅，利用成为CCTV《天天饮食》指定产品的优势，将2006年所生产的近2000万台产品的外包装上都印上了"CCTV《天天饮食》指定产品"的信息。美的通过中央电视台在普通老百姓心目中树立了公信力与影响力，为产品增加了卖点，从而实现品牌溢价。美的此次活动，不仅促进了销售，扩大了市场占有率，更主要的是提升了美的品牌形象。

（资料来源：朱权．公共关系基础与实务．北京：机械工业出版社，2008）

第三节　公共关系传播沟通的类型及媒介

一、公共关系传播沟通的类型

根据传播沟通的方式、规模及发展过程，可以将传播沟通划分为四种类型：自我传播沟通、人际传播沟通、组织传播沟通、大众传播沟通。

（一）自我传播沟通

自我传播沟通，又称"体内传播沟通"或"内向传播沟通"，是指行为主体自身内部进行的信息传播沟通。它集传播沟通的双方（即传播者与受传者、沟通者与被沟通者）于一身，是个体的自我交流行为。表现为自我意识、自我表露、自我宣泄、自我陶醉、自我反省和沉思默想等。这种传播沟通的特点是"主我"（I）和"宾我"（me）之间的内向传播与沟通，如日常生活中人的扪心自问、内心独白、自言自语、自吟自唱、自问自答、认知、思考、判断、回忆等都属于这种类型的传播沟通。从严格意义上讲，它是个人内心的思想活动。

从传播学角度看，自我传播沟通是人类最基本的传播沟通方式，是一切传播沟通活动的前提和基础。自我传播沟通是人为了适应环境的变化而进行的自我心理平衡和调节，个体在自己的身体内对信息的加工过程，实际上是个人内心的思维活动，通过思维活动对感性知觉和表象进行加工，从而产生概念与推理，形成了观点和思想。所以，自我传播沟通的过程是行为主体不断完善自我、发展自我的过程。个人的不断完善最终推动社会的进步，实践证明，一个自我传播沟通丰富且频繁的人，才是一个成熟、稳健的人，这也是公共关系人员应该具备的基本素质。

（二）人际传播沟通

人际传播沟通，是指个体与个体之间的信息交流沟通行为。从广义上讲，人们之间的一切传播沟通活动都可以成为人际传播沟通，它是最常见、最广泛的一种传播方式。任何一个社会组织都是由具有共同目标和协作意愿的人群组成的，组织构建之后，组织的内部成员要代表组织同各种内外公众打交道，沟通信息、互通有无，这种人与人之间的信息传播与交流，就是公共关系的人际传播沟通。它与一般的人际沟通的不同之处在于，这种人际传播沟通由社会组织中的人代表组织来进行，而不是代表个人。

公共关系的人际传播沟通在沟通方式上与一般的人际传播沟通基本相同，大体上有两种形式：一是面对面的亲身传播沟通。这种传播沟通形式一般通过语言（对话）和非语言符号（表情、动作等体态语）等媒介同时、同空间进行。在日常性的公共关系工作中，公共关系人员要迎来送往、与人交谈、礼节性拜访、举行新闻发布会、发表演说等，这些都属于人际传播沟通范畴。这种形式可以完整、有效地传递信息、交流意见，易于给公众留下深刻印象；二是非面对面的中介传播沟通。这种传播沟通一般通过书信、电报、电话、传真、网络等媒介进行，它突破了时间和空间限制，适用于远距离的信息交流，大大拓展了人际传播沟通的范围。公共关系人员经常要回答公众提出的问题，因而采用写信、打电话等方式同公众进行信息交流，虽然不是面对面的交流，但它还是在个体之间进行的，属于人际传播沟通的范畴。一般地说，公共关系工作常常需要采用人际传播沟通的方式，尤其是一些日常性的公共关系工作，比如搜集信息、开会、举办宴会、舞会等。采用人际传播沟通的方式，传播沟通对象专一而明确，有利于进行直接交流与沟通，而且信息传递平等而双向，沟通效果易于显现，双方可以不断地相互调整、相互适应，信息反馈迅速。但这种传播沟通影响面小，信息辐射面窄，传播沟通者与接收者双方容易受情感因素影响，特别是人际基础上的多级口语传播，信息容易失真。

（三）组织传播沟通

组织传播沟通，是指组织内部以及组织与外部环境之间的信息交流行为。组织传播沟通按其范围可以分为组织内部传播沟通和组织外部传播沟通两种形式。

组织内部传播沟通是指发生于组织内部的，组织与其成员、团体及成员、团体相互间的信息传播交流过程。组织内部传播沟通的目的是加强组织内部联系，疏通上下级之间、成员之间的关系，增进相互间的了解，使组织成员团结一致、同心同德，提高组织的整体效能。根据是否通过组织正式规定渠道，可划分为正式传播沟通和非正式传播沟通。

从组织的构成看，正式传播沟通有三种方式，即上行传播沟通、下行传播沟通和平行传播沟通。上行传播沟通是指社会组织内部下级向上级反映情况、汇报工作或请示意见、建议、要求、愿望、批评等的信息传播沟通方式，常见的方法有定期汇报、口头请示、对话会、员工接待日、民意测验、意见箱等。下行传播沟通是指组织内部上级向下级传达组织目标、规章制度、工作程序等的信息传播沟通方式，常见的方法有文件、指令、公告、通知、通报、会议等。下行传播沟通在组织传播沟通中占主导地位。平行传播沟通是指组织内部同级或不相隶属的各部门、各机构之间的横向信息交流，常见的渠道有班组会、部门协调会、交流会、讨论会等。上行传播沟通与下行传播沟通属于垂直传播沟通，平行传播沟通为横向传播沟通。除了正式传播沟通外，还应当注意组织内部传播沟通中的非正式传播沟通。非正式传播沟通是指正式传播沟通渠道以外的一种没有计划、不受时间和地点限制、自发形成的信息交流。它建立在组织内部成员的人际关系基础之上，如组织员工的私下交谈、议论、传播小道消息等。对于非正式传播沟通，应善于利用和引导，把它当做正式传播沟通的补充，以达到正式传播沟通达不到的效果，常用的方法有聚餐、郊游、聊天、联谊等，否则可能会对组织造成不利的影响。

组织外部传播沟通是指组织与其外部各类公众的沟通交流过程。这种传播沟通的特点是：传播沟通的主体是组织，传播沟通的对象广泛而复杂，传播沟通具有明确的目的性和可控性。根据信息的传递方向，可以分为内源外向传播沟通和外源内向传播沟通两种形式。内源外向传播沟通是指组织将有关信息向外部环境传递的一种信息传播方式，常见的方法有组织刊物、展览会、新闻发布会、影片、赞助等；外源内向传播沟通是指外部环境各类信息向组织反馈或输送的一种信息传播方式，常见的方法有市场调查、民意测验、免费电话、公众投诉和来信来访等。组织与外部环境之间的沟通交流，对于建立和发展组织与外部公众之间的联系，争取外界的了解、信任和支持起着举足轻重的作用。

案 例 6-5

美国有一家大酒店。1929年经济危机的时候，由于经济萧条，做生意的人自然减少，酒店生意清淡。员工担心失业，所以情绪低落。酒店老板发现这一现象后，及时与员工沟通：酒店生意不好是外部环境问题，并非是酒店自身的原因，经济危机是有周期性的，只要大家齐心协力，就能渡过难关，他希望员工以饱满的热情来接待顾客，哪怕只有一个顾客，都要做好服务。在与员工达成共识以后，酒店一直保持优质的服务。经济危机过后，该酒店马上生意兴隆，业务迅速发展。

（四）大众传播沟通

大众传播沟通，是指专业传播沟通机构运用大众传播媒介，有目的地面向社会大众的信息交流行为。大众传播沟通是现代社会中影响最广泛、作用最重大的传播形式，也是公共关系从业人员必须掌握的传播方式。从媒介角度看，大众传播有两大类型：一类是印刷类的大众传播沟通媒介，如报纸、杂志、书籍、内部资料、出版物等；另一类是电子类的大众传播媒介，如广播、电影、电视、计算机互联网等。公共关系大众传播沟通是指社会组织在开展公共关系活动的过程中，利用报纸、杂志、书籍、广播、电视等媒介，向各种社会公众传递信息。

和其他形式的传播沟通相比，大众传播沟通有以下优点：①传播沟通活动由专业化的组织机构进行，如报社、电台、电视台等；②信息传递依赖于现代化的技术手段和传播工具，传播沟通的形式可以多种多样；③信息量庞大、覆盖面广、传递速度快、范围广；④传播沟通对象众多，并不特定且不可预知；⑤传播的信息完全公开化，任何公众都可以接受，因而沟通具有公众性和开放性；⑥传播沟通的信息具有客观真实性、典型性，并且可以大量复制。

综上所述，传播沟通的四种基本类型，既自成体系，具有独特的结构、要素、形式和功能，同时又相互联系、互为补充。公共关系的传播沟通主要是组织传播沟通，但它又经常借助其他各类传播沟通形式为自身服务。在实际生活中，一个完整的传播沟通过程，往往是各种传播沟通形式并用，它们互相补充，互相促进，共同实现理想的传播沟通效果。

长城饭店的"答谢宴"

1984年4月26日至5月1日,美国总统里根将访问中国。北京长城饭店立即开展了大量的公共关系工作。经过多方面的沟通和努力,里根总统的答谢宴会在长城饭店举行。在答谢宴会举行的那一天,中美首脑、外国驻华使节、中外记者云集长城饭店。电视上出现豪华的长城饭店宴会厅时,各国电视台记者和美国三大电视广播公司的节目主持人异口同声地说:"现在我们是在中国北京的长城饭店转播里根总统访华的最后一项活动——答谢宴会……"在频频的举杯中,长城饭店的名字一次又一次地通过电波飞向了世界各地。长城饭店的风姿一次又一次地跃入各国公众的眼帘。里根总统的夫人南希后来给长城饭店写信说:"感谢你们周到的服务,使我和我的丈夫在这里度过了一个愉快的夜晚。"通过这一成功的公关活动,北京长城饭店名声大振。各国访问者、旅游者、经商者慕名而来:美国的"珠宝"号游艇来签合同了;美国的林德布来德旅游公司来签合同了;几家外国航空公司也来签合同了。后来,有38个国家的首脑率代表团访问中国时,都在长城饭店举行了答谢宴会,以显示自己像里根总统一样对这次访华十分重视。从此,北京长城饭店的名字传了出去。

二、公共关系大众传播沟通媒介

传播沟通活动必然要借助特定的传播沟通媒介进行。传播沟通媒介,指信息传播沟通的介质。公共关系大众传播沟通媒介包括两方面:一是传播沟通内容的载体,即信息传递与交流的渠道、途径和手段,如语言、文字、报纸、杂志、广播、电视、电话、网络等;二是从事信息采集、加工、制作和传播的社会组织或传媒机构,如报社、出版社、电台、电视台等。大众传播沟通媒介具有传播范围广泛、传播速度快速、传播内容重要等特点,其主要功能是传播信息、引导舆论、传递社会文化传统、提供娱乐休闲享受等。

现代公共关系与大众传播沟通密不可分,公共关系是随着大众传播沟通技术的产生而形成的一门独立的学科,又随着大众传播沟通技术的发展而发展。大众传播沟通媒介在公共关系传播中发挥着极为重要的作用,它是其他诸多媒介实现最佳效果的"助动器"和"放大机",是公共关系传播沟通的主要技术手段。对社会组织来说,它能为组织的各类信息提供承载和传送服务,并能迅速形成有利于组织的舆论状态。在大众传播沟通时代,公共关系工作的主要内容,就是使用大众传播沟通来影响社会公众的态度、行为。

公共关系的大众传播沟通媒介可分为语言传播沟通媒介、非语言传播沟通媒介和电子传播沟通媒介三大类。

(一)语言传播沟通媒介

语言对于公共关系传播沟通而言,具有不可分离的重要性。语言是人际传播沟通的载体,如面对面的交谈、打电话使用的口语,写信使用的文字等;同时,语言又是大众传播沟通的载体,如广播、电影、电视使用的口语,报纸、杂志使用的文字。正因为这样,人们习惯把语言称为"公共关系的第一媒介"。语言传播沟通媒介包括口语传播沟通媒介和文字传播沟通媒介两种。

1. 口语传播沟通媒介

口语，又称口头语言，是有声的自然语言，即人说出的话。口语传播沟通指传播者（说话人）通过口腔发声并运用特定的词语和语法结构及各种辅助手段与受传者（听话人）进行的一种信息交流。口语是一套构成最为严密、表意最为准确、使用最为便利的符号系统，也是人最重要的交际工具，人类的大部分日常交流都借助口语来完成。在公共关系传播沟通中，大量运用这种口语传播沟通媒介的形式进行传播沟通，如日常接待、新闻发布、沟通性会议、公务谈判、答记者问、与员工谈心、电话通信、各类演说和为宾客致迎送辞等。

口语传播沟通有三种具体形式：单向直接口语传播沟通、双向直接口语传播沟通和间接口语传播沟通。单向直接口语传播沟通，即参与传播沟通的双方，一方主动施加影响、另一方被动接受影响的面对面的口头语言传播沟通，如演讲、说服、讲授、推销等；双向直接口语传播沟通，即说话者双方轮流向对方发出信息，给对方施加影响的面对面的口头语言传播沟通，如对话、谈判、辩论等；间接口语传播沟通，即双方通过中介物进行的口头语言传播沟通，如捎口信、打电话等。在公共关系活动中，主要运用双向直接口语传播沟通。

口语传播沟通媒介人人都能运用，在历史发展的任何阶段，它都是人类传播沟通的基本手段。在现代媒介涌现和发展的今天，口语传播沟通媒介以其与生俱来的优势展示出巨大的魅力，同时也具有自身不可避免的弱点。

口语传播媒体的优势主要体现在以下四个方面。

第一，不需要辅助手段，运用简便，易于控制。口语的传播沟通方式多用于人与人直接面对面的场合，相互间无须借助其他媒介，或者只使用个人性的语言沟通工具，如口信、电话。

第二，双向交流，可做到"有的放矢"。多数情况下，口语传播是一种双向直接传播，参与口语传播者，既是"发话人"，又是"听话人"，在沟通过程中双方不断更换传播的角色，必然产生双向的影响作用。

第三，可以起到调整心态、平衡心绪的作用。口语传播沟通大多数是面对面的交流，因而能够直接表达和感受对方的情感或情绪，有效的情感沟通可以释放人的情绪能量，起到平衡、稳定心绪的作用。

第四，形式灵活多样、信息反馈迅速、传播效果明显。口语传播既有面对面地直接传播，又有借助一定中介的间接传播；既有单向传播，又有双向传播，形式多样，可根据不同场合灵活应对。口语传播沟通有可见的传播沟通对象，信息反馈及时迅速，可根据受众的反应对沟通的内容、方式做出适当调整，以增强传播效果。

综上所述，口语传播沟通媒介虽有诸多优势，然而不可否认的是，它本身在穿越时空时具有不稳定性和不可靠性。其弱点主要体现在三个方面。

第一，传播距离短，覆盖范围窄。口语是靠人体的发声功能传递信息的，由于人体能量的限制，口语只能在很近的距离内传递和交流。

第二，口头语言消失迅速，难以直接保存。口语使用的声音符号是一种转瞬即逝的事物，记录性差，口语信息的保存和积累只能依赖于人脑的记忆力。因此，受传者必须及时理解，传播沟通才有效果。

第三，口语信息容易失真。口语传播沟通是主观随意性最突出的一种沟通方式，口语不像文字那样严谨，随时可以增加或减少，随时可以中断或改变，并且明显受到个人态度、情绪的主观影响及个人素质、能力的制约，比较容易出现错误或失真的问题。比如，当信息从一个人传递到另一个人再传递给更多人时，有可能会丢失许多原有的意思和来龙去脉，最终变得不可理解或成了隐喻。

2. 文字传播沟通媒介

文字是人类传播发展史上第二座重大里程碑。如果说口语的产生使人类摆脱了动物状态，那么文字的出现就使人类进入了一个更高的文明阶段。英国历史学家巴勒克拉夫在《泰晤士世界历史地图集》中指出："公元前3000年左右的文字发明，是文明发展中的根本性的重大事件。它使人们能够把行政文献保存下来，把消息传递到遥远的地方，也就使中央政府能够把大量的人口组织起来，它还提供了记载知识并使之世代相传的手段。"

文字作为记录和传递人类思想的符号形式，是人类文明史发端的重要标志，也是人类信息传播史上的一次革命性飞跃。文字传播沟通媒介是指借助文字符号传递社会信息的各种载体，其方式有谈判决议、会议纪要、社交书信、调查报告、电文、通知、通信、公关简报等。文字传播沟通媒介经历了手抄媒介和印刷媒介两个阶段。早期的文字媒介是一种手抄媒介，即人们用刻画、书写等方式进行传播。竹简、兽骨、羊皮以及石头、泥板等，都是手抄媒介包含的对象。手抄媒介显然具有局限性。经过漫长的探索，人们发明了造纸术和印刷术，从而产生了印刷媒介，如书籍、报刊等，将人类的传播大大向前推进了一步。印刷媒介可大量复制和传递信息，传播成本大大降低，传播速度大大加快，传播范围无限扩大，信息容量成倍增加，保存信息有了得天独厚的条件。在公共关系传播中，主要运用印刷媒介进行信息传递。

文字传播沟通属于无声语言传播沟通，与有声语言传播沟通相比，它具有以下优点。

第一，记录性。文字作为有声语言的一种符号形式，可以将信息资料记录下来，进行跨时空的传播。

第二，扩散性。文字的产生使人类传播在时间和空间两个领域都发生了重大变化，它克服了口语传播在时空上的阻碍，把信息传递到遥远的地方，扩散到大范围的公众中，扩展了人类的交流和社会活动的空间。

第三，持久性。文字克服了有声语言的转瞬即逝性，信息不再迅速消逝，可以长久保存下来，使人类的知识经验的积累、储存不再单纯地依赖人脑有限的记忆力。这样一来，公众接受信息的过程就比较从容，有利于通过思考来加深理解，因而文字传播的持久性较强。

第四，可靠性。文字的出现使人类文化的传承不再依赖容易误传的神话或传说，而有了确切可靠的资料和文献依据。而且，文字传播的信息在制作时可以字斟句酌，反复推敲修改，对信息内容的表述更具条理性、逻辑性和准确性，因此，不容易出现信息误传或失真的问题。

当然，文字传播沟通媒介也有自身的缺点，包括：第一，文字传播通道单一。文字符号尽管视觉刺激强烈，但缺乏动感和声音，影响了传播效果；第二，文字传播对象的局限性。只有受过一定教育的人才能读懂文字，顺利完成信息的接收，从而为那些不识字或受教育不多的人造成了接收信息的障碍。

总之，语言传播沟通媒介是人类传播活动中最重要的符号中介，它包括口头语言在内的所有可能的符号系统。无疑，口头语言是最重要的、也是使用最多的符号系统。另外，公共关系人员用文字撰写的电文、公报、简报、宣传资料等也属于语言符号系统。

（二）非语言传播沟通媒介

人类交流信息、相互沟通，除了使用语言符号外，还使用大量的非语言符号。事实上，在面对面的人际传播中，大约65%的"社会含义"是通过非语言符号表达的。所谓非语言传播沟通，就是借助非语言符号进行的传播沟通。非语言符号是指不以有声语言为载体，而借助直接打动（刺激）人的感觉器官、激起人们意义联想的各种各样的信息传播符号，包括鼓声、号角声、汽笛、口哨、喇叭声、人的表情、手势、神态、穿着、打扮，房间的摆设、环境、实物，还有音乐、舞蹈、书画等。

非语言传播沟通媒介，大体上分为三类。

第一类，体态语言，又称"人体语言""动作语言""态势语言"。它是用人的表情、动作或体态来交流思想的辅助工具，是一种伴随语言，包括首语、手势语、目光语、微笑语、姿势语等。著名人类学家霍尔指出："一个成功的交际者不但需要理解他人的有声语言，更重要的是能够观察他人的无声语言，并且能在不同场合正确使用这种符号。"人们在用语言传递信息时，往往会辅以表情、姿势及神态，这三者有助于人们对语言的了解。但是在某种特定的情境下，也存在仅由表情、姿势和神态等身体动作表示意义的体态语信息系统，完成信息的传递。体态语言是一个人内在思维和情感的外部显现，它通过肢体的动作将有声语言形象化、情感化、生动化，能够充分弥补有声语言表达的不足。

第二类，类语言。"类"即"类同""类似"之意，类语言，即类同于语言的一种符号。类语言传播是指人在交际过程中发出的有声而无固定语义的信息传播，如各种笑声、叹息、呻吟、叫声等。在公共关系传播沟通中，常使用的类语言有笑声和掌声等。

第三类，实物媒介。实物媒介是指以实物充当信息的载体，包括产品、象征物、公关礼品、环境布置、员工服饰等，是物化、活动化、程式化的符号。由于绘画、建筑、音乐、舞蹈、服饰等非语言符号，能够表达语言符号不能表达的情感意义，因而实物媒体是非语言传播的高级层次。实物媒体的特点是直观明确，可信度高，视觉和感觉冲击力强，容易引起公众反应。

福　娃

2005年11月11日，北京奥组委发布了北京2008年第29届奥运会吉祥物——福娃。福娃由五个拟人化的娃娃组成，分别叫"贝贝""晶晶""欢欢""迎迎"和"妮妮"。五个名字的读音组成谐音"北京欢迎你"。

贝贝是鱼儿的化身，头部纹饰使用了中国新石器时代的鱼纹图案，传递的祝福是繁荣，代表奥林匹克五环中蓝色的一环。晶晶是一只憨态可掬的大熊猫，来自广袤的森林，象征着人与自然和谐共存。它的头部纹饰源自宋瓷上的莲花瓣造型，代表奥林匹克五环中黑色的一环。欢欢是个火娃娃，象征奥林匹克圣火。欢欢是运动激情的化身，传递更高、更快、更强的奥林匹克精神。欢欢的头部纹饰源自敦煌壁画中火焰的纹样，代表奥林匹克五环中红色的一环。迎迎是一只机敏灵活、驰骋如飞的藏羚羊，它来自中国辽阔的西部大地，代表奥林匹克五环中黄色的一环。妮妮来自天空，是一只展翅飞翔的燕子，还代表燕京（古代北京的称谓）。妮妮传递的是"祝您好运"的美好祝福，代表奥林匹克五环中绿色的一环。

这五个福娃作为极具象征意义的实物传播符号，融儿童与动物为一体，是北京奥运会的核心形象之一，是传达奥林匹克精神和该届奥运会理念的重要载体。吉祥物具有浓郁的中国风格和特点，融入了大量的中国元素，体现了北京奥运会将营造一个具有强烈人文色彩的视觉形象系统的要求，形象表达了北京奥运会"人文奥运"丰富而深刻的意蕴，充分反映了和平、友谊、进步、和谐的奥林匹克精神、理念和价值观。

（资料来源：严成根．公共关系学．北京：清华大学出版社、北京交通大学出版社，2009）

在信息的传递过程中，非语言符号传播出来的无声信息是语言传播符号不能取代的，对语言传播沟通可起到独特的辅助作用，其功能的体现是由它的传播特点决定的。非语言传播沟通的特点体现在以下四点。

第一，情境性。与语言传播沟通一样，非语言传播沟通也展开于特定的"语境"中。情境左右着非语言符号的含义。在不同的情境中，相同的非语言符号会有不同的意义。在跨文化传播中，这种传播的情境性体现得更为明显。如一般认为点头表示同意、摇头表示拒绝，然而在保加利亚的一些地区，情况恰恰相反。

第二，可信性。可信性一方面是由于语言讯息受理性意识的控制，容易作假决定的；另一方面是因为一个人的非语言行为是其整体性格的表现及个人人格特性的反映，更多的是一种对外界刺激的直接反映，很难掩饰和压抑。因此，人们常说认识一个人不仅要"听其言"，还要"观其行"。

第三，组合性。非语言行为通常以组合的方式出现。实验表明，人们的情绪几乎都是由整个身体表达的，要身体的不同部位表达各不相同的情绪非常困难。此外，非语言符号也常作为语言传播沟通符号的补充，增强或削弱传播沟通效果。因而在认识某一非语言行为时，应尽可能完整地把握相关的所有非语言讯息。

第四，隐喻性。非语言传播沟通行为带有隐喻性。一方面，非语言行为对语言的传播沟通有一种补充说明的功能，如讲话中语音突然提高就说明传播者欲引起大家的注意；另一方面，非语言符号可为其他非语言传播沟通加上某种注解，如某人与你见面，发出热情的笑声，然而握手却草草了事，足以说明其热情的虚假。

总之，非语言传播沟通在信息传递中有着不可忽视的重要作用。这就提醒公共关系从业人员在与他人交往时，一方面要时刻注意自己的行为体态，防止那种不得体的衣着或表现使自己或组织的形象"失分"；另一方面要善于从他人的非语言符号所透露出来的"蛛丝马迹"中，发现有价值的信息反馈，从而达到令人满意的传播效果。

朱军在主持节目中的沟通方式

在主持节目的过程中，主持人要被受众接纳，并进一步取得好的传播沟通效果，就需要尽可能地调动一切手段，运用多种信息符号，试图攻破受众的心理防线。在电视节目主持人的种种传播沟通手段中，除语言符号外，非语言符号（即主持人的相貌、服饰、表情、体态）以及使用的道具等亦可成为主持人传播的重要策略。在主持人参与的这种类似人际传播的大众传播中，非语言符号所传递的信息量不容忽视。研究表明，在两个人传播的情况下，有一半以上的含义是通过非语言传播的。

朱军在主持《艺术人生》时擅长使用特别的道具引领谈话内容，用意外的礼物制造悬念，营造谈话气氛。其中一期做影视明星李亚鹏的访谈时，说到有一次，李的父亲去北京看他，几天后准备回家。李买了返程的机票，但由于拍戏忙，竟没顾得上给父亲送去，结果父亲乘火车回了乌鲁木齐。没想到一个星期后，其父突发急病去世。当朱军拿出那张机票时，李亚鹏的泪水汹涌而出，抽泣着追忆父子之情，在场观众无不动容。

观众特制的小礼品也成了节目中最常见的道具。比如，蒋雯丽那期节目，一位大妈为蒋雯丽即将出世的宝宝送上一套她亲手编织的小毛衣和开裆裤，一个阿姨也专程带来了一本饱含无限关心的《快乐怀孕10个月》，感受此情此景，蒋雯丽怎能不动容？

另外，在"陶虹专辑""2003春节特辑"的许巍访谈中，朱军都较好地使用了道具。在这些谈话节目中，一件小道具就是谈话嘉宾的一个故事、一段回忆，睹物思人，自然会流露真情实感，而观众的情感也会受到巨大冲击，心灵被震撼，现场气氛就会出现高潮。

（三）电子传播媒介

电子技术的发展为人类提供了新的传播沟通媒介，即电子传播沟通媒介。电子传播沟通媒介是指以电磁物理现象作为信息传播基础，以电子产品作为传播工具的一类传播沟通媒介，包括广播、电视、电影、录音、录像、光碟、计算机互联网等。由于电子媒介的传播速度更快，范围更广，而且具备多通道的特点，可以满足不同要求的受传者，因此，电子传播是现代组织应用最广泛、最易取得效果的传播方式。

电子传播沟通媒介的优点主要体现在两个方面。①信息符号以声音或图像为主，以文字为辅。由于音响、画面的作用，信息内容形象、生动、逼真，使不同文化程度的受传者都能获得自己可以理解或需要的信息。而且，电子传播沟通可与突发事件同步进行，使受传者有身临其境之感，感染力强，接受信息的能力可大大增强。②信息制作快捷，覆盖面广，可以做到即时传播，大大提高了传播速度，且容易克服自然障碍，成为区域联络、跨国交流的信息工具。

电子传播的弱点体现在三个方面：①信息符号是非记录性的（录像和音像出版物除外），播出后立即消失，这给信息的保存和反复接收带来诸多不便，减少了信息能够长久发挥作用的性能；②信息符号以时间序列展开，在时间上具有先后性，这使受众的选择性降低，影响全部信息的效能发挥；③电子传播沟通媒介自身制作成本较高，使用该媒介费用较高，选择该类媒介时应量力而行。

【思考与练习】

1. 什么是公共关系传播？它的含义包括哪些方面？
2. 拉斯韦尔的"5W"模式主要包含哪几个方面的内容？
3. 公共关系传播沟通的基本要素有哪些？请简要分析。
4. 简述语言传播沟通媒介的类型及内容。

第七章 公共关系的类型

【学习目标】

通过本章的学习,了解公共关系的划分标准及类型,理解公共关系各种类型的含义、特点、工作要点及现实意义;掌握公共关系各种类型的意义和实施方法。

【本章导读】

对公共关系进行分类考察,有助于我们把握公共关系的目标,制订相应的公共关系计划,并采取合适的传播策略及方法。公共关系从其主体身份、客体对象以及功能体现等方面可分为三大类,即主体型公共关系、对象型公共关系和功能型公共关系。

地震无情人有情

2008年5月12日,四川汶川地区发生了里氏8.0级地震。该地震波及范围之广、强度之大,在新中国是史无前例的。灾难发生后,党和国家领导人从震后第一刻就反复强调一个主题:"把抢救人的生命放在第一位,只要有一分希望,就要尽百倍努力!"党中央把灾区人民的生命安危记挂心间,千方百计不放弃,争分夺秒不抛弃,来自四面八方的救援队伍迅速奔赴灾区,全面展开救援。从人民解放军到武警官兵,从公安民警到民兵预备役人员,从医护人员到广大志愿者,争取每一秒时间,不放过任何线索,努力挽救尽可能多的生命。中央政府准确、迅捷、开放、透明的信息披露,聚焦了全社会的关注,传达出对生命的关爱。同时,为了数百万受灾群众的妥善安置,胡锦涛总书记亲自去考察帐篷和活动板房的生产情况;为了让废墟里的孩子挺住,温家宝总理蹲在他们身边含泪鼓励;为了让伤痛者健康地活下去,国家启动了有史以来规模最大的心理救助行动。5月19日至21日,共和国首次为自然灾害中遇难的公民降半旗、鸣笛,奥运火炬传递暂停3天。全国哀悼日,举国同哀,悲痛的泪水和"中国加油""汶川加油"的呼喊声,让中国赢得了世界的尊重。与此同时,国务院新闻办、国家地震局、四川省政府多次举办新闻发布会,把抗震救灾的最新讯息通过国内外媒体向公众发布,第一时间做到信息公开。5月19日,当天的默哀仪式通过媒介直播,社会各界、各阶层人士纷纷踊跃捐款……

在这场突发的自然灾害面前,中国政府通过一系列果断有效的举措,让世人看到我国政府在危机处理和媒介公关这两个方面的应对能力显著提高。中国政府作为特殊的社会组织,向广大民众全方位展示了"以人为本""执政为民"的执政理念,和"一方有难、八方支援""万众一心、举国赈灾"的凝聚力,塑造了中国政府"爱民、亲民、为民"的服务型政府的良好形象,在世界范围内展示了中国的大国形象。这无不说明我国的政府公共关系机制运作卓有成效。

按照不同的标准,公共关系可以划分为许多类型。从公共关系的主体身份、客体对象以及功能体现等方面考虑，公共关系可以划分为主体型公共关系、对象型公共关系和功能型公共关系三大类型。

第一节　主体型公共关系

在公共关系的一系列活动中，真正扮演主角、起主导作用的是社会组织，社会公众则是公共关系活动的客体或对象。由于社会组织的性质、所属门类、组织形式、规模、目标等各不相同，他们各自的公共关系工作内容和方式也各有差异。按照主体身份的不同，公共关系可以划分为企业公共关系、政府公共关系、商业服务业公共关系、事业团体公共关系等不同类型。

一、企业公共关系

企业公共关系，是指以企业为主体的公共关系。即企业组织通过运用长期有效的双向信息沟通、双向交往和双向利益调整等方法，与其内外公众之间建立起的相互理解、相互信任和相互促进的互动关系。企业组织是当今世界公共关系实务运用最广泛、最充分且受益最大、最明显的主体，也是所有社会组织中面临公众对象最多、需求最复杂、利益矛盾和冲突最为突出的公共关系主体。同时，企业公共关系是当今公共关系研究成果最多的一种类型。

（一）企业公共关系的基本原则

企业公共关系是企业在现代商品经济和大众传播沟通事业高度发展条件下重要的经营管理手段，它从属于企业宗旨，为企业的目标服务。企业组织在开展公共关系工作时，首先要明确公共关系绝非简单的企业人际关系，而是严谨的系统工程，必须要解决好与竞争对手、合作者、投资人、消费者、政府、媒介以及事业组织等各类群体的关系。一般来说，企业公共关系要遵循以下几个基本原则。

1. 以客观真实为基础

企业公共关系是企业组织耗费人力、物力、财力并运用各种传播沟通媒介促进企业与公众信息交流的过程。信息的客观、准确是沟通成功的首要条件和基本要求，是公共关系成功的第一生命。

2. 以社会效益为依据

企业是社会的一分子，是国家这个大家庭的重要成员，企业应该遵守国家法律规定，特别是要维护国家和政府的利益，不做违法经营的事情，按时足额缴纳税款，勇于承担社会责任。企业生存在整个社会环境中，其社会责任是固有责任，也是使其立于不败之地的良方。以社会效益为依据往往会给公众留下服务社会、有社会责任感、值得信赖等美好印象，有利于提高企业的知名度和名誉度，更好地实现组织目标。

3. 以满足公众需要为出发点

企业组织不仅是经济实体，也是社会实体，要存活于市场就必须考虑公众的需求和利益。即使是在企业经济利益和公众利益发生冲突时，也应该放弃经济利益而选择公众利益。比如，世界排名靠前的英国盛世公司，它的成功在很大程度上得益于公司信条："我们要求发展，但最重要的是我们要和我们的客户一起发展。"

"公益营销"绽放魅力 "畅行2008" 喜获金奖

2008年11月14日，世界公关大会在北京举办期间，代表中国公关界最高水平的中国国际公共关系协会举办的"第八届中国最佳公共关系案例大赛"的结果揭晓并举行了隆重的颁奖仪式，由北京第七座广告有限公司策划并全程执行的"畅行2008"大型文明行车公益理念传播与实践活动，获得本届案例大赛金奖。

颁奖礼上，国际公共关系协会主席、世界公关大会执行主席罗伯特鲁格普先生，亲手将金奖奖杯颁给了"畅行2008"项目代表。出席本届大会及颁奖礼的来自全球50多个国家和地区的中国政府高级官员、奥组委官员、国际公关专家、中外著名企业CEO以及知名公关公司总裁等数百位代表共同见证了中国最佳公关案例和中国公关人的风采。

"畅行2008"是"第七座"为北京奥运合作伙伴——中国石化"长城润滑油"品牌精心策划的奥运公益主题活动，历时一年，以"文明行车，畅行奥运"为公益口号，发布《文明行车十大公约》，倡导共同营造和谐畅行的奥运交通环境，打动了所有被堵车等问题困扰的北京开车族及所有交通参与者的心！"畅行2008"不但在短期内迅速影响了奥运北京的交通状况，更对中国都市交通文明的长期建设起到重要的推动作用，其所昭示的巨大社会意义，也受到了北京市精神文明办、北京奥组委、北京市交管局领导的一致赞赏。

中国石化润滑油公司负责人表示："畅行2008"活动的诞生和成功，得益于北京举办2008年奥运会这个大的时代背景，也离不开广大车主的热心支持，通过一年多丰富多彩的互动活动，企业和车主都从中得到了快乐。中国石化一直致力于社会公益事业的建设，长城润滑油长久以来对企业社会责任也有着深刻的理解，并积极予以实践。"我们还将继续为此不断努力！"长城润滑油品牌部门负责人说。

"畅行2008"的获奖，不但让人们更深入地了解了长城润滑油，而且让一直躲在项目背后的"第七座"成为一颗明亮的新星。北京第七座广告有限公司策略总监刘晓琳女士在获奖后表示："作为项目的全程策划和执行机构，我们也通过亲身体验，见证了公益营销的魅力。"活动一方面实现了长城润滑油品牌与目标消费群体——车主的有效沟通；另一方面，通过对"文明行车"开展精神和物质的双重奖励，对改善北京城的交通拥堵现状起到了较为明显的作用，可以说是企业营销目标与社会公益的一次最佳结合，因此也可以被视作"公益营销"的最佳案例。

（二）企业公共关系的功能

在商品经济日益发达、市场竞争日益激烈的现代社会，企业公共关系的应用领域不断扩大，从市场营销中的策略组合，到企业发展中重大问题的解决，再到对危机事件的处理等广阔领域都存在公共关系，公共关系对企业组织的作用也越来越大。概括起来，企业公共关系的功能主要有以下几点。

1. 树立企业信誉，塑造企业形象

1996年，查尔斯·丰布兰教授给企业信誉下了个定义："企业信誉是一个企业过去一切行为及结果的合成表现，这些行为及结果描述了企业向各类利益相关者提供有价值的产出的能力。"通俗点讲，企业信誉就是企业在其生产经营活动中所获得的社会公认的信用和名声。

企业信誉好表示企业的行为得到社会的公认和好评，如恪守诺言、实事求是、产品货真价实、按时付款等；企业信誉差则表示企业的行为给公众留下的印象较差，如欺骗、假冒伪劣、偷工减料、以次充好、故意拖欠货款、拖欠银行贷款等。良好的信誉是企业的无形资本，也是企业立足市场求得发展、获得竞争优势的法宝，它有利于企业降低融资成本、规范商业风险经营行为、改善经营管理、提高社会知名度、扩大市场份额。可以说，建立良好的信誉是企业经营成功的诀窍，而争取舆论支持、争取公众信任，成为企业生存发展的重要条件。

企业公共关系的根本目的是通过深入细致、持之以恒的具体工作，树立组织的良好形象和信誉，以取得公众理解、支持与信任，增强自身在市场竞争中的各种应对能力，从而获取经济利益和社会效益的最大化，使自己在激烈的市场竞争中，永远立于不败之地。在现代社会，树立良好的企业形象，已不再仅仅是那些大型跨国公司或管理良好的公司的专利，而成为每一个现代企业的共同追求。良好的产品和服务以及由此形成的良好企业形象，已成为竞争力的一部分，甚至成为企业的核心竞争力。

2. 搜集信息，为企业决策提供科学保证

美国著名管理学家赫伯特·西蒙提出"管理就是决策"，他强调："成功的决策依赖于对有效信息和决策前提、目标及态度的准确把握。"很显然，决策的前提就是信息。企业每时每刻都会遇到大量的问题，市场需要产品质量、产品开发、新技术方向、竞争者动向、潜在危险、企业形象等方面的信息，不断传递给企业领导，要求领导者做出及时而有效的决策。因此，现代企业把公共关系信息的获取划入企划中，成为企业活动不可缺少的组成部分。公共关系部门就是要利用各种渠道和网络搜集与企业发展有关的一切信息，为企业决策科学化提供强有力的保证。

3. 协调纠纷，化解企业信任危机

随着生产社会化程度的不断提高，任何一个社会组织都处于复杂的关系网络中，而且这种关系处于动态的发展中。由于企业与公众存在具体利益的差别，在公共关系中必然会充满各种矛盾。企业在生产经营运行过程中，难免会有因自身的过失、错误而与消费者发生冲突的时候。一旦发生，必然导致消费者对企业不满，使企业面对一个充满敌意和冷漠的舆论环境。如果对这种状况缺乏正确的认识，对问题处理不当，就会产生公共关系纠纷，甚至导致严重的公共信任危机，对企业、公众和社会都会带来极大的危害。但企业与公众的许多矛盾和摩擦都起源于误解或不了解，究其原因就是缺乏信息交流。通过建立良好的公共关系机制，增加企业与公众之间的相互了解，企业就有可能避免与公众的纠纷，或者将已经发生的信任危机所造成的组织信誉、形象损失降到最低限度，进而因势利导，使坏事变为好事。这种功能是广告、推销、营业推广所不具有的。

（三）企业组织形象塑造

企业作为社会经济活动的基本单位，它本身及其生产经营活动必然会在社会公众心目中留下一定的印象并获得相应的评价，这就构成了企业形象。企业形象反映社会公众对企业的认可程度，体现了企业的声誉和知名度。在当前竞争对手不断增多的大环境中，企业需要争取社会公众的信赖与支持、需要金融机构的帮助、需要协作单位的有力配合、需要政府提供的各种方便等，以此形成竞争的优势。同类企业在技术上难以分出明显的高低时，成功的组织形象就成为企业之间相互较量的资本和实力，它决定着企业在商海中的消长沉浮。因此，现代企业必须重视公共关系理论在实际中的运用，努力塑造良好的企业组织形象。

第一，准确的企业形象定位是塑造企业形象的指南。企业形象定位是以铸就企业个性为根本目的，以企业发展战略为基本依据，从企业和市场实际情况出发确定企业形象的基本方向和基本模式。在现代社会中，企业为了塑造自身形象，大都采用了公共关系、广告等宣传手段。由于广告及公共关系活动数量暴增，导致其对公众的影响力相对减弱，加上繁多的形象宣传所造成的沟通"过度"，使公众很难在眼花缭乱的市场中确认某一企业。此时，最有效的辨认办法就是明确独特的企业形象定位。只有这样，才能使企业形象的信息深入人心，让它们在消费者心目中扎根，否则企业形象根本不可能产生。

第二，科学的企业理念是塑造企业形象的内在尺度。企业理念是企业在持续经营和长期发展过程中，继承企业优良传统，适应时代要求，由企业家积极倡导，全体员工自觉实践，从而形成的代表企业信念、激发企业活力、推动企业生产经营的团体精神和行为规范。它是以企业价值观为核心的包括企业目标、企业哲学、企业精神等一系列理念的总称。企业理念是企业形象的内在尺度，它从各个方面规定了企业的价值取向。

第三，优质的产品形象是塑造企业形象的首要任务。产品形象是企业形象的基本要素，也是公众对企业认识和理解最重要的信息来源之一。产品质量的好坏，产品款式和包装的美丑，产品服务的优劣等直接影响公众对整个企业的评价。在市场经济条件下，企业最终是通过高质量的产品和服务来占领市场、取得信誉的。因此，创造品牌产品、打造产品形象对扩大企业知名度、美誉度进而提升企业形象至关重要。

第四，突出企业家形象是塑造企业形象的关键。企业家是企业的组织者和领导者，各类生产要素只有通过企业家的组织才能有效地结合起来，实现生产经营的正常运行。企业的创造性是以企业家的创造性为前提的。企业家的成就和魅力是该企业不可取代的象征，企业家形象很大程度上代表了企业形象，许多人就是由于对企业家的信任、喜爱进而信任并选择该企业的产品。因此，塑造企业家形象是塑造企业形象的关键，企业家必须从品格形象、知识形象、技能形象、外表形象等诸多方面不断充实和完善自己，以适应日益激烈的市场竞争的需要。

第五，提高员工素质是塑造企业形象的重要基础。企业员工是企业全部生产和经营要素中最积极、最活跃的因素。企业员工的整体形象是企业内在素质的具体表现，它既是企业形象的重要成因，又是企业形象不可分割的组成部分。要提高企业员工的整体素质，就必须引进人才、培养人才、尊重人才并合理使用人才。

总之，塑造企业形象，既要符合企业的规律，又要遵从形象的规律。企业形象的塑造过程其实就是企业在依照"内在尺度"构建自己的基础上不断发展、创造的过程。当社会生产由产品、推销制胜阶段发展到今天的形象制胜阶段时，所有的企业都必须重新审视自己的形象塑造过程，抢占形象塑造的制高点，争取市场竞争的新优势。

信誉投资带来经济效益

广州白云山制药总厂在10多年前，还是一个生产单一产品"穿心莲"的乡办小厂，生产设备极其简陋，年产值不到20万元。现在，这个厂已发展成为生产医药品种达数百种、年产值超亿元、上缴利税过千万元的大型骨干企业。

白云山制药厂是我国国营企业中率先设立公关部的企业。作为一个营利性组织，该厂注重以公关求发展，每年拨出总产值的1‰作为"信誉投资"，这笔投资为白云山制药厂带来了巨大的社会效益和经济效益。其公关部负责与社会各界建立良好关系，主持关系企业信誉的各项公关事务，包括向社会开放工厂、向来访者播放企业录像、赠送宣传品、带领客人游览厂区、介绍科学制药方法等。同时，还通过医药刊物与学术界、卫生界进行信息交流，通过邮购药品的来往书信与顾客进行思想交流，通过遍布全国的800多个销售网点及时反馈公众需求和意见，获得了公众的支持和信任。

白云山制药总厂十分重视信誉投资。该厂充分利用大众传播沟通为企业树立形象，着重抓球场广告和电视广告，采取"有奖问答"等形式在报纸上刊登公关广告。也曾利用广州街头新出现的双层巴士做车身广告。该厂还扩大"免费广告"渠道，设专职人员与新闻界联系，经常给新闻界投稿，热情接待来访记者并主动、如实地反映情况，经常邀请新闻单位工作人员出席企业重大活动。

白云山制药总厂还投资举办多种形式的公共关系专题活动，赞助社会福利事业和文艺、体育、教育事业。1985年，该厂与有关部门协商，承办了广州足球队，接着又组建了广东省第一个轻歌剧团，在国内首创企业办文体事业的先例。随着广州白云队的南征北战和白云轻歌剧团到各地巡回演出，该厂的知名度大大提高。该厂还邀请了厂内外颇具名气的老药师、讲师、研究人员、经济师、离退休的管理人员组成顾问团，通过顾问团加强与研究部门、竞争对手的联系，不仅获得了许多珍贵的医药信息，还在很大程度上提高了白云山制药总厂的声誉，增强了公众对该厂药品的信赖感。

1991年秋，白云山制药总厂在甘肃等地推出了"金秋好时光大抽奖"活动，广告词中写道："'把健康送往千家万户，把爱心洒向人间'是白云山的经营宗旨。每逢佳节倍思亲！在中秋、国庆来临之际，白云山人十分挂念甘肃的父老乡亲。金秋时节，天气转凉，心脏病容易发作，容易感冒、咳嗽，请多多保重……"带有浓厚人情味的广告词，沟通了甘肃众多消费者和千里之外的白云山人之间的感情，大抽奖活动使白云山的形象印在了无数公众的脑海中。

如今，白云山制药总厂已发展成为全国三大制药企业之一，该厂以信誉投资赢得经济效益的公关战略，引起了国内许多企业的关注和效仿。

（资料来源：朱权．公共关系基础与实务．北京：机械工业出版社，2008）

广州白云山制药厂作为一个营利性组织，并没有单纯为经济效益而抓经济效益、为推销产品而抓市场营销，而是从建立信誉入手，通过信誉投资赢得经济效益。这是一种颇具战略眼光的经营行为，对营利性组织确立经营战略、经营宗旨是一个很好的启示。对于营利性组织来说，产品质量是企业形象的决定性因素。没有产品质量做保证，就谈不上产品的信誉，更谈不上企业的信誉。因此，企业公共关系必须确立顾客至上的信条，以优质的产品、优良的服务满足顾客多方面的需求。

二、政府公共关系

政府公共关系，是指以政府组织为主体的公共关系。即政府为了更好地履行工作职能、管理社会公共事务、争取公众对政府工作的理解和支持、塑造政府的良好形象，利用各种传播沟通手段与民众建立、协调、改善关系的一系列活动。从动态角度看，政府公共关系是政府机构与社会公众之间的双向传播沟通活动；从静态角度看，政府公共关系是发生在政府与公众之间的一种信息交流、沟通与传播的行为和状态。在现代社会中，政府公关已成为政府沟通内外关系的强有力手段，是政府从事管理的重要组成部分，是社会政治生活民主化程度的重要标尺之一。

（一）政府公共关系的特殊性

1. 构成要素的特殊性

首先，从公共关系的主体要素来说，政府公共关系的主体是政府，即依照宪法和法律所设置的各个级别的行政机关及其部门的统称，可分为中央政府和地方各级政府。政府要依法判定并执行政策、法令。在正常状况下，同一国家或同一地区不会同时存在两个政府，政府是唯一的行政机关，具有其他任何社会组织都无法比拟的权威性。所以说，政府公共关系的主体具有层次性、唯一性和权威性的特点。

其次，从公共关系的客体要素来说，政府公共关系的客体是整个社会公众，包括社会各阶层、各民族、各党派、各社会组织、各人民团体，甚至还包括对外交往中的外国政府和国际组织等。而且，政府与辖区公众之间具有上级与下级的严密组织关系。所以说，政府公共关系的客体要素具有广泛性、复杂性和相对性的特点。

再次，从公共关系的媒介要素来说，由于政府公共关系传播的内容是关系国计民生的方针、政策、法律、法规以及区域形象等，其中区域形象的构建与传播是政府公共关系传播的核心内容，也是政府公共关系的核心职能，因此，政府公共关系的传播手段是各类信息传播沟通媒介，既包括常用的大众传播媒介，如报纸、杂志、广播、电视、网络等，也包括政府工作人员的口头语言、形象、素质等。由于政府掌握着大量的传播工具，所以政府公共关系的传播沟通手段具有主动灵活、覆盖宽广等较强的综合优势。

2. 工作目标和任务的特殊性

在现代社会，公共关系在政府部门已得到广泛的应用，政府公共关系已成为政府从事公共事务管理的重要组成部分，成为政府与公众充分沟通和协调内外关系的强有力手段。政府形象的好坏，特别是政府美誉度和可信度的高低，直接影响着公众对政府的接受、亲近和支持程度。在我国，中国共产党代表各族人民的根本利益，各级政府官员是人民的公仆。党和政府始终以"全心全意为人民服务"为宗旨，有着重视公共关系和宣传公共关系的历史传统。美国博雅公关公司总裁就曾赞扬中国共产党的第一代领袖确实是精明的公共关系实践家。我国政府公共关系的目标和任务是确立全心全意为人民服务的理念，提高政府的美誉度，塑造良好的政府形象。即通过广泛周到的社会服务满足广大民众不断提高的物质期待和精神需求，在人民心目中树立一个良好的领导者、管理者、保卫者和服务者的形象，树立"廉洁""务实""高效"的政府形象。

3. 政府形象塑造的特殊性

塑造政府形象与一般公共关系塑造组织形象既有共性的一面，即都必须以自身良好的行为作为基础，必须体现公共关系的基本职业准则和工作准则，又有其特殊的一面，只有充分认识并关注这种特殊性，才能更好地掌握塑造政府形象的艺术。

首先，塑造政府形象必须注意主体的权威性与客体的高期望值。这两者既是有利的前提条件，又潜藏着引发政府形象危机的可能性。一方面，社会不同利益群体对政府提出各自的利益要求，不管这些利益要求有多么大的差异性，倘若离开了政府的关注和维护，则肯定难以实现或者要受到损害。因此，任何社会公众都对政府寄予高期望值，要求政府保护他们的利益。而政府的权威性使得政府塑造自身形象的活动无形中带有"官方行为"的色彩，而社会公众对政府寄予的高期望值又使得政府塑造自身形象的活动能够迅速受到社会公众的广泛关注。另一方面，政府塑造自身形象的活动稍有不慎，就会因为它的"官方行为"色彩和社会公众的关注而产生范围广大的消极社会影响，甚至引发政府形象危机。

其次，塑造政府形象就要维护和提高政府的美誉度。一般社会组织塑造组织形象要从产生和扩大知名度开始，在此基础上建立和提高美誉度。塑造政府形象则不然。因为任何一个国家和地区的社会公众不可能不知道政府的存在，对于政府来说，不必担心自己的知名度不高。而且任何政府建立之初，都会拥有一定的美誉度。这种情况决定了塑造政府形象的目标相对单一化，那就是以维护政府已经拥有的美誉度为最低目标，以进一步提高政府的美誉度为主要目标。政府的美誉度说到底就是"民心"。

再次，塑造政府形象要以全体社会公众为对象，统筹兼顾全体社会公众的各方面利益。一般社会组织公共关系的对象，只是社会公众中与该组织发生了利益关系的那一部分个人、群体和社会团体，其塑造组织形象的活动往往也只面对相关公众对象，体现该组织与相关公众的利益。而政府公共关系必须以全体社会公众为对象，考虑诸方面的利益，否则就会在得到部分社会公众的同时背离了另一部分社会公众。虽然在现实生活中，并不存在面面俱到的政府，政府一项政策的实施在得到拥护之声时又可能遇到反对之声，但政府的行为只要维护了大多数社会公众的利益，在根本利益方面兼顾了社会各方面的利益，那么，政府的行为便是合理的，就应该得到支持和理解。

（二）政府公共关系的内容

政府公共关系是一个多层面、全方位的公共关系。决定政府公共关系状态的关键要素是政府自身的行为与政策。政府组织推出某项政策或实施某种管理行为，往往会对公众产生一定的影响，公众在了解和受到这一影响之后，便以他们自己的价值观去判断该项政策或行为，这必然影响到政府公共关系的状态。所以，政府的威信、形象或工作绩效与政府公共关系直接相关。政府组织的公共关系工作做得好，政府的威信就高，工作绩效就明显，否则政府的工作就会极为被动。在当前社会主义市场经济日臻完善、大力推进社会主义政治文明建设的形势下，政府公共关系应该从以下几个方面加强和改进自己的工作。

第一，推行政务活动公开，尊重公众知情权，争取公众理解与支持。政府作为特殊的社会管理组织，拥有制定政策、颁布法令、强制执行等特殊权力。为了克服政府的官僚主义、主观主义、命令主义和腐败现象，既需要政府自身的不断完善，又需要广大人民群众的监督。推行政务公开，是增加政府工作透明度的切实举措，为此，要做到以下三点。

（1）办事要公开。即公开政府的办事程序、办事结果、办事人员等，减少因办事程序不明而导致的低效率和扯皮现象，减少政府的神秘感和群众对政府的不满情绪，缩短人民群众和政府之间的距离，增进彼此间的了解。办事公开，会使政府工作部门处于公众的监督之下，可以减少甚至杜绝以权谋私、贪赃枉法现象的发生。

（2）要注意发挥新闻媒介的作用。新闻媒介系统是社会生活中信息沟通的主要渠道之一。党和政府的大政方针、计划方案等要借助新闻媒介这个渠道向民众宣传、解释，并及时回收反馈意见。同时，新闻媒介更重要的是发挥舆论监督作用，这已引起了新闻界和政府的广泛重视，但还需进一步完善和发展。

（3）建立和完善政府新闻发言人制度，定期发布政府消息。政府新闻发布工作可以保证政府消息来源的畅通，减少信息传递过程中的"失真"。1983年4月23日，中国正式宣布建立新闻发言人制度。这一制度的建立，不但是政府推动政务公开，树立开明、开放、务实、高效的政府良好形象的需要，而且是加强政府与人民群众沟通、尊重人民群众知情权的一种有效方式。政府及其职能部门，特别是主管业务与社会公众有密切联系的部门都要指定正式的发言人，定期发布所有与公众利益直接相关的信息，如政府的重大事项、重要活动、社会关注的热点问题、海内外关注的问题、重大突发事件、公共政策、公共服务、政府决策等。不仅如此，如遇重大议题，还要举行专门的记者招待会或安排权威媒介做深度专访。

总之，通过政务公开，可以提高政府机构的工作效率，使政府机构吸收和集中广大民众的智慧与力量，做出符合实际的科学决策，避免和减少决策的失误，人民群众可以更多地了解政府工作的各种情况，理解政府决策的科学性、合理性和必然性。

第二，建立、健全社会协商对话制度，吸引更多公众参政议政。社会主义民主是人类社会历史上最广泛、最真实的民主。在民主开放的社会中，公众对政治生活的参与意识较强，政府与公众的双向沟通也愈加重要。社会协商对话是指政府与公众群体进行平等、直接、公开的对话，听取公众意见，回答公众问题。建立社会协商对话制度是政府切实加强民主管理、民主监督、民主参与的迫切要求。现阶段为了更好地建立、健全社会协商对话制度，需要做好以下工作。

（1）除进一步发挥人民政协、各民主党派、各群众团体等已有的协商对话渠道的作用外，还应开辟多种联系渠道，尽可能多地加强与公众的联系，以适应社会发展中不断出现的新利益阶层的需要。

（2）除特邀的会议外，还可采用更为自由的公众咨询对话形式，吸引更多公众参政议政。既可以采用电话、专项热线、专邮等传统方式，也可以建立"首长接待日"等专访接待制度，使公众与政府直接沟通。比如，我国有些城市专设市长公开电话或各职能部门公开电话号码、与公众座谈、请各界公众代表人士共商良策等。应注意让这些沟通渠道畅通无阻，真正发挥作用，而不要成为摆设。

（3）除了对话渠道外，还应重视公众议政活动的开展，利用报纸、杂志、广播、电视等大众媒介，围绕公众关心的热点问题，动员公众献计献策，这也是一种很好的吸引公众参政议政的形式。如天津市政府经常利用新闻媒介对市民最关心的问题进行公开讨论；1988年秋，广州市政府以"让政府了解您，让您了解政府"为主题，成功地组织了一次"住房改革大家谈"大型公共关系活动，收到良好的社会效果。

总之，社会协商对话不但有利于提高政府管理的民主化和工作效率，更有利于提高广大人民群众参政议政的意识和水平，明确自己的社会责任和义务，充分调动广大人民群众工作的积极性和创造性，发挥人民群众的监督作用。

第三，了解社情民意，重视公众舆论，建立和完善有效的沟通渠道。政府要有效地引导社会舆论，就须对公众的意见有所了解，这样才能有针对性地采取政策和措施。为此，应把握好以下渠道：①信访渠道。发挥信访工作的窗口和桥梁作用，不能认为这是群众在给政府找麻烦，应把它看做公众直接与有关部门和领导的主动沟通，是送上门来的群众工作，是政府了解民意的一条重要渠道，是发挥政府公共关系职能作用的好形式。

信访工作的程序应更规范化、制度化,并成为工作人员日常工作的行为准则。信访工作还应配备具有良好思想素质及公关业务能力的人员专职负责。除办理群众来信及接待来访之外,形式应向多样化发展。②建立领导部门和领导人深入基层、考察民情的机制,并将其制度化。领导人或政府工作人员应该经常深入基层,了解真实的信息、掌握可靠的民情、倾听公众的呼声、了解公众对政府的评价和看法,及时解决相关问题,这有利于提高政府工作效能,树立政府开放高效的形象。③民意测验。民意测验是将民意的了解和分析建立在更为科学的基础之上的方法。实践证明,民意测验对掌握公众舆论倾向、了解组织公关工作状况、预测组织发展趋势大有益处。政府的每项事关民生的重大政策或措施出台之前,都应该通过民意测验了解公众的基本意见和态度,使决策依据更为可靠。除此之外,还应积极开展公众建议征集活动。

第四,加强勤政、廉政建设,贯彻落实"以人为本""执政为民"思想。在政府公共关系中,信息沟通固然重要,但若不能为人民办实事、办好事,政府公共关系必然是浮在表面、喧闹一时,会很快被公众遗忘甚至遭到唾弃。因此,开展政府公共关系工作,不仅要重视信息沟通,更重要的是政府要加强勤政、廉政建设,贯彻"以人为本""执政为民"思想,把实现好、维护好、发展好最广大人民的根本利益作为政府一切工作的出发点和落脚点,切实维护社会的公平正义,保持党和政府同人民群众的血肉联系,这样,政府才能真正得到群众拥护,树立和保持良好的政府形象。为此,要做好以下两点。

(1)要发挥社会监督的作用,加大反腐倡廉的力度,使廉政建设经常化、规范化、制度化。清正廉洁是政府形象的一个重要方面,也是政府与公众实现双向沟通的基本条件。加强廉政建设、克服官僚主义作风、清除腐败现象和纠正不正之风是塑造和完善政府形象的迫切要求。政府的工作人员是政府公共关系的主体,他们是否廉洁直接关系到政府的形象和声誉。因此,除了对政府工作人员进行思想教育外,还应制定和执行具体的廉政措施,并将其经常化、规范化和制度化。

(2)要贯彻落实"以人为本""执政为民"思想。在保持政府队伍廉洁的前提下,政府应勤政爱民,将政府形象的总体目标落实到政府日常的工作中。加强"以人为本""执政为民"的教育,不断提高政府工作人员的政治素养,特别是领导干部的素质,使其坚持思想上尊重群众、感情上贴近群众、工作上依靠群众。同时,建立健全体现"以人为本""执政为民"要求的决策机制,做决策、定政策时充分考虑群众利益,充分尊重群众意愿,统筹协调各方面利益关系,坚持问政于民、问需于民、问计于民,踏踏实实为民众解决实际问题,讲信誉、办实事、办好事,真正提高政府的管理效益。

案例 7-4

习近平与庆丰包子

2013年12月28日中午,一条"习近平排队买包子,还自己埋单、端盘子、取包子"的微博和一组"习近平在庆丰排队买包子"的组图出现在网上,随即被网民疯转,成为舆论热点。

一、坚持排队

中午12时左右,正是庆丰包子铺的营业高峰期。店内排了两排队伍,队伍与门的距离仅有半米左右。习近平进门之后,首先到队伍的尾端排队。随后,他到柜台的左侧看了看透明的操作间,又返回了队伍的最后。在他的前面,已经排了七八个人。正在巡视的餐厅经理贺媛丽走过来对他说:"您不用排队了,直接买吧。"习近平却坚持排队点餐。他点了六个猪肉大葱馅包子、一碗炒肝、一份芥菜,共消费21元。习近平从外衣的左兜里拿出几张人民币,数了数之后,递给收银员25元。收银员将4块钱零钱递了过去,习近平把零钱收回口袋,说了声"谢谢"。事后收银员郭雪琴回忆说:"习主席没有派头,没有架子,但是很有气场。"。

二、自己端盘

有位服务员要帮习近平把盘子端到餐桌上,习近平说:"我自己端吧。"然后,端着盘子来到了里间的一张空桌子旁用餐。落座后,习近平对旁边的市民说:"今天上午我们去调研了,中午还没吃饭,顺便来吃点东西。"用餐期间,经理贺媛丽送来蒜汁和辣酱,对习近平说:"您尝尝我们的包子,给我们提提意见。"习近平回答:"包子挺好吃的,你们这里的卫生也干净。"接着问:"食品原料是从哪里进来的?安全有没有保障?"贺媛丽掏出了自己的手机,向他展示了一组庆丰包子在顺义原料加工厂的照片。看到照片后,习近平说:"食品安全是最重要的,群众要吃得放心,这是我最关心的。"吃着炒肝,习近平问:"炒肝怎么这么稠啊?"服务员听后说:"要不我给您换一碗?"习近平说:"不用了,关键是消费者是否喜欢。这是最重要的,只要顾客喜欢就好。"

三、没有清场封路、没有警车开道

在北京,庆丰包子已经成为特色小吃,分店有140多家,成为京城规模最大的包子快餐连锁企业。月坛北街店只是140多家分店之一。月坛北街是北京市西城区西二环旁的一条辅路,庆丰包子铺月坛店位于月坛北街和南礼士路的交叉口,位于中南海以西约3公里处。从外表看这是一个并不起眼的小店。

中午12点15分,一辆考斯特面包车停了下来,习近平从车里走了出来,在几名随从的陪伴下,径直走向包子铺门口。停车收费员易昌荣回忆当时的情景时说:"路没有封,也没有警车,习主席进去之后,只有几名随从站在门外"。习近平在餐厅就餐的时间约为20分钟,收盘子的服务员说:"总书记吃的非常干净,连小菜都吃完了。"离开餐馆,习近平转身向大家挥手告别。直至面包车驶离,餐馆外的交通秩序也一如往常。

身为国家主席、中共中央总书记,竟然到包子铺就餐。习近平此举可以说是颠覆了中国官员的传统形象,一股亲民之风扑面而来,确实让人为之感动。有评论认为习总书记的这一行动折射出三大亮点:排队就餐,是对特权说"不";自己埋单,是对公款吃喝说"不";亲自端盘,是对官僚主义说"不"。总之,这体现了新一届中央领导集体优良的工作作风,对各级党员干部也是一种示范和引领,同时也展现了中国政府"亲民""爱民""为民"的服务型政府形象。

三、现代服务业公共关系

服务业是以提供劳力或技术服务来满足人们需要,使人们的生活得到方便的行业。现代服务业是相对于传统服务业而言的,是指为适应现代人和现代城市发展的需求而产生和发展起来的具有高技术和高文化含量的服务业。

现代服务业初步发展于工业革命到第二次世界大战期间,确立于20世纪80年代。我国

"现代服务业"的提法最早出现于1997年9月党的"十五大"报告上。2000年，中央经济工作会议上提到："既要改造和提高传统服务业，又要发展旅游、信息、会计、咨询、法律服务等新兴服务业。" 2007年，国务院发布了《关于加快发展服务业的若干意见》（国发[2007] 7号），对加快发展现代服务业起到了政策支持和促进作用。2012年2月22日，国家科技部发布的第70号文件，进一步明确了这一概念，指出：现代服务业是指以现代科学技术特别是信息网络技术为主要支撑，建立在新的商业模式、服务方式和管理方法基础上的服务产业。它既包括随着技术发展而产生的新兴服务业，也包括运用现代技术对传统服务业的改造和提升。

（一）现代服务业的类型

具体来说，现代服务业是指农业、工业和建筑业以外的其他各行业，大体上相当于现代第三产业，按服务对象一般可分为三类：一是生产性服务业，包括金融、交通运输、物流、批发、电子商务、信息传输、农业支撑服务、中介和咨询等专业服务，具有较高的人力资本和技术知识含量；二是生活（消费）性服务业，包括医疗保健、住宿、餐饮、文体娱乐、旅游、房地产、居民服务、商品零售等，属于劳动密集型，与居民生活相关；三是公益性服务业，包括公共管理服务、公共卫生、基础教育、水利和公益性信息服务等。

（二）现代服务业的特征

现代服务业具有资源消耗少、环境污染少的优点，其发展水平是衡量生产社会化和经济市场化程度的重要标志。现代服务业的时代特征可概括为"两新四高"。"两新"：一是指新服务领域，即适应现代城市和现代产业的发展需求，突破消费性服务业领域，形成了新的生产性服务业、智力（知识）型服务业和公共服务业的新领域；二是指新服务模式，即现代服务业是通过服务功能换代和服务模式创新而产生新的服务业态。"四高"：一是高文化品位、高技术含量；二是高增值服务；三是高素质、高智力的人力资源结构；四是高情感体验、高精神享受的消费服务质量。可见，科技含量是现代物业服务业的首要特征。

（三）现代服务业公共关系

现代服务业公共关系，是指以现代服务业为主体的公共关系。即现代各类服务行业以提供优质服务为主要手段的公共关系活动方式，其目的是以实际行动来获取社会公众的了解、信任与支持，塑造本行业的美好形象。现代服务业公共关系对服务行业树立形象、促进营销、协调关系等方面有极为重要的作用和意义。2010年7月1日，中国国际公共关系大会在北京隆重召开。全国人大常委会副委员长何鲁丽在致辞中提到："公共关系行业在经济发展和社会的沟通中引导社会各界合作和承担责任，是现代服务业中一支不可忽视的力量。"

基于服务业自身的特点，现代服务业公共关系工作应侧重于以下四点。

第一，确立"顾客至上"的服务理念。由于服务业提供的服务并不是无偿服务，而是消费者用一定金钱购买的，所以，从事服务业的每一位工作人员必须要有这样的意识：只有最大限度地满足顾客需要才能取得经济效益。服务业的本质特征就是服务性。要满足顾客的需要，很大程度上取决于组织成员日常的面对面的服务水平。"顾客是上帝""顾客永远是对的""顾客至上、信誉第一"等是服务业公共关系的基本准则，服务业从业人员应牢牢树立"顾客至上"的服务理念，通过为顾客提供优质服务来吸引顾客，实现经济效益。

第二,全员公关、特色服务。窗口行业最大的特点是每个员工都处于第一线,工作大都是面对面的人际沟通,极富个性化,每个人都是公关人员,因此全员公关在服务业呼声最高。同时,服务业形象的整合性又要求全员公关有统一的操作规程和实施标准,以确保给公众留下统一、简洁、清晰与明快的良好印象。比如,麦当劳成为全球最大的快餐集团公司,与它明确而强有力的企业理念、经营宗旨和经营方针,以及严格统一的食品质量、服务和卫生标准等密不可分。

第三,抓住时机、积极宣传。服务业的工作以直接满足社会消费公众的各种需求为中心而展开,但社会公众的消费需求有很强的季节性和周期性,如季节转换、节假日、旅游淡旺季、地区性的社会活动等。近年来,"假日经济"显示出惊人的魅力,"十一"黄金周及春节期间,大多数服务行业形势一片大好。因此,利用各种时机及时开展相应的宣传攻势就构成了服务业公共关系的重要内容。一般而言,如果要推出新项目、新产品、新技术或推出优惠措施等,应把握有利时机,如将节庆、纪念日等作为重点来宣传。

第四,捕捉信息、占领市场。市场既可泛指社会消费公众的消费能力、消费水平、消费质量和消费后备力的总和,也可指某个特定行业在某个特定地区的特定消费群体和消费能力。市场可以细分为多个小市场,服务业可根据自己的业务领域对市场进行细分,可以从中发现未被满足的市场,从而捕捉到发展的商机。在市场经济条件下,市场总是在不断发展变化。服务行业要善于从市场发展变化的趋势中,捕捉各种足以引起市场变化的消费信息,把握潜在的商机。如在我国大中城市,人口已经出现了老龄化的趋势,这意味着老年人市场将逐步扩大,所以服务行业可通过深入细分老年人市场,开发出最大限度地满足老年人需求的服务项目。

总之,公共关系工作本身就是一种服务工作,它通过各种服务使组织内部运转得更加顺畅协调,使组织外部环境更加和谐。只有充分认识公共关系在服务行业中的重要性,积极发挥人的主观能动性,以满足人们的实际需求为导向,尽量为人们提供优质、便捷的服务,才能使服务业更加健康地发展。

"新巴"人力车观光巴士

新世界第一巴士服务有限公司(以下简称"新巴")是香港的公营巴士机构之一。自从香港的两家铁路公司于2007年年底合并后,公营巴士的业务空间不断收窄,此后多条新铁路相继落成,更令巴士的客流量及收入减少。面对财力雄厚的竞争对手密集的广告攻势,宣传成本预算有限的"新巴"就急需运用成本少、效益高的公关策略推出全新服务品牌,开拓全新服务领域。

经过市场调研、分析、策划等一系列环节,"新巴"推出了以香港市民、内地及海外旅客为目标公众的"人力车观光巴士"服务,开设两条主题式观光路线,即"H1怀旧之旅"和"H2动感之旅",特意将传统双层空调巴士改装成敞篷巴士,使其既充满香港本土特色又方便快捷。"一个票价、随意上下""带旅客穿梭古今香港"的宣传口号给目标受众留下深刻印象并引发其试乘的兴趣。

2009年10月9日,"新巴"举办传媒简报会,邀请香港主要报章交通版记者参加。会上除简介两条主题路线的内容及特色外,还首次播放《人力车观光巴士》宣传片。这次简报会公布了"新巴"将开展专营观光巴士服务的消息。接着在互联网讨论区以及全球社交网页上增设专页，制造话题。同时又刻意保持品牌、车身造型及设计的神秘感，提升品牌的吸引力。

10月17日，也就是正式运营的前一天，"新巴"邀请本地传媒、巴士迷团体、香港运输署及旅游业界代表、区议员、市民等参与大型启动仪式暨市民免费试乘活动，以庆祝新线运营。项目组聘请了四名中外模特儿分别以怀旧和时尚造型亮相，展现两条全新观光路线"怀旧"和"活力"的特点。同时，还专程找来一名现役的人力车夫拉着人力车出场，增添了视觉效果和趣味性。此后，160多名市民和嘉宾分别登上四辆"人力车观光巴士"组成的车队从中环天星码头巴士总站出发，展开首行试乘之旅。这次活动以乘客的真实体验作为有效的宣传策略、成功制造话题，而市民、政府官员、区议员以及传媒的参与，有效地将"人力车"的品牌和形象渗入不同层面的受众，大大提升了品牌知名度。

10月18日，"新巴"人力车观光巴士正式通车，举行了隆重的启行仪式，吸引乘客体验和传媒采访。项目启行后分别通过本地休闲杂志、报纸、电视和网络旅游栏目等将新服务渗入本地的目标受众。不久，人力车观光巴士成为香港最具人气的旅游观光交通工具之一，这一服务项目也被香港多本旅游书籍列为2009年度香港重点推介的观光项目。

（资料来源：中国国际公共关系协会．最佳公共关系案例．北京：企业管理出版社，2011）

四、事业团体公共关系

本书已在第四章介绍了事业团体组织的概念，这里不再赘述。事业组织和社会团体由于本身的非营利性特点，其公共关系工作目标除了具有一般公共关系的共性任务（如建立自身良好形象、扩大社会影响等）之外，还具有自己的特色，主要表现在以下三个方面。

第一，为相关公众谋取权益、树立较高水准的组织形象。事业团体组织公共关系的目标是确立一种较高社会认识水平和道德水准的组织形象，使其为相关公众谋取权益，进而使组织的使命得到社会认可。如学术团体旨在促进学术交流，工会旨在维护工人权益，消费者协会旨在保护消费者权益。由于事业团体组织担负着崇高的社会道义责任，其成员一般具有较高的文化水平和社会公德规范，具有可贵的奉献精神。更重要的是组织为相关公众谋取合法权益，彰显组织宗旨，以此扩大组织影响、树立良好的组织形象。

第二，在社会舆论形成中，保持和发挥自身的独特优势作用。事业团体组织在社会利益关系格局中处于较特殊的地位，其对社会各种问题的看法往往会受到社会各个方面的重视，并影响社会舆论的导向。因此，事业团体组织公共关系可以在两方面显示作用：一是通过参政议政来显示自身价值，争取社会各界的理解与承认；二是以身作则，在社会各界公众中带头建立一种良好的社会行为作风，并勇于抨击不良风气。

第三，积极参与和组织各种社会活动。事业团体的各类社会活动主要围绕某个公益目标进行，参加原则是自愿、平等，而且没有什么功利色彩，所以公众对此持普遍接受的态度。事业团体组织一般财力有限，在活动中主要起领导、发起组织、联络的作用。通过开展和组织各种活动，吸引公众参加，既可以使广大社会公众受益，又能够拓宽组织与公众的沟通渠道，扩大组织自身的影响，还可以使事业团体在与社会各界公众的沟通中得到帮助和支持。

第四，建立与公众沟通的渠道。通过开展和组织各种活动，吸引公众参加，使广大社会公众受益,这样可以拓宽组织与公众的沟通渠道。也可通过网络,公布电子邮箱、电话号码等形式,建立与公众沟通的平台。

蝴蝶行动·别让"甲减"偷走您的生命

全球有超过 3 亿人患有各种甲状腺疾病。在中国,有超过 2600 万人遭受甲状腺疾病的困扰。作为全球甲状腺疾病治疗领域的领导者,默克雪兰诺公司在中国该领域占据了 60%的市场份额。2008 年,默克雪兰诺与卫生部签订协议,发起中国甲状腺疾病教育项目,策划了"蝴蝶行动——别让'甲减'偷走您的生命"的传播活动,引导人们关注甲状腺疾病,并积极寻求诊治。

由于女性的甲状腺发病率高于男性,且危险性较高,因此确定该项目的核心目标受众为年龄 30~55 岁的城市女性。为保持甲状腺疾病公众教育的连续性和长期的影响力,项目计划执行三年。确定以甲状腺的形状——蝴蝶作为项目的标志,以发病率较高、极易被忽视的甲状腺功能减退症(下称"甲减")作为重点病症。

2009 年 3 月 1 日,项目组召开新闻发布会,宣布中国甲状腺疾病教育项目正式启动。2009 年 5 月 20 日,默克雪兰诺公司与中华医学会联合推广中国第一个国际甲状腺周。在中华医学会内分泌分会的支持下,默克雪兰诺在全国范围内推行百城百院甲状腺义诊活动,为各地的甲状腺患者和潜在患者服务。同时邀请了国内最具影响力的大众媒介、行业媒介和健康类媒介参与大型新闻发布会,通过媒介的新闻发布和跟踪报道,国际甲状腺周得到了大众的关注和各界的支持。

该项目选取国内最具有影响力的网络媒介作为传播的主要渠道。在国内最顶尖的健康网站——搜狐健康频道上发布了一系列与甲状腺疾病相关的文章和"甲减"自测表,普及疾病知识并促使患者和潜在患者及时就医;利用新浪女性——中国最具影响力的女性频道,以情感沟通、感性叙述的方式推广甲状腺常识,重点说明甲状腺疾病对女性健康美丽和家庭生活的影响,例如,"如果你突然增重明显,节食减肥并不是你唯一需要做的,也许你该查一查你的甲状腺功能",等等。

为了给患者提供更便捷专业的诊治途径,项目组与国内多家医院和体检中心合作,共同提高了对甲状腺疾病的关注度。同时,还开通了一条专业的甲状腺咨询热线,为咨询者解答各种甲状腺疾病方面的问题,所有接线员都受过专业培训并评估合格后才可上岗。

2009 年是"蝴蝶行动——别让'甲减'偷走您的生命"项目执行的第一年。项目进展顺利,数百万女性认识了甲状腺疾病且完成了"甲减"自测,她们中的很多人正在积极进行专业的治疗。经过 2010 年和 2011 年更加专业的公关策划、活动执行和传播手段,已有更多的人开始关注甲状腺,越来越多的甲状腺患者选择了及时就医。

(资料来源:中国国际公共关系协会. 最佳公共关系案例. 北京:企业管理出版社,2011,略有改)

第二节　对象型公共关系

对象型公共关系是根据公共关系的工作对象,即公共关系的客体——社会公众的不同类型而确定的。按照公众与社会组织所属领域划分,一个组织的公众有内部公众和外部公众。

内部公众主要有员工公众和股东公众；外部公众主要有消费者公众、政府公众、社区公众、媒介公众、协作伙伴和竞争者等。一般来说，有多少类公众就有多少类对象型公共关系，但由于各类公众对象间往往有较多相似成分，对象型公共关系可归并为以下几个大类。

一、内部公共关系

组织内部公共关系主要包括员工公共关系和股东公共关系两类。

（一）员工公共关系

员工是组织赖以生存的细胞，组织的方针、计划或措施都要通过员工来实现。公共关系的任务是"内求团结、外求发展"，内部团结是外部发展的前提，外部发展是内部团结的结果。从这个意义上来说，组织的员工是与组织利益紧密相关的公众。同时，员工又是组织与外部公众接触的触角，不仅代表组织形象，而且直接影响外部公众。所以说，员工是公共关系的首要公众，公共关系的首要任务，就是处理好员工关系。员工关系不仅是一个组织"全员公关"的基础，而且是整个公共关系活动的起点，良好的员工关系是组织开展其他方面公共关系的保证。

1. 员工公共关系的含义

员工公共关系是指社会组织与其员工之间通过双向沟通方式，在互惠互利的原则下，寻求并达成和谐一致的一种内部管理职能。员工公共关系最主要的责任是实现一种介于组织管理者与员工之间的良好沟通，促使组织的决策及行为能充分体现组织与员工双方的共同利益，能同时反映双方的愿望和要求，同时说服员工将个体利益目标追求寓于组织整体利益目标之中，达成双方的相互信任与合作关系。

2. 如何建立良好的员工公共关系

在现代激烈竞争的社会环境中，社会组织必须要处理好与内部员工之间的关系，以增强组织的凝聚力、向心力和竞争力。一般来说，建立良好的员工公共关系要注意以下几点。

第一，了解员工对组织的期待和要求。组织员工对组织的期待、要求及满足程度，决定了他们对组织的态度和表现，这是组织一切行为的基点。因而，了解员工对组织的期待和要求，是建立良好员工关系的先决条件。员工对组织的期待和要求是多方面的，如合理的工资报酬、稳定的福利保障、良好的工作环境、高素质的领导者和管理队伍、民主的组织管理方式、公开透明的人事制度、光明的组织发展前景等。组织应该不断完善内部沟通机制，及时了解员工状况，掌握员工的实际需求和对组织的期待，在力所能及的范围内创造条件满足员工的合理要求，使其在感情上与组织融为一体。

第二，处理好员工与社会组织之间的利益关系。员工与社会组织之间存在物质利益和精神利益方面的关系。

首先，是物质利益关系，这是员工与社会组织最基本的利益关系，包括工资、奖金、福利待遇、工作条件、工作环境和休假等。物质需求是人类最基本的需要，物质需求的满足是员工关系的基本保证。比如，合理的收入、福利待遇和适当的休假是员工首先关心的问题，也是维持员工劳动热情、激发员工动力的基本保证。日本经营管理资深专家酒井正敬先生曾说："稳定人才、稳定员工的三大法宝，就是工资、休假和福利措施。"组织对员工的物质利益应给予足够的重视，不仅要保证其工资按时保量发放，而且要公平合理地解决工资晋升、福利待遇、奖金分配和休假等问题，更好地发挥物质收入对员工的激励作用，并使之转化为持久的工作热情。在满足员工物质收入的基础上，组织还应不断改善其劳动条件、劳动环境和劳动保护措施。这是组织应尽的义务，也是员工应享受到的合法权益，对提高劳动生产率、调动员工工作积极性具有十分重要的意义。

其次，是精神利益关系。古人云："衣食足而后知荣辱。"对于员工来说，物质利益基本满足后，就会有精神需求。美国心理学家马斯洛的需求层次理论，将人的需求总结为五个层次，即生理需求、安全需求、社交需求、自尊需求和自我实现的需求。由低到高排成一个阶梯，当低层次需求获得相对满足后，下一个需求就占据了主导地位，成为驱动行动的主要动力。这五种需求中，生理需求和安全需求归为物质需求，其他为精神需求。对员工来说，精神需求表现为获得赞扬、尊重、情感交流、晋升、参与决策管理等。被誉为"经营之神"的日本松下电器创始人松下幸之助曾说："工作占据了人们一生中一半以上的清醒时间，因此公司对员工个性的塑造、心灵的美化、精神的创造责无旁贷。"每一个社会组织应高度重视员工的精神需求，充分尊重员工的主人翁地位，提高其责任感；合理开发和利用人才，增强员工的自信心；努力提高组织的向心力，培养员工的自豪感；引导员工在日常工作中寻找乐趣、实现价值，等等。总之，精神的力量是无穷的，精神需求得到相对满足，员工在工作中就会表现出更高的热情。

海尔与"云燕镜子"

海尔公司在组织内部公共关系的实践中，不仅坚持严格管理，用物质利益激发员工行为，还倡导员工自主管理，在精神激励上下工夫。海尔公司有一女工叫高云燕，是总装车间的一名普通操作工。她看到放置部件的工作台影响操作时的观察，影响了交工的质量和效率，便琢磨利用折射原理，在钻眼机前放一面镜子，一试，效果绝佳。公司立即支持其立起一面1平方米的镜子，还为镜子命名为"云燕镜子"。这一举措不但激励了高云燕，还激励了全体员工主人翁的创造精神。集团总裁张瑞敏说："我们追求的是全员自主管理，追求一种自觉状态。"

（资料来源：朱权．公共关系基础与实务．北京：机械工业出版社，2008）

第三，建立有效的沟通机制。美国民意调查公司的一项调查表明，只有1%的员工认为公司的事与自己无关，而99%的员工都渴望知道公司的最新动态，希望了解公司的内情。因此，建立有效的沟通机制，把组织的信息及时告知员工，增强组织的透明度，是建立员工关系的基础。

在实际工作中，沟通的内容主要有以下几方面：①向员工介绍组织的管理和决策情况，包括组织的目标、规模、决策思想、经济效益、财务收支情况、市场占有率、高层动向、投资方向、新的重大决策等，让员工全面了解组织，争取员工的支持；②向员工介绍组织竞争者的情况，增进员工的危机感和紧迫感，激发员工的工作热情；③向员工介绍组织的发展历史、取得的成果、技术创新、组织荣誉、模范人物等，增强组织对员工的吸引力，激发员工的自信心和自豪感，激励他们争创辉煌业绩；④及时向员工介绍本组织的最新情况，如新产品、新技术、员工新闻、各方面的人事变动及安排；⑤向员工介绍组织的福利情况，这是与员工切身利益紧密相关的信息；⑥向员工进行安全教育和遵纪守法教育，这对于社会和员工个人及组织形象都是十分有益的；⑦介绍员工动态，如工作经验交流、文体活动、工作职位变动、业绩表彰等，增进员工之间的了解，拉近员工与组织的心理距离。

沟通的途径主要有：通过组织内部的管理人员、意见领袖与全体成员沟通；通过会议形式进行沟通；通过组织内部出版物进行沟通，如员工手册、报刊、广播、影视作品、板报、墙报、宣传栏等；建立合理化建议制度等。

员工关系，伙伴同仁

沃尔玛公司是一家美国的世界性连锁企业，以营业额计算为全球最大的公司，自2001年以来连续三年在美国《财富》杂志全球500强企业中居首。沃尔玛百货有限公司由美国零售业的传奇人物山姆·沃尔顿先生于1962年在阿肯色州成立，经过40多年的发展，沃尔玛公司已经成为美国最大的私人雇主和世界上最大的连锁零售企业。目前，沃尔玛在全球15个国家开设了超过8000家商场，下设53个品牌，员工总数210多万人，是世界上雇员最多的企业。沃尔玛在中国市场也业绩斐然：1996年8月首次进入中国市场，在深圳开设了第一家沃尔玛购物广场和山姆会员商店，经过10多年的发展，截至2010年8月，已经在全国20个省的101个城市开设了189家商场，包括沃尔玛购物广场、山姆会员商店、沃尔玛社区店三种业态，其中沃尔玛购物广场224家、山姆会员商店6家、社区店4家、惠选超市1家，同时拥有"好又多"35%的股权和"好又多"104家门店，在华创造了超过10万个就业机会。

沃尔玛从一家不起眼的小店发展成为当今世界上最大的零售企业，必定有其独特的经营之道。在众多成功因素当中，沃尔玛企业文化起了首屈一指的作用，其中沃尔玛公司的员工公共关系工作做得非常到位：沃尔玛与员工的关系是一种真正意义上的伙伴、同仁关系，这是该公司在激烈的商战中能够取胜的原因之一。沃尔玛向每一位员工实施"利润分红计划""购买股票计划""员工折扣规定"和"奖学金计划"等。除了这些，员工还享受一些基本待遇，包括带薪休假，节假日补助，医疗、人身及住房保险等。每一项计划都是遵循山姆先生所说的"真正的伙伴关系"而制订的，这种伙伴关系是指一种坦诚的关系，使每一个参与者都成为赢家，也使得沃尔玛具有足够的吸引力和强大的凝聚力。

（二）股东公共关系

股东公众是组织的投资者、资产拥有者，是以集资和认股的形式向组织提供资金以求获取利润的个人或团体。股东公共关系是指社会组织与股东公众之间的关系，多存在于营利性组织（如股份公司、合资企业），事业团体组织与赞助者、基金会的关系也可归入此类。一般而言，股东不直接参与组织具体运作过程，他们对组织的影响力主要是在资金供应上。从持有公司股份这一特点来看，股东是组织的"准自家人"，股东公众算是组织的内部公众；从行政隶属关系来看，绝大部分股东并不属于组织内部成员；从利益关系这一角度来讲，股东公共关系是组织的内部关系。

1. 股东与组织的关系

社会组织的发展与股东密切相关。首先，股东是社会组织重要的资金来源，股东是组织的投资者，稳定的投资者是组织发展的资金保障；其次，股东是组织重要的信息来源，众多股东分布在社会各个阶层和领域，信息广泛，得到股东的关心和支持，就能获得多角度、多方位的信息;再次,股东和企业的形象息息相关,股东是组织产品、形象和服务的宣传员、推销员。股东若大量抛售股票,将使股票价格下跌,影响企业形象;反之,企业前景好,大量股民加入,将增加企业的资金。另外,股东的身份、股东自身的形象也会在公众心理上暗示企业形象。

2. 股东公众的类型

第一类,持有不等股份的股东。这类股东人数众多,是组织的真正所有者,是组织的各种权力之源、资金之源。同时,他们也是真正与组织同甘共苦的公众,他们关心组织的经营状况,希望组织兴旺发达,一旦经营不善,他们受到的冲击最大。当然,对于上市公司来说,那些小股东的行为可能更像外部公众。他们出于投机的目的而选择组织的股票,只要时机合适,他们就会买进或卖出股票,很少忠诚地对待一个组织。

第二类,董事会。在股份制组织里,董事会是公司的常设权力机构和最高决策机构。董事关系是股份公司与公司董事会之间的关系,它是股东关系的重要组成部分。董事会成员一般是占有较多股份的个人、组织或社会名流,他们通常由股东大会推选,代表广大股东的利益,直接对企业实行决策管理。公司总经理是由董事会任命的,全权负责组织的生产经营,掌握除战略决策以外的经营权。

第三类,金融舆论专家。这些公众因其特殊身份对广大投资者的判断力有直接的影响作用,他们的观点、评论、意见,往往影响和左右股东的行为。

企业组织要建立好股东公众的关系,必须将这三部分人同时纳入工作范围,有针对性地开展公共关系工作。

3. 如何建立良好的股东公共关系

随着企业改革进程的深入,我国股份制企业将越来越多,股东日益成为公共关系的重要客体,股东关系也成了组织内部公共关系的一个新课题。建立股东公共关系的目的,是稳定现有的股东队伍,获得他们的信任与支持,同时创造有利的投资环境和融洽气氛,吸引潜在的投资者。良好的股东关系可以为组织赢得更多的投资者,保持公司股价的稳定和上升,还可以通过广大股东的口碑作用,扩大组织的知名度和美誉度,在更大范围内树立良好的组织形象。在公共关系工作实践中,建立良好的股东关系可以从以下几方面着手。

第一,鼓励股东关心组织事务,视股东为自己人,共同为组织发展而努力。股东的投资利益取决于组织的生产经营活动,作为投资者和资产拥有者,他们具有法定的投资权益。股东一旦投资,就意味着其利益与组织休戚相关,组织应该按照相关法律的要求,最大限度地保护股东权益。通过及时召开股东大会、发布年终报告、致函电、邮寄材料等方式将组织的战略决策、发展目标和计划、资金流动情况等迅速传达给股东,让股东充分了解组织情况。平时也应建立经常的信息通报关系,加强与股东的沟通,听取股东的意见和建议,鼓励股东关心组织事务,为组织发展献言献策。这些措施有利于提高组织及领导者在股东心目中的地位和威望,为组织发展奠定良好的内部公众基础。

 **7-9**

金杯汽车公司重视股东关系

金杯汽车股份有限公司是全国大型企业中第一家规范化的股份制企业。公司一直非常重视与股东关系的处理。尊重股东、倾听他们对公司发展的意见是公司始终坚持的原则和做法。公司成立的两年内,先后召开了三次股东大会和董事会,把股东代表请到公司来,由总经理向他们汇报公司的生产和财务状况,请他们参观公司下属工厂。平时,为了让股东及时了解公司的经营状况,定期给每位股东赠送一份《金杯汽车报》。一系列的信息沟通和情感联络工作,赢得了股东们对公司的理解和信任,不少股东表示:"金杯汽车有干头,有发展,股票买对了,下次我还买。"

(资料来源:赵宏中.公共关系学.武汉:武汉理工大学出版社,1999)

第二,保证股东应有的经济权益。保证股东应有的经济权益,一是及时发放真实的股金红利或增配股;二是切实保障股东享有退还或转让股金的权利。

第三,培养股东对组织的感情。很多企业只埋头于科技开发、新产品推广、市场营销等,只想以更新、更美、更好的产品满足普通大众的需求,却忽略了自己公司的股东也应是自己的公众。社会组织应把股东作为重要的公共关系对象,积极主动地通过各种交往活动加强与股东的情感交流,使股东对组织产生亲切感和信任感。比如,利用逢年过节时机,举行股东联谊会、茶话会、参观访问等活动,向股东赠送本组织的产品,亲自拜访股东,等等。

第四,争取股东对组织产品的认可,让股东成为组织形象的代言人。一方面,股东也是一个很大的消费群体。如果组织让股东认可其产品和服务,就能争取到股东这个群体,并使其成为公司的忠实顾客。股东还会向周围的亲友宣传、推介组织产品或服务,带动更多的人了解、使用组织产品和服务。另一方面,大多数股东不仅是有钱人,而且是社区乃至全国的名人,其社会关系网比普通公众更广泛,其影响和辐射能力也非一般公众能比。因此,组织要善于发挥名人股东对组织形象的宣传、推广方面的巨大作用,让社会公众对社会组织产生信任感。

案例 7-10

股东的圣诞礼物

美国通用食品公司,每逢圣诞节便准备一套本公司的罐头样品,分送给每一位股东。股东们为此感到非常自豪,产生了强烈的认同感。他们不仅极力向别人夸耀和推荐公司的产品,而且在圣诞节之前便准备好一份详细名单寄给公司,请公司按名单把公司生产的罐头作为圣诞礼物寄给他们的亲友。因此,每年圣诞节前,通用食品公司都要额外地销售一大批商品。股东们既享受到折扣优待,公司方面也赚到了一大笔钱。

(资料来源:吴建安.市场营销学.北京:高等教育出版社,2007)

二、消费者公共关系

消费者是指组织提供产品或服务的对象,如企业产品的用户、商店的顾客、酒店的客人、电影院的观众、出版社的读者等。消费者可以是个人,也可以是团体或组织。组织的产品泛指物质产品、精神产品及各种服务,所以消费者既包括物质产品的购买者,也包括精神产品(如书籍、报刊)的购买者;既包括有形产品的购买者,也包括无形产品(即劳务,如导游的讲解、演员的表演等)的购买者。也就是说,一切生产或推销物质产品和精神产品供社会消费的社会组织,都存在消费者公共关系。

在市场经济条件下,消费者在市场中的主体地位和对组织的决定性作用越来越突出,消费者的消费能力、水平、欲望、偏好以及对产品的态度,在很大程度上决定着组织的命运。组织目标的最终实现与否直接取决于它与消费者的关系。所以说,消费者公众是与社会组织关系最密切的外部公众，它是组织对外公共关系的首要公众，是社会组织进行信息传播沟通的重要目标对象。

（一）消费者公众的基本权利

消费者公众的权利是指消费者依法在消费领域做出一定行为或要求他人做出一定行为的权利。这种权利体现为消费者公众需求的满足，体现了法律对消费者公众利益的保障，也是人权的重要组成部分。充分认识和保障消费者公众的基本权利，是处理好消费者关系的前提。在实际生活中，消费者享有以下几项基本权利。

1. 知悉的权利

消费者有权了解产品质量与使用要求等方面的真实信息，如要求经营者提供商品的价格、用途、性能、规格、主要成分、生产日期、有效期限、检验合格证明、使用方法说明书、售后服务及服务的内容、规格、费用等有关情况。

2. 选择的权利

《消费者权益保护法》明确规定："消费者享有自由选择商品或服务的权利。"也就是说，消费者有权自主选择提供商品或者服务的经营者；有权自主选择商品品种或服务方式；有权自主决定购买或者不购买任何一种商品，接受或不接受任何一项服务；消费者在自主选择商品或者服务时，有权进行比较、鉴别和挑选，等等。

3. 公平交易的权利

消费者有权拒绝经营者的交易行为。在市场交易中，经营者和消费者均应遵循自愿、平等、公平、诚实、信用的原则。

4. 索赔的权利

消费者在购买、使用商品或接受服务过程中如受到人身或财产损害，有权要求赔偿，如修理、重做、更换、恢复原状、消除影响、恢复名誉、赔礼道歉等。

5. 受尊重的权利

消费者在购买、使用商品和接受服务时，其人格尊严、民族习惯应享有被尊重的权利。

社会组织只有自觉维护消费者的权益，尊重其基本权利，在生产、经营中把消费者的利益放在首位，才能真正赢得消费者的信任与好感。

（二）建立良好的消费者公共关系

消费者是企业的衣食父母，是与社会组织利益关系最直接、最明显的公众群体。没有消费者，企业就无法生存，更谈不上发展。赢得了消费者就赢得了市场，也就赢得了组织生存和发展的机会。良好的消费者关系能为社会组织带来直接的利益，因此，社会组织必须致力于建立和维护与消费者的关系，为此要做好以下几点。

1. 树立正确的经营理念和服务意识

满足消费者需求，实现其利益诉求，是一切社会组织赖以生存和发展的基础。社会组织在经营活动中必须摆正组织利益和消费者利益的关系，牢固树立顾客至上的经营理念，增强为消费者服务的意识，把为消费者服务作为首要责任。"顾客第一""顾客至上""顾客是上帝""顾客永远是对的"等口号可看做组织处理消费者关系的一般原则，它们不但概括了组织与消费者关系状态的最佳境界,而且直接反映了组织在处理、调节与消费者关系时应该持有的基本态度。组织只有通过良好的组织形象、产品形象和服务形象、争取顾客、开拓市场,才能真正建立良好的消费者关系,并由此获得应有的、合理的经济利益。这种"阳光下的利润"正是组织正确的经营观念和行为的体现。

2. 了解消费者心理,把握消费者需求

消费者的需求心理倾向,是支配其购买行为的重要心理因素。消费者心理一般表现为求新、求廉、求信、求同和嗜好心理等,商品促销的一个重要诀窍就是及时准确地掌握消费者心理,投其所好,对"症"下药。组织的一切生产、经营活动都应该以消费者的需求为中心,在生产或推销产品之前,首先应该了解市场,了解消费者需要什么。在市场经济条件下,人们的物质需求和文化需求是多种多样的,社会组织只有按照市场变化趋势进行生产、经营创新,才能取得营销主动权。

3. 为顾客提供优质的产品和满意的服务

消费者在消费过程中最担心的是产品的质量,最怕的是遭到服务上的白眼或歧视,因此,社会组织要以优质的产品、一流的服务、合理的价格建立良好的顾客关系基础。优质产品是组织满足消费者需求的载体,服务是产品价值的延伸,为消费者提供优质的产品和满意的服务,这不仅是建立良好消费者关系的有力举措,也是社会组织获得长期稳定发展的重要保证。

4. 重视与消费者的信息沟通

社会组织应以积极的心态、热情的态度和主动的精神与消费者保持经常性联系,以增进彼此间的了解,加深感情,消除误解。因此,社会组织的公共关系人员要及时把社会组织的信息传递给消费者,包括社会组织的政策、方针和经营思想,产品的性能、规格及价格,产品使用方法及销售方式、维修及售后服务的具体方法和社会组织的各种服务内容等信息,以便消费者了解和认识社会组织。与此同时,社会组织也要及时收集消费者的意见和反馈信息,并进行调研、分析,以便更好地了解和把握消费者需求。只有重视和加强与消费者的信息交流,才能真正赢得消费者、赢得市场。

5. 及时、妥善解决与消费者的纠纷

社会组织在为消费者提供产品和服务的过程中,难免会遇到消费者的质疑、不满或抱怨。由于消费者和组织员工在性格、文化、修养等方面的差异,有时还会产生矛盾,发生冲突或引起纠纷。尽管这些是个别现象,但如果处理不好就会影响组织的信誉,严重的还会影响社会组织的生存和发展。在这种情况下,组织应慎重对待,迅速做出反应,耐心询问其原因,给予及时、妥善的解决,千万不可不闻不问,任由事态发展。作为组织的一员,无论是上层高管,还是普通员工,在面对消费者纠纷时,必须时时提醒自己"顾客永远是正确的",这是妥善处理纠纷的一把金钥匙。同时,还要注意态度的诚恳、耐心和谦虚,以取得消费者的谅解,重新挽回组织形象。

6. 推进 CS(顾客满意)战略

早在 20 世纪 50 年代,市场营销理论就开始从以生产者为中心转向以消费者需求为中心。到了 70 年代,消费者关系上升到了直接影响组织生存的核心层次。90 年代以来,在消费者关系的探讨与实践中兴起了一股"让顾客满意"(customer satisfaction)的理论热潮,即顾客满意战略（又称 CS 战略）。目前，CS 战略思想已成为当今世界企业经营管理的重要趋势，成为企业处理消费者关系的行动指南。

CS 战略的基本含义大致有三个层次：①"顾客至上"；②"顾客永远是对的"；③"一切为了顾客"。"顾客至上"思想，是要求企业把客户放在经营管理体系中的第一位，善待客户，让客户感到上帝身份的真实存在，进而使客户产生对企业的认同感；"顾客永远是对的"思想，是企业赢得顾客、赢得市场、获取长远利益的关键；"一切为了顾客"思想，是要求企业从客户的角度出发，想客户之所想，急客户之所急，认识到客户的需要就是企业的努力方向。如果说"顾客至上"是企业经营的出发点，那么"一切为了顾客"则是企业经营的落脚点。CS 战略认为：产品满意是 CS 战略的前提和基础；服务满意是 CS 战略的保证；客户忠诚是 CS 战略的目标。这为现代企业搞好消费者关系提供了新的思路，也使企业消费者关系进入了一个崭新的境界。

顾客的小事　花旗的大事

一天，一位陌生的顾客走进荣华的美国花旗银行营业大厅，仅是要求换一张崭新的 100 美元钞票，准备当天下午作为礼品用。花旗银行是世界最大的银行之一，每天的营业额高达数亿美元，业务十分繁忙。但接待这位陌生顾客的银行职员微笑着听完这位陌生顾客的要求后，请这位陌生的顾客稍候，立即先在一沓沓钞票中寻找，又拨了两次电话，15 分钟后终于找到了一张这样的钞票，并把它放进一个小盒子里递给了这位顾客，同时附上一张名片，上面写着："谢谢您想到了我们银行。"时隔不久，这位偶然光顾的陌生顾客又回来了，他这次来是为了在这家银行开一个账户。在以后的几个月中，这位顾客所在的那个律师事务所在花旗银行存入了 25 万美元。

（资料来源：赵宏中. 公共关系学. 武汉：武汉理工大学出版社，1999）

可见，优质服务是与组织形象紧密相连的，花旗银行以其真诚的服务态度赢得了顾客的信赖与支持，在商业化的现代社会无疑具有很大的借鉴意义。

三、媒介公共关系

媒介一般是指社会上的新闻、传播机构或工具，包括报纸、杂志、书刊、广播、电视、通讯社、互联网等。在社会分工中，新闻、传播媒介是专门向社会公众传播新闻和各种信息的。在公共关系领域，媒介既是社会组织与公众联系沟通的最主要渠道和传播手段，又是社会组织特别重视并竭力追求的公众对象，是组织最敏感、最重要的公众之一。新闻媒介受众巨大，传递信息迅速，影响力大，可以左右社会舆论，能够影响和引导民意。它可以使无名小卒成为名流，也可以使名噪一时的明星一夜之间身败名裂。因此，在欧美国家，媒介被看做继立法、司法、行政三大权力之后的"第四权力"，新闻界人士也被称为"无冕之王"。任何一个社会组织都要面对媒介，而媒介的两重性就决定了媒介关系是一种传播性最强、公共关系操作意义最大的关系，在组织外部公共关系事务中占据着重要的地位。

（一）建立良好媒介关系的原则

社会组织建立和维护良好的媒介关系，必须遵循"四要"和"四不要"原则。

1. "四要"原则

一要以礼相待。接待新闻媒介工作人员要友好、礼貌、热情。无论发生任何事情，对媒介公众都要亲切诚恳，为他们的采访、写稿、核实工作提供必要的帮助和服务。这样会赢得媒介公众的好感，使他们报道事件客观公正，有助于形成良好的舆论环境。

二要以诚相待。社会组织与媒介公众接触除了要以礼相待外，最主要的是双方要以诚相待。新闻的生命是实事求是、客观公正，这也是社会组织开展公共关系活动的首要原则。社会组织必须为新闻媒介提供准确、真实、全面、可靠的材料和数据，既不能夸大成绩，也不能掩盖失误，更不能制造虚假新闻。如确系保密的技术、参数或预见报道可能给社会组织带来巨大经济损失，应如实向有关媒介人员说明利害关系，请他们酌情掌握。

三要平等相待。平等对待媒介公众，有两层意义：一是对各种不同的报纸、杂志、广播、电视等媒介，要一视同仁，平等相待，不分厚薄亲疏，绝不可因新闻单位名气大小和级别高低的不同而采取截然不同的态度。应尽可能使他们获得平等的信息量和平等的采访机会。二是对记者报道社会组织的成绩或工作中的失误，对报道社会组织内部的领导干部和普通员工都要一视同仁，热情协助。只有平等相待，才能为社会组织加大宣传的覆盖面，提高影响力。

四要有时效性。新闻具有很强的时效性，一条新闻只有在特定的时期内才有新闻价值，新闻价值大小与媒介传播速度成正比关系，超过一定的时限就会失效。因此，社会组织要及时接待媒介采访，事先做好准备，争取在很短的时间内向记者提供较多的有价值的新闻素材。对于社会组织的成绩，应广为宣传，树立组织的良好形象；而对于新闻媒介报道的社会组织的工作失误，若情况属实，应立即改进，并主动邀请媒介再度来采访。这样不仅会得到社会的谅解，也会取得新闻媒介的信任。

2. "四不要"原则

一不要"一厢情愿"，即不要对新闻媒介提不切实际的要求，不要强迫记者按社会组织的意愿写稿。

二不要"以利相交"，即不要与新闻媒介搞庸俗关系，除了一般的纪念品外，不要请客送礼，更不要金钱贿赂。

三不要"变相交换"，即不要以登广告为诱饵，换取媒介为本组织发不该发的报道，更不要以撤回全年广告刊登计划相威胁，迫使媒介按组织要求发稿。

四不要"临渴掘井"，即同媒介打交道，不能追求一时一事的功利，满足于"临时抱佛脚"式的联系。否则，会使媒介感觉组织缺乏真正的、长久的诚意和合作意向。

案例 7-12

某饮料厂接连败诉的启示
——无视新闻媒介关系的后果

1988年7月26日，一家晚报刊登了一则新闻稿："以生产酸梅汤闻名京城的老字号某饮料厂，昨天因不卫生被市卫生防疫站食品监督人员处以1700元罚款。市计算机一厂前不久购进1000瓶北京某饮料厂生产的山楂蜜果汁，几名职工饮后恶心、腹泻，市防疫站经检验后，通知禁止该批成品出场销售。7月19日，市防疫站的监督人员到某饮料厂进行检查，发现该厂没有吸取教训，罐装车间苍蝇多，原料红果片中存在飞虫杂质，剩余饮料不倒，仍无成品库。监督人员要求该厂限期解决问题。昨天进行复查，卫生状况有所改进，但改进不大：桂花酱桶盖上依然有虫，墙角乱堆杂物，房屋破损不堪，消毒池不及时放消毒液。"

这则新闻稿一发表，立即引起了客户的强烈反响。已签了订货合同的客户，纷纷要求取消。没几天，撤销合同金额达 60 余万元，饮料厂被迫停产。对于新闻媒介的批评，该厂领导显得十分不冷静，他们没有认真对照检查，反而以晚报报道严重失实为由，向区人民法院提出对晚报的控告。作为企业法人代表的厂长，在诉讼词中指责报道多处失实，厂方从来未向任何部门交过 1700 元罚款。他认为这篇报道的产生，是市防疫站监督人员挟私报复的结果。

区法院受理此案后，经过认真的调查研究，确认了下列事实：第一，晚报的批评报道基本属实。市卫生防疫站监督人员出庭作证：市卫生防疫站曾通过电话通知对饮料厂罚款 1700 元，晚报在发稿前曾通过电话与市防疫站核实过。这家饮料厂的卫生状况确实存在问题。第二，晚报的报道内容有"言辞不够确切，不够严谨"的地方，今后需要注意改进。区人民法院于 9 月 26 日开庭审理了这一案件，做出一审判决：饮料厂控告不能成立，原告败诉。一审判决之后，该饮料厂领导仍不能冷静地正视自己存在的问题，相反，又向市中级人民法院提出上诉。市中级人民法院对事实进行仔细调查核实，于 1989 年 2 月 23 日开庭公开审理了此案。经过法庭进一步调查，市中级人民法院确认：晚报对饮料厂的批评报道属于正当的舆论监督，并不构成对原告名誉权的侵害。因此，市中级人民法院对原告上诉做出了终审判决：驳回上诉，维持原判！前后经过 7 个月的时间，饮料厂打了一场败诉的官司。

（资料来源：陈向阳．最佳公共关系案例．合肥：安徽人民出版社，2005）

这是一则因无视媒介关系而最终导致社会组织自食苦果的案例。这则案例告诉我们：任何组织要想生存与发展，必须正确处理好与新闻媒介的关系。首先，要重视新闻媒介的舆论监督，因为对舆论监督的态度，从根本上讲是就对公众的态度；其次，社会组织在处理与媒介的矛盾时，应采取"淡化矛盾"的策略；再次，解决媒介矛盾之前，应进行双向沟通。

（二）如何建立良好的媒介关系

第一，尊重新闻媒介。媒介公众是组织的首要公众之一，组织要建立良好的媒介关系，首先就要尊重媒介，掌握并顺应新闻记者的社会心理，尊重他们的职业特点和习惯。新闻媒介的职业特点是重视新闻报道的客观性、及时性和公正性。所以，不能纯粹把媒介看做组织的宣传工具，诱使或强迫他们报道有利于组织的信息，而拒绝采访和报道不利于组织的信息。当社会组织发生事件时，应统一口径、统一认识，向媒介提供事件真相。如有事项暂时不能公开，应说明缘由，请求新闻媒介的谅解，绝不能采用恐吓、指责或施加压力等手段阻止记者。

第二，加强与新闻媒介的联系与合作。社会组织与新闻媒介的关系应是互惠合作关系。社会组织需要通过媒介架起和其他公众沟通的桥梁，树立本组织的形象。同时，新闻媒介也需要发掘有价值的新闻素材，丰富新闻报道的内容，这就需要组织提供相关的信息。社会组织要善于抓住和媒介打交道的机会，并与媒介保持经常性的联系，赢得新闻媒介的好感，增进相互间的友谊和信任。

第三，向新闻媒介提供有价值的新闻线索和相关消息。社会组织要充分利用媒介传播信息，根据不同时期公共关系活动的目的向媒介提供本组织有价值的信息，反映社会组织的最新动态和情况，争取媒介对组织的了解和支持。有价值的信息包括：①社会组织出台的新政策、方针,以及新产品、新技术、新服务项目等;②社会组织近期开展的各项公共关系活动,如庆祝、纪念、典礼、社会、文化、交流和赞助活动等;③社会组织中的新人、新事、新风尚、精神风貌、工作作风等精神领域的新闻素材。

第四,组织还可以定期举办新闻发布会。根据组织的公共关系目标,社会组织要定期举办新闻发布会,主动邀请媒介参加,给他们提供一个了解组织的机会,增加他们对本组织及产品或服务项目等方面的认识,也为他们提供第一手的新闻素材。定期举办发布会,对社会组织赢得顾客、宣传产品及树立组织形象极为有利。同时可以加深社会组织与新闻媒介之间的双向沟通,建立感情,这是协调媒介关系的重要方面。当社会组织遇到危机事件时,新闻媒介也会较客观、公正地予以报道,引导公众舆论向有利于社会组织的方向发展,取得公众理解。

第五,适时地"制造新闻"。制造新闻也称媒介事件,是指社会组织为了吸引媒介报道并扩散组织希望公众知道的信息而专门策划的公共关系活动。在众多免费的宣传性公共关系手段中,它是一种最主动、最有效的传播方式。制造新闻并不是无中生有地编造新闻,也不是不负责任地欺骗公众,而是善于利用一些偶然事件和突发事件,在一般人视为平凡的小事中挖掘出新闻价值点,吸引新闻媒介广为传播、连续报道,创造轰动效应。制造新闻必须遵循"新、奇、好"三原则。"新"是就其内容而言,指最近发生的、鲜为人知的,甚至是独一无二的事情;"奇"是就其形式而言,指吸引公众注意的超越常规的方法;"好"是就其效果而言,一方面指发生的事件本身具有一定的典型意义,另一方面指事件报道能引起良好的社会效应。

鸽 子 事 件

——媒介公关中的"制造新闻"

美国联合碳化钙公司新建的一幢52层高的总部大楼竣工了,一大群鸽子竟飞进了一个房间,并把这个房间当做它们的栖息之处。不久后,鸽子粪、羽毛就把这个房间弄得很脏。这件事传到公司的公关顾问那里,公关顾问立刻敏锐地意识到:扩大公司影响的机会来了。他认为,举行一次记者招待会,设计一次专题性活动,散发介绍性的小册子等,都可以把总部大楼竣工的信息传播给公众,这些自然也算是好方法,但仍是一般常规的方法。最佳的方法应做到使公众产生浓厚的兴趣,以至迫切想听、想看。现在一大群鸽子飞进了52层高的大楼内,这本身就是一件很吸引人的新奇事,如果再巧妙地在这件事上做点文章,则一定能产生更大的轰动效应。于是,在征得公司领导同意后,他立即下令关闭这个房间的所有门窗,不让一只鸽子飞走。接着,他设计并导演了一场妙趣横生的"制造新闻"活动。

首先,公关顾问打电话给动物保护委员会,告诉他们这里发生的事情。还说为了不伤害这些鸽子,使它们更好地生活,请动物保护委员会迅速派人前来处理这件"大事"。动物保护委员会接到电话后十分重视,答应立即派人来处理此事。

紧接着,公关顾问给新闻界打电话,不仅告诉他们一大群鸽子飞进大楼的奇景,还告诉他们在联合碳化钙公司总部大楼将发生一件既有趣又有意义的"捕捉鸽子事件"。新闻界认为,如此多的鸽子飞入一幢大楼是极少见的,又加上动物保护委员会还将对它们采取"保护"措施,这的确是一条有价值的新闻。于是,电视台、广播电台、报社等新闻传播媒介纷纷派出记者进行现场采访和报道。

动物保护委员会出于保护动物的目的,在捕捉鸽子时十分认真、仔细。他们从捕捉第一只鸽子起,到最后一只鸽子落网,前后共花了三天的时间。在这三天中,各新闻媒介对捕捉鸽子的行动进行了连续报道,而且消息、特写、专访、评论等体裁交替使用,既形象,又生动,吸引了广大读者争相阅读和收看。同时,公众的注意力也集中到联合碳化钙公司及其刚竣工的总部大楼上来。结果,联合碳化钙公司总部大楼名声大振,公司首脑充分利用在荧屏上亮相的机会,介绍了公司的宗旨和情况,加深和扩大了公众对公司的了解,大大提高了公司的知名度和美誉度,并借此机会,将总部大楼竣工的消息巧妙地告诉了公众。

(资料来源:李占才.公共关系学概论.上海:上海交通大学出版社,2005)

第三节 功能型公共关系

功能型公共关系,是以公共关系在社会组织运行中所发挥的实际作用为标准划分的,它贯穿于主体型公共关系与对象型公共关系活动的过程中。功能型公共关系按作用划分大致可分为四种类型,即日常事务型公共关系、宣传型公共关系、咨询型公共关系和矫正型公共关系。

一、日常事务型公共关系

日常事务型公共关系,是指社会组织在运行中始终如一地贯彻公共关系的目标、争取公众、扩大影响、努力树立形象的公共关系活动模式。它要求组织的每一个成员在组织日常运行的各个环节、各个渠道都注意树立和维持组织的形象,把公关意识贯彻到一言一行中,处处给人留下好感,从而在内外公众中都留下好的印象。如一家服装厂,为了争取公众、建立声誉,就该对原材料的采购和服装的设计、生产、包装、销售等各个环节严格把关,保证质量、合理定价,并努力为顾客提供优质服务。同时,对本厂职工的劳动保护、生活福利、医疗保险、家属问题等事务也需倍加关怀。长此以往,通过一系列的日常事务,就会不知不觉地获得内外公众的满意,赢得公众的信任,从而达到公共关系工作的目标,建立组织良好的声誉和形象。

在日常型公共关系中,为了更好地实现公共关系目标,需要把握两大要点。

第一,培训和强化全员公关意识。日常型公共关系与全员公关有着唇齿相依的紧密关系。美国学者欧文·史密斯·科恩曾说过:"公共关系是推销员皮鞋上的闪光、脸上的微笑、握手时的力量;它是你参观企业办公室时笑盈盈走过来的服务员;它是迅速为你接通电话的接线生;它是你收到的总经理亲笔签名的热情洋溢的慰问信……任何在公司工作的人都是公共关系人员,上至公司总经理,下至新来的办事员,概莫能外。"这段话生动而形象地道出了全员公关的真谛。全员公关就是通过组织的公共关系教育与培训,增强全体员工的公关意识,加强整体的公关配合,发动全体员工的公关努力,产生有助于塑造组织良好形象的自觉的公关行为。社会组织只有具备明确地重视和尊重公众的公关意识,才会以相应的表情、言语和姿势等行为向顾客表达重视和尊重之意,才会有真正的"顾客至上"的公关行为。反之,如果没有公关意识,所谓的公关行为也会"形似而神不似"。在各行各业提倡"微笑服务"的今天,如果仅仅听到一句"欢迎光临",而看不到服务员热情而真诚的笑容,也不会让人真正感到舒服。所以，社会组织要积极引导全体员工树立明确的公关意识，这对于树立和维护组织形象有着不可忽视的作用。

第二，将公共关系行为规范化、制度化。日常事务型公共关系工作的要点，不仅在于社会组织各项工作的文明化和制度化，而且在于其落实情况。首先，它要求一个组织在管理思想上树立文明经营的理念。如在生产上不偷工减料，不弄虚作假；在销售上礼貌待人，货真价实，童叟无欺；即使与公众发生矛盾，也应本着严于律己、宽以待人的精神妥善地予以处理。无论内外公众，都应以诚相待，以情相接，不做损人利己之举。其次，组织对所属各部门、各工种都应制定合理、全面的规章制度。一方面使这些制度条款化、公开化，认真加以宣传，严格予以贯彻；另一方面经常性地进行监督，检查具体的执行情况，绝不能让它成为一纸空文，并且要辅以必要的奖惩手段。再次，组织的日常事务要真正落到实处，确实起到细微处见精神的效果，这就要求组织在考虑这一系列日常事务时，听取群众意见，做调查研究，将事情做到点子上。如果严格按照这些规范去做，组织的事务型公共关系工作肯定会取得成功。

褚本电力公司的"全员公关"

日本名古屋褚本电力公司下属的一个发电厂，在一段时期因没有处理好废水，造成海水污染，使许多海洋生物受害，直接威胁到当地居民的经济利益，居民奋起抗议关闭了这个工厂。事情发生后，公司制订了长远公关规划，开展持续几年的"消费者亲善行动"，任务分解落实到1.8万名职工身上，由每位职工走访20户居民。这些职工不仅主动登门拜访，连走路时也与市民聊天，还穿上公司的工作服参加当地的慈善活动。这样坚持不懈的工作，逐渐改变了社会公众的看法，获得了公众的谅解。当然，公司也改善了废水处理装置，杜绝了对海水的污染。公众认为这是一家有社会责任感的公司，从而谅解了公司一时的失误和不足，在公众的支持下，这个电厂后来得到壮大发展。

褚本电力公司下属发电厂"全员公关"的效果远胜于单靠几个公关人员努力的结果，而且，这种"全员公关"还有利于提高员工的责任感和企业内部的凝聚力。

二、宣传型公共关系

宣传型公共关系，是指运用各种传播媒介向社会各界公众有意识、有目的地传播有关组织的信息，以影响和改变公众的态度、意见和行为，扩大组织的社会影响，形成对组织有利的舆论环境的一种公共关系活动模式。主要做法是利用各种传播媒介和交流方式进行内外传播，让公众充分了解组织、支持组织，进而形成有利于组织发展的社会舆论，使组织获得更多的支持者和合作者，达到促进组织发展的目的。

根据宣传对象的不同，可将宣传型公共关系分为对内宣传和对外宣传两种类型。

1. 对内宣传

对内宣传是公共关系人员经常进行的工作之一。宣传的主要对象是组织的内部公众，如员工公众、股东公众等。宣传的目的是让内部公众及时、准确地了解与组织有关的各方面信息，如组织的现行方针和政策、组织各部门的工作情况、组织的发展成就或困难和挫折、组织正在采取的行动和措施、外界公众对组织的评价及外部社会环境的变化对组织的影响等，以便鼓舞士气，取得内部理解和支持，增强组织凝聚力，使组织正常运行和发展。对内宣传可采用多种形式和手段，如内刊、职工手册、黑板报、照片、宣传橱窗、报纸、闭路电视、电影、座谈会、联谊会、讨论会、联谊活动等。对于股东公众，还可以采用年终总结报告、季度报告、股东刊物、股东通信与财务状况通告等形式。

2. 对外宣传

对外宣传的主要对象是与组织相关的一切外部公众，包括消费者公众、媒介公众、政府公众、社区公众、竞争对手和协作伙伴等。宣传的目的是让外部公众迅速获得对本组织有利的信息，形成良好的舆论。对外宣传可采用大众传播媒介渠道，也可通过举办展览会、经验或技术交流会等形式进行。运用大众传播媒介，其表现形式一种是公关广告，另一种是新闻报道。社会组织可以把自己的形象塑造作为广告的中心内容，宣传组织的管理经验、经济效益、社会效益和已经获得的社会声誉；还可采用新闻报道的形式，通过新闻、专题通讯、记者专访和经验介绍等来宣传自己。新闻宣传权威性较高，既避免了做广告的嫌疑，又比较客观，容易被公众接受，还可不花钱。不过，这种机会不多，主动权不在组织，而在媒介。因此，对组织来说，主动出击就显得尤为重要，可以巧借媒介来"制造新闻"，吸引媒介的注意。

宣传型公共关系具有主导性强、时效性强、传播面广、推广组织形象效果快的特点。可以采取以下三种方式：①运用相关广告形式，即按照本组织的意图，在报纸、杂志、广播及电视等新闻媒介上宣传自己、树立形象，争取有关公众的好感。②策划专题活动"制造新闻"，以吸引新闻界报道。这是一种不用支付费用的宣传方式，效果比公关广告更有说服力和吸引力，更有利于提高本组织的知名度。③举办各种纪念会、庆祝典礼或利用名人、明星等特殊人物的声望，达到提高组织知名度的效果。

宣传型公共关系是各类组织实施公共关系计划时经常采用的模式。组织开展公共关系宣传，应把握以下原则：①真实性。宣传的事实或信息必须客观真实，绝不能出现浮夸不实之词；②双向性。一般的宣传是一种单向的传播，但公共关系传播是双向的，既要将组织的信息通过各种途径传播给各类公众，又要把公众的信息传至组织，以考虑公众的意见。所以，公共关系人员不但要学会向外传播信息的本领，还应掌握收集、反馈信息的技能；③技巧性。宣传工作要主题明确，安排及时、迅速，方式方法恰当。公共关系人员要掌握宣传的要领，把握"火候"，应避免过分宣传给公众留下"王婆卖瓜"的印象，要做到既宣传了自己的组织，又给公众留下了良好的印象。

雷诺圆珠笔

1945年，雷诺去阿根廷谈生意，无意中看到一种在美国还没有生产的新奇产品——圆珠笔。美国实力雄厚的杜利制笔公司已打算生产这种笔。雷诺清楚地认识到，这东西一旦投放市场，肯定是走俏商品。他随即决定自己制造圆珠笔。他买了几支圆珠笔带回美国。一到芝加哥，他就请一位工程师设计了一种不同于原来圆珠笔的新型圆珠笔。他知道杜利制笔公司虽然实力雄厚，但机构烦琐，新产品要上市得需很长时间。要想与杜利公司竞争，就必须抓住时机，在对方出产品之前，抢先占领市场。于是他带着一支样笔到纽约金贝尔百货公司和其老对手梅西百货公司登门推销，接到两笔大订单。这也是雷诺匠心独运所在，因为两家百货公司竞争激烈,无论谁输谁赢,都将极大地扩大自己产品的知名度。他迅速投入2.2万美元的资金建厂。在杜利公司的制笔计划还在其各个机构审批的时候,雷诺笔已投放到市场上了。金贝尔百货公司售笔这一天,顾客反应之强烈使整个销售界大为震惊,该公司还被迫请了几十名警察维持秩序。成本只有0.8美元一支的雷诺笔售价竟高达12.5美元。

但雷诺仍担心人们不知雷诺笔已经问世,想扩大影响可人手又不够。他心生一计,向法院控告杜利公司违法试图阻止他生产和销售圆珠笔,要求对方赔款100万。杜利公司很快提出反控告。许多报纸都报道了这一消息,案子虽然不了了之,但雷诺却达到了宣传目的。不到半年时间,雷诺就获得纯利润150多万美元。到了1946年,圆珠笔制造厂有100多家,笔的价格已经跌落下来,雷诺打算通过用飞机做环球飞行的办法扩大产品的影响。于是他买了一架退役的军用飞机,命名为"雷诺弹壳号",同时推出一种弹壳号圆珠笔。他聘请了两位飞行员,自任领航员。飞机从纽约起飞,穿越欧、亚和太平洋,共花了78小时55分环绕地球一周,打破了当时环球飞行的世界纪录。雷诺回到纽约时受到热烈欢迎,纽约所有报纸都报道了这件事。尽管这次飞行花了近20万美元,但雷诺笔的销量却翻了几番。

三、征询型公共关系

征询型公共关系,是指通过采集信息、舆论调查、民意测验、市场综合分析等工作,了解社会舆论、民意民情、消费趋势等,为社会组织提供参谋咨询的公共关系活动模式。这类公共关系主要是为组织的经营管理决策提供背景信息服务,为组织发展出谋献策,使组织行为尽可能地与国家的发展目标和市场的总体趋势以及民情民意保持一致。同时,也向公众传播组织意图,使公众印象更加深刻。因此,征询型公共关系,能为组织发展起到"智囊"作用,可以促进组织经营决策科学化、民主化。

征询型公共关系适用于任何形式的公共关系活动,因为任何形式的公共关系活动都需要检验效果,都具有征询的色彩。这类公共关系活动具体的实施过程是:组织进行一项工作后就要设法了解社会公众对这项工作的反应,经过征询,将了解到的公众意见进行分类整理,并加以分析研究,然后提出改进工作的方案,直至满足公众的愿望为止。

提供征询型公共关系服务的组织机构分为两类:一类是组织内部的公共关系部,另一类是独立的、专门性的咨询公司或机构。对于组织内部的公共关系部来说,为组织服务是理所当然的。他们一方面收集与本组织发展相关的一切信息,对之进行研究、分析,形成结论或预测设想,另一方面则向组织决策提供有关资料或数据,以及将他们的意见或设想提供给组织做参考。一般来说,各个组织都有必要安排人员开展这方面的工作,或专职,或兼职;对于专门的咨询公司或机构而言,由于它们不属于任何组织,所以其工作范围比较广泛,可以为许多组织提供咨询服务,而且,提供的信息、策略等也是多方面的,甚至是全方位的,如美国的兰德、麦肯锡公司就是独立的专门性咨询公司的代表。

征询型公共关系的特点是长期、复杂且艰巨。它要求从事这项工作的公共关系人员具有智慧、耐力和诚意,能通过各种方法获得公众的配合,不断向组织提供有价值的信息,使组织机构成为"千里眼""顺风耳",能根据公众要求,随时调整组织的行为,不断改进组织的服务和产品,保证组织与社会环境的协调、平衡,促进组织的发展。

征询型公共关系的工作方式有:产品试销调查,产品销售调查,市场调查;访问重要用户，访问供应商，访问经销商；征询使用意见，鼓励职工提出合理化建议；开展各种咨询业务，建立信访制度和相应的接待机构，设立监督电话，处理举报和投诉等。例如，著名的美国通用汽车公司雪佛兰部的车主关系部专门建立了特别用户名册，它任意抽选雪佛兰车用户1200名，聘为用户顾问，分客车和卡车两部分，公司通过定期函件联系，征询他们对雪佛兰的产品及服务的意见，并将这些意见提供给公司的业务部门，作为改进与车主关系的指导。

征询型公共关系的工作手段主要有舆论调查、民意测验、市场综合分析等，其工作过程包括全面、科学地收集与征求信息，并对这些信息进行深入分析和研究，最后向有关组织提供咨询，以提高其工作效率，使其在竞争激烈的市场环境中求得生存与发展。由于了解公众舆论及环境情报是征询型公共关系工作的起点或基础，所以为了做好这项工作，除了采取上述工作手段外，还应考虑具体的了解民意及社会现象的调查方法，其中包括鼓励合理化建议、举办征求所需信息的比赛、开展征文活动、征求产品设计意向、举办有奖测验等。另外，还应提倡开办为公众提供的咨询服务，如有关商品使用、保养、维修知识的咨询，交通运输部门设立顾客问讯处，制定公众来信来访制度和相应的接待机构等，做好组织与社会公众之间的桥梁和中介。这样，一方面将公众对组织及其产品、服务的各种反映信息收集起来，整理后提供给组织做决策参考，另一方面将组织的有关情况反馈给公众，使之与组织间增进了解和适应。总而言之，对征询型公共关系来说，重视收集公众及社会环境信息是开展工作的先决条件，必须做细做实，否则向组织提供的经营管理决策咨询只能是纸上谈兵。

 案 例 7-16

柯尔斯公司"反脏乱"主题公关

20 世纪 60 年代末，在公共场所，随地丢弃盛装饮料的废铝罐成了美国社会的一大公害，严重污染了环境。美国以生产酒类产品闻名的柯尔斯公司为此开展了持续两年的一系列以"反脏乱"为主题的废旧铝罐回收活动，不仅为改善社会公共生活环境做出贡献，而且赢得了广大公众的支持和信赖，大大提高了公司的知名度和美誉度。在这之后，这家公司还宣布，将以现金收购本厂及其他厂家的废旧铝罐，并通过该公司遍布全国的 166 个分销处定点收购。用自己的资金，不仅收购自己的废弃物，还收购别家的废弃物，这种积极承担社会责任、趋义不趋利的举动，赢得了已饱受铝罐之苦的美国公众的一致拥护。

柯尔斯公司以"反脏乱"为主题，以回收旧铝罐活动为中心，使其知名度与"反脏乱"活动并驾齐驱。在公众心目中，该公司已为自己树立了具有高度社会责任感的社会公共代言人的杰出形象。公司形象越来越好，其效益也随之越来越好。

（资料来源：邓蓉，李华．公共关系学．北京：中国农业出版社，2006）

四、矫正型公共关系

矫正型公共关系，也可称为补救型公共关系或危机型公共关系，简称危机公关。是指社会组织在遇到问题与危机，导致组织形象受到损害时，为了挽回信誉，扭转公众对组织的不良印象或已经出现的不利局面而开展的公共关系活动。开展这类公共关系，目的是及时纠偏、矫正受损的组织形象，挽回不良影响，重新树立组织的良好形象。危机公关是公共关系的重要工作之一。矫正型公共关系的特点是"及时"，及时发现问题，及时纠正错误，及时改善不良形象。也就是说,在组织形象受到损害时,公共关系人员应立即采取有效措施,尽量减轻损害造成的后果,做好善后工作或修正工作,配合组织的其他部门重新建立组织的新形象,挽回组织的声誉。

据调查,89%的企业领导人认为"企业发生危机如同死亡和税收一样,是不可避免的"。近年来,在公共关系领域,危机管理已成为各类社会组织进行公共关系工作的重要课题。造成组织形象受损或使组织处于危机状态的因素是多种多样的,大致可归纳为两类。

一类是组织自身原因引起的,如产品质量问题、服务态度、环境保护、管理不善引起的重大事故,组织行为对社会及公众造成危害,组织内部信息传播不畅等,导致公共关系严重失调,这些属于可控因素导致的危机。此时,公共关系部门应迅速查清原因,采取行动,尽快与新闻媒介取得联系,控制影响面,并及时把外界的舆论准确地反馈给决策层和有关部门,提出消除危机的办法和纠正错误的措施。与此同时,公共关系人员还需运用各种公共关系手段和技巧,开展公共关系活动,消除不良影响,求得公众的谅解,平息风波,恢复信任,尽快挽回组织形象。否则,可能利益、形象皆损毁。

另一类是组织外部原因引起的,如公众对组织行为的误解、意外事件的发生、媒介的不实报道、谣言或者某些组织或个人蓄意制造事端等造成组织形象受损,这些属于不可控因素导致的危机。此时,公共关系人员应及时、准确地查明原因,迅速制定对策,采取行动,与相关公众进行沟通,通过各种大众媒介尽快做出情况说明,纠正或消除损害组织形象的行为和因素。公共关系人员对于损害组织形象的误解和谣言绝不能掉以轻心,稍有疏忽就会给组织造成不必要的损失。

危机防范的一项有效手段是树立正确的危机意识,对可能面临的危机进行预测,及时做好预警工作,并拟订应急反应计划。一旦发生危机事件,公关工作人员要保持镇定,及时安排处理该项事件的具体措施以稳定事态。同时要迅速指派人员进行调查,判明事件的性质、现状、后果及影响,为制定应对方案提供依据。在处理危机事件时,要最大限度地平衡组织与公众的利益,并及时准确地把有关信息公布于众,引导媒介真实报道,掌握信息的控制权。同时要努力沟通与主要公众的关系,积极做好善后工作,得到他们的理解与谅解,把危机的损失降到最低,重塑企业形象。

案 例 7-17

35次紧急电话

有一天,一位名叫基泰斯的美国记者在日本东京奥达克余百货公司买了一台电唱机,准备作为送给住在东京的婆婆的见面礼。售货员以日本人特有的彬彬有礼的服务,特地为她挑选了一台未开封的电唱机。基泰斯内心赞赏着售货员的热情服务,满意而归。但是,当她回到住所开机试用时,却发现电唱机没有装内件,根本无法使用。基泰斯不禁火冒三丈,准备第二天一早便去奥达克余百货公司交涉,并迅速写成一篇新闻稿,题目是《笑脸背后的真面目》。

第二天,当基泰斯正准备动身前往奥达克余百货公司交涉时,一辆汽车赶到她的住处,从车上跳下的是奥达克余百货公司的副经理和拎着皮箱的职员。他们一进基泰斯的客厅便俯首鞠躬,表示歉意。基泰斯颇感意外,他们是怎么找到这里的?那位副经理打开记事簿,讲述了大致的经过。原来,昨天下午清点商品时,他们发现错将一个空心的货样卖给了一位顾客。此事非同小可,经理马上召集公关部有关人员商议。当时只有两条线索可循,即顾客的名字和她留下的一张美国快速公司的名片。据此，奥达克余百货公司开展了一连串无异于大海捞针的行动，打了许多紧急电话向东京各大饭店查询，但没有结果。于是他们又打电话给纽约的美国快速公司总部，接者打电话给顾客的父母，从那里得知了顾客在东京的住所。这期间的紧急电话合计35次。接着，副经理亲手将一台完好的电唱机外加一张唱片、一盒蛋糕奉上，然后离去。这一切使基泰斯深受感动，她立即重新写了新闻稿，题目叫《35次紧急电话》。这篇新闻稿一发表，引起了公众和社会舆论的强烈反响，奥达克余信誉大增。

（资料来源：陈向阳.最佳公共关系案例.合肥：安徽人民出版社，2005）

任何一个社会组织，在与公众打交道的过程中，由于受种种主客观条件的影响，难免会出现这样或那样的失误，也难免会遇到一些不测之事，这些都会使自身的形象受到不同程度的损害。当组织因自身工作的疏漏出现了问题，影响到组织信誉和形象时，该怎么办呢？是遮遮掩掩、推卸责任，还是勇敢面对并积极寻求解决的办法？奥达克余给了我们有益的启示。

【思考与练习】

1. 企业公共关系如何塑造企业形象？
2. 什么是政府公共关系？它的特殊性表现在哪些方面？
3. 股东公众有哪些？社会组织如何建立股东关系？
4. 社会组织如何与媒介建立良好关系？

第八章　公共关系从业人员

【学习目标】

通过本章的学习，了解并掌握公共关系从业人员应具备的基本素质和职业道德；理解公共关系人员基本素质的各个方面；认识公共关系人员培养与考评的相关情况；培养并提高自己的公共关系意识和理论修养。

【本章导读】

公共关系人员是公共关系活动取得成功的最根本的要素，被誉为组织形象的"设计师"。其素质水平和专业文化水平的优劣高低，直接影响公共关系的效果。本章主要介绍公共关系人员的基本素质和职业道德要求，以及公共关系人才的培养与考核等。

先搞清这些问题再公关

一家旅游宾馆新设置了一个公关部，设置伊始，便配置了豪华办公室、漂亮迷人的公关小姐及现代化技术设备。但时隔数月，部门工作却毫无起色，几乎无事可做。宾馆不得已请来了一位专家担任公共关系顾问。上任伊始，这位顾问便问了诸如"宾馆的知名度如何""过去三年花在宣传上的费用是多少""去年一年中因业务不周造成顾客不满的事件有几起，原因何在""宾馆最大的竞争对手是谁，潜在的竞争对手又将是谁""旅游旺季的游客中本地的、外地的、国内的、国外的各有多少""本地共有多少宾馆，总铺位有多少"等一系列问题。对这样一些普遍而又重要的问题，该公关部部长却瞠目结舌。于是，那位公关顾问便留下一句意味深长的话："先搞清楚这些问题，然后再开始你们的公关吧。"

（资料来源：张岩松. 现代实用公共关系. 北京：中国物资出版社，1999）

"公共关系人员"一词，是对从事公共关系工作的职业人员的普遍称呼。在欧美国家，有"公共关系从业人员""公关人员""公关官员"之类的称呼。在亚洲一些国家和地区，还有"公关小姐""公关先生"之类的称呼。1999年国家劳动和社会保障部组织编写的《中国职业大典》对公共关系职业人员的定义是：专门从事组织机构公众信息传播、关系协调与形象管理事务的调查、咨询、策划和实施的人员。简而言之，公共关系人员就是专门从事公共关系工作的职业人员。

公共关系人员是公共关系事业的生力军，是组织形象的主要策划者和传播者，也是公共关系活动取得成功的最根本的要素。他们肩负着辅助决策、沟通联系组织内外公众、进行公共关系策划、开展公共关系活动以及推销组织形象、提高组织经济效益和社会效益的特殊使命，因而被誉为组织形象的"设计师"。近年来，随着公共关系学在我国各个领域的应用，公共关系人员的独特作用日益显现，不仅从业人员数量不断增加，而且公共关系行业成为富有挑战性的热门职业。特别是随着时代的进步和公共关系专业化水平的提高，公共关系工作领域不断扩大，对公共关系人员的观念意识、知识结构与能力素质等综合素质提出了新的要求。所以，公共关系从业人员的问题也逐渐引起社会的关注。国内外有关部门纷纷把公共关系人员成功的条件，公共关系人员的基本素质、职业道德、作用及其培养教育作为重要的研究课题。大量的研究成果表明，公共关系从业人员的素质水平和专业文化水平的优劣、高低，直接影响公共关系的效果。因此，建设一支具有较高素质的公共关系专业队伍，是摆在现代企业及各类组织面前的一项重要任务。

第一节 公共关系人员的基本素质

素质是一个生理学、心理学和社会学等多种意义的综合范畴。一般是指人的生理和社会心理特征，包括人的感知能力、记忆能力、思维能力、反应能力、运动能力以及个人的性格、兴趣、知识、品格和气质等特征。公共关系人员的基本素质是指公共关系人员在运用传播沟通媒介、实施公共关系活动的过程中所表现出来的面貌、气质、个性、修养、学识、仪表风度、工作风格、文化素养等方面的外表形象和内在素质的综合表现。它是公共关系人员应具备的基本品质，是公共关系人员做人和处世的基础，是公共关系工作的特别要求。

在一些人眼里，公共关系人员都是"俊男靓女"，每个人都"能说会道"，这其实是对公共关系人员的误解。公共关系工作是一项专业性很强的工作，对从业人员的知识结构、专业技能、心理素质、道德素质等具有很高的要求。形象好、能说会道，只是公共关系人员的基本素质之一。公共关系人员首先应该具备现代人全面发展的素质，如现代人的思维方式、知识和能力结构、意识观念等；其次，还应具有公共关系的职业特征，也就是说，公共关系人员应具备一种以公共关系意识为核心，以自信、热情、开放的职业心理为基础，以公共关系专业知识结构和能力结构为支撑的整体职业素质。具体来说，公共关系人员应具备以下几个方面的基本素质。

一、生理素质

生理素质是公共关系人员的"硬件"条件，"硬件"过关，就会给客户留下美好的"首因效应"。良好的生理素质主要表现在以下两方面。

第一，健康的体魄。由于公共关系人员要经常代表组织与外部各类公众进行频繁交往，没有一个强壮的身体，是不能胜任公共关系工作的。一个体弱多病或精神萎靡的人，不仅不能做好公共关系工作，还会给组织形象带来负面影响。

第二，充沛的精力。公共关系人员不仅应具有良好的个人形象，如强健的体格、适中的体型、端庄整洁的仪表、潇洒飘逸的风度，还应该具有较强的适应能力和良好的精神状态，能够满怀信心地应对各种艰难复杂的环境，并做到精力充沛、充满自信、游刃有余、应对自如。

二、心理素质

公共关系人员不但应具有良好的生理素质，还应具有成熟稳健的心理素质，即良好的心态、健康的心理和健全的人格，这是公共关系人员做好本职工作的必要条件。心理素质是职业素质的基础，它作为公共关系人员的非智力因素，对其在工作中处理好人际关系、解决复杂问题和调解矛盾，有着不可忽视的作用。根据公共关系工作的特点，公共关系人员应该具有以下五个方面的心理素质。

第一，良好的性格。性格是一种潜在的能够对人的行为起决定作用的心理素质。性格构成人的态度体系，决定人惯常的行为方式。性格与能力的关系极为密切。良好的性格能推动能力的发展并能补偿能力的某些弱点，反之，性格缺陷则会成为能力表现和发展的障碍。有人曾说："性格就是命运，情绪就是结局。"这种说法不无道理。人的性格差异较大。常言道："一百个人有一百种性格。"心理学研究往往把人的性格分为阴性（内向型）和阳性（外向型）两大类。阳性性格的主要特征是：开朗、主动、健谈、敏捷、乐观、灵活、有主见、善社交、善领导，同时也存在暴躁、易怒、攻击、好斗、冒失、粗心、武断、专横、多变等性格弱点。阴性性格的主要特征是：封闭、拘谨、被动、顺从、冷漠、固执、孤独、焦虑、悲观，同时也具有冷静、谨慎、安宁、克制、温和、可靠、仔细、有思想、智慧等性格优点。可以看出，阴性和阳性两种性格既明显对立，又互相补充。两种性格各有优劣，不能抽象地、绝对地说哪一种好、哪一种坏。判断一个人的性格必须将个人所处的时代、所属的阶层、所从事的工作和所要完成的事业结合起来考虑。

公共关系人员的性格和情绪在公共关系工作中具有重要意义。一般来说，性格外向、情绪乐观的人比性格内向、情绪悲观的人更适合做公共关系工作。美国成功的公共关系人员中，外向型与内向型性格之比为9：1。因为开朗外向型性格的人，常常乐观豁达，充满热情、朝气和活力，富有感染力和亲和力，易于创造交流思想、交流情感的人际交往环境，沟通起来比较顺畅。但是，从公共关系行业对公共关系人员的要求来看，单纯地具有哪一种性格都是不够的，因为这两类性格都有各自的弱点。如阴性性格的封闭、拘谨、孤独、焦虑等特点显然不适合开展公共关系工作；而阳性性格的易怒、暴躁、武断、冒失、粗心等特点则不容易使人信任，不利于建立良好的人际关系。所以，一个合格的、优秀的公共关系人员应同时具备阴性性格和阳性性格中的优点，并且克服这两种性格中的弱点和缺陷。

第二，广泛的兴趣。公共关系工作的涉及面很广，接触的公众文化背景差异很大，这一职业特点决定了公共关系人员必须与各方面、各层次的人打交道，而具有广泛的兴趣是建立交往的基础，是寻找共同点和接近点、实现与公众沟通交流的主要手段。公共关系人员在工作中必须成为"杂家""通才"，做到广阅博览、爱好众多、兴趣广泛，尽可能在与公众打交道时找到"共同语言区域"，使之产生"认同感"和"亲近感"，避免"话不投机半句多"的沟通障碍。同时，对于公共关系人员来说，具有广泛的兴趣可以博采众长、见多识广，在复杂的环境和关系中机智应变，顺利开展工作。

第三，热情、开放的心理。公共关系工作是一种需要人们付出大量智力和体力劳动的艰辛工作。很多公共关系人员头脑中几乎没有定时工作制的概念，他们经常要加班加点、超负荷地工作。可以说，没有极大的热情，没有全身心的投入，是做不好公共关系工作的。热情的心理，能使公共关系人员兴趣广泛，对事物的变化有一种敏感性，并且充满想象力和创造力，能够主动、积极地投身于公共关系事业。试想，一个对什么都没有兴趣，对一切都很冷漠的人，怎么能胜任公共关系工作呢？只有热情真诚，才易于广结良缘、广交朋友，与各种各样的人打交道，拓展工作渠道，才能在接受别人的同时被别人所接受。

同时，公共关系工作是一种开放型的工作，公共关系人员应以一种开放的心理适应这一工作。与不同的客户或公众交往时，应积极主动、应对自如，善于发现别人身上的优点，与各种类型的人建立良好的关系。因此，公共关系人员还应具备开放进取的心理特征，拥有旺盛的求知欲和好奇心，不拒绝一切有益于公共关系的信息，能够不断接受新事物、新知识和新观念。在工作中敢于大胆创新，以开放的意识，积极传播社会组织的相关信息，经常主动与不同类型的社会公众沟通交流，协调组织与公众之间的关系，树立社会组织的良好形象。

第四，自信、豁达的气度。自信就是相信自己，这是公共关系人员心理素质的基本要求，是取得事业成功的基石。古人云："自知者明，自信者强。"日本丰田公司一名员工说："自信不是相信自己强，而是相信自己会变强。"公共关系要创新，必然要承受压力，甚至是巨大的压力。只有充满自信的人，才敢于面对挑战、追求卓越、自强不息，以极大的勇气和毅力，最终创造奇迹。如果没有自信，在社会交往中必然会畏缩不前、自认卑微、甘拜下风，失去塑造组织形象的各种机会。所以，自信对于事业的成功是十分重要的。当然，自信不同于自负。自信是一种昂扬向上、自强不息、积极进取的人生态度，而自负是一种盲目自大，对自己经常估计过高，表现为盛气凌人、目空一切。公共关系人应保持自信的心理，切不可自负。同时，公共关系人员的自信心来自于自己的实力，这就要求公共关系人员在工作中要不断学习、实践，提高自己的工作能力和综合素质。

案 例 8-2

抬 起 头 来

有个女孩清华大学建筑学院毕业后，顺利地拿到美国哈佛大学研究生院的录取通知书。可是，没想到一切都准备好了，却在美国大使馆办理签证时连续两次被拒，女孩很伤心，躲在宿舍里哭。一个要好的朋友劝她："为什么不找个咨询公司帮忙？挺灵的。"女孩动心了，找到一家叫"信心"的咨询公司，公司只有三个人：老板和两个助手。老板把女孩拿来的签证材料看了一遍，说："你的材料没问题"。他又让女孩详细介绍了两次被拒绝的经过。女孩细声细语地讲着，眼睛低着，头也低着，不敢与老板对视，老板听着听着便打断女孩："不要说了，你的毛病就在这儿。"

原来，女孩性格内向，不善与人交往，一说话就脸红，还老低眉垂眼的，给人一种没自信的感觉。老板很有经验地对女孩说："你在我们公司主要就训练三项内容——抬起头来，眼睛平视，大声说话。"于是，两个星期里，那两个助手就想方设法让女孩养成抬起头与人平视的习惯，并训练她大声说话。

第三次签证，半是习惯，半是刻意，女孩始终高昂着头，眼睛直视着那个签证官，侃侃而谈，对答如流，从容不迫。那个签证官狐疑地看着前两次拒签记录，嘴里嘟嘟囔囔地说："不自信，吞吞吐吐，不敢抬头，好像完全不是说这个女孩。"最后，他微微一笑："你很优秀，看不出有拒绝你的理由，美国欢迎你。"整个过程只有5分钟。

（资料来源：杨俊．新型实用公共关系教程．北京：中国物资出版社，1999）

除了自信，公共关系人员还要具备积极乐观的心态，要有豁达的气度。公共关系人员要与各种各样的人交往，要为组织建立一个和谐的公共关系氛围，这就要求公共关系人员必须具备宽宏大量的气度。要能宽容别人的弱点与不足，能够接纳与自己不同的观点、态度、意见和方法，善于求同存异，能够和各种人结交成友；要着眼于大事，不计小是小非。另外，公共关系人员还要能以豁达乐观的态度冷静地对待与处理工作中的困难和挫折，不斤斤计较个人的得与失。

第五，良好的心境。心境是一种拉长了的情绪，它使人的语言和行为都染上某种特定的情绪色彩。事业取得成功时，愉快的心情往往会持续一段时间，并扩散到各种事物上，仿佛一切都染上了快乐的色彩，甚至觉得天下事样样顺心；相反，一旦受挫，情绪低落，就觉得事事不顺心。即使对同一事物，由于心境不同，也会产生不同的心理体验，可见心境对一个人的作用之大。良好的心境，是指个体无论是在积极的心理体验还是在消极的心理体验中都能保持稳定的情绪和积极进取之心。具有良好心境的人能用理智控制激情，用主体意识选择感情，保持心理平衡；能够排除环境的影响，在挫折和失败面前，能主动寻找失败的原因，寻找前进的方向，巧妙地使自己渡过难关。公共关系工作任务艰巨复杂，在实际工作中可能会遇到各种各样的麻烦、打击、挫折及失败，等等。所以，公共关系人员不能只"跟着感觉走"，而应该保持一种良好的心境，即使处于极其不利的境地，也应该学会自我开导，调整自己的心态，尽量创造并保持一种良好的积极进取的心境。

三、文化素质

文化素质是指一个人的知识结构与水平。知识结构是知识体系在求知者头脑中的内化，也就是客观知识世界经过求知者有选择地输入、储存和加工，在头脑中形成的由智力联系起来的多元素、多系列、多层次的动态综合体。简而言之，知识结构是指一个人所具有的各种知识的搭配和排列。一个人的知识结构与水平在很大程度上决定了他的业务能力和思维能力。公共关系工作是一项综合性的创造活动，要求公共关系人员必须受过良好的专业教育，具备复合型的知识结构和较高层次的文化修养。在西方发达国家，公共关系人员的文化素质普遍较高。美国是当今世界公共关系事业最发达的国家，据统计，在美国的公共关系从业人员中，80%的人具有大学本科以上学历，其中，20%是研究生，60%是本科生。

合理的知识结构不仅是公共关系人员基本素质的重要组成部分，还是其创造性地开展公共关系工作的基本保障。由于公共关系学是一门综合性的应用科学，其学科知识体系作为一个大系统，由三个子系统构成：一是公共关系的基本理论和实务知识；二是与公共关系密切相关的学科知识；三是有关组织的知识和开展特定公共关系工作所需的专业知识。这三个子系统不是并列的，而是有层次差别的。公共关系的基本理论和实务知识，是公共关系知识体系的核心层内容；与公共关系密切相关的学科知识，是公共关系知识体系的中间层内容；有关组织的知识和开展特定公共关系工作所需的专业知识，是公共关系知识体系的外围层内容。公共关系人员的知识结构就是由这三个子系统的全部知识内容构成的知识体系。具体来说，主要有以下几个方面。

1. 公共关系的基本理论和实务知识

从事公共关系工作必须要有理论的指导。公共关系理论是公共关系社会实践活动的经验总结，是公共关系社会实践活动的基本行动指南。公共关系的基本理论知识包括：公共关系的基本概念、公共关系的由来和历史沿革、公共关系的职能和作用、公共关系的基本原则、公共关系的要素、公共关系工作的基本程序与方法等。同时，公共关系工作的一大特点是实务性强。公共关系实务是公共关系社会实践活动的体现，是公共关系理论指导下的具体实施。公共关系人员除了具备公共关系基本理论知识外，还必须熟悉公共关系实务知识。公共关系的基本实务知识包括：公共关系调查研究、公共关系策划、公共关系协调、公共关系实施和评估的知识、公共关系危机的处理、公共关系宣传、公共关系礼仪等。

2. 与公共关系密切相关的学科知识

公共关系是一门新兴的综合性、边缘性学科，具有多学科交叉的特点。公共关系人员地知识结构应具有广博性，涉猎多门学科。公共关系人员主要应该具备以下学科知识。

（1）基础学科知识。公共关系从业人员的基础学科知识包括哲学、思想史、政治史、经济学、社会学、心理学、文学、美学、法学等。哲学是从世界观和方法论的高度对公共关系的学科研究和具体实践活动进行宏观指导；思想史可对认识人类社会发展历程与规律给予一定的启示；其他学科为公共关系人员提供了完整的文化知识背景。总体来说，基础学科知识对提高公共关系人员的理论修养和分析现实问题的能力是十分重要的。

（2）专业学科知识。公共关系专业理论知识包括：公共关系学、公关心理学、公共关系实务、管理学、传播学、组织行为学、社会心理学、市场学、营销学、新闻学等，这些学科知识不仅为公共关系学奠定了理论基础，也为公共关系人员从事公共关系工作提供了丰富的专业知识给养。

（3）交叉学科知识。与公共关系最密切、交叉最多的有广告学、创造学、竞争学、美学、人际关系学、社会学、心理学等学科。如广告学是研究广告的艺术，推销的是商品，而公共关系学研究的是组织形象的艺术，推销的是组织形象；公共关系活动是由具体的人实施的，注重人与人之间的交往和沟通，必然涉及人际关系学和心理学的相关知识。这些交叉学科对公共关系活动具有很强的指导和借鉴意义，公共关系人员应该具备这些学科的相关知识。

（4）技术学科知识。公共关系活动包含策划和操作，具有很高的技术含量。所以，公共关系人员要了解和掌握演讲学、写作学、口才学、计算机知识、网络技术、传播技术、摄影、谈判、外语、公关礼仪、编辑等相关技术知识，提高公共关系活动的质量和效率。

3. 有关组织的知识和开展特定公共关系工作所需的专业知识

公共关系人员无论是为自己的组织工作，还是为别的组织服务，都必须对组织的情况有充分的了解。组织的情况包括组织的目标、性质、特点和任务，组织的历史、经营方式、目前所处的环境、现有的竞争对手、员工的精神面貌和未来的发展前景，等等。公共关系人员对组织的情况知之不多或知之甚少，就无法结合组织的实际情况，开展组织所需要的公共关系工作。只有全面掌握组织情况，工作起来才能得心应手。同时，还要密切关注组织环境的变化和组织的变革，不断了解新情况，解决新问题。

在公共关系服务工作中，往往需要与许多具体的特定行业打交道，例如，工商企业、餐饮娱乐、交通运输、旅游保险业等。作为一名称职的公共关系人员，还应该具备这些特定行业的知识，这样才能有效地开展公共关系工作，获得客户的赞誉，并赢得更多的"回头客"。同时，公共关系机构应该是一个人才和能力互补的群体，作为其中的一员，公共关系人员应该有自己的专长，或长于沟通协调、或长于专题策划、或长于对内关系、或长于国际公共关系，以便在群众中发挥作用。没有一定专长的公共关系人员在从事公共关系工作时一定会感到力不从心，难以有大的作为。随着社会政治、经济、文化及科学技术的发展，公共关系涉及的领域也不断扩大。有时也会根据特定的需要，开展特定的公共关系活动。例如，企业的产品由内销转为外销，组织需要开展国际公共关系工作，特别是中国加入世界贸易组织之后，公共关系人员必须了解国际关系、国际市场营销、国际公共关系的新发展等方面的专业知识和有关国家的政治、经济情况，拓宽自身的知识结构，适应国际公共关系发展的要求。

综上所述，公共关系人员的知识结构不是静态的、封闭的，而是一种动态的、开放的结构。可以随时吸收新的知识，不断丰富和发展自己，以适应公共关系工作的需要。这就要求公共关系人员广泛涉猎、勤学苦练、日积月累，不断扩充自己的知识面，尽可能让自己具备国外经济管理学派提出的所谓"蜘蛛网型"的知识结构。

四、能力素质

英国哲学家培根曾说："知识就是力量。"但在现代社会，仅仅有知识是远远不够的，还必须在占有一定知识的基础上，通过实践从多方面培养自己的能力。现代社会对公共关系人员的要求也是多方面的，不仅要求他们具有专业的理论知识和较高的文化素养，而且要求他们具有一定的专业技巧和业务能力。公共关系人员最终的业绩必须靠自己的能力去创造和实现。虽然公共关系人员的层次不同，其业务能力也不尽相同，但是总体来看，公共关系人员最基本的能力素质包括以下几个方面。

（一）语言表达能力

语言表达能力是指运用口头、文字、动作等有声语言或无声语言将自己的知识、观点、意见、态度和感情等明确有效地表达、传递给他人的能力。公共关系工作是一种传播沟通活动，需要进行信息的双向交流互动，公共关系人员与公众进行信息交流与沟通是否成功有效，很大程度上取决于本人的语言表达能力。语言包括有声语言和无声语言，不管是有声语言还是无声语言，其表达能力在公共关系工作中都是极为重要的。比如，一个真诚的微笑能够缩短人与人之间的心灵距离，一句温和的赞美可以让人心旷神怡，一段充满豪情壮志的演讲顿时让人心潮澎湃，一则趣味盎然的广告可以使组织形象大放异彩，一场激烈又充满智慧的谈判可能会给组织带来巨大的利润空间。因此，公共关系人员的语言表达能力是从事公共关系工作最基本的能力要求，也是公共关系人员必备的能力素质。

公共关系人员的语言表达能力主要包括口语、书面语和体态语三方面的表达能力，下面分别介绍。

1. 口语表达能力

"能说""会写"是公共关系人员的两个基本功。所谓能说，指的就是口头语言表达能力，简称口语表达能力或口头表达能力，即口才。公共关系工作在很大程度上是一种劝说工作，而口语表达是公共关系工作中实现信息双向交流的最主要、最直接、最迅速的表达手段。在特定场合，公共关系人员要演讲和谈话，要与公众进行交流和沟通，还可能与公众进行谈判等，这些都需要掌握和运用口头表达艺术。口语表达的要求有两个方面：一是要求准确、清楚、简洁、恰如其分地表达自己的思想意图；二是要讲究表达的技巧和艺术，充分发挥口头语言的感染力，配以恰当的体态语，为自己的表达注入感情和活力，晓之以理、动之以情，达到劝服的效果。公共关系人员要想具备驾驭听众、引导听众的演讲能力，掌握交谈的方向，制造交谈的气氛，达到交谈的目的，就必须注重自身综合素质的培养和提高。

2. 书面语表达能力

书面语言表达能力，即文字表达能力、写作能力。"擅长写作"是国外诸多公共关系部门用来衡量公共关系人员能力的第一职业要求。美国著名的公共关系专家卡特利普和森特曾说:"在所有要求中,一种条件常处于第一位,那就是文字表达能力。正确地运用语法,写出易懂、具有情报价值和较强说服力的稿件,供发表和讲话使用,是公共关系人员应具备的基本条件。"公共关系工作中涉及写作的范围很广,从日常的信件、公函、简报、企业通讯、人物特写、公文告示到公共关系计划、调查报告、工作总结,从新闻稿、演讲稿、发言稿、解说词、说明书、广告语到公共关系手册、公共关系策划书以及书面咨询等,这些文体的写作必须内容充实、行文简洁、合乎规范、具有较强的说服力,这就需要公共关系人员掌握各种文体的写作规范和技巧,运用严谨的逻辑思维、朴实流畅的文风进行表达,这要求公共关系人员具备扎实的文字功底,能熟练地从事与公共关系相关的应用文写作工作。

3. 体态语表达能力

体态语,也称为态势语,是一种利用说话者的身体姿态、仪表风度、手势动作、面部表情和服饰打扮等来表达情意、传递信息的无声语言。体态语具有有声语言所不具备的种种优势,它是人际交流沟通中不可缺少的直观性因素。美国心理学家艾帕尔说:"人的感情表达由三方面组成——55%的体态、38%的声调和7%的语气。"体态语的表达,在给人留下第一印象上具有举足轻重的作用。在公共关系工作中,公共关系人员与公众进行信息交流沟通时,恰当地运用体态语不仅对口头表达起着重要的补充、强调和渲染作用,加强语言的可信度,还体现了公共关系人员的气质和风度。良好的体态语是公共关系人员文化素质和礼仪修养等内在气质的外在反映,给人以美的享受,有助于塑造良好的个人形象和组织形象。正如英国哲学家培根所言:"相貌的美高于色彩的美,而优雅得体的动作的美又高于相貌的美,这是美的升华。"因此,公共关系人员在从事公共关系工作时,应做一个塑造形象的"有心人",做到用心研究、掌握并正确运用体态语。

综上所述,口语、书面语和体态语这三种表达能力既有区别,又有紧密的联系。公共关系人员在工作实践中,应综合运用、相互配合,达到最佳的沟通效果。

(二)收集和处理信息的能力

知识经济时代是信息大爆炸的时代。公共关系人员每天都要接触大量的信息,能否及时收集并有效处理信息,是衡量公共关系人员业务能力的一个重要标准。公共关系人员必须具备较强的信息收集和处理能力。一方面要善于从浩如烟海的各类信息中采集或挖掘出与本组织或客户有关的一切信息,并在加工处理后提炼出有价值的信息,提供给领导或委托人作为公共关系决策的依据;另一方面要善于把组织的信息整理编辑后,用最有效的传播手段告诉目标公众,并及时收集反馈信息。

(三)组织管理能力

一个社会组织的公共关系资源是有限的,如何把有限的资源调动起来,并发挥最大的作用,是公共关系人员必须追求的效益问题。而公共关系实务是一种目标指向活动,往往由一系列公共关系活动构成,有些大型活动还涉及对外交往。组织的任何活动,都必须有章法、有条理。况且,公共关系程序的每一项工作,如公共关系调查、公共关系策划、公共关系实施、公共关系评估等都千头万绪、具体繁杂。若没有良好的组织能力是很难顺利做好公共关系工作的,即使有再绝妙的创造性思维也是枉然。因此,公共关系人员应具备较强的组织能力。具体来说,公共关系人员的管理能力主要包括以下三种能力。

1. 监督执行能力

公共关系人员在公共关系方案执行前要进行经济预算,在方案执行过程中进行监督、检查,在方案执行后进行评估。在这一过程中,需要有效地控制公共关系计划、方案的实施过程,排除不良因素的干扰,最大限度地保证公共关系目标的完成。

2. 组织协调能力

公共关系人员所做的信息交流沟通、参与决策及实施的各项工作,需要与组织的内外公众打交道,因而要求他们具有一定的组织协调能力,学会与人相处、合作。

3. 处理各种纠纷和突发事件的能力

社会组织在发展过程中会遇到客观环境的突然变化,或内部出现突如其来的事故,公共关系人员必须具有应付各种情况的心理准备和应变能力。当社会组织与其公众产生纠纷或有意外事件突然发生时,极易出现人心散乱的危险局面。这时候,就需要公共关系人员在紧急关头迅速采取措施控制事态、稳定人心,防止歪曲事实真相,引起公众恐慌不安等,必须要通过各种传播方法,公布事实真相,正确引导舆论,为制止事态扩大、妥善处理事件创造有利条件。

(四)社会交际能力

公共关系工作在很大程度上是一种交际艺术,它的建立和维护要依靠人际交往来完成。因此,有效的人际交往是公共关系工作的基础。衡量一个公共关系人员能否适应现代公共关系工作需要的标准之一,就是看他是否具备与人交际的能力。社会交际能力是一个人多方面能力的综合表现,如语言表达能力、组织能力、应变能力、想象力、逻辑思维能力以及自身修养等。社会交际能力涉及的范围很广,包括自我推销能力,介绍他人的能力,与人相处的能力,倾听、赞美、理解他人的能力,吸引、影响、改变、支配别人行为的能力等,同时它还有赖于一个人所具有的优雅的风度、幽默的性格、端庄的仪表、广泛的兴趣、宽容的品质、渊博的知识等。公共关系人员经常要参加各种交际活动,如迎来送往,招待宾客,参加各种商务洽谈、宴会和舞会等。所以,公共关系人员应该了解并遵循社交场合的礼仪规范和语言艺术,尤其是在涉外公共关系活动中,既要遵循国际惯例,又要根据本国特点和风俗习惯以及特殊的需要灵活变通,树立自身的良好形象,为组织赢得更多的发展机会。

案 例 8-3

光大实业公司董事长王光英飞赴中国香港创办光大实业公司时,一下飞机就被记者包围。其中一位女记者有意问道:"你带了多少钱来?"这一问题比较尖锐,不理睬没礼貌,如实回答又不可能,含糊其辞也不行。王光英凭借自己丰富的知识和阅历,巧妙地借用社交界的有关习俗答道:"对女士不能问岁数,对男士不能问钱数。小姐你说是吗?"一句妙语使窘境顿解。

(五)谋划宣传能力

古人云:"人可以谋人,可以谋事,亦可以谋天,亦可以谋地。谋则变,不谋则不变。谋则成,不谋则不成。"可见事成在谋。公共关系活动是极具创造性的智能活动,体现较高的知识、能力水平和创造精神。这一点在公共关系的策划和咨询工作中尤为明显。公共关系人员要根据组织目标的要求，发挥自己的聪明才智和创造性思维，对零乱的事物和现象进行综合分析、思考，透过现象探索并挖掘其本质，确定组织公共关系问题的症结所在，或预见到组织将会发生的公共关系问题，为了解决这些问题或防患于未然，他们要对公共关系活动进行全面的策划和设计。因此，公共关系人员应该具备较强的谋划能力。谋划能力包括策划决断能力、计划设计能力、组织实施能力、指挥调度能力和平衡协调能力等，是公共关系人员有计划、有步骤地从事某种活动并使之达到预期目标的实际操作能力。公共关系人员要善于调动、组织、协调组织内外公众的力量和关系，有效地组织与开展公共关系活动，并恰当选择和运用多种传播手段，推动组织既定目标的实现。

（六）应变和创新能力

公共关系人员既要面对繁杂的日常事务，又有可能遇到重大的应急事件，工作并不都是一帆风顺的。这就要求公共关系人员在处理事情时机智、灵活，具备一定的应变能力。在组织顺利发展时，能保持组织的良好形象，并尽力争取向更高的目标发展；当工作中遇到棘手的问题难以处理，或面对激烈的矛盾冲突时，要有危机处理能力和应对突发事件的能力，即临危不乱、随机应变、保持清醒的头脑、调控好自己的情绪、理智平和地面对各种复杂的局面，耐心冷静，积极寻找解决问题的方法，努力消除隐患，使组织转危为安。同时，公共关系人员的应变能力还应体现在掌握机动灵活的方法和技巧上，处理问题时要善于迂回，善于从不同的角度去分析和设想，在解决矛盾时善于使用自然、幽默的方式来缓和气氛，这样既可圆满地解决问题，又能展现良好的个人形象和组织形象。

"拜 年"

一次，一位著名的节目主持人登台主持一台大型文艺演出节目。当她手持话筒从舞台左侧信步登上舞台时，没想到还未走到预定位置，就被脚底下缠绕的话筒线绊了一下，一下子摔倒在舞台上。台下立刻响起观众的惊呼声。对节目主持人来说，这个大洋相已经无法挽回了。但她若无其事地站起身来，镇定自若地对着观众微笑道："各位观众，刚才我提前给大家拜年了，请接受我带给大家的礼物。"所有的观众都被这位节目主持人的应变能力与幽默话语所折服，继而报以热烈的掌声。

烛光舞会

广州某合资企业为款待外国客人而举办舞会时突然停电，中方经理临阵不慌，迅速宣布："各位女士，各位先生，现在我向大家报告一个好消息：上帝就要光临我们的舞会了。"外国客人一听，立即鼓掌，以为这是特意按照圣经故事安排的节目，中方人员也一起鼓掌。在井然有序的进程中，中方经理派人立刻拿来了以防万一的红蜡烛，开始了"烛光舞会"。

以上两则案例中，主持人和中方经理所具备的遇事不慌、泰然化解尴尬的协调应变能力，正是公共关系人员应具备的能力素质。公共关系既是一门科学，又是一门艺术。说公共关系是科学，是因为公共关系有可遵循的客观规律；说公共关系是一门艺术，是因为公共关系能适应环境的变化，可以突破固定形式。因此，创新是公共关系活动的一个突出特点。创新能力既是公关组织的生命力所在，也是衡量公共关系人员才能高低的标尺。那么，什么是创新呢？所谓创新，就是通过观察、研究环境和组织内部经营活动之间的关系，发现差距、漏洞、裂痕及缺陷等，进而提出独特的解决方案，最终得到一个新结果的过程。公共关系人员的创新能力是指公共关系人员在其工作中创立新思想、新观念、新事物和新环境，不断满足自我实现或适应自身变化的能力。

公共关系人员在从事公共关系工作时，要思维活跃、充满激情，摒弃陈规和陋俗、冲破旧有观念的束缚、打破条条框框的限制。不仅要在重大策划、重要事项中发挥较强的创新能力，而且在公共关系日常工作的细小环节，如宣传、接待等工作中，也要体现出创新精神，做到与众不同、别出心裁、令人难忘。公共关系工作切忌千篇一律、一味模仿，否则会导致思想苍白、行动迟钝与萎缩。只有不断地创造新颖的方法、奇特的方式，才能满足公众不断求新、求异的心理需要，从而达到扩大影响、树立形象、推销产品、争取公众支持合作的根本目的。所以，敢于创新、勇于开拓对公共关系事业的成功是至关重要的。

五、公共关系意识

公共关系人员除了要具备以上各方面的能力素质之外，还必须具有公共关系意识。公共关系意识是公共关系实践活动在人们思维中的反映。作为一种深层的思维习惯和行为规范，公共关系意识指导和约束着公共关系人员的行为。良好的公共关系意识能促使从业人员始终处于一种积极主动的工作状态，可创造性地完成各项公共关系工作。反之，没有公共关系意识的人，即使有再好的心理素质和创新能力，也绝不可能做好公共关系工作。同样，不具有明确公共关系意识的公共关系人员，即使有很好的公共关系知识和能力结构，也不可能成为一位优秀的公共关系人员。只有具备良好的公共关系意识，才能使公共关系行为处于自觉化的状态，才能适应环境的变化，迅速反应、灵活处置，建立一种能动、开放、创造性的机制，顺利完成公共关系的各项工作任务。因此，公共关系意识是公共关系人员应具备的各项素质中最为重要的一项基本素质。概括来讲，公共关系意识主要包括以下内容。

第一，塑造形象的意识。公共关系的目标是塑造良好的组织形象。在现代社会，良好的组织形象是社会组织的无形资产，公共关系的一切工作都是围绕组织的形象目标而展开的。所以，塑造形象的意识是公共关系意识的核心。在公共关系思想中，最重要的是珍惜信誉、重视形象的思想。具有明确组织形象意识的人，懂得组织形象对社会组织生存和发展的价值，能够像维护自己的形象一样自觉维护本组织的形象。

第二，服务公众的意识。组织形象是为社会组织的特定对象塑造的，这些特定对象就是与社会组织有着某种必然联系的公众，公众的需求就是组织形象塑造所追求的目标。正如古人所言："水能载舟，亦能覆舟。"离开了公众，孤立的组织形象是毫无意义的；忽视了公众，组织的生存就会受到威胁，自然也就谈不上组织的进一步发展了。现代公共关系教育的先驱、美国著名公共关系学者爱德华·伯内斯早在1923年就指出：公共关系工作是为了"赢得公众的赞同"，"公共关系首先服务于公众的利益"。任何组织的公共关系工作都必须着眼于公众的利益，创造一切条件为公众服务，满足公众不断增长的需求。只有牢固树立"公众第一"的观念，明确组织的公共关系工作归根到底是为了"服务公众"，才能承担起组织应有的社会责任，才能真正做好公共关系工作。

第三，诚信互惠的意识。公共关系是组织与公众之间的互惠互利关系。公共关系工作既要满足公众的需求，尊重公众的利益，又不能忘记自身的利益，尤其是在当今充满竞争的社会，一个组织需要一种竞争态势，组织与组织之间，既竞争又合作，共同发展，共同前进，塑造形象、获得公众是不能排斥利己性目的的。所以说，公共关系工作是建立在互惠互利基础上的合作关系。公共关系人员要明白，诚信是互惠的前提，只有诚信，才能实现互惠。诚信互惠就是社会组织与其内外公众共同发展，它是社会组织开展公共关系工作的原则，也是社会组织是否真诚对待其公众的具体体现。只有具备诚信互惠的公共关系意识，公共关系人员才能信守平等互利的原则，真诚友善；只有兼顾组织和公众的利益，才能得到公众的信任、理解和支持。

第四，创新审美的意识。社会组织要想塑造并维持自身良好形象，在同行业中处于显著地位，就必须按照公众心目中的审美需求塑造形象，这样塑造出的形象才会引起公众的关注，才会被公众欣赏。公共关系人员在策划中必须有所创新，使组织形象独树一帜，以其鲜明的个性被公众接受。塑造组织良好形象的过程是一个创新审美的过程。组织良好形象塑造过程中的每一个公共关系活动，其策划与设计都需要创新。唯有创新，才能塑造具有个性的组织形象；唯有创新，才能使组织良好的形象在竞争的社会中，永远立于不败之地。

丑陋玩具风靡全美

美国艾士隆公司董事长布希耐有一次在郊外散步时，偶然看到几个儿童在玩一只肮脏并丑陋的昆虫，爱不释手。布希耐突发奇想：市面上销售的玩具一般都是形象优美的，假如生产一些丑陋玩具，又将如何？于是，他让自己的公司研制一套丑陋玩具，并迅速推向市场。结果一炮打响，丑陋玩具给艾士隆公司带来了巨大收益，并使同行们也受到了启发，于是丑陋玩具接踵而来，如"疯球"就是在一串小球上面，印上许多丑陋不堪的面孔；又如橡皮做的"粗鲁陋夫"，长着枯黄的头发、绿色的皮肤和一双鼓胀且带血丝的眼睛，眨眼时发出非常难听的声音。这些丑陋玩具的售价远远超过正常玩具的售价，然而一直畅销不衰，而且在美国掀起了一场行销丑陋玩具的热潮。

这则案例是社会组织利用公众的求新欲望和逆反心理，创造新奇产品并成功地将自己的产品推向市场的公共关系活动。一次偶然的机会，布希耐由几个儿童不经意的举动，产生了"丑陋玩具"的创意，并付诸实践，进行设计、研制，推向市场后竟然风靡全国，使艾士隆公司获得了巨大的经济利益。由此可见，组织只有在竞争中不断创新、求异，才能技高一筹、领先一步，因此，公共关系人员在工作中应勤于思考、突破常规、大胆设想、追求新颖别致。

第五，立足长远的意识。社会组织凭借公共关系在社会公众中塑造良好形象，并不是立竿见影的事，也绝非一日之功，而是需要通过长期努力、不断积累，才能取得成功。公共关系活动与广告或推销不同，如果说广告或推销更多地着眼于眼前，注重较为直接的经济效益，那么，公共关系工作从根本上来说，则立足于长远，追求长期的效益。任何急功近利、只关注短期效益的做法，都是与公共关系思想不相符的。公共关系的基本方针是着眼于长远打算，因此，公共关系人员要搞好公共关系工作，就要有立足于长远的意识，着手于平时的努力，不能急功近利，拘泥于一时的功利得失。

第二节　公共关系人员的职业道德

职业道德是从事一定职业的人在职业活动过程中形成的必须遵守的行为规范和道德准则，是一定社会对特定职业从业者的道德要求，是社会道德在职业劳动中的具体体现。公共关系人员的职业道德,是公共关系工作人员在长期的职业活动中形成的,在个人的道德观念、道德行为中表现出来的比较稳定的特点和倾向。

从某种角度讲,公共关系人员的职业道德要比其他职业对从业人员的要求更高一些。这是因为:第一,公共关系要通过塑造组织的良好形象,扩大组织的知名度、美誉度、和谐度,追求组织经济效益和社会效益的最佳统一,因而从事公共关系这一职业的人需要有高尚的道德品行;第二,从事公共关系职业的个人往往代表的是某一个社会组织,其在公共关系工作中反映出的道德好坏不只是影响个人,更重要的是影响整个组织,因而这一职业的道德标准要更高一些。总体来说,公共关系是一项塑造形象、建立声誉的崇高事业,因此,公共关系人员应高度重视自身的道德修养,忠实地履行职业道德,这是各国公共关系组织对其成员的一致要求。

一、国际上关于公共关系人员的职业道德准则

世界各国众多公共关系组织为公共关系职业道德系统化、正规化和制度化制定了不少职业准则,其中《国际公共关系道德准则》影响最大。该准则由国际公共关系协会名誉会员、法国的卢亚恩和马特拉特起草,于1965年5月12日在雅典召开的国际公共关系协会全体大会上通过,所以又称《雅典准则》。1968年4月17日,德黑兰全体大会对该准则进行了修改。目前,很多国家的公共关系组织采用该准则,或以此为范例稍作变动,以适应自己国家的需要。《国际公共关系道德准则》的具体内容如下。

1. 应该努力做到

(1)为建设应有的道德文化条件,保证人类可以享受《联合国人权宣言》所规定的诸种不可剥夺的权利做贡献。

(2)建立各种传播网络与渠道,以促进基本信息自由流通,使社会每一成员都有被告知感,从而产生归属感、责任感、与社会合一感。

(3)牢记由于职业与公众的密切关系,个人的行为即使是私人方面的,也会对事业的声誉产生影响。

(4)在自己的职业活动中尊重《联合国人权宣言》的道德原则与规定。

(5)尊重并维护人类的尊严,确认个人均有自己做出判断的权力。

(6)促使为真正进行思想交流所必需的道德、心理、智能条件的形成,确认参与的各方都有申诉情况与表达意见的权利。

2. 应该保证做到

(1)在任何时候、任何场合,自己的行为都应赢得有关方面的信赖。

(2)在任何场合,自己均应在行动中表现出对他所服务的机构和公众双方的正当权益的尊重。

(3)忠于职守,避免使用含糊和可能引起误解的语言,对目前及以往的客户或雇主都始终忠诚如一。

3. 应该避免

(1)因某种需要而违背真理。

(2)传播没有确凿依据的信息。

(3) 不参与任何冒险行动或承揽不道德、不忠实、有损人类尊严与诚实的业务。

(4) 不使用任何操纵性方法和技术,来引发对方无法以其意志控制,因而也无法对之负责的潜意识动机。

二、国内关于公共关系人员的职业道德准则

20世纪80年代末,中国大陆兴起了"公关热"。为了使公共关系人员有章可循,并矫正国内公共关系界出现的某些不正确的公共关系行为,推动中国公共关系事业的健康发展,1989年9月27日,全国省、市公共关系组织第二次联席会议提出了《〈中国公共关系职业道德准则〉草拟及实施草案》。它以我国社会公认的道德规范和我国公共关系实际为出发点,并借鉴了《雅典准则》《威尼斯准则》及国外一些有参考价值的文件,虽然它还不尽如人意,有待进一步完善,但它的诞生无疑是中国公共关系事业发展史上的一件大事。这里,我们将该职业道德准则的全文转引如下。

总　则

中国的公共关系是在改革开放的形势下出现的新生事物,它的诞生和发展对贯彻党的一个中心两个基本点的基本路线、对我国有计划商品经济的发展和社会主义精神文明建设起到一定的推动作用。

中国公共关系从业人员在从事公共关系活动中,以塑造不同的个人、团体和社会组织的形象以及他们之间的沟通、理解、和谐、拓展、合作,推进社会主义的公共关系事业为最高境界。由于公共关系从业人员能够借助现代化的大众传播媒体手段直接或间接地与成千上万人接触,并深刻地影响到公众的思想和生活,因而公共关系从业人员的这种能力必须受到职业道德准则的制约。有鉴于此,凡认同并在下述职业道德准则上签字的所有公共关系组织都应该以本准则所规定的各项原则自律。如果发现某个公共关系组织或个人在履行职责过程中违反了本准则,则将被认为犯有渎职行为而受到相应的处罚。

条　款

(1) 每个公共关系从业人员必须使自己的公共关系实践和理论符合我国的宪法、法律和社会公认的道德规范,必须铭记他自身的一举一动都将影响到社会公众对这种职业的总体评价。

(2) 在任何情况下,公共关系从业人员都必须做到全心全意为我国的社会主义事业服务,都应该考虑到有关各方的利益,首先应该考虑社会公众的利益,同时也应该考虑自己所在组织的总体评价。

(3) 公共关系从业人员在进行公共关系活动的时候,力求真实、准确、公正和对公众负责。

(4) 从事各种专业公共关系的专职人员应该在借鉴、钻研和实践的基础上,努力提高各自的公共关系业务水平。

(5) 公共关系教育工作者应该以一种严肃、认真、诚实的态度对待公共关系高等教育和普及教育。

(6) 公共关系从业人员不得参与不道德、不诚实或有损于本职业尊严的行为。

(7) 公共关系从业人员不得为了个体利益故意传播虚假的或使人误解的信息。

(8) 每个公共关系从业人员不应该有意损害其他公共关系从业人员的信誉和公共关系实

务。但如果是有证据证明其他公共关系从业人员有不道德、不守法或不公正行为,包括违反准则的行为,应该向自己所属的公共关系组织如实反映。

(9) 公共关系从业人员不得借用公共关系名义从事任何有损公共关系信誉的活动。

(10) 公共关系从业人员不得利用贿赂和其他不正当手段来影响传播媒体人员真实、客观的报道。

(11) 公共关系从业人员在国内外公共关系实务中应该严守国家和各自组织的有关秘密。

三、公共关系人员的职业道德

参照《国际公共关系道德准则》和《中国公共关系职业道德准则》,并结合近年来我国公共关系发展的实际情况,可将公共关系职业道德规范概括为以下四个方面。

(一) 遵纪守法、爱岗敬业

任何组织和个人都不能凌驾于宪法和法律之上,都必须在国家制度许可的范围内开展活动。因此,公共关系工作人员必须牢固树立法律意识,自觉遵守国家的法律、法规和社会公共道德规范,成为遵纪守法的模范。所谓遵纪守法,是指公共关系人员必须遵守国家的有关法律法规和本组织、本单位的规章制度,这也是法治社会对每个公民的共同要求。所以,公共关系人员在具体职能活动中,要处处以法律为准绳,依法办事,按制度办事,不能做法律法规、规章制度不允许的事情。公共关系人员大都有着比较广泛的社会交往和人际关系网络,经常参与各种社会活动,容易受到各种不正之风的影响和诱惑,这就要求公共关系人员时刻保持清醒的头脑,尊重社会公德并维护公共利益,树立自身形象和所在组织的良好形象。

爱岗敬业是从业人员对待自己所从事职业的态度。对于公共关系行业而言,爱岗敬业是公共关系人员的基本价值观和职业信条。它是一种积极向上的心态,"干一行、爱一行、专一行"是对公共关系人员职业道德、职业操守的基本要求。要想成为一名优秀的职业公共关系人员,首先要具有崇高的事业心,热爱公共关系这一职业,具备认真履行本职工作的社会责任和道德责任;其次要不断积累专业知识,提高公共关系能力,丰富实务经验;再次要有强烈的职业责任感和使命感。

(二) 忠于职守,诚实守信

忠于职守有两层意思。一方面是忠诚于组织,即热爱所服务的组织、信奉所服务的组织、捍卫所服务的组织。这里有两点需要说明:第一,忠诚于组织并不是对所服务组织的盲目服从,而是对所服务组织的理性认同;第二,对组织的忠诚应建立在忠诚于自己的国家和人民的基础上,出于小团体或个人的利益的忠诚是自私的、狭隘的。另一方面是恪尽职守,即热爱本职工作,有强烈的职业责任感,能充分履行自己的职责。忠诚于组织与恪尽职守相互联系,构成了忠于职守的完整内涵,是公共关系工作人员必须具备的最基本的职业道德品质。

与忠于职守直接关联的另一个职业道德品质是诚实守信。作为联系组织与公众的重要桥梁,公共关系工作人员对组织和公众必须诚实守信,做到以下几点。第一,牢固树立诚实正直、实事求是,言必行、行必果的观念,自觉养成表里如一、言行一致的行为习惯。无论是对待政府、新闻媒体，还是社会公众，都要真诚相待，不可投机取巧，如面临公共关系危机处理时，公共关系人员一定要把发生事情的原委、危机的真相如实告诉新闻媒体和公众，既不能随意"膨胀"事实，也不能精心"隐瞒"事实，严禁用假话隐瞒真实的情况。只有这样，才能获得社会公众的信任和支持，才能有效地开展公共关系活动。第二，凡是对公众承诺的职责和义务，都要尽力履行，绝不能朝秦暮楚、反复无常，做出有损组织和自己形象的事情。第三，要严格维护客户的合法权益，既不能同时为同一行业的两个以上组织提供服务，更不得用在为某一公司服务时获取的商业机密来为另一公司服务，应做到尊重竞争对手，不肆意压价，不搞无序竞争，切实维护和光大整个公共关系行业的信誉和形象。

（三）勤奋学习、高效工作

21世纪是一个"知识爆炸"的崭新时代。美国广播教育专家希里尔指出："如果科学知识以现在的速度增长，那么，现在出生的孩子到大学毕业时，世界上的知识量会增加4倍；当他50岁时，知识量将增加到32倍。可以说，徜徉在知识的海洋，现代人面对成指数增长的知识，早就没了那份徜徉的惬意，代之而来的是一种紧迫感和危机感。"在这样的形势下，任何人都必须养成勤奋学习的高尚品质。公共关系工作是最富有挑战性和创造性的工作之一，工作人员如果没有广博的基础知识、扎实的专业知识、出色的技能和丰富的社会经验，是难以胜任这项工作的。要做好公共关系工作，就要凭借真才实学，凭借对公共关系理论和实务知识的全面掌握和灵活、熟练的运用。那种不学无术、碌碌无为、工作中经常出差错，给公众、组织乃至整个社会带来损失的行为，都是不道德的表现。因此，公共关系人员必须要持之以恒地勤奋学习、钻研业务，将公共关系的理论和实践有机结合起来，悉心研究，不断积累公共关系经验，提高业务水平。

追求活动目标是人类一切活动的共同特点。公共关系活动也不例外。虽然不同组织的公共关系活动各有特点，但都有一个共同点，那就是要取得一定的成效。而能否取得一定的成效，在很大程度上取决于公共关系工作人员能否高效工作。如果工作人员具有强烈的效率意识，能够创造性地开展工作，就一定能收到较好的活动效果。否则，活动效果就会大打折扣。在公共关系活动中，公共关系人员只有勤奋工作，努力开拓创新，用最少的时间、金钱和人力，办尽可能多的事情，才能为社会组织或客户争取更好的社会效益和经济效益。所以，高效工作是任何公共关系工作人员都必须具备的职业道德品质。

案例 8-6

永远不要看不起小事

1950年，一位名叫柯林的美国年轻人，每天一大早就来到卡车司机联合会大楼寻找做零工的机会。不久，百事可乐公司一家工厂需要雇用一个擦洗车间地板的工人，没有其他人愿意去应征，只有柯林去了。柯林觉得，一个人不管做什么工作，总会有人注意的！所以他打定主意，要做最好的擦地工。有一次，有人打碎了50箱汽水，把地板弄得到处都是黏糊糊的泡沫。他很生气，但还是耐着性子把地板抹干净了。第二年，他被调往装瓶部。第三年，他升任副工头。从这次经历中他悟到了一个重要的道理："一切工作都是光荣的。"他在回忆录中写道："只要永远尽最大的努力去做每一件事情，你一定会有所成就的。因为有眼睛在注视着你。"许多年以后，全世界的目光都凝聚到他身上，因为他就是美国国务卿——

柯林·卢瑟·鲍威尔。凡是成就大业的人都是从小事干起的，看不起做小事的人永远不会有大作为。

（四）尊重他人，善于合作

社会组织的形象往往在其员工尤其是公共关系人员的身上得以体现。因此，公共关系人员在工作中要有良好的礼仪修养，给客户或公众留下美好的印象。公共关系人员在待人接物时一定要文明礼貌、举止大方、谈吐文雅、常带微笑。既不傲慢、冷淡，也不显得阿谀、做作。这些说起来容易，但要真正做好其实并不易，这就要求公共关系人员必须注意自身素质的培养和提升。首先，要有谦虚的美德。俗话说："谦虚使人进步。"谦虚是人们虚心好学的人生态度以及永不满足的进取精神，它能使人实事求是地看待、评价自己和别人，严于解剖自己，平等待人。其次，要有容人之心。宽容是一种美德，尊重别人就要善解人意，适当地宽容别人的缺点。再次，要注意礼让他人。礼让指的是语言和动作的谦让、恭敬，如文雅亲切的态度、和颜悦色的表情等，其核心是发自内心地尊重他人和待人友好、诚恳。总之，谦虚、宽容、礼让是每个人都应具备的高尚品德，对于公共关系工作人员来说尤为重要，这不仅是他们的为人之本，更是必须坚守的职业道德。

学会与人合作，是一种智慧，也是一种生存方式。公共关系工作是面向社会、服务公众的工作，涉及方方面面的关系。这一工作的性质和特点决定了任何一个公共关系工作人员都不可能不与相关组织和其他人员发生联系，也不可能仅凭个人的努力和能量去实现公共关系活动目标。同时，公共关系工作也是一种群体性的工作，它需要工作人员之间的精诚合作和相互配合。公共关系人员只有善于合作，才能处理好各种关系，赢得组织内外的广泛支持和配合，凭借集体形成的合力来实现活动目标。互助、互信、团结、友爱是公共关系工作顺利开展的可靠保证。因此，学会合作、善于合作是公共关系人员应遵守的基本职业道德。

案 例 8-7

王非汉语言文学硕士毕业后，加入一家人力资源咨询公司。他是该公司学历最高的员工，上司和同事都对他寄予很高的期望，希望他的加盟能够弥补公司人事重组后的某些模糊区域。此时，公司另一个部门正忙着在短期内研究出一套新的人力资源培训方案，想请他在完成本职工作的同时协助处理一些登记报名之类的日常工作。但是，王非拒绝了，他说："这不属于我的职责范围。"他在心里对自己说："我有义务做这样的琐碎小事吗？"同事们逐渐发现，王非只接受主管领导直接下达的工作任务。几个月后，他渐渐失去了同事的信任和领导的期望，有些工作还拖了公司的后腿。最后，公司辞退了王非。

第三节 公共关系人员的培训与考核

随着时代的发展，公共关系事业得到蓬勃发展，公共关系职业活动的领域越来越广，高素质、高技能的公共关系人才成为市场的宠儿。然而，公共关系在我国还属于一门全新的事业，公共关系人员的选择、配备和培养，是公共关系建设的重要部分。从一定意义上说，一个社会组织有了得心应手的公共关系人员，就等于为公共关系奠定了胜局。公共关系对于组织生存和发展的重要性，客观上决定了公共关系人员的重要责任，同时也决定了社会组织对公共关系人员的选择与任用要格外重视。

一、公共关系人员的配备

从专职公共关系机构看，公共关系人员可分为公共关系领导人员和公共关系一般人员。

（一）公共关系领导人员的职责

公共关系领导人员是指公共关系机构的经理、主任等负责人，是本机构的领导者和管理者。他们负责统筹策划公共关系活动的全部环节，是组织中举足轻重的人物。他们的主要职责包括：确定公共关系工作目标，制订公共关系工作规划；对人力、经费、设备、时间等进行预算和分配；领导全体公共关系人员开展公共关系工作；内调外联，协调各方关系。

社会组织内部的公共关系部门领导人，往往由组织的领导成员兼任。在这种情况下，公共关系领导人除了履行上述四种职责外，还有一些特殊的职责，包括：出席组织最高领导层的工作会议，参与组织最高层的决策活动；充当组织的发言人，主持组织举办的新闻发布会、负责向社会各界人士解释说明组织的有关政策行为；充当组织的外交代表，出席主持各种社交活动，在本组织与其他组织或公众的交往活动发生重大问题时，亲自到现场处理解决。

（二）公共关系一般人员的职责

公共关系一般人员是指在公共关系机构中工作的各类人员，其分类和职责如下。

（1）调查分析人员。主要职责是调查、收集、分析和统计各类信息，预测公众动向和社会发展趋势，评估组织的形象和公共关系的工作效果，并寻找其形成原因。

（2）方案策划人员。主要职责是根据分析人员提供的资料，提出公共关系活动的目标、计划和方案等。

（3）传播实施人员。主要职责是按照既定的公共关系目标、计划和项目方案开展公共关系传播活动，如稿件、资料的撰写和刊物的编辑等工作。这类人员需要有较高的政治素养、扎实的文字功底和新闻写作方面的知识与经验。

（4）文秘人员。主要负责办公室文秘和业务接待等工作。他们既要充分了解公共关系实务的工作原则、方法和技巧，又要具备应付日常事务的能力。

（5）专门技术人员。主要负责摄影、摄像、录音、美工、财务、法律、广告设计、网络维护等工作。

二、公共关系人员的培养

职业化是世界公共关系进步与发达的标志。公共关系人员的良好素质与各种能力并非是与生俱来的，而是通过不断的学习和实践得来的。实践证明，要成为一名合格的公共关系人员，必须经过严格、系统的教育和科学、规范、国际化的专业培训与考核。

（一）公共关系人员的培养目标

根据公共关系工作的实际需要，对不同的公共关系人员应该有不同的培养目标。一般认为，公共关系人员的培养应该从两个方向着手：一是培养通才式的公共关系人才；二是培养专才式的公共关系人才。

1. 通才式的公共关系人才

通才式的公共关系人才，可视为领导型人才。要求知识面广、头脑灵活、思路开阔、考虑问题周全。而且，要有较全面的智力结构、能力结构和较完美的性格结构，在工作中能独当一面，担任公共关系工作的组织者和指挥者。他们虽然没有某方面的专长，在知识和能力上也不一定样样精通，但在组织和指挥方面却非常擅长。具体来说，这种类型的人才必须具备三个三分之一，即：1/3 是企业家，力争上游、追求卓越、精明强干；1/3 是宣传家，消息灵通、左右逢源、能说会道；1/3 是外交家，待人热情真挚、谈吐幽默高雅、举止大方、广交四方宾朋。也就是说，通才式的公共关系人才需要具有企业家的头脑、宣传家的技能和外交家的风度。其定位是：懂管理、会策划、善传播。这样的人虽然需求量不大，但对公共关系事业的成功关系重大。因此，必须通过系统的公共关系理论教育和实践技能的训练，造就一批优秀的公共关系领导人才。

2. 专才式的公共关系人才

专才式的公共关系人才，可视为具体公共关系工作人才。要求熟练掌握公共关系某一方面的专业知识和技能，或精通公共关系学科的某一分支、某一专题，如新闻写作、广告设计、美工摄影、编辑制作、市场调查、绘画书法等。他们要么是从事理论研究的专家，要么是公共关系活动的行家里手。这种人才是一个健全的公共关系机构中不可缺少的人才，尤其是企业单位，大量的具体公共关系工作需要他们去完成。所以，专才式的公共关系人才需求量较大，同样需要系统的公共关系理论教育，需要实践技能的专门培养和训练。

目前，一般公共关系机构中的公共关系人才大多两种素质兼备，每一个专业公共关系人员不仅是通才，还各具专业技能，可谓专通兼具，能适应不同工作对象的需要，成为所在组织的"形象大使"。值得注意的是，对现有公共关系人员的培训，还应不断强化他们的责任感和职业道德感，不断规范他们的职业行为。

（二）公共关系人员培养的途径和方法

从公共关系教育的角度看，公共关系学作为一门新兴学科，其理论知识丰富多彩，实践操作异彩纷呈，二者相辅相成，相互促进。反过来讲，如果没有扎实的基础理论知识，是难以掌握公共关系实务技能和技巧的。公共关系作为一种社会化职业，同样要求从业人员既要具备合理的知识结构，又要具备熟练的实战技能。培养公共关系人才的途径主要有院校教育和社会教育两种。

1. 院校教育

院校教育属于正规系统教育，主要指高等院校的学历教育，包括大学本科教育和大专教育。大学公共关系专业本科教育学制一般为四年，专科教育学制一般为2～3年。无论是本科教育还是专科教育，都建立在系统、严格的教育培养基础之上，有明确的课程计划、教学大纲、专业师资、专业教材、培养目标和方法，教学要求较高。公共关系院校教育，尤其是在高等院校开设公共关系专业，是公共关系职业化的一个标志。所以，院校教育是比较正规而有效的培养合格公共关系人才的途径。

从中外公共关系教育的历史和现状来看，院校教育大致两种情况。

第一，在高等院校设置公共关系专业。国外有不少大学设置公共关系专业，且多半在新闻、传播学院（系）里，它们大多培养公共关系学士、硕士，个别培养博士。我国目前已有近百所大学开设公共关系专业，有些大学开始招收公共关系专业方向的硕士研究生。

公共关系专业的学生经过正规系统的教育，可获得较系统、全面的公共关系基础理论知识和技能，以及相关学科知识，有利于培养独立工作能力和各科专业才能，为以后从事公共关系工作奠定扎实基础。学生毕业后一般能直接从事公共关系工作，不过，国外对于这样的毕业生还要进行严格的资格考评，以确认他们的从业资格。公共关系专业本科生极有可能成为各大公司的公共关系部经理和公共关系咨询公司顾问等高级公共关系人才。一些发达国家跨国大公司的高层次公共关系人员，大多经过正规本科教育，他们知识面广，社会活动能力强，是通才式公共关系人才。由专科、专修学院培养的公共关系人员，大多能系统地掌握公共关系的理论，精通1~2项公共关系技术手段，是专才式公共关系人才。

第二，在高等院校开设公共关系课程。国内外不少大学的新闻系、商业系、管理系及其他相关系都开设1~2门公共关系课程，供学生学习。这种公共关系课一般属于概论性质或以概论为主捎带些实务。时间不长，多为一学期。这种课程对上述院系或专业的学生来说，属于应掌握的专业知识的一部分。学习公共关系的理论与实务，有助于完善学生的专业知识结构。当然，这些学生毕业后若从事公共关系工作，仅凭这点公共关系知识是不够的，还需进一步系统地学习公共关系方面的知识，并通过大量的公共关系实践活动进行锻炼。

2. 社会教育

公共关系社会教育作为另一种培养途径，属于非学历的继续教育，是公共关系院校教育的有益补充。公共关系社会教育主要有普及型和提高型两种类型。普及型的公共关系社会教育重点是面向非公共关系专业人员普及公共关系基本知识。非公共关系专业人员在接受公共关系知识后，再经过进一步的学习深造和实践锻炼，有可能成为公共关系专业人员。所以，这种类型的公共关系教育在各国公共关系发展的初级阶段显得尤为重要。提高型的公共关系社会教育重点是面向现有公共关系人员，从某些实际方面提高他们的理论水平或工作水平。目前在公共关系职业化程度较高的发达国家，公共关系社会教育均以提高型为主。

公共关系社会教育的形式多种多样，没有一个特别固定的模式，较为常见的有公共关系函授教育和岗位培训。

（1）公共关系函授教育。采用函授的方式培养公共关系人员，是我国目前较为盛行的一种应急方法，它是公共关系院校教育的社会化。函授教育的时间比院校教育的时间短，通常学制为1~2年，其课程设置相对集中。函授教育要求学员有很强的自学能力。继1987年上海复旦大学、深圳大学首批举办函授教育之后，我国各省、市的公共关系协会、研究会开设的函授教育越来越多。这种培养形式既有远程网络教育形式，又有面授教育形式，可以不受时空条件的限制，利用业余时间学习掌握有关知识，形式较为灵活。

（2）岗位培训。公共关系人员的岗位培训主要面向已经从事公共关系工作的人员。培训时间没有统一规定，有的长达数月，有的仅几天。由于培训时间长短不一，教学内容也不尽相同。培训的主要目标往往以掌握各科业务技能为主，培训专才式的公共关系人才，如广告设计、新闻采写、情况调查、美工摄影等。这类人才目前在我国比较缺乏，因此，公共关系岗位培训对于社会在职人员了解公共关系的基本内容、获悉公共关系研究和实践的最新成果、提高业务工作水平，有较好的效果。

欧美公共关系课程

基础课程：政治学、经济学、法律学、社会学、哲学、数学、统计学、人类学。

应用课程：大众传播学、舆论学、新闻学、社会心理学、外国语言学、市场学、财政学、销售学、工商管理学、广告学、会计学。

专业课程：公共关系原理、公共关系实务、劳工关系、民意测验、语义学、摄影、演说、新闻写作。

三、公共关系人员的考核

对公共关系人员进行考核，是确保公共关系人员队伍的质量、激励公共关系人员不断上进的一种方法，这是公共关系队伍建设的一项系统工程。公共关系人员的考评主要包含两层含义：一是指对公共关系人员的职业资格进行考核，检验其是否具备从事公共关系职业的基本素质；二是指组织内部对本单位公共关系人员的工作能力、工作状况进行的评价，判断其是否称职，并作为奖惩的标准。

（一）职业资格考核

公共关系人员的职业资格考核目前尚无国际通用的模式。各国的公共关系专业组织在这方面都做了不少工作，其中最突出的要数美国公共关系协会组织的任职资格考试和英国公共关系协会参与主持的CAM考试。

CAM为英国传播、广告及市场营销教育基金会的缩写。CAM考试共分两个等级。第一等级考试有7门课程的考试，即市场营销、广告、公共关系、媒介、调查与行为研究、传播实践、商业与经济环境。公共关系、广告和市场营销人员只要通过其中6门课程的考试，就可获得CAM传播研究证书。获此证书者才能参加第二等级考试。第二等级考试有4门课程，即商业组织的公共关系、非商业组织的公共关系、公共关系战略、管理资源。凡通过其中3门课程考试者，可获CAM公共关系文凭。

由英国CAM考试认定的从业人员资格，得到英国各界的普遍承认，对我国公共关系职业资格考核也具有重要的参考价值。1993年，中国公共关系协会试行推出中国的"公共关系专业资格证书"培训活动，在国内引起较大的反响。公共关系界不少人士认为，这一举动有助于促进中国公共关系从业人员任职资格的规范化，它对于提高中国公共关系从业人员的职业素质、优化现有公共关系人员队伍，有着十分重要的意义。

从2000年开始，我国由国家劳动和社会保障部组织进行公关员资格全国统一考试，分初、中、高三个级别。初级属于国家职业资格五级，中级属于国家职业资格四级，高级属于国家职业资格三级。鉴定方式采用理论知识考试和技能操作两种方式，两门考试均采用百分制，皆达60分以上者为合格。2003年6月，公共关系专业委员会在劳动和社会保障部职业技能鉴定中心的指导下，组织相关专家对《公关员国家职业标准》进行了修订，在原有初、中、高级公关员的基础上，增设"公关师"（国家职业资格二级）、"高级公关师"（国家职业资格一级），对五个等级的申报资格提出了明确要求。同时，对"公关师"和"高级公关师"的考核办法做了新规定，除技能知识采用闭卷考试外，还增加了专业技术报告和答辩的专家评审考核。

（二）工作业绩考核

组织内部对本单位公共关系人员的工作业绩考核，是组织对公共关系人员施行奖惩的标准与依据，有利于调动公共关系人员的工作积极性，提高公共关系工作效率。考核方法主要有以下几种。

1. 考试评议法

即通过口试或笔试的方式，检查公共关系人员的专业理论知识和专业技术能力。评议就是采用多种方式征求相关人员对被考核者的意见，并组织分析、讨论，最终做出公正的评价。通过这种方式可以比较公平地鉴别优劣，达到优胜劣汰或鼓励、促进公共关系人员提高其公共关系业务水平的目的。

2. 工作标准法

即根据不同岗位的具体工作要求，制定不同的工作标准，并以此衡量相应公共关系人员的优劣。这种方法有明确而具体的客观标准，比较公正合理，特别适合考核工作成绩，也适用于调整职务津贴和奖金分配。但是，有些岗位不宜制定工作标准，尤其是复杂的脑力劳动更难制定标准，也会给考核带来一定的难度，绝不能一刀切。

3. 量表评定法

即用一种标准化的等级作为工具，通过组织评、群众评、自评等多种途径，对公共关系人员进行全面评定的方法。这种方法的优点在于评定项目设计严格、定义明确、计算方法统一合理，评定结果既能客观全面地反映一个人的实际水平，又能进行相互间的合理比较。

4. 相对比较法

即根据各考核要素，将所有被考核者按两人一组的方法进行对比，判定每组的优者和劣者，然后综合其结果得出最终的序列和成绩。这种方法，考核的结果准确性高，能够避免主观性、片面性与随意性。但这种方法易受被考核者人数的影响，人数多、考核量大，易导致考核工作烦琐，适用范围也受到一定限制。

【思考与练习】

1. 公共关系人员应具备的基本素质包括哪些？
2. 谈谈公共关系人员应该具备怎样的生理素质和心理素质？
3. 你认为公共关系培养应从哪些方面着手？
4. 简述公共关系人员的职业道德。

第九章 公关礼仪与组织形象

【学习目标】

通过本章的学习,理解礼仪和公关礼仪的概念;理清公共关系与礼仪、礼仪与个人形象、公关礼仪与组织形象、个人形象与组织形象、公关礼仪与一般的人际礼仪之间的关系;把握礼仪和公关礼仪在塑造形象中所发挥的重要作用;掌握公关礼仪的原则。

【本章导读】

公共关系的基本职能之一是塑造良好的组织形象,而组织形象是由多方面的要素构成的,个人形象是组织形象中的核心要素。公关礼仪是礼仪文明的新成果和新阶段,是传统人际礼仪在现代公共关系事务中的运用和发展,它代表着人际礼仪的发展趋向。

修养也是一种宝贵的财富

一家公司招聘总经理助理,经过多次筛选淘汰,最后剩下五位竞聘者。最后一轮考试,要从这五位中选出一人。考场设在办公楼的五楼,五位竞聘者由工作人员带进考场,当他们沿着阶梯逐级而上,最后进入考场办公室时,只见总经理和主考人员都已坐着等候他们了。五位竞聘者坐下后,总经理宣布,考试已经结束,优胜者已选出来了,就是走在最后边的这位先生。顿时,五位竞聘者大感不解。总经理接着解释道:"你们进入办公室的过程就是考试。请看录像,你们走到第二层楼的楼梯途中,地上有一枚一毛的硬币,前四位先生无动于衷,最后这位先生捡了起来。进办公室后,他就交给了我。在你们走到第三层楼的出入口时,有位员工捧着一大摞资料出来,不小心滑了一下,资料撒了一地,前四位先生视而不见,还是最后这位先生帮助捡起来……"

这则案例很好地诠释了著名礼仪专家金正昆的经典语录:"教养体现于细节,细节展示素质,细节决定成败。"一个人的行为举止是其人品教养的外在表现,也是形成"第一印象效应"的关键。在现代社会,礼仪修养已成为人们立足于社会并求得发展的重要条件,它在很大程度上影响或决定一个人未来的发展方向和事业成败。对个人来说,良好的素质修养是一笔宝贵的财富,也是一种竞争的优势。拥有良好的礼仪修养,可以为你增加诸多资本,正如有人所言:"你的礼仪价值百万。"

第一节 礼仪与个人形象

中国素有"礼仪之邦"的美誉。传说明代初期,菲律宾有一位国王来中国朝拜,因病在中国逝世,但他临终前却要求死后葬在中国,就因为中国有着灿烂的礼仪文明。公元 13 世纪初期,意大利旅行家马可·波罗来中国旅行,并在他的游记中盛赞中国是"东方的天堂"。

在欧洲人眼中，中国既是个物产丰富的国度，更是个文明昌盛、可望而不可即的仙境，是他们心目中的天堂。中国曾被外国人称为"君子之国"。今天，大凡到过日本或跟日本人接触过的人，都可以看到日本人频频鞠躬的礼节，听到"欢迎光临""请多关照"等礼貌用语，日本人称这种礼节和礼貌为"唐风"，说明这个礼节是沿袭1200多年前我国唐朝礼制的。在现代社会中，礼仪是精神文明的象征，是促进社会进步、创造良好社会风尚的道德规范，更是现代人必备的素质和修养。

一、什么是礼仪

孔子云："礼者，敬人也。"说明"礼"的含义是尊重。古人讲"礼由心生"，即礼是从心里产生的，是说我们在人际交往中既要尊重自己，又要尊重他人。从本质上讲，"礼"是一项做人的基本道德标准。"礼"规范的是一个人对待自己、对待别人、对待社会的态度。"礼"的基本要求是：每一个人都必须尊重自己、尊重别人、尊重社会。一个人如果不尊重自己，就不会获得别人的尊重。尊重自己的具体要求是：首先，尊重自身；其次，尊重自己所从事的职业；最后，尊重自己所在的单位。一个人如果不尊重别人，就难以得到对方的尊重。尊重别人，具体要求往往有所不同：尊重上级，是一种天职；尊重同事，是一种本分；尊重下级，是一种美德；尊重客户，是一种常识；尊重对手，是一种风度；尊重所有人，则是一种做人应具备的基本教养。每一个人都生活在社会中，尊重社会，会美化人类自身的生存环境，并有助于人类的最优化发展。尊重社会的具体要求是：首先，要讲究公德；其次，要维护秩序；再次，要保护环境；最后，要爱国守法。

"礼"讲的是尊重。但是，尊重需要借助一定的形式表达出来，不表达别人怎么知道你尊重他呢？也就是说，你对自己的尊重、对别人的尊重，要通过某种形式表达出来。古人云："仪者，表现也，具体形式也。""仪"的含义就是规范的表达形式。任何"礼"的基本道德要求，都必须借助规范的、具有可操作性的"仪"，才能恰到好处地表现出来。因此，"仪"就是恰到好处地向别人表示尊重的一种形式。礼和仪互为因果：礼讲的是"尊重"，仪是表达尊重的形式。就礼仪而言，没有"礼"，就不需要"仪"；没有"仪"，"礼"的思想内容便无以寄托。在人际交往中，既要坚持以尊重为本，又要掌握必要的表达方式。

所谓礼仪，是指人们在社会的各种具体交往中，相互之间为了表达尊重、敬意、友好和关心而约定俗成的、共同遵守的行为规范和交往程序，是人际关系中用于沟通思想、交流感情、表达心意和促进了解的各种规范的、可操作的具体形式。简单地说，礼仪就是尊重自己、尊重别人的规范化的表现形式，是人际交往的基本规则。礼仪包括以下六个方面的含义。

（1）礼仪是一种行为规范。规范是标准和准则的意思。在文明社会中，任何一个人的行为都要受到一定规范的制约，都不能胡作非为，为所欲为。

（2）礼仪是一种程序。礼仪有一定的"套路"，每一环节都有特定的内容和意义，不是毫无联系的某些行为的堆积组合。礼仪的每个步骤都有一定的先后次序。

（3）礼仪是处于一定关系中的人们约定俗成、共同认可的。人们在交往活动中的很多礼仪往往首先表现为一些不成文的规矩和习惯，然后上升为大家认可的，可以用语言、文字来准确地描绘和规定的行为准则，成为人们有章可循，可以自觉学习和遵守的行为规范。

（4）礼仪是一种情感互动过程。在礼仪的实施过程中，既有施礼者的控制行为，也有受礼者的反馈行为，这种控制与反馈的行为活动是一个双向互动的情感交流过程，充满人情味。

（5）礼仪是为维系和发展人际关系而产生的。礼仪必须随着人际关系和其他各种社会关系的发展而发展，不同的时代有与之相适应的不同的礼仪。

（6）讲究礼仪、遵守礼仪是为了实现社会交往各方的互相尊重。礼仪可以有效地展现施礼者和还礼者的教养、风度和魅力，它体现一个人对他人和社会的认知水平、尊重程度，是一个人学识、修养和价值的外在表现。

综上所述，从个人修养的角度来看，礼仪是一个人内在修养、素质的外在表现；从交际的角度来看，礼仪是人际交往中适用的一种艺术、交际方式和方法，是人际交往中约定俗成的对别人表示尊重、友好的习惯做法；从传播的角度来看，礼仪是在人际交往中相互沟通的技巧。可以说，礼仪是塑造形象的艺术，礼仪是人际交往的艺术，礼仪是有效的沟通技巧，礼仪是约定俗成的行为规范。

有教养者十大特征

现代社会中，有教养的人在事业、生活中表现出良好的个性，受到人们的欢迎。总体来说，他们具有以下十大特征。

1. 守时。无论是开会还是赴约，有教养的人从不迟到。他们懂得，即使是无意迟到，对其他准时到场的人来说，也是不尊重的表现。

2. 谈吐有节。有教养者从不随便打断别人的谈话，总是先听完对方的发言，然后再反驳或者补充对方的看法和意见。

3. 态度和蔼。有教养者在与别人谈话的时候，总是望着对方的眼睛，保持注意力集中，而不是翻东西、看书报，心不在焉，显出一副无所谓的样子。

4. 语气中肯。避免高声喧哗，在待人接物上，心平气和，以理服人，往往能取得满意的效果。扯开嗓子说话，既不能达到预期目的，又会影响周围的人，甚至会使人讨厌。

5. 注意交谈技巧。尊重他人的观点和看法，即使自己不能接受或明确同意，也不当着他人的面指责对方"瞎说""废话""胡说八道"等，而是陈述己见，分析事物，讲清道理。

6. 不自傲。在与人交往时，从不强调个人特殊的一面，也不有意表现自己的优越感。

7. 信守诺言。即使遇到某种困难也不食言。自己说出来的话，要竭尽全力去完成，身体力行是最好的诺言。

8. 关怀他人。不论何时何地，对妇女、儿童及上了年纪的老人，总是表示出关心并给予最大的照顾和方便。

9. 大度。与人相处胸襟开阔，不会为一点儿小事和朋友、同事闹意见，甚至断绝来往。

10. 富有同情心。在他人遇到某种不幸时，尽量给予同情和支持。

（资料来源：凌秀梅．现代公关礼仪规范教程．北京：北京广播学院出版社，2007）

二、礼仪与个人形象

礼仪是人际交往的"通行证"。懂得礼仪的人在公务场合或各种正式的、半正式的社交场合能够如鱼得水、游刃有余，他们比不懂礼仪的人更受欢迎和尊重，能获得更多的理解与支持，良好的个人形象也就随之树立起来。礼仪对塑造个人形象有十分重要的影响，主要体现在以下四个方面。

1. 礼仪是打开交际之门的钥匙

《礼记》中讲："入境而问禁，入国而问俗，入门而问讳。"社会心理学通过大量的实验证明，在交往活动中存在着一种"相似性吸引"的心理现象，也就是说人们如果在文化背景、生活态度、社会地位、职业特长和风俗习惯等方面接近或相似，就容易产生共鸣和信任，进而建立友谊。正因为如此，一个人如果懂得不同场合的礼仪知识，就能更容易与交往对象打成一片，使他们觉得你是熟悉他们、理解他们、尊重他们的，从而把你当成自己人，乐于和你交往。美国总统尼克松"改变世界的一星期"的中国之行之所以达到预期的外交效果，就与他临行前专门训练使用筷子有关。相反，如果一个人不懂得有关的礼仪知识，就有可能被某些社交场合隔离开来，即使参加进去，也常显得与周围的人格格不入。可见，礼仪本身就是一种特殊的语言，凭借它才能够打开各种交往活动的大门。

尼克松的筷子

1972年，尼克松开始他"改变世界的一星期"的中国之行。为了这次中国之行，尼克松可谓费尽心机。他知道中国人吃饭用筷子，为了不出洋相，保证熟练地使用筷子，尼克松在出发前曾下苦功练习了一番。总算皇天不负苦心人，这位美国总统真能用筷子进食了。对自己的这一成就，尼克松颇为得意。2月21日，尼克松一行到达北京。当天晚上，周恩来总理设盛宴款待远道而来的贵宾。当时在座的美国人大都不会用筷子，唯独尼克松不紧不慢、有板有眼地用筷子夹取美味佳肴，胸有成竹地让记者拍照，不少人对尼克松能熟练地使用筷子感到吃惊。

更有意思的是，当宴会结束尼克松起身离席时，在场的加拿大《多伦多环球报》驻北京记者伯恩斯立刻飞奔上前，将尼克松用过的那双筷子揣入怀中拿走了。开始人们还不解其故，等到醒悟过来，无不对伯恩斯的反应灵敏报以热烈掌声。等到别人想效仿，对不起，筷子已经为快者所有，再也没有第二双了。据说，后来有人愿出2000美元买这双筷子，被这位年轻的记者断然拒绝。

2. 礼仪是维系人际关系的纽带

在现代社会，礼仪是社会规范和道德规范礼仪的组成部分，同时也是一种交往形式，以新型的人际关系为基础。在日常生活和工作中，礼仪能够调节人际关系，缓和或避免不必要的矛盾或冲突，是社会和谐行为的校正器和人际交往中不可缺少的润滑剂和联系纽带。其实，生活中的很多矛盾、冲突或纠纷，就是因为不讲礼仪、不懂得谦让而引起的。人际关系的融洽离不开一定的情感因素，而情感必然要通过一定的礼仪形式表达出来。那些看似不起眼的礼仪形式，正像一条纽带，把人与人更加紧密地联系在一起。1922年，埃米莉·波斯特的巨著《西方礼仪集萃》第一版问世，她在书中写道："表面上礼仪有无数的清规戒律，但其根本目的却在于使世界成为一个充满生活乐趣的地方，使人变得平易近人。"人与人之间的尊重、友好、谦恭和真诚，追求的都是一个和谐的人际环境，使人们广交朋友，减少摩擦，增进友谊。所以，我们不能忽视礼仪在调节人际关系中的重要作用。

3. 礼仪是促进事业成功的手段

三国时，刘备为了让诸葛亮帮助自己打天下，三顾茅庐，以礼相待，最后诸葛亮答应出山相助。中国古代这样的故事很多，如"不耻下问""张良纳履""将相和"等。荀子的《劝学篇》中有一段话："礼恭而后可与言道之方，辞顺而后可与言道之理，色从而后可与言道之致。"是说一个人只有待人谦恭有礼，才能得到别人的帮助，才能在事业上获得广泛的支持。正如塞万提斯所言："礼貌不花钱，却比什么都值钱。"有的礼仪形式看起来很简单，只不过是一个微笑、一个鞠躬、一声"谢谢"、一次举手之劳，却成为人们立身处世的无价之宝。享誉世界的"旅馆大王"希尔顿正是凭着"微笑"的魅力，赢得了事业上的巨大成功。对于现代社会组织来说，礼仪是组织文化、组织精神的重要内容，是组织形象的重要附着点。国际化的企业组织，对礼仪都有高标准的要求，这也是获得国际认证的重要软件。可以说，讲礼仪不仅是时代潮流，更是提高竞争力的现实需要。对于个人来说，拥有良好的礼仪修养，可以帮助你在社会上立足。在立足的基础上，它可以帮助你提高身价，帮助你在职场上得到更好的发展，也可以为你在商海的成功保驾护航。总之，良好的礼仪修养有助于你事业的成功。

4. 礼仪是形成完美人格的途径

人格的形成固然与人的先天遗传有关，但一个人能否具有一种优良的人格品质，主要靠的是后天的影响和自身的努力。礼仪对于一个人形成完美的人格具有重要的作用，因为礼仪对人的要求包括内在和外在两个方面，即与人为善的道德观念和优雅得体的言行举止。因此，受过良好礼仪教育或注重礼仪修养的人，无论是内在素质，还是外在行为方式，都与缺乏此种训练的人有着明显的不同。英国哲学家约翰·洛克指出："礼仪的目的与作用使得本来的顽梗变得柔顺，使人们的气质变温和，使他敬重别人，和别人合得来……没有良好的礼仪，其余一切成就会被人看成骄傲、自负、无用和愚蠢。"良好的礼仪修养对每个人来说都是一种资本，这种资本可以转化为一个人内在的性格、情操，形成健康、完美的人格，将影响一个人一生的发展。

三、礼仪的作用

讲究礼仪、尊重他人，是一个人精神状态、文化教养和道德水平的体现。古人云："国尚礼则国昌，家尚礼则家大，身尚礼则身正，心有礼则心泰。"可见，礼仪在社会生活中有着至关重要的作用。

（一）礼仪对于人类社会的作用

1. 礼仪促进人类文明的进步

《曲礼》中讲："鹦鹉能言，不离飞鸟。猩猩能言，不离禽兽。今人而无礼，虽能言，不亦禽兽之心乎？"这里明确了"礼"是人与禽兽之间的分界线。动物只有相互的争夺厮杀，没有相互调解的能力。而人能够通过一定的礼仪规范，即自我的节制和相互间的礼让，调节彼此间的利害冲突，建立和谐的关系，防止或制止相互的争夺厮杀。"有礼则安，无礼则危"，所以，懂不懂谦让、能不能节制，成为人与禽兽、文明与野蛮的分界线。在人类文明史上，礼仪随着人类历史的发展而逐渐成为传统文化的重要内容，并始终在人类社会中发挥着重要作用。礼仪是一种世界性的文化现象，它不仅是人类文明的基本要求、一个国家文明进步的标志，还是人体道德素质的外在体现、一个国家的公民文明素养的标志。在国际交往中，礼仪体现国格；在人际交往中，礼仪体现人格。在现代社会，礼仪正通过发挥自身的功能优势，影响并指导着人们各方面的生活，成为个人进步和组织发展不可或缺的工具和手段。

2. 礼仪有助于建立稳定的社会秩序

从中国古代礼制看，礼仪起到了确立尊卑有别、长幼有序的社会秩序的作用。《管子·王辅》对此做了诠释："上下有义，贵贱有分，长幼有序，贫富有度，凡此八者，礼之经也。"出于这样一种统治目的，统治者划定了诸多符合"礼"的要求的具体行为规范，每一个人都要严格遵守由自己的社会地位所决定的规范内容，并在相应的等级中选择符合自己身份的礼仪。所谓君君、臣臣、父父、子子、兄弟、夫妇，就是这种等级序列界定。违此即为非礼，超出即为僭越。与这种等级序列相对应的，是具体的行为规范，即父慈、子孝、兄良、弟悌、夫义、妇听、长惠、幼顺、君仁、臣忠。这种等级差异反映在其生活的每一个方面，如官职的大小、待遇的高低、仪仗的多少、服饰的花色、住宅的宽窄、死后称呼的差别等，甚至连犯罪量刑也不一样。正是这些礼仪规定所形成的制度体系，建立了中国古代社会稳健平和的社会秩序和人伦关系。在现代社会，礼仪仍然起着建立良好社会秩序的作用，如公文上行文的礼仪、交通右行互让的礼仪、社交女士优先的礼仪、开会按官职大小排位的礼仪、外交往来进行对等接待的礼仪等。

3. 礼仪是治国之本

礼仪是国家强盛巩固的根本，是实施威严的必然途径，是一种神圣的、不可侵犯的、除环境和文化进步之外不屈服于任何权力的东西。礼仪在任何国家、任何民族中都是非常重要的，是民族凝聚力的体现。在几千年的中国传统文化中，天地是生命的本源，祖先是种族的根源，国君师长是治国的基础，没有天地则没有生命，没有祖先则没有后代子孙，没有国君师长则没有国家的治理。所以，礼仪上可敬天，下可奉地，中间可以尊重祖先并推崇国君师长。古人说："天下人服从礼仪就能太平安定、安居乐业，不服从礼仪就会纷争混乱、灾难重重。"在孔子时代，礼仪被看做治国之本，当时人们演习的"六艺"之中，"礼"一直被当做重要的必修课。"不学礼，无以立""人无礼则不生，事无礼则不成，国无礼则不宁""以礼治国，以理服人""礼义廉耻、国之四维"等精辟的论述，揭示了礼仪在治国安邦中的重要作用。

（二）礼仪对个人的作用

礼仪是普通人修身养性、持家立业的基础，是领导者治理好国家、管理好机构或经营好公司的基础。生活中最重要的是以礼待人，有时候礼仪的作用不可估量，从某种意义上讲，礼仪比学识和能力更重要。可以说，礼仪是整个人生旅途中的必修课。对个人来说，学习和运用礼仪主要有以下作用。

1. 内强素质

一个人的修养是多方面的，包括道德修养、文化艺术修养以及心理素质修养等。一个人能够在社会上立足，进而为社会、国家做出贡献，这三方面的修养基本上是缺一不可的。礼仪是在人际交往中表现律己、敬人的礼貌礼节，它与这些素质修养的关系是密不可分的，而且对促进个体的素质修养至关重要。在人际交往中，不管是在公务场合、社交场合，还是在家庭关系中，恰到好处地展示自己的素质都是非常重要的。我们平时的穿着打扮、言谈话语、举止行为等，其实都是个人内在素质修养的外在表现。讲究礼仪、遵从礼仪规范有助于提高人们自身的素质和修养，有助于美化自身、美化生活，有助于促进人们的社会交往、改善人际关系，还有助于净化社会风气。

2. 外塑形象

形象是外界对一个人的印象和评价的总和。在现代社会，一个人的仪表、举止、表情、谈吐、服饰以及待人接物等都代表自己的形象。与人交往，一定要注意这些问题，如果某一方面稍不注意，就会给别人带来不好的印象。对于职场人士来说，维护形象更是其职业的需要，因为员工个人的形象往往代表其组织形象、职业形象，或代表所在组织的产品形象和服务形象。如果不注重形象，不但会影响自己的声誉，还会影响所在组织的形象。相反，如果在人际交往中，能够诚心待人、虚怀若谷、礼让他人、宽以待人，用各种约定俗成的规范的形式恰到好处地表达对自己、对交往对象的尊重与友善，则会换来他人的好感与信任，这有利于塑造良好的个人形象，也会为其组织形象增光添彩。

案例 9-3

日本著名企业家松下幸之助从前不修边幅，他的企业也因此而发展缓慢。一次，在他理发时，理发师不客气地批评他不重视自己的仪表："你是公司的代表，却这样不重视衣冠，别人会怎么想？连老板都这样邋遢，他的公司会好吗？"从此，松下幸之助一改过去的旧习惯，开始注意自己在公众面前的仪表仪态，生意也随之兴旺起来。现在，松下电器以及松下的其他各类产品享誉天下，与松下幸之助长期率先垂范，要求员工懂礼貌、讲礼仪是分不开的。

（资料来源：李道平．最新公共关系学．北京：经济科学出版社，2003）

3. 增进交往

一个人在社会中，不管愿意不愿意，都必然要跟别人打交道。亚里士多德曾说："一个人不和别人打交道，那他不是神就是兽"。可见，人际交往是人不可缺少的社会活动，而在这些活动中正确使用礼仪，将有利于增进人际交往。礼仪来自交往的黄金规则，这一规则就是"你待人当如人之待你"，即别人对待你的方式是由你对待别人的方式决定的。你尊重他人，他人才会尊重你。如果你要改变他人对待你的方式，你首先必须改变你对待他人的行为和方式，而且你不要等待别人伸出友谊之手，你必须先迈出第一步。卑己尊人、责己赞人的风度，在人际关系中会起到缓减人际矛盾、增进人际交往的作用。

第二节 公关礼仪概述

一、礼仪与公共关系

公共关系和礼仪都是塑造形象的艺术。区别在于，公共关系塑造的是社会组织的形象，礼仪塑造的则是个人的形象。组织形象是社会公众对社会组织整体印象和评价的总和。其构成要素主要有产品形象、服务形象、员工形象、环境形象、文化形象、标识形象等。其中，员工形象是组织形象的基本要素。组织形象是由丰富的内容和多样的形式构成的，需要从不同的方面塑造和维护；个人形象是指组织中员工（包括领导者、管理者和组织的其他成员）的工作态度、精神状态、文化水平、工作能力、言谈举止、道德风貌和仪表衣着给人的整体印象，每一类员工都有其独特的形象功能。

组织形象与个人形象之间存在一定的因果关系，二者之间相互联系、相互影响。因为在任何一个社会组织中，除了物的因素之外，还有人的因素。比如，谁来销售产品、提供服务，不都是人吗？是谁在管理？当然是人在管理。人的形象在组织形象中不仅是不可缺少的，而且也是组织形象的一个重要组成部分。因此，个人形象是组织形象的基本要素，而组织形象又是完善个人形象的保障。弄清二者的关系，对于塑造个人形象和组织形象都有重要意义。

由此可见，礼仪是公共关系的重要组成部分，是从属于公共关系学科的一门子学科。作为公共关系学的一个子系统，礼仪有其自身的结构、层次、内容和体系。公共关系实际上是社会组织塑造组织形象的科学，礼仪作为其子学科，则是研究如何塑造个人形象的科学。

二、什么是公关礼仪

公关礼仪，是社会组织中的公共关系工作人员或其他人员在公共关系活动中，为了塑造和维护个人与组织的良好形象，建构组织与其内外公众之间的和谐关系而讲究和遵循的礼仪规范。

公关礼仪是公关人员从事公关活动必须遵循的礼仪规范，是公共关系活动中不可分割的重要组成部分。它实际上是一个组织在对外交往与对内沟通的社交活动中，通过塑造员工的个体形象表现组织的整体风貌，目的是提高组织的知名度、美誉度。所以，公关礼仪是组织风貌、员工精神状态、公关人员素质水准的集中表现。应该说，公关礼仪是礼仪文明的新成果和新阶段，是传统人际礼仪在现代公共关系事务中的运用和发展，它代表人际礼仪的发展趋向。

三、公关礼仪的内涵

理解公关礼仪的内涵，需要把握以下几点。

1. 公关礼仪的主体与客体

公关礼仪的主体是社会组织，客体是社会公众。需要强调的是，社会组织是公关礼仪的一般主体，但组织的公关人员代表组织直接处理内外公众的关系，他们是从事公共关系活动的现实主体。他们的言行举止、风度仪表都需要遵循礼仪的要求。社会公众作为公共关系的对象，在公共关系礼仪形成及实施的过程中，既接受礼仪又反馈礼仪、创造礼仪，成为公关人员礼仪的对象，同时又以自己的礼仪反作用于公关人员的礼仪，参与公关礼仪的往来授受，他们礼仪也具有公关礼仪的意蕴。公关礼仪的主体是多元的，客体也是多元的，并且主客体的构成是变动的、转化的或兼而有之的。

2. 公关礼仪的目的

公关礼仪的目的是内求团结，外求发展，塑造良好的组织形象。社会组织的形象是社会组织的客观状况、行为表现和价值观念等在社会公众心目中的能动反映，是社会公众对社会组织的总体特征和风格的综合看法和评价。组织形象的建树与维护，总是离不开公共关系礼仪的滋润和化育。实际上，公关礼仪不仅是促成组织形象定位与升华的有效手段,而且本身是一种目的化的组织形象。所以,讲求公关就意味着注重组织形象。

3. 公关礼仪是基本手段

公关礼仪的基本手段是传播沟通。传播沟通就是利用各种传播媒介,将信息有计划地与社会公众进行交流,并以此加强联系、增强相互情感的沟通活动。传播有人际传播、大众传播、群体传播和组织传播等形式,它们均是公关礼仪必须借助的手段和有效方式。公关礼仪正是借助或依靠语言与非语言、人际和大众的传播等方式沟通组织与公众的关系,塑造和提高组织的良好形象。

可以说,公关礼仪是直接塑造公关人员修养、间接塑造社会组织形象的基本条件;是公关人员获得自尊与自信,社会组织获得理解与支持的重要手段,在社会组织"内求团结、外求发展"中发挥着其他公关形式不可替代的作用。

四、公关礼仪与组织形象

公关礼仪是一个社会组织全面工作的重要组成部分。它虽然没有组织的规章制度那么严格、正规,没有其他管理方法那么科学、严谨,但却如同春风化雨一般,对树立组织形象、协调方方面面的关系,起着难以估量的作用。良好的组织形象是社会组织最重要的无形资产,它关系着社会组织的生存和发展。具体来说,公关礼仪对组织形象的塑造有重要的影响,具体体现在以下几个方面。

(1) 公关人员合乎礼仪的言行话语、举止行为和衣着修饰等,不仅反映个人的形象,而且是社会组织形象的一种外显方式,是与组织形象画等号的。假如你是公关人员,如果来访者对你的彬彬有礼留下了深刻印象,他可能会联想到你所在组织的其他人员素质也不错,从而感受到整个组织强有力的形象。现代有成效的社会组织负责人都十分注意培养自己的员工,尤其是培养公关人员的礼仪修养。

(2) 公关礼仪可以规范内部公众的行为,协调领导与员工之间的关系,协调组织内部各部门之间的关系。在现代社会,一个具有强大竞争力的组织,不能仅仅依靠组织中各种要素的数量递增,更重要的是依靠组织内部全体成员的共同努力。员工的团结协作是一个组织取得出色成就、理想效益的坚实基础。如果每个员工都能遵循公关礼仪,互相尊重,讲究礼节、礼貌,那么员工就能和睦相处,积极地协作配合。这样,不仅能产生较高的工作效率,保质保量地完成工作任务,减少事故,还能更好地实现组织目标,提高组织在竞争中的生存发展能力。

口水事件

2004年2月18日,在广州举行的足球赛中,中国和科威特在进行激烈的球场争夺,科威特前锋法赫特在下半场向李玮峰脸上吐口水,被裁判当场罚下。法赫特回国后,遭到当地媒体的指责。他不得不在各大媒体上发表致歉信,称自己的所作所为侮辱了科威特的体育精神,希望全国球迷能原谅他的冲动举止。此次事件后,科威特足协公布的国奥队名单中已经把法赫特排除在外。

(资料来源:凌秀梅. 现代公关礼仪规范教程. 北京:北京广播学院出版社,2007)

（3）公关礼仪可以加强与外部公众的联系，形成和谐、融洽、合作的公众关系，获得外部公众对组织的好感。现代生产是社会化的大生产，任何一个社会组织都不可能是封闭系统，必然要与外部环境产生各种各样的联系。在组织与外部公众的交往活动中，公关礼仪起到了调节组织行为的作用。给予公众高雅温馨、愉悦、富有人情味的清新礼仪，可以赢得公众对组织的赞赏；对待公众真诚、友善、谦逊，显现美好的仪容、仪表、仪态，这些内在、外在的礼仪形式，不仅可以巩固现有的公众关系，还可以广结良缘，拓展多方面的新关系，得到更多公众的理解和帮助，创造良好的生存与发展环境。即使相互间有误解，组织有差错，通过耐心的解释、诚恳的检讨、虚心的改正，也能够消除误会，消除隔阂，化解矛盾，化"敌"为友。因此，社会组织在公共关系活动中，只有重视礼仪，积极而妥善地处理各种关系，才能广交朋友，左右逢源，改善公众关系，为社会组织的发展拓宽、铺平道路。

（4）公关礼仪是公共关系实务活动的一部分，是组织形象的一种宣传。随着我国改革开放的深入和市场经济的发展，不同经济成分、不同文化、不同层次、不同风俗习惯、不同民族、不同国度的各种人常常接触，相互学习，友好往来，洽谈业务。为了使信息能顺畅地交流，彼此友好地相处，避免双方发生不愉快或者有碍活动进展的事情，大家需要共同遵守公关礼仪。公关礼仪活动的组织和实施必须与社会组织的形象战略一致。组织通过公关礼仪活动向广大社会公众显示各方面的形象，加强组织与公众的联系，使公众认同组织，在公关礼仪活动中产生对组织的信任和好感，提高组织的地位和声誉，树立组织的良好形象，实现公共关系目标和组织发展的战略目标。

案例 9-5

1972年2月21日，是一个令世界震惊的日子。美国总统尼克松踏上中国的土地，对中国进行被后世史学家称为"破冰之旅"的访问。北京时间上午11时27分，尼克松的专机在北京首都机场着陆。11时30分，尼克松总统和夫人走下飞机。尼克松总统向迎候在机场的周恩来总理首先伸出手，两位领导人的手握在了一起，实现了历史性的握手。这一历史瞬间被摄影师用镜头记录下来，成为尼克松那次走向和平之旅中最经典的镜头之一。尼克松事后说："当我们的手相握时，一个时代结束了，另一个时代开始了。"

美国共和党全国委员会主席、参议员多尔在参议院发表讲话说："尼克松总统和周恩来总理在北京机场握手一事不只是两位领导人或两个国家的行动。这是在地球上人类的记录中非常罕见的事情……很少有一个事件标志着在人类为实现其文明的潜在力量所做的努力中迈出过比此更深远的一步。"

（资料来源：李道平．最新公共关系学．北京：经济科学出版社，2003）

第三节 公关礼仪的原则

一、公关礼仪与一般人际礼仪

公关礼仪是在人际交往礼仪的基础上发展而来的，人际礼仪是公关礼仪最基本和最普遍的形式，公关礼仪在很大程度上要依赖人际礼仪的具体规范和形式。因此，公关礼仪与一般的人际礼仪有许多相同或相似之处，当然，也存在一定的区别。具体来说，二者的区别主要体现在以下五个方面。

（一）行为主体不同

一般的人际礼仪主要是一种个人人际间的行为，其行为主体是人或行为者自己；而公关礼仪则主要是一种组织行为，其行为主体是组织或组织化的公关者个人。

公关礼仪折射和反映着组织的行为，并成为组织行为的重要内容。换句话说，公关礼仪中通过公关人员所表现出来的个人行为，并不是单纯个人行为，而是一种代表组织、反映组织和围绕组织目标体系运转的组织化的个人行为，这种个人行为所代表的不完全是作为自然人的本人，而是其献身其中并为之谋生存、求发展的组织。如商场的售货员在与消费者的交往中是作为商场这一社会组织的成员，而不是作为个人与消费者打交道，其言行是否遵循礼仪规范体现了社会组织的主体行为。

（二）交往目的不同

一般的人际交往常常是凭个人的兴趣进行交往，为了满足个人的精神需求而结交朋友。因此，人际礼仪的主要目的在于完善自我，塑造自身完美的形象，展现自身良好的素质和修养。公共关系是有目的、有计划的工作，公共关系交往是在一定目的和计划下进行的，如联络感情、建立关系、进行沟通、协调关系、扩大影响等。因此，公关礼仪的主要目的在于完善组织，树立和维护组织的良好形象。

公关交往的目的性，决定了社会组织的成员不能以个人好恶、个人习惯、个人兴趣来左右自己的行为，而是要一切服从公关目的这个大局。为了实现社会组织特定的目标进行传播、交往，以礼仪的方式树立形象，广结良缘。因此，对于公关礼仪来说，"明明德"的"内圣"是重要的，但不是至上的和唯一的，"内圣"转化为"外王"层面，才有真正的意义和价值。改造自身应同改造组织、改造社会结合起来，并服从于改造组织、改造社会的目标。纯粹的独善其身也许有价值，但对于社会组织而言，价值毕竟不是太大，只有将"独善其身"和"兼善天下"这两者有机地整合，才能推动人类文明的发展和社会的繁荣进步。

（三）注重的内容不同

人际交往是以个人为支点，建立与其他个人或组织之间的线形关系。因此，一般的人际礼仪注重的是情感交流，满足于彼此间情感的交流与沟通；而公共关系是以一个社会组织为支点，建立与相关公众之间的网状关系。因此，公关礼仪注重的是信息层次的沟通，注重利用大众传播媒介来沟通组织与公众之间的关系，在一定程度上超越情感主义的范畴，容情于理，以理导情，实现情理、利益等的和谐统一。在操作手段上讲究策划创意和传播效应，看重公众的评价、态度和反应，拓展出一种外显式的现实氛围和宣传方式。如果说人际礼仪是自然的化育，人为的色彩不浓，注重价值的合理性，那么，公关礼仪则是一种社会的熏陶，主体性、能动性、目的性比较强，目的合理性和工具合理性尤被看重，而价值合理性则退居次要位置。

（四）适用范围不同

一般的人际礼仪总是具有特定的地域性和民族性，而公关礼仪更注重普遍性和共同性。公关礼仪主张按照国际惯例和世界通用的标准形成和发展出一套跨文化、跨民族、跨国家的国际礼仪和世界礼仪。公关礼仪在礼仪的民族性与世界性的关系问题上，既主张尊重礼仪的民族性，又主张发扬礼仪的世界性，把礼仪的民族性与世界性有机地结合起来。除此之外，公关礼仪在礼仪的历时性和共时性问题上强调兼顾二者的关系，并侧重礼仪的时代性和现实发展。

（五）产生的影响不同

一般的人际礼仪，个人言行所带来的正面与负面影响只涉及行为个体本人，影响人们对其个人道德操行、礼仪修养的评价。而公关礼仪所产生的影响往往是公众从他所接触的组织员工身上看这个社会组织。虽然有的看起来是个人行为，如接电话的方式、服务态度、员工的仪表等，但人们往往认为这是社会组织的问题，最起码是组织对员工要求不严。每一个员工对外都代表着社会组织的形象，个人在言行方面的不慎则影响社会组织的形象，如"一口痰吐掉一个合资企业""商场设员工委屈奖"等例子，就是个人行为与组织关系的现实写照。2004年8月1日起实施的《播音员主持人资格管理暂行规定》，提出"品行不端、声誉较差"这种原本属于个人道德范畴的内容，成为不予办理主持人注册手续的内容之一，也是由于个人形象对社会组织的影响。同样，作为社会组织的一员，处处注意个人形象，在与公众交往中表现出良好的礼仪风范，也会为社会组织锦上添花。

二、公关礼仪的基本原则

公关礼仪作为公共关系传播和公共关系职能活动的一个环节，自觉为实现公关目的服务，因此具有很强的实用性。作为公关人员，要掌握公关礼仪规范，还必须掌握并遵循公关礼仪的基本原则，在公关活动中自然得体地运用礼仪，达到"随心所欲不逾矩"的境界。

（一）尊重原则

礼仪最重要的要求就是尊重。尊重和敬意是礼仪的情感基础，人际交往只有彼此间相互尊重才能保持愉快的人际关系。常言道："敬人者恒敬之，爱人者恒爱之。"只有尊重别人，才能赢得别人的尊重。任何礼仪都要求尊重人，把人当人看待。公关礼仪必须遵循尊重公众、尊重组织和尊重自己相统一的原则。公众是公共关系的工作对象，是与组织发生一定关系或将要发生关系的群体或个人。公关人员只有尊重公众，才能较好地与公众沟通，赢得公众的理解、支持与合作。社会组织是一个人服务和献身其中并以此作为自己生存和发展的基础的社会共同体，是无数目标相同、意愿相同的人有意识的计划的集结。一个人只有忠于自己的组织，尊重自己的组织，才能真正爱岗敬业，树立起敬业乐业和勤业的精神风范，才能真正为组织所接纳和器重。同样，尊重公众和尊重组织也内在地包含尊重自己的因素。因为一个懂得尊重公众和尊重组织的人必定会尊重自己，而真正懂得尊重自己的人也必定会尊重组织和公众。

（二）平等原则

平等涉及许多方面，有经济上的平等、政治上的平等和道德上的平等诸多含义。从公关礼仪所涉及的平等内涵而言，主要表现为道德和人格的平等。道德上的平等认为，每一个人都生而有人格，人格是平等的，都应当予以尊重。所以，它要求对所有人一视同仁，尊重人的价值和尊严。现代礼仪不同于传统礼仪的根本点在于，它是建立在平等的基础上并以平等作为基本原则的。平等待人是建立良好关系的首要前提和必要条件,是公关礼仪的第一要义,也是公关礼仪应遵循的基本原则。平等待人,要求公关人员在公关活动中对公众一视同仁,无论是过去的公众还是现在的公众,无论是老客户还是新相识,无论是位高权重者还是位低无权者,都能平等对待,而不是厚此薄彼。既不能因为对方地位显赫而曲意奉承、一味讨好,也不能因为对方地位低下而冷漠忽视、爱理不理。任何以权取人、以钱取人、以貌取人和以身份待人的行为,都是不可取的。只有遵守平等原则,才能建构和谐的人际关系和真正的道德。

(三) 诚信原则

诚即诚实、真诚,指待人真诚不欺、说话客观公正;信即信用、信任,指说话算话、言行一致。诚和信合起来,要求人们在待人接物过程中真实诚笃,信守承诺,讲究信誉,实事求是。诚乃立身之本,信乃待人之道,诚实守信是公关礼仪的一个根本原则。

诚信原则要求公关人员在公关活动或公关交往中,对他人真心诚意、以诚相待。对他人提出的要求尽量满足;对自己承诺的事承担责任和义务;对不应办或办不到的事情,不能轻易许诺,一旦许诺,就要努力兑现。假如在履行诺言的过程中情况有变,以至无法兑现自己的诺言,就要向对方如实说明情况并表示歉意;与别人交换看法时,要诚恳地谈自己的看法,不能弄虚作假,忸怩作态,更不能轻视或嘲笑对方;与他人约定见面,一定要准时赴约。"遵时守约"被视为现代人为人处世的基本准则之一,在公关礼仪中更是公关人员塑造组织形象、取得公众信任的基本条件之一。每一个公关人员都应该养成遵时守约的好习惯,在决定参加一个活动时,首先应明确活动的具体时间和地点,然后估计行车或步行到达活动地点所需的时间,并将堵车或其他偶然事件可能耗费的时间考虑进去。按时赴约,是对对方的尊重,也是组织良好形象的体现。

总之,公关礼仪应自始至终遵循诚信的原则,牢固树立诚实守信的观念,并以此统率外在的举手投足,待人接物。只有这样,才能真正体现出公关礼仪的"礼"的层次和水平,使公关礼仪含有更多更好的文明因素和伦理因素,为促进人类的精神文明做出更大的贡献。

案 例 9-6

国内有一家企业前往日本寻找合作伙伴。到了日本后,通过多方努力,终于寻觅到了自己的"意中人"——一家具有国际声望的日本大公司。经过双方商定,先草签了一个有关双边合作的协议。当时,在中方人士看来,可以算是大功告成了。到了正式签订中日双方合作协议的那一天,由于种种原因,中方抵达签字地点的时间比约定时间晚了15分钟。当他们快步走进签字厅时,只见日方人员排列成一排,正在恭候他们的到来,还没有等中方人员做出关于迟到原因的解释,日方的全体人员就整整齐齐地向他们鞠了一个躬,然后集体退出签字厅。双方的合作就此结束了。事后,日方的解释是:"我们绝不会为自己找一个没有时间观念的生意伙伴。不遵守约会时间的人,永远都是不值得信赖的。"

(资料来源:金正昆. 涉外礼仪教程. 北京:中国人民大学出版社,1999)

(四) 形象原则

在公关活动中,公关人员的个人形象往往代表其组织形象,因为公关人员是被组织派出去搞公关的，其所作所为、言谈举止，是和组织的形象画等号的，所以千万不能马虎。从礼仪的角度来讲，公关人员的个人形象主要强调六点：仪表、举止、表情、谈吐、服饰以及待人接物。这六点中有的东西是外在的，比如发型、着装、举止、仪表、表情、谈吐等；有的东西是内在的，比如待人接物。公关礼仪包括内在美和外在美两个方面，只有两个方面协调统一，才能塑造出高雅得体的公关形象，更好地彰显组织的良好形象。

（五）沟通原则

在公关活动中，时刻都离不开与公众的沟通与互动。所以，积极沟通、实现互动，是公关礼仪的一个重要原则。作为公关人员，在公关交往中应积极主动地与不同类型的公众进行交流沟通，实现双向互动的目的。首先，要让别人很好地了解自己。别人只有真正了解了你，才能正确地做出回应，架起双方沟通的桥梁，实现真正的互动。而要了解一个人，只能通过言行举止。这就要求公关人员的言行举止符合礼仪规范，把自己的意图以最恰当的方式传递给对方，以实现最有效的沟通互动。其次，公关人员要做到具体人物、具体事情具体分析，随机应变，而不能墨守成规，以不变应万变。

案 例 9-7

陶陶居的蟑螂

作为国有企业的陶陶居是广州的一个老字号企业。一次，顾客在第二次喝汤的时候，忽然发现汤中有一只蟑螂。酒楼碰见这种情况一般的补救措施是撤下这碗汤，再换别的东西，或者是给这一桌酒席打个折。但遗憾的是这几位顾客不同意这种常见的处理方式，他们要求赔偿交通费、精神损失费、医疗费等。在争执中，经理口不择言，不慎说出："蟑螂是中药，那么蟑螂汤也就没有什么危害，同时，汤都是高温煲出来的，也不会有细菌。"勃然大怒的顾客于是迅速端起这碗蟑螂汤找到《羊城晚报》。由于陶陶居的领导一直没有高度重视，甚至其办公室主任对采访的记者也态度粗暴，终于使陶陶居在这个"蟑螂汤事件"中一发不可收拾。这本来并不是一个多么难处理的问题，甚至在这个过程中，顾客与报社都给陶陶居提供了台阶，但遗憾的是他们选择了放弃，而终于使这只"蟑螂"越长越大，仅在《羊城晚报》的头版就"趴"了一个礼拜，并最终使陶陶居停业整顿。

（六）宽容原则

宽即宽待，容即相容，宽容是指以宽大的胸怀容忍别人不同于自己的见解、个性甚至缺点、错误，它包含着心胸坦荡、宽宏大度、不计较个人得失等因素。宽容是公关礼仪必须遵循的基本规则。宽以待人意味着要求人们凡事想开一点儿，眼界高远一点儿，不要紧紧抓住人家的缺点不放，对那些与自己有不同意见并反对过自己的人也能以礼相待，求同存异。在公关活动中，公关人员只有遵循宽容原则，才能设身处地以宽大之心对待公众。

（七）适度原则

中国古代儒家文化历来推崇中庸之道，孔子在《论语·雍也》中说："中庸之为德也，甚至矣乎！"在孔子看来，中庸是至德，"过"与"不及"是"中"的两极表现，都是不好的，应当避免。这些道理也适用于公关礼仪。运用礼仪必须合乎规范，掌握好社交中各种情况下的不同交往准则和彼此间的感情尺度，凡事当止即止，过犹不及。就拿举止来说，无论做什么事，都应当有板有眼，把握好分寸。如果你到别人家去，人家叫你坐，你不敢坐，头也不敢抬，脚也不敢迈，就显得过分忸怩，举止不够大方。但是，如果大方过了头，动作随随便便，到别人家里拜访时东翻翻西看看，未经主人允许就随意进出人家的卧室，在餐桌上将筷子在盘子里搅来搅去或含着满嘴食物跟人说话，等等，那就不会受人欢迎了。在公关交往中，运用礼仪要注意感情、时间、地点和对象，注意把握分寸，适可而止，只有这样才能真正赢得对方的认同，达到沟通目的。

中西方礼仪的差异

1. 中国礼仪

（1）家族为本，亲情至上。中华民族信奉"血浓于水"，视家族利益为根本利益，因此，人际关系中最稳定的因素是血缘、亲情。敬老爱幼是中华民族的传统美德。很多中国传统家庭，四世同堂，家长以绝对的权威维系着家庭成员间的关系。家长终生操劳，从养儿育女到照看孙辈，不辞辛苦。中国人的家族观念还表现在不论身居何处，始终不忘国家，不忘家乡，不忘亲友，千方百计为国家、为家乡做贡献。在他们看来，不忘国家、不忘家乡就是不忘本。

（2）谦虚自贬，含蓄自制。中国人一向把谦虚作为一种美德，因此，在日常生活和人际交往中，中国人很少夸夸其谈，自吹自擂。同时，中国人还很善于控制自己的感情，"动于心，发于情，止于礼"被视为具有良好道德修养的表现。当受到表扬时，总是谦虚地说"做得还很不够"；明明精心挑选了礼品，送礼时却说"微薄之礼，不成敬意，请笑纳"；接受礼品时，常常会客气地推辞一番，接过礼品后一般不会当面拆看。

（3）承认现实，满足现状。大多数中国人年龄越大，承认现实、满足现状的心态表现得越明显。他们心安理得地在称呼的前面冠上"老"字，以示尊敬；着装上为了避免别人说自己"老不正经"或"老来俏"等，一般不再选择色彩亮丽的服饰，而趋于中性色或冷色。

（4）看重人情，礼尚往来。中国人一般比较注重礼尚往来。如果自己接受了别人的礼物而不懂得回赠，就会被看做失礼。

2. 西方礼仪

（1）个人为本，自由至上。在西方家庭中，家庭成员间更注重的是人格上的平等，更看重自己的实际利益，子女结婚后很少依靠家庭，常有一家人在一起吃饭还要计算彼此伙食费的事情发生。他们在自己家里享有不受别人干涉的权利和自由，未经允许推门进入他人房间或没有事先约定就造访他人，都被看做不懂礼仪的行为。甚至如果在未经允许的情况下搀扶老人或残疾人，就有可能被当做失礼的表现。

（2）男女平等，女士优先。在西方国家，女性在经济上大都有自己的独立地位，她们享有与男性平等的地位。在家庭生活中，夫妻关系只是男女双方订立契约的结果，妻子绝不是丈夫的附属品。而且，西方国家的许多交际礼仪都与尊重妇女有关。如果女士与男士同上楼梯或同乘电梯，不管认识不认识，男士都要让女士先行；乘坐小轿车时，男士也必须上前几步，为女士打开车门。

（3）交际务实，不重客套。西方人办事讲究效率，绝不空谈，在交际活动中不喜欢过分谦虚、客套，喜欢的就说喜欢，不喜欢的绝不勉强。

（4）珍惜传统，保持自尊。西方人的结婚仪式通常在教堂举行，孩子出生后会接受洗礼。在西方人看来，外国的礼仪形式不可盲目模仿，珍惜传统是保持民族自信心的一个重要因素。

（资料来源：凌秀梅．现代公关礼仪规范教程．北京：北京广播学院出版社，2007）

【思考与练习】

1. 什么是礼仪？它对个人形象的塑造有什么影响？
2. 什么是公关礼仪？它对组织形象的塑造有什么影响？
3. 请谈谈公关礼仪和一般人际礼仪的区别。
4. 运用公关礼仪需要遵循哪些原则？请简要谈谈每条原则。
5. 联系实际，谈谈礼仪对个人成长的作用。

第十章 公关人员的仪容、仪态礼仪

【学习目标】

通过本章的学习，了解仪容、仪态礼仪的构成要素；理解并掌握仪容礼仪的主要内容、相关要求及基本原则；理解并掌握仪态礼仪中各种规范体姿和手势的要领；掌握仪态礼仪的运用原则；以理论指导实践，在生活中逐步培养正确的站姿、坐姿、走姿，恰当运用正确手势，塑造美好的个人形象。

【本章导读】

一个人的仪容和仪态是其外观形象重要的组成部分。用优雅的举止和潇洒的风度来表达礼仪，比用语言更让人感到真实、美好和生动。公关人员掌握并恰当运用仪容和仪态礼仪规范，不仅会大大提升个人形象，更会为其组织形象增光添彩。

案 例 10-1

某报记者吴先生为做一次重要采访，下榻于北京某饭店。经过连续几日的辛劳采访，终于圆满完成任务。吴先生与二位同学打算庆祝一下。当他们来到餐厅时，接待他们的是一位五官清秀的服务员。接待服务工作做得很好，可是她面无血色，显得无精打采。吴先生一看到她就觉得没有了刚才的好心情，仔细留意才发现原来这位服务员没有化工作妆，在餐厅昏黄的灯光下显得病态十足。这又怎能让客人看了有好心情就餐呢？上菜时，吴先生又突然看到传菜员涂的指甲油缺了一块。当下吴先生第一个反应就是："不知是不是掉入我的菜里了？"为了不惊扰其他客人用餐，吴先生没有将他的怀疑说出来，但心里总觉得不舒服。最后，他们唤前台服务员结账，而服务员却一直对着反光玻璃墙面化妆，丝毫没注意到客人的需要。到本次用餐结束，吴先生对该饭店的服务十分不满。

（资料来源：王义平．职场礼仪．上海：同济大学出版社，2009）

在这个追求美丽已蔚然成风的时代，人们对自己的形象越来越重视了，对职业人员形象的要求也越来越明确了。周恩来总理青少年时期就读的南开中学各教学楼门口都有一面大镜子，上面写着引人注目的一段话："面必净，发必理，衣必整，纽必结，头容正，肩容平，胸容宽，背容直，气象勿傲、勿暴、勿怠、颜色宜和、宜静、宜庄。"这段著名的"容止格言"每天都在提醒着南开学子们时时注意自己的容貌穿戴。周恩来一生始终保持光彩动人的形象、彬彬有礼的风度，这在一定程度上是南开中学仪容教育和熏陶的结果。提到公关人员，除了精明强干、应对得体、落落大方之外，其出众的个人形象，往往是一个组织不可或缺的可识别标志。一个人的仪容和仪态是其外观形象重要的组成部分，公关人员掌握并恰当运用仪容和仪态礼仪规范，不仅会大大提升个人形象，更会为其组织形象增光添彩。

第一节　公关人员的仪容礼仪

仪容是指人的容貌，包括五官的搭配和适当的发型衬托。它是一个人仪表美的重要组成部分，是其精神面貌、文化水准、生活情趣和审美意识的反映，在社交中占有举足轻重的地位。良好的容貌可以使人看上去精神焕发、神采飞扬，而面带污垢、容貌不整会使人看上去萎靡、疲倦、无精打采。仪容美可分为三种：一是仪容自然美。即仪容的先天条件好，可谓天生丽质。尽管以貌取人不合情理，但先天美好的容貌，无疑会令人赏心悦目。二是仪容修饰美。即依照规范和个人条件对仪容做出必要的修饰，扬长避短，设计塑造出美好的个人形象，在人际交往中体现自尊自爱。三是仪容内在美。即通过努力学习，不断提高个人的文化、艺术素养和思想道德水准，形成高雅的气质与美好的心灵，使自己秀外慧中、超凡脱俗。仪容的自然美是人们的心愿，仪容的修饰美是一种礼仪，仪容的内在美是最高境界。真正意义上的仪容美，应当综合这三个方面，忽略任何一个方面，都会影响仪容整体美。仪容礼仪主要指仪容的修饰，包括头发的修饰、面容的修饰和表情的塑造三个方面。公关人员通过塑造仪容美展现其健康自然、淡雅清秀的形象气质和个性修养。

一、头发的修饰

有人说："头发是女人的第二张脸。"因为头发处在人的仪表最显著的部位，头发整洁、发型大方会给人留下端庄大方的印象，而头发脏乱、发型不整则会给人萎靡不振的感觉。头发修饰的原则是整洁、规范、长度适中、款式适合自己。对于公关人员来说，头发的修饰要注意以下四点。

1. 干净整洁

头发要常洗、常理、常梳、常整，保证它无异味、无异物。有的人衣服穿得很得体，发型也很时尚，但是走近之后异味扑鼻，细看之下发屑满目，给人的感觉当然不舒服。所以，头发修饰的首要问题是要干净整洁。

2. 长短合适

如果是非公关人员，头发剪得短一点儿、长一点儿都没有关系，但是公关人员的头发要求长短合适。对于男士来说，必须定期修剪头发，其长度也有具体要求。比如，在重要场合一般不能是光头，除非有特殊疾病必须得剃光头；同时头发也不能太长；一般来说，应该在7厘米左右。标准化的要求是："前发不覆额，侧发不掩耳，后发不及领。""前发不覆额"是指头发不要遮挡住自己的额头，即不要留刘海；"侧发不掩耳"是指两鬓的头发不要遮盖住自己的耳朵；"后发不及领"是指脑后的头发不要碰到衬衣的领子。因为公关人员在工作场合一般要穿西装、白衬衫，头发长，容易弄脏衣领。对于女士来说，工作场合头发的长度一般不宜过肩，也不要随意披散。如果头发长于肩部，最好做一些技术性的处理，如用发夹或发箍把它盘起来、挽起来或束起来。虽然年轻女子长发飘飘极富女人魅力，给人潇洒飘逸的感觉，但在工作场合，公关人员展现的是精明干练的工作作风和训练有素的职业精神，而不是个人魅力，所以头发的长短应当合适。

3. 染发禁忌

我们黄种人的头发天生是黑色的,乌黑发亮一直以来都是我们对美发的要求。以前,人们想方设法将头发染黑,而今天,黑发早已不是美丽头发的唯一标志了,用淡红、葡萄紫、酒红、咖啡色等各种色彩将头发的黑色覆盖,是今天不少年轻人对时尚的追求,也是他们求新求变思维的体现,应该视作时代的一种进步。美本来就是多样化的,是色彩斑斓的。现在很多时尚青年,把自己的头发染成各种颜色,有的还把头发搞成文字或者图案。追求美没错,但在求美的同时一定要注意,发色与人的发质、肤色有着特殊而密切的关系,也与自己的职业以及出入的场合有着密切的关系。对公关人员而言,在染发方面就不能肆意妄为。一般不提倡公关人员染彩色发,如果头发花白,可把它染黑或染成温和淡雅的色彩。

4. 发型选择

不同的发型会使人的整体形象随之变化,一个好的发型,能弥补头型、脸型的某些缺陷,使人显得神采奕奕,体现出内在的艺术修养和良好的精神状态,因此,发型美对一个人的整体形象美至关重要。发型根据长短可分为长发型、中发型、短发型和超短发型;根据发式特点可分为直发、卷发、束发和盘发。发型本身无所谓美丑,只要与自己的头型、脸型和体型相匹配,与自己的肤色、气质、职业、身份和年龄相吻合,就可以扬长避短,显现出真正的美。公关人员的发型要求是时尚、大方,更重要的是得体,不要过分前卫、过分标新立异,否则就有招摇卖弄之嫌,过犹不及。

脸型与发型

一般来说,脸型分为瓜子脸、四方脸、鹅蛋脸和圆形脸四种。

1. 瓜子脸亦称美人脸,是东方女性的标准脸型。这种脸型的发型选择余地比较大,容易装扮。一般情况下,这种脸型显得比较瘦削,如果将头发散下来会显得丰润。

2. 四方脸的特征是面部下方较宽。这种脸型显得刚毅、果断,但比较缺乏柔美感。拥有这种脸型的人,如果将头发披散下来,会使脸部看起来更柔和些。

3. 鹅蛋脸的特征是额头偏窄,下颌较宽。这种脸型显得比较随和。拥有这种脸型的人,宜留短发,并增加额头两侧头发的厚度。

4. 圆形脸是一种可爱的脸型。其特征是面部轮廓较圆,下巴丰腴。这种脸型的人,一般要比实际年龄看起来年轻,但缺乏立体感。拥有这种脸型的人,可以选择线条简洁的发型,将头顶部头发梳高,并设法遮住双颊。

(资料来源:凌秀梅. 现代公关礼仪规范教程. 北京:北京广播学院出版社,2007)

二、面容的修饰

面容是人的仪容之首,也是最动人之处。我们常说一个人好看不好看,其实都是以其面部容貌为依据进行评价的。很少有人说,某人好看是因为手好看或腿好看。公关人员的面容修饰要注意以下几个方面。

(一) 面容修饰的原则

1. 洁净

面部干净清爽公认的标准是:无灰尘、无泥垢、无汗渍、无分泌物、无其他一切被视为不洁之物的杂质。要做好这一点,必须养成平时勤于洗脸的良好习惯。按照常规,外出归来、午休完毕、流汗流泪、接触灰尘之后,都应及时洗脸。洗脸时还应做到耐心细致,完全彻底。如果将洗脸视为纯粹"走过场"的例行公事,蜻蜓点水、马马虎虎、敷衍了事,是很难保持面部洁净的。

2. 卫生

在进行个人面容修饰时也要关注卫生问题,注意个人面容的健康状况。如果面部的卫生状况不佳,是极易令人产生厌恶情绪的。面部卫生的注意,需要同时兼顾讲究卫生与保持卫生两个方面,特别应防止由于个人不讲究卫生而使面部经常疙疙瘩瘩。如果出现了明显的面部过敏性症状,或者长出粉刺、痤疮、疮疹,请及时就诊,切勿顺其自然,更不要自行处理,以免"满面开花",令人惨不忍睹。

3. 自然

面部修饰的关键是要做到"秀于外"与"慧于中"并举,要保持清新自然而不过分做作。如果只是片面地强调个人面部的美化,刻意去改变自己天生的容貌,甚至文眉、隆鼻、文唇、垫腮、割双眼皮、吸脂等,不仅没有必要,而且也不实际。

(二) 男士面部修饰的基本要求

在日常生活中,男士养成每天认真清洁面部和修面的习惯就能较好地保持面容的整洁和美。除了要求干净整洁之外,面部多余的体毛也应该进行修剪。面部体毛主要是胡子、鼻毛和耳毛。胡子邋遢,给人蓬头垢面、疲惫无神的感觉。以前男士蓄须比较普遍,但是现在留胡须的很少了,有的行业和岗位还明文规定不许蓄须。虽然礼仪中并没有明文规定男子不能留胡须,但是不留胡须已经是各国商界对从业人员的一项基本要求。除了有特殊宗教信仰和民族习惯的人以外,都应遵守在公众场合不留胡子的原则。公关人员要养成每日上班之前修面剃须的良好习惯。胡子浓的,在会客或参加重要活动之前还应当再剃一次。但注意不要当着他人的面使用剃须刀,同时应该为自己备好专用的剃须工具,不要随意借用别人的,因为一来可能会影响他人的使用,二来容易彼此间传播疾病。

除了胡须的修饰,还要注意鼻毛和耳毛的修饰。有些人毛发较重,鼻毛或耳毛长得很快,甚至长出鼻孔或耳孔外,这就需要适时加以修剪,不能让它随意地"探头探脑",以免影响面部的美观。

(三) 女士面部修饰的基本要求

女士面部的修饰,除了每天仔细清洁面部外,还可以通过化妆来美化面部。人们常说的五官端正,是指人的面部五官的位置匀称协调,使人看上去端庄、大方、美丽。面部化妆是一门艺术,主要指根据自己的脸型、肤色等特点对面部进行美化,其目的在于美化容貌。恰到好处的妆容,可以充分突出个人面部的特色美。同时,大多数人的面部结构不是很完美的,可以通过化妆技巧来修饰皮肤、调整面部结构、掩盖五官的不足,力求做到将修饰美与自然美融为一体，使自己拥有生动且富有个性的仪容美。不同行业、不同层面的人，有不同的化妆风格。从礼仪的角度讲，不论是参加公关活动、商务洽谈、公务出差，还是赴约聚会等社交活动，化妆的基本要求均是宜淡不宜浓、宜雅不宜浓，用优雅的淡妆与得体的着装，烘托出高雅的气质。切忌蓬头垢面、"加厚面部包装"或"局部地区有霜降"，否则就有失礼仪，也有失自尊了。

对于公关人员来讲，化妆是非常必要的，应天天化妆上岗，不能素面朝天。公关人员化妆的基本要求是"化妆上岗，淡妆上岗"，需要把握以下原则。

1. 自然

化妆是一种美化自身的行为。但是一定要明白，美在含蓄，美在自然。所谓"清水出芙蓉，天然去雕饰"。化妆的基本要求是自然，要力求做到"妆成有却无"，即化妆之后自然，没有痕迹，给别人的感觉是天生丽质，而不是化妆的结果。

2. 美化

化妆要符合常规的审美标准，不能超越人们常规的审美标准。试想一个国家公务员、公关人员，如果剃掉眉毛，留个光头，或者把头发染得五颜六色、烫成爆炸式，会给人什么样的感觉？显然是不合适的。所以，化妆如果不符合常规的审美标准，就不是美化了。美化就是要扬长避短，即突出美化自己脸上富有观感的部位，并掩饰面部的不足，达到化妆的最佳效果。

3. 协调

美在和谐，化妆者一定要懂得一些常规的搭配。化妆协调一般要注意三点：①使用的化妆品最好成系列。洗面奶、润肤霜、粉底液、洗发精、沐浴液等如果是同一个系列的，它们芬芳的香味往往是一个味道，不容易串味。②化妆的各个部位要协调，比如腮红和眼影应该是一个色系。③化妆要和自己的服饰协调。比如唇彩的颜色最好和围巾或丝巾的颜色一致，有个自然的过渡，比较协调。总之，和谐就是美。

4. 得法

要掌握常规的化妆方法。如神奇的香水能够给人梦一般的感觉，其迷人的芳香使人倍增风采，充满自信。但是香水的使用有一定的规则，要考虑性别、场所、时间和喷（或抹）的部位等要素。如果滥用香水，不仅起不到美化的作用，反而让人感到俗不可耐。因此，掌握化妆的正确方法是非常必要的。

5. 避人

即回避他人。不要在人前化妆，是化妆中非常重要的一个原则。化妆是一种美化自身的私人行为，在众目睽睽之下化妆，是对他人的妨碍，也是对自己的不尊重，是没有教养的行为。一个有教养的女士，不仅不在外人面前化妆，甚至在自己的丈夫或男朋友面前也是不化妆的。如果被别人发现漂亮的秘密，那么自己在对方心目中的美就会大打折扣，影响他人对自己的印象。如果必须化妆或补妆，一定要到无人处或洗手间完成。

化妆虽然能起到修饰面容、提升形象的作用，但这是消极美容。公关人员更应该采取体内调和、正本清源的积极美容法，即适当参加户外体育锻炼，促进表皮细胞的繁殖；保持良好的心态与充足的睡眠，这样有助于面部皮肤的新陈代谢；注意合理饮食，从内部给予皮肤营养；坚持科学的面部护理，促进血液循环，使面容红润。积极美容能使人长久地保持青春的光彩，充满朝气与活力。

 **10-2**

化妆的标准程序

1. 清洁面部。化妆前,用适合自己皮肤的洗面奶彻底清洁面部,然后用清水洗净。
2. 涂护肤品。在洁净的面部均匀地涂上一层护肤类化妆品,起到滋润、营养、保护皮肤的作用。
3. 擦粉底霜。既可以调整皮肤颜色,使皮肤平滑,又可以掩盖脸上的雀斑、瑕疵。
4. 扑干粉。薄薄地、均匀地扑上一层干粉,以定妆。
5. 修饰眉毛。事先设计好眉型,然后描画,以体现眉毛的立体层次感。
6. 修饰眼睛。利用各种眼影色的晕染,塑造眼部的立体感。
7. 修饰鼻子。在鼻梁和鼻翼的两侧用化妆品勾抹,塑造挺拔的鼻梁。
8. 修饰面颊。通过抹腮红,使面部呈现出自然、健康的红润。
9. 修饰唇。通过口红的颜色、光泽增强嘴唇的艳丽色彩。
10. 检查效果。化妆完毕,一定要全面、细致地从局部到整体进行检查,看是否体现了美容的效果。检查内容主要包括:妆容是否干净,浓淡是否适中,整体是否协调,眉、眼、面颊的妆左右是否一致,局部有无缺漏或变形,牙齿上是否有口红等。

(四)口部的修饰

和人交谈,看对方时,我们通常看对方的鼻眼三角区,即头发以下,下巴以上。看人面容最多的地方,就是头发、眼睛和嘴。因此,注重口部的礼仪也是非常重要的。从仪容修饰的角度来讲,口部修饰要注意以下几点。

1. 保持口腔干净

在人际交往中,口腔不洁就会产生口臭,令人退避三舍。因此,口部修饰的重中之重是注意口腔卫生。牙齿洁白,口腔无异味、无异物是口部修饰的基本要求。要做到这一点,首先,要坚持每天定时刷牙,避免牙齿污染和口腔产生异味。刷牙时要做到"三个三",即每天刷牙三次,每次刷牙在饭后三分钟进行,每次刷牙时间不应少于三分钟;其次,要经常使用爽口液、洗牙等,保护牙齿;再次,防止食物残渣遗留在口腔、牙缝。保持口腔清洁,是个人卫生方面的一种美德,也是自尊和对他人尊重的良好修养的体现。

2. 保持口气清新

只有长期坚持早晚刷牙、饭后漱口,才能保持口气清新。同时,公关人员在上班前或参加活动前,应禁食容易产生异味的食物,如葱、蒜、韭菜、虾酱和腐乳容易产生令人难以忍受的刺激性气味,吸烟、喝酒也能产生浓烈的气味。如果已经食用,在与人接触前可咀嚼口香糖或茶叶祛除口中异味。如果因为牙病或其他疾病造成口中有异味,应及时治疗。

3. 避免"异响"

交际场合除了应有的谈笑声之外,应避免发出如打嗝、咳嗽、哈欠、喷嚏、吐痰等不雅之声。一般而言,咳嗽、打哈欠时应尽量避开他人,一旦忍不住当众出现,要用手绢或手捂住嘴,并向他人道歉。另外,与别人交谈时,不能放任口沫四溅。

4. 保护嘴唇

嘴唇的护养也列入口部修饰的范畴之内,要注意适当呵护自己的嘴唇,防止嘴唇干裂和生疮。

在注重口部修饰的同时，与人交际如交谈、聚餐时，更应注意口部的举止礼仪，这对塑造自身美好形象也具有非常重要的作用。

三、塑造表情美

表情是人的面部感情的外观，具体包括眼神、笑容、面部肌肉的动作等。一个人丰富的表情是通过其面部的动作和脸色的变化表达出来的，是其人生态度、思想感情、心理活动和待人接物的自然外露。与人交往，表情非常重要，因为人的面部表情所反映出的信息相当丰富，很有表现力，它能迅速、准确地表达人的各种情感。健康的表情能给人留下深刻的印象，也是自身良好修养的最好体现。表情礼仪主要包括眼神和微笑两个方面。

（一）眼神

眼神是面部表情的核心，是人际交往中最能传情达意的表情语。我们常说"眼睛是心灵的窗口"，是指眼神能够最明显、最自然、最准确地显示一个人的心理活动。有时语言不可靠，但人的眼神往往会传递出真实的信息和情感。一个人是聪慧还是狡诈，是忠厚还是愚蠢，他的喜怒哀乐，都能从眼神中流露出来。因此，与人交往时不可忽视眼神的作用。既要懂得用自己的眼神恰当地表达信息、传递感情，也要通过他人的眼神了解情况、判断信息。一个良好的交际形象，眼神应是坦然、亲切、友善、有神的。公关人员在与人交往时，一定要有一个意识，即"目中有人"。如在与人交谈时，养成注视对方的习惯，眼睛看着对方，表现出热情、诚意、专注，这是对他人的尊重。与之相反，凡是冷漠、呆滞、疲倦、轻视、左顾右盼的眼神都是不礼貌的。当然，也不可对人挤眉弄眼或用白眼、斜眼看人。看别人也有讲究，从礼仪的角度来讲，需要注意以下四个方面。

1. 注视的部位

在人际交往中，目光所到之处，就是注视的部位。一般情况下，与人近距离交谈时，看对方的额头、眼睛或唇部比较适宜，而不要注视对方的头顶、大腿、脚部或手部。对异性而言，通常不应注视其肩部以下，最好不要看身体的中间（胸部），尤其不要看下边（裆部、腿部），否则会让人感到不舒服。

2. 注视的时间

不看别人，绝对不行；长时间盯着别人看，肯定失礼。心理学家告诉我们，当你和一个人交流时，你看着对方的时间以交流总时长的 1/3 到 2/3 的时间为宜。比如，10 分钟的交谈，看对方的时间在 5 分钟左右为宜。少于 1/3，会有蔑视和轻视对方之嫌；相反，若长时间目不转睛地看着对方或盯住对方某个部位，也是不礼貌的。一般来说，每个人都愿意和自己关系亲密的人目光长久接触，而对陌生人都倾向于相互避开目光。社交中可偶尔将视线移开一下，但不能移开太长。与人交流，在表示理解、支持、赞同、认可、重视的时候，要认真地看着对方。如果嘴上说"我支持你"或"你说的这个问题太重要了"，但眼睛却看着别的地方，那谁会相信呢？

3. 注视的角度

注视的角度是指目光从眼睛里发出的方向。从交际双方的位置来看，注视有平视、斜视、仰视、俯视之分。一般而言，与人交谈时，平视（也叫正视）表示对人的尊重；斜视表示对人的轻蔑；仰视表示在思考，也表示尊重、敬畏对方；俯视可表示对晚辈的宽容、怜爱，也可表示害羞、胆怯、悔恨，有时还表示对他人的轻慢、歧视，等等。与人交谈时，目光自下而上注视对方，一般有询问的意思。头部微倾斜，目光注视对方，一般表示对谈话内容的理解、赞同；眼睛神采奕奕、全神贯注，表示充满兴趣，注意力集中；而目光游移不定、东移西转，就会让人感到心不在焉，注意力不集中，对谈话内容不感兴趣。

4. 恰当地运用眼神

眼神是很有意思的：眼能传神，也能走神。眼神的运用需要注意三点。

（1）要尊重交往对象。在交流过程中，不论是熟人还是初次见面之人，都应该面带微笑，用有神的目光注视对方，以示尊敬和礼貌。在与对方交谈时，应经常与对方目光保持接触，长时间回避对方目光而左顾右盼是对其不感兴趣的表现。当对方缄默不语时，应将目光移开，以免因一时无话题而加剧尴尬或不安。当对方拘谨或说错话时，不要正视对方，以免对方误以为是对他的嘲笑和讽刺。

（2）要与场合相适应。在人际交往中，信息的交流通常以目光的交流为起点。在交流过程中，需要不断地用目光表达自己的态度和感情；当交流结束时，也需要用目光画一个圆满的句号。目光运用是否得当，会直接影响信息传递和交流的效果。因此，学会不同场合、不同情况下目光的运用是非常重要的。比如在公务场合，与人交流时不应该东张西望、左顾右盼，否则会给人一种心不在焉、缺乏修养的印象；在空间较大的公务场合，通过相互间的注视和恰当的眼神交流，可以解决因距离而造成的打招呼困难的问题，使交往气氛融洽。

（3）要读懂对方的眼神。在与对方交谈时，要注意观察对方的眼神，喜、怒、哀、乐、欣赏、厌恶、赞成、反对、真诚、虚伪等，一切尽在其中，要尽量理解和读懂对方的眼神。

耐人寻味的目光

很多年以前的一个寒夜，在弗吉尼亚州东北部，一个老人等在渡口准备乘船过河，寒冷的北风使他的身体变得麻木和僵硬。看来他的等待似乎是徒劳。突然，远远地传来了马蹄声，他似乎看到了希望，怀着焦急的心情等待着。马蹄声近了，骑马人过来了，他打量着从他身边过去的几个骑马人，满眼的期待。骑马人一个一个地过去了，老人站在雪中僵直得像一尊雕像，没有请求帮助。眼看最后一个骑手将要擦身而过了，老人突然看着那个人的眼睛说："先生，您能否允许一个老人跟您同乘一匹马前行？"骑手勒住了自己的马，仔细打量了一下几乎冻僵的老人，然后答道："请上来吧！"看见老人根本无法移动他那冻得半僵的身体，骑手跳下马，帮助老人上了马。骑手不仅把老人驮过河，而且一直把他送到要去的地方。

在老人下马的时候，骑手好奇地问道："先生，我注意到，您让其他几个人过去而没有请求帮助，当我经过时您却向我提出了请求，我很奇怪这是为什么。在如此一个寒冷的夜晚，您却等在这里并截住最后一个骑手，如果我拒绝您的要求并把您留在那儿，会是什么结果？"

老人慢慢地下了马，以一种惊奇的目光看着骑手，回答说："我已经在那里等了很长一段时间，但我以为我能看出谁更具有美好的品德，"老人继续说道，"我仔细观察了那几位骑手，发现他们根本就无视我的存在，说明他们并不关心我的处境，就是我请求他们帮忙也无济于事。但是当我看到您，看到您眼神中流露出的仁慈和同情，我知道，我可以请求您的帮助，并相信您一定会在我最需要帮助的时候伸出友爱之手的。"

这些暖人肺腑的话语深深地触动了骑手,他告诉老人:"您的评价把我形容得太伟大了。我以前过于忙自己的事情,所以我对别人的安慰和帮助太少了。"说完这些,那名骑手——托马斯·杰弗逊总统掉转马头,踏上了通往白宫的路。

(二)微笑

笑有很多种,如微笑、媚笑、苦笑、嘲笑、窃笑、大笑、狂笑、狞笑、怪笑、冷笑、皮笑肉不笑,等等。在这些种类中,微笑是最美的一种笑,因而,它是日常生活和交际场合中经常使用的一种人体语言。微笑是人们良好心境的表现,是善待人生、乐观面世的表现,是内心真诚、心底坦荡的表现,是热爱生活、乐业敬业的表现,也是肯定自己、相信自己的表现。在人际交往中,轻松友善的微笑,能缩短人与人之间的心理距离。可以说,微笑是参与社交的通行证,是全世界通用的"货币"。一旦学会微笑,你将拥有一笔宝贵的精神财富。

1. 微笑的作用

微笑是一种无声语言,但它是所有体态语中最具魅力、运用最广的一种形式。微笑语被称为"世界语",因为微笑具有非常广泛的通用性。人们用微笑来表示友好、愉悦、欢欣、请求,也用微笑来表示歉意、拒绝、否定。微笑语在人类各种文化中的含义是基本相同的,真正能超越国界而传播。美国喜剧演员博格曾说:"微笑是两个人之间的最短距离。"美国人际关系大师、西方人际关系学奠基人卡耐基先生提出"被人喜爱的六个秘诀",其中之一就是"用微笑对待他人"。所以说,微笑在传达亲切友好的情感、有效地缩短交际双方的心理距离和增强人际关系吸引力等方面有着显著的作用,正因为如此,微笑服务在服务行业备受推崇。具体来说,对个人而言,微笑有如下作用:

(1)调节情绪。微笑是一种积极乐观的情绪,以微笑面对他人,既可以创造出一种和谐融洽的气氛,又可以使人倍感愉快和温暖,并能在一定程度上驱散烦恼或忧郁。

(2)增加自信。微笑能使自己充满自信和力量。用微笑面对困难和挫折,可以使人遇险不惊、从容镇定,还可以帮助他人驱散阴霾、沮丧、恐惧、烦恼等不良情绪。

(3)消除隔阂。俗话说:"面带三分笑,礼数已先到。"微笑传达出的是对人的尊重、理解和友善,所以说,微笑是友谊之桥,是人际关系的润滑剂,它在人际交往中有化干戈为玉帛的功效。当人与人之间产生纠葛时,一方若能以微笑面对另一方,往往会使激化的矛盾化险为夷,使误解冰消雪融。

(4)获取回报。工作中轻松友善的微笑,可以减轻因工作而产生的疲惫和紧张心理。微笑是人际交往中的最佳入场券,社交中始于微笑,止于微笑,会赢得对方的赏识,获得良好的声誉。在服务行业,微笑服务可以为提高企业效益打下基础。

(5)有益身心。人们常说"笑一笑,十年少",说明微笑有益身心健康。笑口常开的人,往往会给自己一种心理暗示,并产生积极反馈,使自己活得开心快乐。

(6)解除尴尬。当遇到一些不好回答或不便回答的问题时,微微一笑不作回答,更显出它特殊的功能。

2. 微笑的原则

虽说笑比哭好,但在人际交往中如果使用不当则会适得其反。因此,要注意笑的方式、场合和对象,笑的时候要把握分寸。具体来说,运用微笑礼仪应遵循以下原则。

(1)真诚。常言道:"相由心生。"只有发自内心的、真诚的微笑才动人,才能让人感到赏心悦目，而虚伪、牵强的假笑会令人感到别扭和反感。

（2）自然。微笑者要神态自若，双唇轻合，眉开眼笑，目光有神，自然大方，规范得体。

（3）适度。微笑运用得体、适度，才能充分表达友善、诚信、和蔼、融洽等情感。因此，微笑时不能随心所欲、不加节制地想怎么笑就怎么笑。

（4）适宜。笑挂在脸上时间过长会给人傻笑的感觉，时间太短又会给人一种虚假应付的感觉。当目光与对方接触的瞬间，就要微笑。微笑的最佳时间长度，以不超过8秒为宜。需要注意的是，微笑的启动和收拢都必须做到自然，切忌突然启动和戛然而止。

（5）适时。虽说微笑可以调解人际关系，但并不是所有场合都适用。要把握一个基本原则，即"当笑则笑"。意思是说，在人际交往或重要活动中，该笑则笑，不该笑的时候千万别笑。如在庄重、严肃的场合，别人做了错事、说了错话时，别人遭受重大打击、心情悲痛时，不宜笑。

3. 微笑的训练

在人际交往中，微笑犹如一缕春风轻抚人的心扉，又恰似一束柔和的阳光给人温暖，更像一滴雨露使人的心田得到滋养。如果你是一位成熟或训练有素的职场人士，在与别人目光接触的同时、在你开口说话之前，应首先献上一个真诚的微笑。这样，就可以创造一个轻松、友好的交际氛围，使人际交往更加和谐。公关人员可以用以下方法训练微笑。

（1）情绪记忆法。即多回忆美好往事。

（2）他人诱导法。面对镜子，听他人讲笑话，及时矫正笑容。

（3）发声训练法。距离镜子约1米，深呼吸，接着慢慢吐气，并将嘴角向两侧牵动，然后，将嘴角往上颊面提拉，发出"一"或"七"声（普通话）。

（4）携带卡片法。经常带一张写有"微笑"字样或画着笑脸图案的卡片，随时提醒自己保持微笑。

（5）含筷子法。用门牙轻轻地咬住木筷子。把嘴角对准木筷子，两边都要翘起，并观察连接嘴唇两端的线是否与木筷子在同一水平线上。保持这个状态10秒。在第一状态下，轻轻地抽出木筷子之后，练习维持此状态。

以上是外部训练，最根本的方法还是训练豁达乐观的性格，培养丰富的学识，以增强内涵的方法来提高自己的形象气质。

微笑的标准

1. 上唇的位置：露出上前牙和牙颈部牙龈的75%～100%。
2. 上唇的曲线：向上弯曲的曲线意味着嘴角比上唇中部的下界要高。
3. 上前牙曲线与下唇的平行：平行即上前牙的切端线平行于下唇的上界。
4. 上前牙与下唇之间的关系：不接触和刚刚接触为好。
5. 微笑时露出的牙齿：露出8颗上牙是最美的。
6. 有时也不要急于把8颗牙都露出来，牙齿微露也可以表示开朗真诚。
7. 上嘴唇不要有动作，随下唇轻微动作即可，尽量保持嘴角微微上扬。
8. 不要扬眉瞪眼，应把眉毛放舒缓，再睁大眼睛（可以用手压住眉毛，睁眼练习）。
9. 不要人为有意识地把两腮的肉都堆起来，真正笑的肌肉是由神经组织协调完成的。

（资料来源：王义平. 职场礼仪. 上海：同济大学出版社，2009）

第二节　公关人员的仪态礼仪

仪态是指人的行为中的体姿和风度，体姿是指人的身体所呈现的样子，风度则是指人的谈吐、举止和态度。仪态包括一个人所有的行为举止，如一举一动、一笑一颦、站立的姿势、走路的姿势、坐着的姿势、手的姿势、说话的声音、对人的态度以及面部表情等，而这些外在的表现是一个人的性格、内在品质、气质、文化水平、道德修养、审美情趣和教养等的真实流露。每个人总是以一定的仪态出现在别人面前，在一些特殊场合或人际交往中，人的仪态反映出的信息往往比口头语言更为彻底和准确。

仪态礼仪，是指人们在社会的各种具体交往中，为了互相尊重，在身体姿态和气质风度方面约定俗成的共同认可的行为规范。用优雅的举止和潇洒风度来表达礼仪，比用语言更让人感到真实、美好和生动。公关人员在工作或与公众交往中恰当运用体态语言，可以充分展示其美的形象。

一、仪态礼仪的功能

古希腊著名哲学家苏格拉底曾说："高贵和尊严，自卑和好强，精明和机敏，傲慢和粗俗，都能从静止或者运动的面部表情和身体姿势上反映出来。"美国现代体态语言大师伯德惠斯戴尔在他早期的研究中就发现，在交际中大约65%的信息是通过仪态语传递的。美国跨文化研究学者萨默瓦也认为，在面对面的交际中，信息的社交内容只有35%左右是语言行为，其他都是通过非语言符号即仪态语传递的。不管他们说的比例是否精确，但仪态语所传递的信息量以及对交际产生的巨大影响，在现实生活中确实是不可否认的。对于公关人员来说，良好的仪态礼仪具有以下功能。

1. 展现个体修养，塑造组织形象

仪态是人的思想情操、生活态度和文化修养的外在体现，是显示一个人行为雅俗美丑的标尺。平易近人、恬静愉快的表情，稳健优雅、端庄大方的姿态，合乎规范、优美舒展的动作，本身就是一种美，让人赏心悦目，同时它也是一个人内在修养素质的体现。公关人员良好的仪态礼仪不仅展现了个人美好的外观形象和内在修养，而且在塑造组织形象方面也是意义非凡。

2. 仪态语有表达的功能，可以帮你捕捉真实的信息

在各种具体的面对面的人际交往中，人们通过语言交流信息，但在说话的同时，人们的面部表情、身体姿态、手势、动作及其他身体语言等都传递着一定的信息，直接或间接地影响着交际结果和交际成效。而且仪态语在展示人的真实心理状态方面，有时比口语更具优越性。奥地利著名精神分析学家弗洛伊德认为，要了解说话人的深刻心理，单凭语言是不可靠的，因为人类语言所传达的意识大多属于理性层面。经过理性加工后表达出来的语言往往不能率直地表露一个人的真正意向，而人的动作比理性更真实地表现出人的情感和欲望。他说："凡人皆无法隐瞒私情，尽管他的嘴可以保持缄默，但他的手脚却会多嘴多舌。"因此，公关人员在接受公众信息时，不仅要"听其言"，更要"观其行"，以便于了解交往对象的真实情况，从而对交际效应做出较为准确的判断。

 **案例 10-3**

一口痰的代价

这是一场艰难的谈判。一天下来,美国约瑟先生对于对手——中国某医疗机械厂的范厂长,既恼火又钦佩。这个范厂长对即将引进的"大输液管"生产线行情非常熟悉,不仅对设备的技术指数要求高,而且价格压得很低。在中国,约瑟似乎没有遇到过这样难缠而有实力的谈判对手。他断定,今后和务实的范厂长合作,事业是能顺利的,于是信服地接受了范厂长那个偏低的报价。双方约定第二天正式签订协议。天色尚早,范厂长邀请约瑟到车间看一看。车间井然有序,约瑟边看边赞许地点头。走着走着,突然,范厂长觉得嗓子很不舒服,不由得咳了一声,便急急地向车间一角奔去。约瑟诧异地盯着范厂长,只见他在墙角吐了一口痰,然后用鞋底擦了擦,油漆的地面留下了一片痰渍。约瑟快步走出车间,不顾范厂长的竭力挽留,坚决要回宾馆。

第二天一早,翻译敲开范厂长的门,递给他一封约瑟的信:"尊敬的范先生,我十分钦佩您的才智与精明,但车间里你吐痰的一幕使我一夜难眠。恕我直言,一个厂长的卫生习惯,可以反映一个工厂的管理素质。况且,我们今后生产的是用来治病的输液管。贵国有句谚语:人命关天!请原谅我的不辞而别,否则,上帝会惩罚我的……"

范厂长觉得头"轰"的一声,像要炸了。

二、体姿礼仪

在各种人体姿势中,站姿、坐姿和走姿在礼仪中占有重要的地位。我国古人对体态的基本要求是:"站如松,坐如钟,行如风,卧如弓。"在现代公关礼仪中,公关人员的体态也应符合规范,基本要求是:站有站相、坐有坐相、自然优美、彬彬有礼。

(一)站姿

站立是人际交往中的一种最基本的动作。站姿是生活静态造型的动作,优美、典雅的站姿是发展人的不同质感动态美的起点和基础,能衬托一个人美好的气质和风度。遗憾的是,现实生活中很多人的站姿并不优雅,再加上没有强烈的人格魅力,使其毫无风度可言。错误的站姿有:垂头、垂下巴、含胸、腹部松弛、肚脐凸出、臀部凸出、耸肩、驼背、歪脖、屈腿、斜腰、依靠物体、双手抱在胸前等。

正确站姿的基本要求是:端正、庄重,具有稳定感;站立的人从正面看去,以鼻为点向地面作垂直线,人体在垂直线的两侧对称。

对于公关人员来讲,正规的站姿礼仪应如下所述。

(1) 身体舒展直立,重心线穿过脊柱,落在两腿中间,足弓稍偏前处,并尽量上提。
(2) 精神饱满,面带微笑,双目平视,目光柔和有神,自然亲切。
(3) 脖子伸直,头向上顶,下颚略收回。
(4) 挺胸收腹,略微收臀。
(5) 双肩后张下沉,两臂于裤缝两侧自然下垂,手指自然弯曲,或双手轻松自然地在体前交叉相握。
(6) 两腿肌肉收紧直立,膝部放松。女性站立时,脚跟相靠,脚尖分开约 45°,呈"V"字形;男性站立时,双脚可略微分开,但不能超过肩宽。

（7）站累时，脚可向后撤半步，身体重心移至后脚，但上体必须保持正直。

以上是公关人员的规范站姿，这种站姿用于迎宾、大型隆重场合待客等。由于公关活动的不同需要，也可采用其他一些站立姿势。这些姿势与标准站姿的区别，主要通过手和腿脚的动作变化体现出来。例如，女性单独在公众面前或登台亮相时，两脚呈丁字步站立，显得更加苗条、优雅。如果在比较随便、轻松的场合，站姿可适当放松紧张感，但仍然应注意抬头、挺胸、收腹和收臀部、身体较直，与具体环境相配合，才会显得美观大方。

知 识 链 接 10-4

站姿的训练方法

1. 五点靠墙：背墙站立，脚跟、小腿、臀部、双肩和头部靠着墙壁，训练整个身体的控制能力。

2. 双腿夹纸：站立者在大腿间夹一张纸，保持纸不松、不掉，训练腿部的控制能力。

3. 头上顶书：站立者按要领站好后，在头上顶一本书，努力保持书在头上的稳定性，训练头部的控制能力。

4. 效果检测：轻松地摆动身体后，瞬间以标准站姿站立，若姿势不够标准，则应加强练习，直至无误为止。

（资料来源：秦启文．公共关系与公关礼仪．重庆：西南师范大学出版社，1999）

（二）坐姿

坐姿是一种可以维持较长时间的工作劳动姿势，也是一种主要的休息姿势，更是人们在社交、娱乐中的主要身体姿势。良好的坐姿不仅有利于健康，而且能塑造沉着、稳重、文雅、端庄的个人形象。比如，我们在电视、电影和生活中经常可以看到窈窕淑女翩然而至，回眸嫣然一笑，轻抹裙裾，款款入座，那真是一道迷人的风景，观之让人神清气爽。同时也经常看到一些不修边幅的醉汉，轰然倒下，瘫坐在椅子里的景象，观之不免让人反胃。

1. 错误坐姿

坐姿优雅与否是一个人有无魅力的试金石。坐姿不雅不仅不美，而且会影响身体发育与体形的健美。因此，我们平时就要注意端正坐姿，尽量避免以下错误坐姿。

（1）脊背弯曲。

（2）头伸过于向下，太向前倾或太低下。

（3）耸肩。

（4）瘫坐在椅子上。

（5）跷二郎腿时频繁摇腿。

（6）双脚大分叉或呈八字形，双脚交叉，足尖翘起，半脱鞋，两脚在地上蹭来蹭去。

（7）坐时手中不停地摆弄东西，如头发、饰品、手指、戒指等。

2. 正确的坐姿

对于公关人员来讲，正规的礼仪坐姿如下所述。

（1）坐下之前应轻轻拉椅子。用右腿抵住椅背，轻轻用右手拉出，切忌发出很大的声音。

（2）从椅子后面入座。如果椅子左右两侧都空着，应从左侧走到椅子前。不论从哪个方向入座，都应在椅前半步远的位置立定，右脚轻向后撤半步，用小腿靠椅，以确定位置。女士入座时如穿着裙子，应用手轻拢裙边入座，以显得娴雅端庄。

（3）坐下的动作不要太快或太慢、太重或太轻。太快显得有失教养；太慢则显得无时间观念；太重给人粗鲁不雅的印象；太轻给人谨小慎微的感觉。应大方自然，不卑不亢，轻轻落座。坐下时，身体重心徐徐垂直落下，臀部接触椅面要轻，避免发出声响。

（4）坐下后上半身应与桌子保持一个拳头左右的距离，臀部占椅面的2/3，不要只坐一个边或深陷椅中。

（5）精神饱满，表情自然，目光平视前方或注视交谈对象。

（6）身体端正舒展，重心垂直向下或稍向前倾，腰背挺直。

（7）双膝并拢或微微分开，双脚并齐。

（8）两手可自然放于腿上或椅子的扶手上。

除基本坐姿以外，由于双腿位置的改变，也可形成多种优美的坐姿，如双腿平行斜放，两脚前后相掖，或两脚呈小八字形等，都能给人舒适优雅的感觉。无论哪种坐姿，都必须保证腰背挺直，女性还要特别注意双膝并拢。

 知 识 链 接 10-5

不同坐姿所反映的心理特征

心理卫生专家经测定认为：坐时跷起一条腿的人显示出他相当自信，但个性懒散，不好幻想，任何私人问题或烦恼都不能使之困扰，信心形之于外；坐时双腿并拢，双脚平放地上的人则表现出坦率、开放和诚实的特征，具有洁癖和守时的习惯，喜欢有规律的生活，按照时间表行事会觉得比较自在；坐时双腿前伸，双脚在踝部交叉，则反映出坐者希望成为中心人物，比较保守，凡事喜欢求稳；坐时一脚盘在另一脚下则显示出个性独特，凡事漠不关心，无责任感，喜欢受人注目，有创新力，作风不拘于传统；坐时两膝并拢，两脚分开约大半尺，则说明坐者对周围事物非常敏感，观察细致，深谙人情世故，能体贴别人，也能原谅别人，多愁善感；坐时双腿在膝部交叉，一脚勾在另一脚后，则显示出逗人喜爱，非常有人缘，个性好静，容易与别人相处，不善夸耀或虚饰。心理学家还测出，坐下后摸嘴巴的人，往往情绪不安，猜疑心较重；摸膝者往往以为将有好事临身，自负之心颇高；摸下巴者，则是为某种事而烦恼；坐下来就不断抓头发的人，性子较急，喜欢速战速决，情意不一，容易见异思迁；坐下后喜欢由下而上摸额头的人，能言善辩，说服力强，这种人往往比较狡诈。

（资料来源：凌秀梅. 现代公关礼仪规范教程. 北京：北京广播学院出版社，2007）

（三）走姿

走姿是站姿的延续，所呈现的是人体的动态美。行走姿态的好坏可反映人的内心境界和文化素养的高下，能够展现出一个人的风度、风采和韵味。在公关活动中，公关人员轻盈优美的走姿、矫健匀速的步态，不仅可以展示个人的潇洒风度和运动之美，而且是组织精神风貌和良好形象的体现。因此，公关人员要掌握正规的礼仪走姿。

1. 方向明确

在行走时，要保持明确的行进方向。脚尖正对前方，所走的路线形成一条虚拟的直线。这样走，会给人稳重之感。

2. 重心放准

起步行走时,身体应向前微倾,身体的重量应落在反复交替移动的前面那只脚的脚掌上,重心应随着脚步的移动不断地向前过渡,切忌将身体的重心停留在后脚跟上。应当注意的是,当前脚落地、后脚离地时,膝盖一定要伸直,踏下脚后再稍微松弛。

3. 步幅适中

在行进时,迈出的脚步的大小一般应与本人一只脚的长度相近。男子每步约 40 厘米,女子每步约 36 厘米。而且,步子的大小,应当基本保持一致。

4. 速度均匀

行走时,一般应当保持相对稳定,不要过快或过慢,也不要忽快忽慢,要有节奏感。正常的行进速度为每分钟 60~100 次。

5. 身体协调

行进时,身体的各个部分之间必须进行完美的配合。要想保持身体的和谐,就要注意:走动时要脚跟首先落地,膝盖在脚落地时应当伸直,腰部要成为重心移动的轴线,双臂要在身体两侧一前一后地自然摆动,摆动幅度以 30 度左右为宜。

6. 造型优美

行进时要保持优美的身体造型,做到昂首挺胸、步伐轻松矫健,就一定要面朝前方、双眼平视、头部端正、挺胸收腹、直背直腿,使自己的全身从正面看上去犹如一条直线。

当然,行走的姿态也不是一成不变的,它随不同的场合而出现脚步的强弱、轻重、快慢、幅度及姿势不同。例如,在室内走路脚步轻松而平稳,在病房或阅览室脚步轻盈柔和,外出游玩脚步轻快活泼,参加仪式脚步稳健大方,参加丧礼脚步沉重缓慢。同样,公关人员的着装不同,其走姿也应稍有不同,具体有下列要求。

(1) 着西装的走姿。穿着西装行走时,要保持两腿直立,上身挺拔,背部平正,步幅适中。男士不要晃肩,女士不要摆髋。

(2) 着裙装的走姿。穿着短裙(指裙长在膝盖以上约 2 寸左右)行走时,要求步履敏捷、轻盈、活泼,步子的大小应在自己的脚长之内,可用稍快的步速保持灵巧的风格。穿着长裙时,步幅可以稍大些,步子的大小可超过自己的脚长,这样可以给人飘逸洒脱之感。

(3) 着旗袍的走姿。穿着旗袍行走时,一定要穿皮鞋,步幅不宜过大。两只脚跟前后要走在一条直线上,两臂在体侧的摆幅不宜过大,髋部可随着身体重心的移动稍有摆动。但上身绝不可晃动,否则就失去了穿旗袍的典雅、柔和、妩媚。

不同场合、不同着装的走姿虽有一定差别,但应满足走姿的基本要求,即身体协调,姿势优美,两肩相平不摇,两腿直立不僵,两臂摆动自然,步伐从容,步态平稳,步幅适中,步速均匀,走成直线。

不同走姿所反映的性格特征

心理学家史诺嘉丝曾经对 193 个人做过三项不同的研究,发觉不但某种性格或某种心情的人会用不同的步姿走路。如走路大步,步子有弹力及摆动手臂,显示一个人的自信、快乐、友善及雄心;走路时拖着步子,步伐小或速度时快时慢则相反;喜欢支配别人的人,走路时倾向于脚向后踢高。性格冲动的人,则像鸭子一样低头急走;女性走路习惯摆动手臂者往往有成就，手臂摆得越高，越显示出精力充沛和快乐，而精神沮丧、苦闷、愤怒及思绪混乱时，走路时很少摆动手臂。

（资料来源：凌秀梅．现代公关礼仪规范教程．北京：北京广播学院出版社，2007.2）

公关人员在工作中应该时刻规范自己的走姿，避免出现以下不雅走姿。

（1）方向不定。行走时方向不明确，忽左忽右。

（2）瞻前顾后。行走时左顾右盼，反复回头看。

（3）速度多变。行走时突然快步奔跑，突然又止步不前，令人不可捉摸。

（4）横冲直撞。在人群中乱冲乱撞，甚至碰撞到他人的身体。

（5）悍然抢行。在人多路窄处不顾他人，悍然抢道。

（6）阻挡道路。在道路狭窄处悠然自得地缓步而行，或者走走停停，或者多人并排而行，从而阻挡了后面的人前行。

（7）步态不雅。行进时将双手反背于身后或插入裤袋，或走成"八字步""鸭子步"，或步履蹒跚、腰腿弯曲、脚尖先着地等。

（8）蹦蹦跳跳。情绪过于表面化，像儿童一样走路连蹦带跳。

（9）声响过大。脚落地时用力过猛，发出"咚咚"的响声；或穿带有金属鞋跟或钉有金属鞋掌的鞋子，走路时频频发出"噔噔"的响声；或因鞋子不合脚而发出"啪嗒"的响声。

走 姿 训 练

一、行走辅助训练

1. 行走辅助训练摆臂。人直立，保持基本站姿。在距离小腹两拳处确定一个点，两手呈半握拳状，斜前方均向此点摆动，由大臂带动小臂。

2. 展膝。保持基本站姿，左脚跟起踵，脚尖不离地面，左脚跟落下时，右脚跟同时起踵，两脚交替进行，脚跟提起的腿屈膝，另一条腿膝部内侧用力绷直。做此动作时，两膝靠拢，内侧摩擦运动。

3. 平衡。行走时，在头上放个小垫子或本子，用左右手轮流扶住，在能够掌握平衡之后，再放下手进行练习，注意保持物品不掉下来。通过训练，使背脊、脖子竖直，上半身不随便摇晃。

二、迈步分解动作练习

1. 保持基本站姿，双手叉腰，左脚擦地前点地，与右脚相距一个脚长，右腿直腿蹬地，关节迅速前移重心，成右后点地，然后换方向练习。

2. 保持基本站姿，两臂体侧自然下垂。左腿前点地时，右臂移至小腹前的指定点位置，左臂向后斜摆，右腿蹬地，重心前移成右后点地时，手臂位置不变，然后换方向练习。

三、行走连续动作训练

1. 左腿屈膝，向上抬起，提腿向正前方迈出，脚跟先落地，经脚心、前脚掌至全脚落地，同时右脚后跟向上慢慢垫起，身体重心移向左腿。

2. 换右腿屈膝，经过与左腿膝盖内侧摩擦向上抬起，勾脚迈出，脚跟先着地落在左脚前方，两脚间相隔一脚距离。

3. 迈左腿时，右臂在前；迈右腿时，左臂在前。

4. 将以上动作连贯运用，反复练习。

(资料来源：秦启文. 公共关系与公关礼仪. 重庆：西南师范大学出版社，1999)

三、手势礼仪

人们在日常生活中常常借助各种手势来表达自己的思想和愿望。手势是沟通情感的媒介，是交往中不可缺少的动作，是最有表现力的一种"体态语言"。手势美是一种动态美，自然、大方、得体的手势可以给人肯定、明确的印象和优美文雅的美感，能够增强人际交往的感染力。公关人员在公关活动中应恰当地使用各种手势，准确表达自己的内心感情，给公众留下彬彬有礼的美好印象。因此，公关人员需要掌握手势礼仪规范。

(一) 手部的清洁美化

运用手势礼仪的前提是有一双干净美丽的手。手常常露在衣服之外，经常要在公众面前亮相，极易引起他人注意，因此，保持手的清洁很重要。手的清洁度一定程度上反映着一个人的精神面貌。在人际交往中，只有干净的手才会赢得对方的信任与好感。勤洗手、勤剪指甲是保持手部清洁的好办法。

现代生活中，很多人会进一步美化自己的手。除了精心修剪指甲外，涂抹指甲油也是人们常用的方法，无色透明或自然肉色的指甲油能增加指甲的光洁度和色泽感，能体现细致认真的生活态度，是职业工作者的首选。而色彩太鲜艳的指甲油，如朱红、橘红，或色彩太凝重的指甲油，如黑色、深紫色、灰色，一般不适于在工作场合使用。此外，使用指甲油还要考虑与所穿服装或化妆风格的协调。

(二) 几种常用的手势礼仪

1. 拿东西的方式

拿东西时，除拇指外，其他四指并拢才会使整个动作显得优美。尤其是喝咖啡或参加酒会时，要特别注意拿咖啡杯和酒杯的方法。喝咖啡时，一般应左手托住碟子，右手拿住杯子，拿时注意以拇指、食指、中指拿住杯子，其他两指轻轻并拢。酒杯的拿法与此类似。

2. 递、接物品的方式

为了表达对人的尊重，给别人递东西时一要用双手将物品拿在胸前递出，二要方便对方，即充分为对方着想。如递名片时要将名字向着对方，递书时要将书名向着对方，以便对方看清楚；递刀、剪之类的尖锐物时，不要将尖锐的头指向对方。同样，接物品时也要用双手，这样才显得礼貌。

3. 指示方向的手势

指示方向正确的指示手势是：将五指自然伸直，掌心向上，肘关节可伸直，也可略有弯度。切忌手掌紧握、食指伸出，这种手势语的含义是指责和压制。也不能掌心向下，这种手势语的含义是命令和强制。掌心向上易给人诚实、谦逊的感觉。

4. 邀请的手势

在标准站姿基础上，将手从体侧提至小腹前，优雅地划向指示方向，这时应五指并拢，掌心向上，大臂与上体的夹角在30°左右，手肘的夹角为90°～120°，以亲切柔和的目光注视客人，并说些适宜的话语。

5. 鼓掌的姿势

鼓掌礼一般表示欢迎、祝贺、赞同、致谢等意。鼓掌时，一般将左手抬至胸前，掌心向上，四指并拢，虎口张开，用右手去拍打左手发出声响。

6. 谈及自己的手势

自我介绍或与人交谈，谈及自己时，可用右手的手掌轻按自己的左胸，这样会显得端庄大方，切不可用手指指向自己，这样带有挑衅的意味。

7. 挥手告别、向熟人问候的手势

挥手告别时，一般举起右手，手掌向前，后臂不动，前臂和手一起左右摆动。这种手势也可用于朋友或同事之间的见面招呼，注意作为招呼的手势，手的高度以在肩部上下为宜。

（三）运用手势的注意事项

优雅的手势能帮助人们更好地表情达意，但在使用的过程中，必须注意一些基本事项。

1. 掌握规范的手势礼仪，避免不雅的手势

与人交谈时，手势不宜过多，动作幅度不宜过大，否则易给人造成手舞足蹈的印象，效果就适得其反了；不可用一个指头指向别人，更忌讳背后对人指指点点等很不礼貌的手势；和人初次见面时，避免抓头发、玩饰物、掏鼻孔、剔牙齿、抬腕看表、高兴时挽衣服袖子等粗鲁的手势动作。

2. 搞清楚同一种手势在不同的国家和地区所代表的含义

同一种手势在不同的国家和地区会有不同甚至完全相反的含义，所以，在异地与人交往时，在不了解对方的风俗习惯和手势语言的情况下，千万不要乱用手势。如"V"形手势，即食指和中指向上伸成"V"形，拇指弯曲压于无名指和小指上。这个手势在世界上大多数国家和地区伸手示数时表示数字二，但现在人们通常用它来表示胜利。不过，在英国，表示胜利时，手掌一定要向外，如手掌向内，就带有贬低、侮辱人的意思；而在希腊，做这一手势，即使手掌向外，如果手臂伸直，也有对人不恭的意思。再比如"OK"的手势，在我国传统用法中是伸手示数表示零或三，在美国和英国表示赞同、了不起，在法国表示零或没有，在日本表示懂了，在泰国表示没问题，在韩国表示金钱，在印度表示正确、不错，在突尼斯表示傻瓜，在巴西表示侮辱男人、引诱女人。随着社会的发展，在地球已逐渐变成"地球村"的今天，有些手势语也出现了互通的情况，如我国人民就已接受了用"V"形手势表示胜利和用"OK"手势表示赞同的用法，用它们来表示数字的传统用法倒日益淡化了。尽管如此，我们在与不同国家、不同地区的人交往时，还是应该慎重使用手势，要尊重对方的手势习惯，避免造成误会。

四、仪态礼仪的基本原则

1. 尊重

公关人员的各种体态和行为举止都要考虑是否有礼貌，是否尊重他人。有的人衣冠楚楚，却举止粗俗，旁若无人，就是不够尊重他人、缺乏教养的表现。尊重他人就是要注意自己的举止行为，尽量与人方便。比如，给人端茶递水，最好用双手，注意不要溅湿他人，捧茶杯的手不要触及杯口上沿,避免客人喝水时嘴唇碰到手指接触过的地方;再如,给人递东西,如递刀递笔时要求"授人以柄",即千万不要把刀尖、笔尖对着他人递过去,要让对方有安全感并很方便地接住,且要等对方接稳后再松手。方便他人就是尊重他人的表现。

2. 美观

虽然美的标准在不同时代会有一点点变化,但是相对而言,它有约定俗成的说法。古人曾讲:"站如松,坐如钟、行如风。"实际上是讲约定俗成的举止美。一个人的优雅气质和潇洒风度并不是高档服饰装扮而成的,而是在他的举手投足间自然流露出来的。有些人或许可以在一夜之间暴富,但不可能随即成为绅士。公关人员的体态、谈吐、举止要自然、优雅、端庄、大方,要率直而不鲁莽、活泼而不轻佻,工作时紧张而不失措,休息时轻松而不懒散,接待宾客时有礼而不自卑,才能给人美感。例如,女士在职业场合着裙装时要注意以下问题:①不能双腿叉开而站;②坐在别人对面时,双腿要自然而然地并拢;③不能当众下蹲。

3. 规范

一般而言,公关人员在公关活动中或与公众交往时,其站姿、坐姿、走姿和手势等都要符合礼仪规范。比如,女士穿裙装时,上下轿车的姿势就要符合标准化做法。上车的标准姿势为:车门打开之后,背对车门坐到座位上,然后再把并拢的两条腿收进去。下车的标准姿势为:车门打开之后,两只脚首先着地,双腿并拢,然后人再慢慢移出去。也就是说,在大庭广众之下,人的举止动作一定要规范。

4. 从众

从众,具体来说,就是公关人员的仪态要符合约定俗成的礼仪规范,尽量与自己的交往对象保持一致,被交往对象理解和接受。人的举止行为有三个构成要素,即情境、角色和距离。在仪态礼仪中要注意三点:①人的举止随情境的变化而变化。比如,在办公室工作与在运动场运动、出席婚礼和出席葬礼、出席重要会议和观看文艺演出、朋友聚会和商务谈判,所表现出来的行为举止必然不同。②人的举止行为要有角色意识。人是社会的一分子,在社会关系中必然扮演一定的角色,因而举止行为要符合身份。如果主从不分、没大没小、反客为主,就会贻笑大方了。③人的举止行为要有距离的概念。在社交活动中,人与人之间的交往要根据关系的亲疏保持适当的距离。关系不同,交往的界域就会不同,表现出来的行为举止自然就会不同。

【思考与练习】

1. 什么是仪容礼仪?它包括哪些要素?
2. 公关人员头发的修饰有哪些要求?
3. 公关女士在化妆时需把握哪些原则?
4. 联系实际,谈谈仪态礼仪如何体现尊重他人的原则。

第十一章 公关人员的服饰礼仪

【学习目标】

通过本章的学习，了解服饰的概念、服装的构成要素、饰品的概念及种类；理解并掌握服饰礼仪的着装规则、西装着装礼仪、西装套裙着装礼仪；理解并掌握各种饰品佩戴的礼仪要求，领会饰品佩戴的基本原则。

【本章导读】

注重穿着打扮是现代文明的一种体现。服饰礼仪是人们在交往过程中为了相互表示尊重与友好，达到交往的和谐而体现在服饰上的一种行为规范。公关人员只有掌握并遵循服装和饰品佩戴的礼仪规范，才能塑造美好的个人仪表形象。

案 例 11-1

有位女秘书是财税方面的行家，有很好的学历背景，常能提供很好的建议，在公司的表现一直非常出色。但当她到客户的公司提供服务时，对方主管却不太注重她的建议。一位时装大师发现这位女秘书身体条件方面的明显不足：她26岁，身高147厘米，体重43公斤，看起来机敏可爱，像个16岁的小女孩，外表实在缺乏说服力。他建议她用服装强调出学者的气质：着深色套装，用对比色的丝巾、镶边帽子来搭配，再戴上黑边的眼镜。女财税专家照办了。结果，客户的态度有了很大的转变，很快她成为那家公司的董事之一。

这个案例告诉我们，服饰是一个人外在形象的重要组成部分，它在某种程度上反映着一个人的社会地位、文化品位、审美意识及生活态度等。正如英国著名戏剧家莎士比亚所言："一个人的穿着打扮，就是他的教养、品位、地位的最真实的写照。"服饰作为一种传递信息的无声语言，在人际交往中能够起到先声夺人的作用。穿着得体不仅可以显示一个人良好的文化修养、高雅的审美情趣，还可以提升一个人的形象气质，给人留下美好的第一印象，并赢得他人的尊重，使社交获得成功。相反，不适合、不美的服饰会破坏其应有的形象。因此，在日常工作和交往中，尤其是在重要场合，穿着打扮的问题越来越引起人们的广泛重视。

注重穿着打扮是现代文明的一种体现。从礼仪的角度讲，人不仅应该有美好的内心，而且应该有美好的外表。如果把一个人良好的思想感情、性格品质、道德情操、文化修养等看做内在美，那么包括仪容、仪态、服饰在内的仪表美则是一个人的外在美。只有内外兼修，才是真正意义上的美。俄国小说家契诃夫曾说："人的一切都应该是美好的。美的心灵、美的仪表、美的语言、美的服饰。"对于从事社交工作的人来说，服饰的重要性是不言而喻的。展示一个人的涵养，追求气质美、风度美、仪表美，均离不开服饰的讲究。因此，一个出色的公关人员，除具备公关工作的各种技能外，还应讲究在公众场合的服饰礼仪。

第一节　服饰的功能及构成要素

服饰是指人的衣着穿戴,包括人的衣、帽、鞋、袜和服装的全部配件及佩戴的饰品。它是人际交往中的主要知觉对象之一,既是一种社会文化符号,同时也是一种礼仪符号。一个人徒有其表是不够的,但其仪表不修饰,或者修饰得不规范也会影响自身形象。因此,服饰礼仪是人人都需认真考虑、认真面对的问题。服饰礼仪是人们在交往过程中为了相互表示尊重与友好,达到交往的和谐而体现在服饰上的一种行为规范。公关人员只有使自己的服饰符合礼仪要求,符合服装穿着及饰品佩戴的基本原则,才能做到使自己的衣饰"得体",才有助于社交的成功。

一、服饰的功能

第一,实用的功能。服饰的实用功能指的是它具有实用性。服饰具有保护身体、遮羞蔽体、御寒防暑,为人的劳动、运动、休息、卫生服务等许多方面的作用。服饰与人的生活息息相关,在人类的衣食住行中占有很重要的地位,是人类生存的必要物质手段。如夏天穿衬衣、裙子很凉爽,可以防暑;冬天穿棉衣、羽绒服很保暖,可以防寒;运动的时候穿运动服、游泳的时候穿游泳衣,主要是方便、舒适,便于运动。选择服饰首先要考虑的是实用功能。

第二,显示地位的功能。服装是一种社会符号,它有满足人们参与不同社会活动的需要的作用。在社会生活中,人们可以通过服饰来体现自己的职业、职级、生活水准、社会地位、学识涵养等。因此,服装还有显示地位的功能。比如,现代社会,对于有身份、有地位的人来说,男人穿的是品牌,女人穿的是款式。即男人穿衣服注重的是档次,女人穿衣服注重的是时尚。凡是有身份、有地位的人,总要置备几套晚会、办公、会客、休假等不同场合穿着的服饰。

服饰代表一定的职业或行业,如警服、军装、医务人员服装、演艺界服装等。服饰代表职级的高低。比如军官的衣服,军衔表示级别,如少尉、中尉、上尉、少校、中校、上校、大校、少将、中将、上将,他们服装上都有区别职级的标志。服饰还可以反映社会时代的变迁,展现社会时尚,反映开放、自由、竞争、崇尚自然等社会追求,具有鲜明的时代感。

第三,审美的功能。服饰是一种审美符号,在一定程度上反映着个人的审美品位。服饰是现代人美化自身形象和满足自我审美需求的重要手段,也是展现自我整体形象及审美价值的很好方式。穿戴服饰时,美的意识通过色彩、材质和款式的选择、搭配等得以表达。合体、舒适、漂亮的服饰可以增添穿戴者的自信心,给人带来美的享受,甚至可以激发人们的工作、学习以及生活热情。许多企业家都十分注重员工的服饰,要求他们在公众面前不落俗套、穿着考究,这是很有美学道理的。

需要注意的是,服饰美还具有相对性、时代性和民族性。服饰美的相对性,是指同一件衣服穿在不同的人身上,美感就不一样。人有男女老幼之别、高矮胖瘦之分,只有选择和搭配适合自己的衣服,穿出来才得体、自然。服饰美的时代性,是指不同的时代对于服饰美丑的衡量标准是不同的。服饰美的民族性,是指每个民族都有自己独特的文化传统和风俗习惯,不同的民族,审美标准和情趣是不同的。从礼仪的角度来讲,公关人员的服饰要注意四个问题,即色彩要少、款式要雅、点缀要少、做工要精。

综上所述,服饰不仅有遮羞蔽体、驱寒保暖、防风遮雨的实用价值,还反映着穿戴者的性别、年龄、职业、身份、社会地位、学识涵养和审美情趣等,且在一定程度上体现了一个社会政治经济、文化生活及科学技术的发展水平。在现代社会,服饰已不仅仅是一种生活必需品,更大意义上成了装饰人们仪表的美化物。人们利用服饰来塑造自己的形象,突出自己的"美点",掩饰自己的不足,以达到比自身原有条件更加完美的效果。

二、服装的构成要素

服装是由款式、色彩、材质三个要素构成的,它们有实用意义,更有审美意义。其中色彩在人际知觉中是最领先、最敏感的,其次是款式造型。美的服装必然是款式美、色彩美、材质美的统一,服装的款式、色彩、质地及其相互间的组合是丰富多彩的。

(一) 色彩

色彩作为服装设计三要素之一,因其生动、醒目、有冲击力而成为最具有表现力的因素。正常情况下,当人们注视一件服装时,首先给人强烈视觉刺激的就是服装的色彩,可以说色彩是服装的灵魂,可以直接影响人们对服装的兴趣程度。因此,人们在选择服装时,常常最注重的是色彩,着装的效果也在很大程度上取决于服装的色彩。

在人们的认知能力、审美意识、社会认同水准以及服饰文化的发展过程中,世界各民族已经给各种不同的色彩赋予了相同或相近的社会含义,对色彩的情感、礼仪等心理效应有了共同认识,并通过教育、传统习惯等方式代代相传。只有按照这种约定俗成的色彩认同去选择和搭配服饰,才能适应公众的审美要求,符合服装的礼仪标准。

色彩能使人产生联觉,即让人从色彩的感觉中产生冷暖、轻重、扩缩等联觉。例如,红、黄、橙等颜色就能让人产生暖的联觉;蓝、绿、白等色彩让人产生冷的联觉。于是,人们利用这种联觉,喜欢在冬天穿暖色调衣服,在夏天穿冷色调衣服。又如,明亮的衣服色彩使人产生轻感,深暗的衣服色彩则使人产生重感。因此,年轻人常用上深下浅的颜色搭配服装,以便让人产生活泼、轻松、飘逸的动感。中老年人则在服装颜色的搭配上较多地采用上浅下深的方式,以便给人稳定、坚实、沉着的静感。再如,暖色调的服装具有扩散特性,冷色调的服装具有收缩特性。于是体型瘦小的人喜欢穿着色彩明度较高的浅色服装,以显得丰满,而体型肥胖的人则乐于选用色彩明度较低的深色服装,以显得苗条。

现代服装很少由单一色彩构成,而是由许多色彩相互交错、辅助、点缀等方式搭配而成的。服装色彩的搭配是很有学问的。服饰色彩搭配的一条基本原则就是调和。过于失衡的服装色彩搭配,不适宜在比较正式的礼仪场合穿着。服装色彩搭配应尽量避免红配绿、红配紫、红色配茶色、深蓝配茶色,以及四种以上颜色混杂搭配,因为这些色彩搭配效果欠佳。一般来说,黑、白、灰是配色中的几种"安全"色,因为它们比较容易与其他色彩搭配,而且效果也比较好。

服装色彩能影响甚至改变人的肤色在他人感官中的印象。也就是说,人的肤色会因服装色彩的不同,给观赏者的感觉带来微妙的变化。公关人员在实际生活中应通过反复的观察比较,找准适合自己的、能完整表现自己肤色健康美的衣饰主色调。

需要注意的是,不同的国家、民族、地区,不同的宗教信仰、风俗习惯和不同的时代,不同的人在不同的场合对色彩的感悟是不同的，对色彩的喜好和禁忌也不一样，其色彩的象征意义，可以有很大的差别。因此，公关人员在公关活动中，除了要根据自己的体型、肤色来选配适合自己的服装色彩外，还应根据文化背景和具体情况选择服装的色彩。

（二）款式

服装的视觉效应，除了色彩之外，最主要的就是款式造型。服装既是色彩艺术，又是造型艺术。款式是指服装的式样，是造型要素中的一种，通常指形状因素。服装款式一般由结构、流行元素和质地这三个方面组成。结构，通常指衣服的外形框架；流行元素，通常指衣服的图案、颜色、搭配等；质地，通常指服装所选用的面料类型。服装款式一般有套装、典雅、印花、时尚、晚装、休闲和运动七大系列。从着装的时间、地点、场合的角度来说，服装款式大致分为便服和事业服两大类。

1. 便服

便服是指日常穿着，不受特定的形式限制而又舒适、轻松，适合在非正式场合穿着的装束，包括家庭服、消闲服和街市服等。

（1）家庭服，又叫居家服，指平日居家休憩和家务劳动时穿的服装。其特点是舒适、宽松、随意，色彩温和、清雅，以显示恬淡轻松的家居氛围和温馨的格调。

（2）消闲服，是人们在节假日外出旅游、游玩、散步和从事一般性运动（非专业性体育运动）时穿的服装。其特点是宽松、洒脱、惬意，以显示一片轻松闲适的格调和心情，使假日节奏轻盈流畅。这类服装包括旅游服、度假服以及非专业性的体育服等。

（3）街市服，是人们常说的时装，是都市人外出逛街、购物时穿的服装。其特点是时尚、悠闲、个性化，以显示自在的色彩风格和浓郁的都市气息。它比办公服显得随便、轻松；比家庭服正规、华丽；比消闲服更倾向于都市化。

2. 事业服

事业服是指公职人员在工作时穿着的服装。人作为社会的一分子，被要求有一种地位感和形象的固定性、严肃性，事业服就在这方面满足了人们的需要。事业服包括办公服、工作服、社交服和礼宴服等，校服可以理解为一种特殊的事业服。

（1）办公服，是指办公室的职员、工作人员上班时穿的一般性服装。其特点是高雅、大方、简洁，以显示精干、效率和有条不紊的作风。它不包含劳动服和专门单位、特别部门的各种服务业的制服。这类服装不像消闲服、家庭服那样随心所欲、轻松活泼，有一定的严肃性和庄重感。如女性的服装，以西服套裙或套裤为主，色彩素雅，不过分华丽、耀眼。过分修饰、点缀或裙子过短、上身紧、领口过低、开衩过高、面料过透等服装都不适合在办公时穿着。

（2）工作服，是指从事特定职业的人在工作时间和工作场合须穿的服装，包括起防护作用的防护服和起标志作用的标志服。其特点是实用、防护。它统一制式，与工作性质相符，以显示职业身份和方便工作。如煤矿、邮政、医院、工商等职业服，统一职业服意味着穿着者是机构的一员，有助于增强凝聚力和责任感。

（3）社交服，是指适合在集会、社交时穿着的服装。其特点是款式较新潮，面料华丽，具有浪漫情调，并常配上各种饰物。这类社交服也就是我们现在常说的高级时装。

（4）礼宴服，指参加极隆重的庆典、迎宾、正式宴会和一些晚间的高级社交活动时穿着的服装。其特点是面料上乘、做工精美、高贵、华丽、庄重,以显示对所参加活动的重视和对主人的尊重。男士的礼服可分为中式礼服和西式礼服。中式礼服主要指作为我国传统礼服的中山装。西式礼服主要指大礼服、小礼服和西服,是从欧美国家传来的现代礼服。大礼服又称燕尾服,在我国一般用在正规的演出场合,作为演出服。小礼服又称晚餐礼服或便礼服。一般是参加下午6时以后举行的晚宴、音乐会、剧院演出时的着装。女性的礼服有晚礼服、舞会礼服、日礼服、西服、旗袍。

以我国目前的着装习惯、意识以及经济状况来说,不少人还不习惯根据不同的场合更换服装、用服装改变自己的形象、协调环境和周围的气氛,也没有礼服和便服的严格区分。但随着经济的发展,穿着也应逐渐体现礼仪要求,尤其是公关人员更需根据场合选择不同款式的服装。

体型特点与服装款式的搭配

1. 头大颈粗者。深"V"形领的上装是明智的选择,"V"形领口能起拉长颈部的效果。上装应注意松度适中,不要选择有垫肩夸张肩部的上衣;下装穿着要稳重,强调分量感,如裤脚大的裤子、散摆长裙等,避免穿锥形裤、锥形裙;宜选用小方头或圆头鞋,不要穿尖头鞋,否则易产生头重脚轻感。头上最好不戴或少戴饰物,否则易夸大头的感觉。

2. 头小颈细者。"一"字领口或立领、花边领口服装是其首选。蓬松、宽大的上装会突出头小颈细的缺点,应选择合身的上装;下装也应轻巧、秀丽,如紧身直筒裙、直身裙、短裙、短裤等都是好的选择;鞋子也应精巧、秀气,不宜穿笨重的松糕鞋;提包应选用精致的小型包;小巧的窄檐帽能显示其活泼可爱。

3. 胸部过大者。上装选用深色调、无光泽的面料,应选择有松度、不宜过紧、简洁而少装饰的上装,胸前忌佩戴各种花哨的饰物,下装可选用直筒裤或直筒裙、大脚裤,以形成协调的上下对比关系。

4. 胸部较平者。可选择公主线裁剪的上衣,不用硬、直线条的裁剪,胸前可用胸花、领结、装饰丝带进行点缀;下装应简洁,否则易给人整体烦琐的印象。从色彩上看,上装宜淡雅,下装宜明丽,这样一来可将人的视线转移到下部,使人忽略其体型缺点。如上装穿浅蓝色的衬衫,领口系同色有暗条纹的蝴蝶结、垂飘带,下装穿宝石蓝色的合体长裙,显得雅致高贵。

5. 肩部偏宽者。女性肩部过宽易削弱整体柔和的曲线,宜选择合体、松紧适中、深"V"形领的上衣,下装可适当扩张,如鱼尾裙、大脚裤等,选用较宽大、厚实的鞋子。

6. 手臂较粗者。避免穿着袖口紧收、绷于手臂处的服装,袖子宽度要适宜,夏季宜穿中袖或长至手臂三分之一处袖子的衬衫和连衣裙,尽量避免穿无袖、偏短袖或泡泡袖的衬衫和连衣裙。注意服装的袖子及肩头最好不要配以饰物,饰物应置于领口、胸部或腰部,以用来转移注意视线。

7. 腰较粗者。宜选择直身或裁剪自然、腰部宽松的服装,曲线不能太明显。忌穿有松紧带的上衣或连衣裙,也不宜选择衣长仅到腰部的服装,腰部尽量不用装饰物,同时应避免将衬衫束在腰带内穿在外面。松身连衣裙、适当的胸部装饰物是这类体型者的较好选择。

8. 腹部突出者,即梨形身材的人。适宜穿直身、宽松的服装,忌采用衣长至腹部或短于腹部的服装,上衣应略长。忌穿短到膝盖的裙子及百褶裙,注意腹部处不可用腰带等饰物进行装饰，否则会夸大腹部的感觉。

9. 臀部过大者。宜选用宽度适中的斜裙、直身连衣裙和西服裙，借这些服装造型的直线条来掩饰臀围，忌穿过紧的裤子和裙装。

10. 腿部偏短者。可采用穿着上下统一色彩的服装形成身材的修长感。高腰裙、加饰宽腰带、适当加长裤长，在视觉上都能起到拉长腿部的感觉，还可用直筒裤配上高跟鞋来增加腿部的长度，不太适合穿锥形裤。

11. 腿部较粗者。避免穿短裙、紧摆裙、短裤及瘦腿裤，可选择宽大的裤子和宽摆长裙。上装可用较亮丽的色彩，裤子适宜选择深颜色。着裙装时最好配合风格大方，最好不选用太过纤细、秀气的鞋。

12. 身材偏胖者。偏胖的男性穿直条纹衬衫较为合适，最好系领带以恰当转移他人的视线。还适合穿尺寸合身的单排扣上装，腹部过大者可以背带代替皮带，这样一来，既可使裤子保持自然到位，又可使腹部不显突出，但在正式场合下不要露出背带。偏胖的女性不宜穿色彩太扩张的衣服，不宜穿花色繁多或大图案衣料的衣服，应选择单色碎花或直纹图案衣料的衣服，上衣领口以尖形为宜，可选用竖向分割、长过臀部的上衣款式，衣服要合身，尽量少用装饰；下身选择直筒裤，不宜穿弹性紧身裤、锥形裤，上衣不塞进裤子或裙子内，不适合穿短上衣、百褶裙、大格子和大花的裙子。

13. 身材偏瘦者。男士宜穿造型感强的服装，双排扣、宽领款式是理想的选择，可用宽皮带增添厚重感。女性宜穿百褶裙、肥腿裤，也可借大花图案面料、蓬松质感的面料、针织和光感强的绸缎等来增加体型的丰满、圆润感。过薄的衣服和高弹性的紧身衣都应避免。无论男女，一般宜用扩张感强的浅色、暖色和横向条纹衣服来夸张体型，或采用对比色调来夸张体型，一般不穿竖条纹和深颜色的衣服。

14. 个子较矮者。男士宜穿直条纹尖领衬衫，系色彩鲜艳的领带。上装长度略短些，避免穿颜色对比鲜明的上衣和裤子，最好用相同或相近的色调来增强服装的整体感，使体型有拉长的感觉，可选择鞋底加厚的鞋子。女性最好选小花图案或单色的合体服装，穿紧身短裙或瘦腿长裤来拉长身材，不宜穿大格子图案和宽松款式的长裙。

（资料来源：凌秀梅．现代公关礼仪规范教程．北京：北京广播学院出版社，2007）

（三）材质

服装材质是服装材料与其表面质地的简称。在服装设计的三个基本要素——色彩、款式和材质中，材质是组成服装的最基本的物质基础，也是服装造型设计依存的媒介。服装材质有以下类型。

1. 柔软型面料

柔软型面料一般较为轻薄、悬垂感好，造型线条光滑，服装轮廓自然舒展。柔软型面料主要包括织物结构疏散的针织面料和丝绸面料以及软薄的麻纱面料等。柔软的针织面料在服装设计中常采用直线型简练造型体现人体优美曲线；丝绸、麻纱等面料则多见松散型和有褶裥效果的造型，表现面料线条的流动感。

2. 挺爽型面料

挺爽型面料线条清晰，有体量感，能形成丰满的服装轮廓。常见的有棉布、涤棉布、灯芯绒、亚麻布和各种中厚型的毛料和化纤织物等，该类面料可用于突出服装造型精确性的设计中，例如西服、套装的设计。

3. 光泽型面料

光泽型面料表面光滑并能反射出亮光，有熠熠生辉之感。这类面料包括缎纹结构的织物，最常用于晚礼服或舞台表演服，产生一种华丽耀眼的强烈视觉效果。光泽型面料在礼服的表现中造型自由度很广，可有简洁的设计或较为夸张的造型方式。

4. 厚重型面料

厚重型面料厚实挺括，能产生稳定的造型效果，包括各类厚型呢绒和缝纫织物。其面料具有形体扩张感，不宜过多采用褶裥和堆积，设计中以 A 型和 H 型造型最为恰当。

5. 透明型面料

透明型面料质地轻薄而通透，具有优雅而神秘的艺术效果。包括棉、丝、化纤织物等，例如乔其纱、缎条绢、化纤的蕾丝等。为了表达面料的透明度，常用线条自然丰满、富于变化的 H 型和圆台型设计造型。

服装面料的表面质感一般有平滑、粗糙、凹凸和毛绒四种类型。服装面料质感对服装的美感有着直接的影响。不同质感类型的面料给人的感觉是不同的。质地平滑的织物使人感到凉爽，如丝绸面料；表面粗糙的织物如牛仔布、牛津布等则有一种粗犷之美；表面覆盖毛绒的织物给人温暖的感觉，如天鹅绒、拷花呢等；轻、薄、软的面料具有凉爽、轻巧的实用效果，同时也有轻松、随和、飘逸的直观感觉，较适合于夏季服装；厚实的面料保暖性强，给人严谨、稳重、挺括的印象，较适合于秋冬季服装。

服装面料质地往往影响服装的穿着效果。即使同一种款式的服装，采用不同质地的面料，也可获得不同的穿着效果。如中式旗袍，采用绸缎时显得高贵典雅，用棉布时则使人感到质朴大方；又如，用针织涤纶或毛涤混纺面料或灯芯绒面料制作的西服，虽不如毛料西服端庄优雅，但却因其花色新颖、织纹多变而增添了几分潇洒活泼。

服装面料质地的选择要与服装的穿着用途相适，与服装的格调品种相适。正式的礼仪服装宜选择高档的含毛、丝、麻等天然纤维的面料，这些面料既不会过时，又看起来悬垂、挺括、高雅、气派，能产生很好的着装效果；日常服装，由于款式更新快，宜选择中低档面料。这样，既可以应付正规隆重的礼仪场合，又能避免日常衣着不入时的现象。

总之，服装的款式、色彩、材质是变化无穷的，它可以改变人的形象，或者使人高贵，或者使人粗俗，或者使人亲切可爱，或者产生拒人千里之外之感。公关人员在选用服装时必须考虑款式、色彩、材质的这些特点，以得体的服装展示自身和所在组织的形象。

第二节　公关人员的着装礼仪

一、公关人员的着装规则

服装的种类很多，而每一种类型的服装因款式、色彩、质地的不同又千姿百态，选择服装时，必须要把握好服装的着装规则，才能使服装符合礼仪要求。

（一）着装要整洁

整洁原则指服装整齐、挺直、清洁，这是着装的最基本原则。一个穿着整洁的人总能给人积极向上的感觉，而一个穿着褴褛肮脏的人给人的感觉总是消极颓废的。公关人员衣着一定要平整干净，即衣服熨平整，裤子熨出线，衣领袖口要干净，该扣的扣子扣好，鞋带应系好，皮鞋应上油擦亮。衣服不能有褶皱、污垢和异味，尤其在夏天要注意着装不能有异味。

（二）着装要符合身份

每个人在日常工作和交往中，都有自己特定的身份。着装符合身份，是非常重要的。从理论上来讲，着装符合身份要注意四点：第一，要注意男女有别。服饰有显示性别的功能，职场着装男人要像男人，女人要像女人。第二，要注意长幼有别。年龄是人们成熟程度的标尺，也是选择服饰的重要"参照物"。不同年龄层次的人，只有穿着与其年龄相适应的服饰，才算得体。比如，10多岁的少女穿上合身的短裙或超短裙，可以充分展现自己的形体美和青春活力；但若中年以上的妇女也穿上短裙或超短裙，则就显得弄巧成拙，不伦不类了。第三，要注意职业有别。不同行业有不同的行规，着装应合乎自己的职业身份特征。第四，要注意职位有别。职业之外还有职位，着装要注意职位的差异。

（三）着装要搭配协调

搭配协调，一是指服饰必须与自己的年龄、形体、肤色、脸型协调，只有充分地认识与考虑自身的具体条件，一切从实际出发进行穿着打扮，才能真正达到扬长避短、美化自己的目的；二是指着装时服装的色彩、款式、质地的选择搭配要统一和谐，即上、下装，里、外装色彩搭配要和谐，款式图案风格要和谐，面料质感要和谐，其中色彩搭配的和谐最重要。色彩必须合理搭配才能产生美感。色彩搭配的基本方法有三种，第一种是同色搭配法，即同一种颜色按深浅的不同进行搭配，产生统一和谐的效果，易给人端庄、稳重、高格调的感觉；第二种是相似色搭配法，即按色谱上相邻的颜色进行搭配的方法，相似色搭配由于富于变化，色彩差异较大，服装更显活泼与动感；第三种是主辅搭配法，即以一种色彩作为整体或整套服装的基调或主调，再适当辅以一定的其他色彩的搭配。

肤色与服装色彩的搭配

亚洲人属于黄种人，即黄皮肤。但肤色又分为黄肤色、暗肤色、红肤色、白肤色四大色。应根据肤色选择服装的搭配。

1. **皮肤发灰**：这类人衣着主色应为蓝、绿、紫罗兰、灰绿、灰、深紫和黑色。这类肤色不宜采用白色作为衣着和装饰、不太适合粉红和粉绿，其他颜色均可以穿着。

2. **皮肤黝黑**：宜穿暖色调的衣服。以白色、浅灰色、浅红色、橙色为主。也可穿纯黑色衣着，以浅杏、浅蓝作为辅助色。黄棕色或黄灰色会显得脸色明亮，若穿绿灰色的衣服，脸色会显得红润一些。不宜与湖蓝色、深紫色、青色、褐色搭配。

3. **肤色呈黑红色**：可以穿浅黄、白或鱼肚白等色的衣服，使肤色和服装色调和谐。要避免穿浅红、浅绿色的服装。

4. **肤色红润**：适合采用微饱和的暖色作为衣着，也可采用淡棕黄色、黑色加彩色装饰，或珍珠色用以衬托健美的肤色。不宜采用紫罗兰色、亮黄色、浅色调的绿色、纯白色。因为这些颜色会过分突出皮肤的红色。此外，冷色调的淡色如淡灰等也不适宜。

5. 肤色偏红艳：可以选用浅绿、墨绿或桃红色的服装，也可穿浅色小花小纹的衣服，以形成一种健康、活泼的感觉。要避免穿鲜绿、鲜蓝、紫色或纯红色的服装。

6. 肤色偏黄：要避免穿亮度大的蓝色、紫色服装，而暖色、淡色则较合适，也可穿白底小红花或白底小红格的衣服。这样会使面部肤色更富有色彩。

7. 皮肤黑黄：可选用浅色质的混合色如浅杏色、浅灰色、白色等，以冲淡服色与肤色的对比。避免穿驼色、绿色、黑色等。

8. 肤色较白：不宜穿冷色调，否则会越加突出脸色的苍白。这种肤色一般不太挑衣服的颜色，一般可以选用蓝、黄、浅橙黄、淡玫瑰色、浅绿色一类的浅色调衣服。穿红色衣服可使面部变得红润。另外，也可以穿橙色、黑色、紫罗兰色等。

9. 白里透红是上好的肤色，不宜再用强烈的色系去破坏这种天然色彩，选择素淡的色系，反可更好地衬托出天生丽质。

（四）着装要遵循 TPO 原则

TPO 分别是三个英语单词 time、place、object 的缩写字头，意思是时间、地点、场合。TPO 原则是指穿着服装时必须考虑时间、地点和场合这三个因素。

"T"原则，即时间原则，主要指着装时应考虑时代性、季节性、早晚性。所谓时代性是指着装要与时代合拍，过分超前或落后都会"不合时宜"；所谓季节性是指着装应考虑春、夏、秋、冬四季的气候、环境，尤其是在色彩选择上应随季节变化；所谓早晚性是指着装应根据一天里早、中、晚气温、光照的变化及所从事的活动不同而调整。

"P"原则，即地点原则，主要指着装应适合所处的环境。环境的概念较广，有办公室、码头、车站，有高级宾馆及公园、绿地，有繁华的大街及偏远的乡村等，公关人员应对即将到达的地点环境有所了解或估计，然后选择恰当的服装饰品。

"O"原则，即场合原则，主要指着装应与活动场合的气氛相和谐。在日常工作和交往中，公关人员所面临的场合是不同的，有所谓正式场合与非正式场合的区别。正式场合又分为公务活动和社交活动，非正式场合则特指休闲。在不同的场合，适合穿什么衣服，不适合穿什么衣服，礼仪上都有具体的规定。比如公务场合着装的基本要求是庄重保守，适合正装、穿套装、套裙、制服、长衣、长裙、长裤等；社交场合着装的基本要求是时尚个性，穿时装、礼服、民族服装比较适合；休闲场合着装的基本要求是舒适、自然，可以穿牛仔装、运动装、拖鞋、T恤、短裤等休闲装。

二、公关男士的西装礼仪

西装有广义和狭义之分，广义上指西式服装，是相对于"中式服装"而言的欧系服装；狭义上指西式上装或西式套装。这里主要指西式套装，即上装穿西装，下装为西裤的组合搭配方式。西装起源于欧洲，是一种国际性服装，其特点是造型优美、外观挺括、线条流畅、做工考究、四季皆适，穿起来给人一种彬彬有礼、潇洒大方、高贵典雅的感觉。"西装革履"常用来形容有文化、有教养、有绅士风度的男士，所以，西装一直是男性服装王国的宠儿，深受各国各界人士的喜爱。现在,西装越来越多地被用于正式场合,也是公关人员必备的服饰之一。

(一)西装的类型

1. 服装要素角度

从服装要素的角度来讲,西装分正装西装和休闲西装。正装西装和休闲西装的区别,主要体现在色彩、款式和面料这三个方面。

(1)从色彩上来说,正装西装的基本特点是单色、深色。单色指颜色单一,深色是指正装西装通常颜色比较深,多为黑色、蓝色、灰色和咖啡色等;而休闲西装,在色彩上异彩纷呈,有单色,也有多色;通常色彩比较艳丽,有白色、蓝色、绿色、紫色、黄色、粉色等,有的还有格子或条纹,比较随意。

(2)从面料上来说,正装西装一般都是纯毛面料,或者是含毛比例比较高的混纺面料。这种面料悬垂、挺括、透气,显得外观比较高档、典雅。而休闲西装的面料多种多样,皮、麻、丝、棉等应有尽有。

(3)从款式上来说,正装西装是套装,有两件套,或者三件套,上装和下装色彩一样、面料一样、款式风格一致;而休闲西装则是单件。此外,正装西装的衣兜是暗兜,是有盖的;而休闲西装一般都是明兜,是没有盖的。

公关人员在重要场合所穿的西装,都是正装西装。换言之,深色套装、白色衬衫,黑色制式皮鞋,通常是一名训练有素的公关男士在公众场合出现时的基本着装选择。

2. 版型角度

从版型(西装的外观轮廓)的角度来讲,西装分欧版西装、英版西装、美版西装和日版西装。

(1)欧版西装。基本轮廓呈倒梯形。多为双排两粒扣式或双排六粒扣式。肩部较宽,领部较大,垫肩与袖笼较高,忽略腰部,上衣偏长,后摆无衩,比较宽松,使穿者显得矫健、稳重。适合体型偏瘦、后肩窄的高大男士。

(2)英版西装。基本轮廓也呈倒梯形。多为单排扣式。线条流畅,不刻意强调肩部,微收腰部,衣领呈"V"形,较窄。后部下摆各有一个衩口,穿在身上自然、贴身,即使臀部较大的人穿起来也比较舒服。这类西装讲究剪裁,款式传统,能体现严谨的绅士风度。

(3)美版西装。上衣基本轮廓特点是"O"形,多为单排扣式。整套西装略短于欧式西装,肩部不加衬垫,胸部不过分收紧,后摆中间开衩,"V"形领,宽度适中,其造型线条轻松、柔和,形态自然,穿着比较舒适、随意。

(4)日版西装。基本轮廓呈"H"形,多为单排扣式。不过分强调肩部与腰部,垫肩不高,领子较窄、较短,不过分收腰,后摆也不开衩。

除了这四种基本的版型外,还有一种改良欧版。这种西装介于英式与欧式西装之间,既不像英式西装那样传统、贴身,也不像欧式西装那么夸张、宽松,对身材要求也不高,适合大多数人穿着,特别是个子较矮的男士。

公关人员在选择西装时,需要针对自己的体型、身高特点选择合适的版型。

(二)西装着装要求

人常说西装七分在做,三分在穿。这说明西装的穿着是十分讲究的,从礼仪的角度讲,公关人员在正式场合穿西装必须符合以下要求。

1. 讲究规格

（1）选好西装。西装有两件套、三件套之分，正式场合应穿同一面料、同一颜色的套装，三件套西装在正式场合不能脱下外衣，颜色以深色为好。作为办公服的西装，在颜色选择上宜为具有稳重感的单色，如浅灰色、黑色、深蓝色、咖啡色等；质地最好是中等厚的毛料织物。按国外习俗，西装里面不能穿毛背心或毛衣，在我国，至多也只能加一件"V"字领羊毛衫，否则会显得臃肿，破坏西装的线条美。

（2）穿好西裤。穿西裤要保持臀位合适，裤形美观。裤子肥瘦长短要适中，自然站立时，裤腰上的裤褶和裤兜的缝口应是闭合、平整的；裤管应自然下垂，无褶皱；裤长既不能悬空也不能拖地，以盖住鞋面为宜；裤线要清晰、笔直；裤扣要扣好，拉锁要拉严。

（3）系好纽扣。西装有单排扣、双排扣之分。双排扣西装一般要求把扣全部扣好，以示庄重。坐下时也可将最下面的扣子解开；单排两粒扣的上装，只扣上面一粒纽扣。三粒扣的，则扣中间一粒，只扣下面一粒显得流气、霸气。一般来说，单排扣的西装扣子也可以全部不扣，显得洒脱、有风度；如将全部扣子都扣上，则显得拘谨、土气。

（4）用好衣袋。西装上下装的口袋很多，穿西装一是要注意口袋的清洁，二是要注意正确使用口袋。一般来说，不宜在西装中放过多的东西，否则会引起变形，也会破坏西装的整体形象。上装外面左胸口的衣袋是专门用于插装饰性手帕的；下面的两个口袋只作装饰用，不可装东西；上装左侧内袋可装记事本、钱包，右侧可放名片、香烟、打火机等；西裤前面的裤兜亦不可装物品，可用于插手（站立时可将手插在裤兜内，行走时却一定要把手拿出来）；右边后裤袋用于放手帕，左边后裤袋用于存放平整的零钱或其他轻便之物。

2. 衬衫

（1）在正式场合，穿西装一定要配衬衫。衬衫领子应为有座硬领，平整不外翘，要挺括；领口以能伸进两个手指为宜，应紧贴西装的领子并略高1～2厘米；袖口略长于西装袖口0.5～1厘米；衬衫的下摆应束在裤腰里。

（2）衬衫的款式主要有矮领、长领、宽领、纽扣领、方领等，要根据自己的脸型及脖子的长短、粗细选择。一般来说，脖子较短的人不宜选用宽领衬衫，脖子较长的人则不宜选用窄领衬衫。

（3）衬衫的面料以纯棉或棉涤混纺为首选，款式应简单大方；颜色应与外套相配，以单色或细小条纹为佳，通常选用蓝色、白色，不能过于花哨。

（4）衬衫系领带时，应将所有的扣子扣好；不系领带时，最上面的扣子不要扣。

（5）衬衫要注意整洁，特别是领口更要保持清洁、平整，否则会破坏形象。

3. 领带

（1）穿西装，领带起着画龙点睛的作用。西装脖领间的"V"字区最为显眼，领带应处在这个部位的中心，领带的领结要饱满，与衬衫的领口吻合要紧凑。

（2）领带的面料以纯天然为好，真丝为首选；领带的宽度和长度要根据着装者的肩宽和身高而定，肩宽者选宽领带，身高者选长领带。领带的色彩恰当很重要。领带的颜色、图案要与外套和衬衫协调搭配，除此之外，还要根据个人的肤色、脸型以及着装环境等来选择。一般情况下，在正式场合，选择素色、细小条纹的传统图案，会显得典雅、稳重；在非正式场合，颜色、图案可明艳新颖。

(3) 领带系好后,宽的一片要略长于窄的一片;领带的长度以宽片尖端恰好到皮带扣处为宜。如果穿背心或毛衣,领带要放在背心或毛衣里面。

(4) 为了使领带不妨碍穿着者的行动,可佩戴领带夹。领带夹一般是用来固定领带的,不能露在衣服外面用来夹西装上衣的领子。领带夹应夹在衬衫第三粒与第四粒扣子之间,西装系好纽扣后,领带夹不能外露。

4. 鞋袜

(1) 穿西装一定要配皮鞋,不能穿布鞋、旅游鞋、轻便鞋或露脚趾的凉鞋。皮鞋要保持干净光亮,颜色以深色为主。一般深色皮鞋可配各种颜色的西装,其他颜色的皮鞋要与西装的颜色相同或相近,款式不要太复杂。

(2) 袜子的搭配也不容忽略,袜子起衔接裤子和鞋的作用。因此,袜子选择与裤子、鞋同类的颜色或较深的颜色,忌穿白袜子、花袜子、半透明的尼龙或涤纶丝袜。男士宜穿中长筒袜子,这样坐着谈话时不会露出皮肤或腿上较重的腿毛。

(三)西装礼仪规则

在日常生活中,我们经常看到有人虽然穿着很昂贵的名牌西装,但是并不好看。这就涉及西装着装规则的问题。正如有人所言:"西装的韵味不是单靠西装本身穿出来的,而是用西装与其他衣饰一道精心组合搭配出来的。"可见,西装的着装规则最重要的一点,就是西装与其他衣饰的搭配问题。对于公关人员来说,西装礼仪的基本规则,就是"三个三"。什么是"三个三"呢?就是穿西装时有三大问题要注意,而每个问题里都有一个"三"字。

1. 三色原则

即在正式场合穿正装西装时,全身上下的颜色一般不能多于三种。

2. 三一定律

即男士在重要场合穿西装套装的时候,鞋子、腰带和公文包应该是一个颜色,而且首选黑色。

3. 三大禁忌

即穿西装时,有三个方面不能出洋相。

(1) 袖子上的商标不能不拆。西装左边袖子的袖口上有一个绣上去的商标,买了西装后,就要把商标拆掉,等于西装启封了。不拆商标就穿出来,会有伤大雅。

(2) 在非常重要的涉外交往中忌穿夹克时打领带。夹克一般属于休闲装,和领带进行搭配,并不协调。

(3) 忌袜子出现问题。男士在重要场合穿西装时,袜子是有讲究的。通常情况下,有两种袜子是不能穿的:一是白袜子,二是尼龙丝袜。

领带的起源

关于领带起源的传说很多,各人说法不尽相同。归纳一下,有以下几种说法。

1. 领带保护说。认为领带最早起源于日耳曼,日耳曼人居住在深山老林里,茹毛饮血,披着兽皮取暖御寒,为了不让兽皮掉下来,他们用草绳扎在脖子上,绑住兽皮。这样一来,风也不能从颈间吹进去,既保暖又防风,后来他们脖子上的草绳被西方人发现,逐步完善成了领带。另有人认为领带起源于海边的渔民,渔民到海里打鱼,因为海上风大而冷,渔民就在脖子上系上一条带子,防风保暖,渐渐地,带子成了一种装饰。保护人体以适应当时的地理环境和气候条件,是领带产生的一个客观因素,这种草绳、带子便是最原始的领带。

2. 领带功用说。认为领带起源是因为人们生活的需要,具有某种用途。这里有两种传说。

一种认为领带起源于英国男子衣领下的专供男子擦嘴的布。工业革命前,英国也是个落后国家,吃肉用手抓,然后捧到嘴边去啃,成年男子又流行留络腮胡子,大块肉一啃就把胡子弄油腻了,男人们就用袖子去擦。为了应对男人这种不爱干净的行为,妇女们在男人的衣领下挂了一块专供他们擦嘴的布,久而久之,这块布就成了英国男式上衣传统的附属物。工业革命后,英国发展成为一个发达的资本主义国家,人们对衣食住行都很讲究,挂在衣领下的布化成了领带。

另一传说认为领带是罗马帝国时代,军队为了防寒、防尘等实用目的而使用的。军队去前线打仗,妻子为丈夫、朋友为朋友把类似丝巾的方巾挂在他们的脖子上,在战争中用来包扎、止血。到后来,为了区分士兵、连队,采用了不同花色的领巾,进而演变发展到今日,成为职业服装的必需品。

3. 领带装饰说。认为领带起源是人类情感美的表现。17世纪中叶,法国军队中一支罗地亚骑兵凯旋回到巴黎。他们身着威武的制服,脖领上系着一条围巾,颜色各式各样,非常好看,骑在马上显得十分精神、威风。巴黎一些爱赶时髦的纨绔子弟看了,倍感兴趣,竞相效仿,也在自己的衣领上系上一条围巾。第二天,有一位大臣上朝,在脖领上系了一条白色围巾,还在前面打了一个漂亮的领结,国王路易十四见了大加赞赏,当众宣布以领结为高贵的标志,并下令上流人士都要如此打扮。

三、公关女士的套裙礼仪

西装套裙不仅是公关女士喜爱的职业服装,而且是她们出入正规场合的礼服之一。一套正规的西装套裙是由女式西装上衣与同色同料的西装裙组合而成。西装套裙有两件套和三件套之分。两件套由上装与一条半截裙构成,三件套是在两件套的基础上,加上一件背心。两件套是最为常见的形式。西装套裙的组合大致上可以分为两种,一种是西装上衣与非配伍的其他裙子搭配组合,另一种是西装上衣与其成套设计和制作的相配伍裙子的组合。

(一)西装套裙的选择方法

1. 面料的选择

正统西装套裙所选用的面料应质地上乘,上衣与裙子应使用同一种面料。除女士呢、薄花呢、人字呢、法兰绒等纯毛料外,也可选用丝绸、亚麻、府绸、麻纱、毛涤等面料,但要注意面料匀称、平整、滑润、光洁、丰厚、柔软、挺括,其弹性一定要好,且不起皱。

2. 色彩的选择

西装套裙的色彩选择应注意两个方面,一是力求色调淡雅、清晰、庄重,不宜选择过于鲜亮、刺眼的色彩;二是标准的西装套裙的色彩,应注意与穿着者出入场合的环境协调,应能体现出穿着者的端庄与稳重。一般而言，西装套裙的色彩应以冷色、素色为主，如藏蓝、炭黑、烟灰、雪青、黄褐、茶褐、蓝灰、紫红等颜色，都是西装套裙色彩的较好选择。此外，各种带有明暗分明、或宽或窄的格子与条纹图案以及带有规则圆点图案的面料也大都适宜选用，但其中格子图案的面料效果最好。

3. 造型的选择

西装套裙的造型与其他一般套裙不同，主要在于它的上衣为女式西装。传统的西装套裙的造型，强调的是上衣不宜过长，裙子不宜过短，尤其对裙子的长度要求较严，通常以至膝下小腿肚最为丰满处为标准，太短了不雅，太长了没神。现代女性却从穿着的视觉效果出发，对西装套裙的造型采用四种形式，即上长下长、上短下短、上长下短、上短下长。并根据身材和体型，对上衣选用紧身式或松身式，配以宽窄适度的裙子，展现着装者的风姿。体型苗条者或过瘦者，则应以紧身式上衣与喇叭裙搭配以显示其女性的线条美；肥胖者则可选择松身式上衣与筒裙搭配，以掩饰肥胖的身躯和过于突出的臀部，使之显得优雅。上衣的领形，除可采用常规的枪驳领、平驳领、"一字"领、"V"字领、"U"字领外，还可根据自己的身材高矮、胖瘦、脸型和脖长等情况，选用青果领、披肩领、蟹钳领、燕翼领、圆领等。上衣的衣扣也可根据上衣的造型选择单排扣或双排扣，衣扣数量可根据领形确定，多则6粒，少则1粒。在选择与西装上衣搭配的裙子时，也必须充分从自己的实际出发，除选用正统的西装裙外，还可选用围裹裙、一步裙、筒裙、百褶裙、人字裙、喇叭裙、旗袍裙等。西装套裙的裙子，一般不宜添加过多的花边或饰物。

（二）西装套裙的着装要求

得体的西装套裙，不仅会使着装者显得精明、干练、洒脱和成熟，还能烘托出女性所独具的韵味，显得优雅、文静、娇柔与妩媚。公关女性如何使自己显示出美丽动人的风采，体现出西装套裙本身的韵味与魅力呢？根据服饰礼仪的基本要求，女士在西装套裙的着装方面应注意以下问题。

1. 要合身得体

对于穿着者来讲，西装套裙不能过大或过小。上衣最短可齐腰，裙子最长不能超出小腿中部，否则将给人勉强和散漫的感觉。同时，也不能肥大或过于包身，以免给人不正经之嫌。穿着西装套裙绝不准许露臂、露肩、露背、露腰、露腹，不准"捉襟见肘"。

2. 衣扣要到位

穿着西装套裙必须按规矩将上衣的扣子全部扣好，尤其在正式场合更要注意，即使再忙、再热，也不允许敞怀。不允许当着他人将上衣脱下来。

3. 内衣不可外现

穿着西装套裙必须内穿一件款式及领口适宜、不透明的衬衫，内衣的领口一定要内隐在衬衫的领口内。内衣领外露或透过衬衫显现内衣，都会使穿着者有失身份。

4. 注意配穿衬裙

穿着西装套裙，特别是在穿薄型面料或浅色面料的西装套裙时，一定要注意内穿一条衬裙，否则将有失大雅。

5. 不可自由搭配

标准的西装套裙应是西装上衣与半截裙的搭配组合，不能与牛仔裤、健美裤、裤裙等搭配，在上班等正式场合一定要按此规矩穿着，不可自由搭配。此外，在半截裙中，一般不可以将黑色皮裙与西装上衣配搭。因为在国外，黑色皮裙是"街头女郎"的工作服，不属于正统装，所以，公关女士应慎穿，以免让知情者耻笑。

6. 讲究鞋袜配套

在正式场合穿着西装套裙，宜穿黑色或白色无袢的高跟或半高跟的皮鞋，并配以肉色的丝袜。丝袜的长度必须与裙子的长度相适应，一般来讲，过膝的长裙应穿中筒袜；到膝盖的裙子宜穿长筒袜；到膝上的裙子宜穿连裤袜。在非正式场合，腿部肤色较黑的女性可穿浅色袜子；腿上有疤痕者可穿暗色或有纹理的袜子，但它不适合在正式场合穿；在任何场合都不可以穿色彩艳丽、图案繁多的低筒袜。穿着西装套裙不可穿布鞋、凉鞋、旅游鞋或拖鞋。

第三节 佩戴饰品的礼仪规范

饰品是全身装饰物的总称，是服装的辅助配件，然而，它又区别于服装而相对独立地存在，在着装的整体效果上，起点缀、平衡、呼应、对比的作用。饰品常常佩戴于人体的显著部位，位于别人的视线中心范围，直接影响一个人的外观形象，并且有变化服装的力量，起到增加或减弱服装美感的作用。因此，饰品佩戴是服饰礼仪的重要组成部分。饰品不仅具有美化的功能，同时还能传播一定的信息，具有一定的象征意义。公关人员应掌握饰品佩戴的一些礼仪规范。

一、饰品的种类

1. 首饰

首饰通常泛指全身的小型装饰品，包括耳坠、项链、戒指、手镯、手链、胸针、发卡、头饰等。在现代生活中，眼镜、手表、胸花、发带等也延伸到首饰系列里。首饰的主要价值体现在原材料的价值上，但眼镜、手表、发带重在色泽和款式上。

2. 衣饰

衣饰一般指领带、领结、腰带、围巾、披肩、纽扣、金属链等，他们是服装的辅助配件，其艺术魅力主要来源于色彩、图案、质料和造型等，对着装整体效果起点缀作用，有时能收到画龙点睛的艺术效果。

3. 携带物

携带物一般指挎包、提包、雨伞、扇子等。由于技术美学的兴起，这些原本实用的物品，在现代社会，正日益起着不可忽视的装饰作用，带来意想不到的艺术情趣。

饰品根据材料和质地又可分为三大类：矿质类，如钻石、宝石、玉、水晶、玛瑙、翡翠等；非矿质类，如珍珠、象牙、琥珀、珊瑚等；仿制品类，如玻璃制品、陶瓷制品、木制品、人造珍珠、人造宝石、镀银制品、镀金制品，等等。

二、常见饰品的佩戴

不同的饰品因佩戴的部位、用途、价值、材料、风格等的不同，佩戴要求有所差别。各种饰品的佩戴只有符合一定的礼仪规范和佩戴原则，才能达到展现个性和提升形象的效果。

（一）帽子

帽子，从古到今都是人们的重要饰物，它常常与服装配套，是服装的组成部分之一。帽子的质地、色彩、款式均很多，其佩戴应与人的头型、脸型、身高、体型及服装协调。帽子的戴法很讲究，既可正戴，也可歪戴，不同的戴法会产生不同的视觉效果。正戴显得庄重、严肃，歪戴显得活泼、妩媚；正戴可使脸型更加丰满、端庄，歪戴则会使人显得清瘦、俏皮。

从礼仪角度讲，男士不允许在室内场合戴帽子，女士则可把帽子作为礼服的一部分在室内场合戴。在西方、女士在某些场合可以戴帽子，如教堂；而在一些场合绝对不能戴帽子，如剧场、宴会厅。从举止礼仪上来讲，脱帽和举帽已成为人们表达敬意的一种形式。当别人介绍你和陌生人认识时，参加升国旗仪式时，或向死者的遗体告别时，都应该脱帽致敬。而在路上碰到熟人，不便握手时，则可以把帽子提一下或触一下帽檐以示敬意。

（二）墨镜

眼镜既具有实用功能，又具有装饰功能。它不仅可以起到矫正视力或抵挡阳光、防御紫外线、保护眼睛的作用，还可以调节脸型、美化面部。眼镜有近视镜、远视镜、散光镜、平光镜和墨镜之分。适宜的眼镜可增添文质彬彬、温文尔雅的风度。选择款式适宜的眼镜时，应考虑佩戴者的脸型、肤色、年龄、服装等因素。有的眼镜还有配件，如眼镜链，眼镜链的装饰作用也应与整体服饰协调。

墨镜，又名太阳镜。墨镜在质料、色彩、造型等方面也是千姿百态。墨镜的佩戴，可增添人的神秘感和魅力，给人严肃、神气、深沉之感。佩戴墨镜的礼仪要求是：在参加室内活动时，不可戴墨镜；在室外，遇到礼仪性活动，也不应戴墨镜；因有眼疾需戴墨镜时，应向主人或他人说明并致歉；在与人握手、说话时，应将墨镜摘下，离别时再戴上。

（三）耳环

耳环是女性的重要首饰，使用较普遍。它显露在人体十分明显而重要的部位，对人的面部形象、风度气质的影响较大。耳环佩戴得当，可以使女性更加秀美，令脸部显得丰满圆润。耳环的种类很多，常见的有钻石、金银、珍珠；耳环的款式有紧贴耳垂的扣式和垂在耳下的垂吊式；耳环的形状各异，有圆形、方形、三角形、棱形以及各种异形；耳环的大小不一，色泽也是五颜六色。

佩戴耳环应讲究对称性，即每只耳朵佩戴一只耳环，而不宜在一只耳朵上佩戴多只耳环。选戴耳环应考虑自己的脸型、肤色、身材、发型、服装、职业及工作环境等；脸型和耳环的形状成反比，即"反其道而行之"。圆润脸庞不宜戴又圆又大的耳环，适宜选用链式耳环或垂吊式耳环；方脸型宜选用小耳环或耳坠，不宜戴过于宽大的耳环；长脸型的人宜选用扣式耳环或宽大的耳环，不宜戴长而下垂的耳环；而瘦小脸型的人，则适宜戴大而圆的耳环，或珠式耳环。耳环的色彩与肤色要形成对比关系，即深肤色的人戴浅色耳环，浅肤色的人戴深色耳环。皮肤白的人可佩戴翡绿、绛红、金、银等颜色较为鲜艳的耳环，皮肤黑的人则宜选用淡雅、柔和的白色、蓝色、浅粉色耳环；个子高的人可选大耳环，身材小巧的人宜戴小耳环；发型为盘发宜戴大型耳环，长直发宜戴长链形耳环，短发型宜戴扣式耳环，对于掩一只耳朵的发型，要在外露的耳朵上戴一只耳环，与另一边的发式对称；戴眼镜的人一般只宜戴款式简单、精致小巧的耳环。

钻石或珍珠耳环宜配高档服装，金银耳环对服装没有太多限制。在工作性质较严肃的单位，年龄大的人，宜戴小巧精致贵重的耳环，显得端庄大方。在文艺单位及年轻人多的地方，可戴垂吊式耳环，表现一种浪漫的情调，使人显得活泼娇媚。在人多的公共场所，过大的耳环易被人或其他物品钩住，尤其是工人在上班时有被机器卷入的危险，戴大耳环不安全。庄重严肃的场合，戴发出响声的垂吊耳环，会使人产生一种浮华艳俗的感觉，有失礼仪。

（四）项链

项链是女性常用且钟爱的首饰，现代男性也有戴项链的，它用来装饰人的颈部、胸部。项链的种类繁多，大致分为金属项链和珠宝项链两种。它们各由不同的原料制成，有各种颜色、长度和造型。不同质地的项链，其艺术效果不同。金银项链宝贵，珍珠项链清雅，钻石项链华贵，景泰蓝项链古朴，象牙项链高洁，贝壳项链自然，骨质项链典雅，木质项链朴素。一般来说，老年人选质地上乘、工艺精细的金属项链为好；中年人宜选工艺性强、质地中档的宝石项链；而年轻人则以选择质地颜色好、款式新的项链为佳。夏季天气炎热，宜佩戴铂金项链，黄金项链宜在其他三季佩戴。

选佩项链，首先要考虑的是自己的经济实力，然后考虑与自己服装的搭配。如金银、珍珠等价值较高的项链，一般较精致短小，适宜与较薄的夏季服装面料相配；一些仿制的工艺项链，一般较粗大夸张，适宜与较厚的春秋服装面料相配。高贵厚实的服装面料，宜配华丽的钻石、珠宝项链；棉质服装，宜配价格低廉的装饰性项链。佩戴项链，还应考虑自身条件，使其与自己的体型、脸型、脖子长度相宜。如身材偏矮、体型较胖、脖子较短，且圆脸型的人，宜选戴长至胸部的项链，以拉长人的高度，而不宜选用短而宽的项链，否则会更让人觉得膀大腰圆；相反，身材修长，脖子细长的人，选佩宽粗一些的短项链可以缩短颈长，而不宜戴细长的项链，否则会更显单薄纤弱。就色泽而言，为了不致"埋没"项链的存在，项链的颜色应与服饰、肤色有较大的对比度。

选佩项链还应考虑出入的场合，使其与场合相宜。如正式的社交场合，佩戴金银、钻石等价值较高的项链，可显出高雅的气质；外出旅游时，戴上玻璃、贝壳、陶瓷类的项链，可显得轻松活泼。

（五）戒指

戒指又称指环，是手指的装饰品。戒指的一个含义是爱情和婚姻的象征。所以，戒指不仅是重要的首饰，还是婚姻状况信息的传递物。戒指呈圆形环状，意味着永恒。传说左手无名指有一条血脉直通心脏，相爱的人把戒指戴在左手无名指，从此就会心心相印、白头到老。所以世界上很多民族都有在订婚、结婚仪式上戴订婚戒指、结婚戒指的习俗。

国际上较为通行的规范是把戒指戴在左手上，拇指不戴戒指。作为特定信息的传递物，戒指的不同戴法，表达不同的约定含义：戴在食指上，表示尚未恋爱，正在求偶；戴在中指上，表示正在恋爱；戴在无名指上，表示已正式订婚或已结婚；戴在小指上，表示誓不婚恋，奉行独身主义。从礼仪的角度来讲，最好只戴一枚戒指，最多只能戴两枚戒指，即订婚戒指和结婚戒指，可分别戴在无名指和中指上，一根手指上不应戴多枚戒指。

戒指的种类繁多，各具特色，选择时要考虑自身和出入场合的特点。一般而言，女性适合戴小巧精致的戒指,男性适合戴宽厚、造型简单的戒指;中年人适合戴天元戒,以显示中年人的稳重与温厚;中青年女性适合戴嵌宝戒,特别是白嫩丰满的手指戴嵌红、蓝、绿宝石戒指颇为华美;手指粗短者,不宜戴方形宽阔的戒指,可选窄边或不规则图形的戒指,如"V"形戒等;手指细长者,可适当选一些较为丰满的戒指,如圆形戒、宽边戒等;不同的场合应选戴不同质地的戒指。如 24K 金戒,一般作为订婚或结婚戒,象征真情如金;18K、14K 金戒,耐磨、硬度高,较便宜,适于日常生活中选戴。

(六)胸针

胸针作为一种服装的点缀物,多为女士所用,常戴在领口、胸前、围巾等醒目位置,主要用于宴会、招待会、开业典礼等场合。胸针应该戴在第一、第二粒扣中间平行的位置上,一般戴在左侧。如果是无领的服装,或是向左偏的发型,胸针也可戴在右侧。

胸针的材料、造型图案种类较多,不同的胸针有不同的寓意,使人显出不同的气度。比如,花卉型胸针清秀动人,动物型胸针富有活力,变石和猫眼胸针绚丽多姿,金银镶嵌宝石胸针华丽高贵,珍珠和水晶胸针纯洁无瑕,象牙和贝壳胸针朴素大方,翡翠玛瑙胸针色彩斑斓,人物肖像胸针富有内涵,山水画胸针典雅别致。胸针的佩戴应与人的体型、服装和出入的场合相宜。肥胖的人戴胸针可转移人的视线,使人少注意过于肥胖的腰部;个子矮小的人适宜戴小一点儿的胸针,并将其佩戴得稍微高一点儿。个子高的人,可选大一点儿的胸针,佩戴位置稍低一点儿。胸针与服装的色彩搭配,一般是深浅相配,深色衣服配银白色的胸针,如珍珠胸针。浅色衣服配深色胸针,如琥珀胸针。佩戴与衣服同色的胸针也别具一格,显得高雅气派。穿娴雅的服装,宜配小型胸针;款式简单的服装,宜配大胸针。

胸针一年四季可戴,冬装厚重、质好,宜配大型胸针;春秋装宜配小巧的胸针。需要注意的是,钻石胸针属于女性晚间的装饰首饰,不能白天佩戴。男士一般戴纪念性的胸针,如圆形或方形等较小的徽章。

(七)包

女性出门总少不了带个包。在注重装饰的今天,女性的包远远超出了它的实用价值,而成为女性服饰配套的一个重要组成部分。包作为女性出席正式场合最重要的饰品之一,在整个形象中处于很惹人注目的位置。

包的流行品类很多,色彩、质地、款式、大小都各不相同,因此,选择时应与自己的体型、服饰和出入场合相适宜。如身材矮小的人不适宜携带过大的包,体型高胖的人不适宜携带过小的包。如果穿着一套风格朴素的服装,却拎着装饰华美的皮包,会有一种喧宾夺主的感觉;相反,如果穿一身高贵典雅的服装,却提着一只塑料网袋,也会显得不伦不类。在严肃、庄重的场合,适合选择色彩深沉、做工精致、质地上乘的真皮皮包;外出郊游时,适合携带帆布包、牛仔包等质地粗硬的旅行包,过于高档的包,反而会碍手碍脚;参加晚宴,宜用色彩与服饰相配、做工精致、小巧、外观华丽的小型包,既增添魅力,又便于挂放;工作中,一般选用正式的公文包,款式呈矩形,大小适中,内外有夹层,外观素雅,颜色以暗色为主。公文包可以显示自己的工作能力,可以很好地树立职业形象。过于小巧精致或装饰性强的包与工作氛围不协调,而过大的包,装物易零乱,取物时,一通乱翻,既不雅观,也让人感到毫无条理。此外,在包的色彩选择上,与服饰色彩相配是最适宜的。在季节的考虑上,夏季宜选用白色或浅色,冬季宜选用颜色略深的包;包与皮鞋、皮带、皮手套配套最理想。

总之，饰品丰富多彩、种类繁多、款式多样。不同的饰品，佩戴的要求各不相同，但总的原则是佩戴者、服装、饰品三者协调，形成有机的整体效果。

三、公关人员佩戴饰品的原则

随着人们生活水平的提高和社会审美进程的加快，饰品已成为人们生活常用的必需品。在有些非常重要的场合，由于需要遵循着装礼仪，人与人之间容易出现"撞衫"现象，从而失去个性。如果佩戴一定的饰品则可以使其与众不同，体现个性。饰品佩戴适宜，可以增光添彩，提升个人形象；反之，即使珠光宝气，也显得庸俗不堪。所以，佩戴首饰必须遵守一定的规则。公关人员佩戴饰品需要遵循以下原则。

1. 符合身份

选戴饰品时，不仅要顾及个人爱好，更应当使之服从于本人身份，要与自己的性别、年龄、职业、工作环境保持大体一致，不应把自己的喜好放在首位。对于公关人员来说，胸针、耳环、脚链这些首饰是不适合在工作场合戴的。因为公关人员在工作场合，展现的是精明干练、训练有素的工作作风和职业技能，而不是个人魅力。同样道理，在工作场合，公关人员也不适合戴珠宝首饰。因为公关女士不是贵妇人，没有必要显摆。

2. 以少为佳

佩戴首饰也不是多多益善，而是要适量。基本原则是"以少为佳"，忌讳把全部家当全往身上戴。若同时戴过多的饰品，不仅不会带来美感，反而会使人感觉繁杂零乱，没有品位。公关人员在工作场合基本可以不戴饰品，尤其是男士，女士可以戴，但数量要少。一般来说，全身佩戴饰品的总量不宜超过三件，除耳环、手镯外，佩戴的同类首饰最好不超过一件。

3. 整体协调

由于服饰是一个整体，服装与服装、服装与饰品、饰品与饰品三者之间应在款式、材料和色彩上协调一致，这是服饰美化成功的基础。佩戴饰品应力求整体协调，主体突出。协调规则主要体现在五个方面：

（1）佩戴饰品力求同色、同质。即同时佩戴两件或两件以上首饰时，应尽量使其色彩一致，质地一致。戴镶嵌首饰时，应使其主色调一致，被镶嵌物质也一致，托架也力求一致，这样做是为了让首饰看起来在整体风格上更为协调。

（2）佩戴饰品要与场合协调。如隆重的社交场合多选用珠宝等贵重高档饰物，一般的工作场合选用价格不高，但配合服装的端庄大方风格的饰品，休闲场合可选用各种夸张一些的饰品，以烘托出服装浪漫、随意的风格。

（3）佩戴饰品要与自身的年龄和体型协调。佩戴饰品要遵循与年龄相吻合的原则。如年轻女士可以戴一些精致的工艺品，而不适合戴比较贵重的饰品；而年纪大的女性应佩戴一些较为贵重的饰品，这样可以让自己显得更加庄重、高雅。同时，佩戴饰品还要根据自己的体型选择适合自己的，这样才能达到装饰自己的效果。否则，不仅不协调，还会影响自己原有的形象。如脖子粗短的，不适合佩戴多串式的项链，比较适合佩戴长项链，这样可以弥补自己脖子粗短的不足。

（4）佩戴饰品要与季节协调。佩戴首饰时，应根据不同的季节选择不同颜色和材质的饰品。通常来说，不同的季节要佩戴的首饰也不一样。比如，夏季更适合佩戴清凉鲜艳的颜色，而冬季比较适合佩戴暖色调首饰，像金色、橘黄色等。

（5）佩戴饰品要与服装协调。佩戴饰品时一定要根据服饰的不同而有所不同，一般来说，饰品要与服装的质地、色彩、款式在风格上相配。如领口较低的服饰佩戴项链比较好，而竖领上衣可以不佩戴项链。饰品的色彩最好与衣服的色彩协调，否则，会让人看起来很不协调。穿运动装或工作服时，可以不佩戴项链和耳环。

4. 尊重习俗

遵守各民族、各地区习俗，是佩戴首饰的一条重要规则。民族的差异、地区风俗习惯的不同，使得佩戴首饰的习惯做法和象征意义多有不同。比如，在欧美国家，或者在一些文化圈，男士也有戴耳环的。但是男士戴耳环，一般都只戴一个，戴于左耳。如果不是少数民族或者宗教界人士，一般男士是不戴耳环的。在首饰佩戴问题上，了解习俗和尊重习俗是必须要注意的。

【思考与练习】

1. 什么是服饰？服饰的功能有哪些？
2. 公关人员着装要遵循哪些规则？
3. 请谈谈西装的着装要求。
4. 简述西装套裙的构成要素及选择方法。

第十二章 公关会面礼仪

【学习目标】

通过本章的学习，了解并掌握公关交往中，各种常见会面礼仪的要求和规则；明确并谙熟各种会面礼仪的注意事项和禁忌。准确把握并在实际中恰当运用致意、握手、称呼、介绍和使用名片等礼仪规范，提升自我形象。

【本章导读】

会面是交往的第一步，在具体的公关活动中，会面都有一定的礼仪规范可循。常见的会面礼仪有致意、握手、鞠躬、拥抱、称呼、自我介绍、他人介绍、使用名片等多种方式，它们在实际运用中都有各自的特点和礼仪要求。公关人员掌握各种会面礼仪的操作规范和实施要领，将有助于打开公关活动的新局面。

案 例 12-1

两位商界的老总，经中间人介绍，相聚谈一笔合作的生意，这是一笔双赢的生意，而且做得好还会大赢，看到合作的美好前景，双方的积极性都很高。王总首先拿出友好的姿态，恭恭敬敬地递上了自己的名片。张总单手把名片接过来，一眼没看就放在了茶几上。接着他拿起了茶杯喝了几口水，随手又把茶杯压在名片上，王总看在眼里，明在心里，随口谈了几句话，起身告辞。事后，他郑重地告诉中间人，这笔生意他不做了。当中间人将这个消息告诉张总时，他简直不敢相信自己的耳朵，一拍桌子说："不可能！哪儿有见钱不赚的人？"他立即打通王总的电话，一定要对方讲出个所以然来，王总道出了实情："从你接我的名片的动作中，我看到了我们之间的差距，并且预见到未来的合作还会有许多不愉快，因此，还是早放弃好。"闻听此言，张总放下电话，痛惜失掉了生意，为自己的失礼感到羞愧。

在社会生活中，人与人之间要相互交往，而交往通常是由相见相识开始的。因此，会面是交往的第一步。世界上无论哪个国家、哪个民族、哪种信仰的人，与人会面时都要使用各种各样的见面礼。公关人员在与各界公众会面时，如果要做到规范、得体并受人欢迎，就需要掌握并恰当运用会面礼仪。如果说公关礼仪是为公关活动的展开形成光环效应，那么会面礼仪则会给这个光环提供光源。

第一节 常见的会面礼仪

在公关活动中，常见的会面礼仪有致意、握手、鞠躬、拥抱等多种方式，它们在实际运用中都有各自的特点和礼仪要求。公关人员掌握各种会面礼仪的操作规范和实施要领，将有助于打开公关活动的新局面。

一、致意

致意是最常见、最简单的见面礼仪,俗称打招呼,指施礼者用嫣然微笑、点头微笑、招手微笑或欠身、脱帽等方式向受礼者表达尊重与友好的问候礼仪。施礼者在用非语言符号致意的同时,最好伴以"你好!""早上好!"等简洁的问候语,这样会使致意显得生动、更具活力。只用动作、表情致意而免去语言问候的情况,往往出现在人多而不方便的场合。例如,在会场上、拥挤的电梯里、两人距离较远或仅仅是看着脸熟的一般相识,用行为致意比用语言更好,因为不但问候了对方,而且顾及到其他人,显得既亲切又文雅。

(一)致意的要求

致意时应当诚心诚意,表情要和蔼可亲。向对方致意的距离一般以 2~5 米为宜,也不能在对方的侧面或背面致意。如果相距较远,应招手致意,切忌大嚷大叫,特别是在公共场合。招手致意的动作要领是:举起右手,掌心朝向对方,轻轻摆一下手即可。注意摆幅不宜过大,也不要反复摆动,只需要轻轻一摆,双方都能看到即止,一切以自然为宜。同时,招手致意时把手插在衣袋里是不礼貌的。如果致意时正在抽烟,应将烟拿在手上,而不应叼在口中向人致意;男性如果戴帽子,应脱帽或将帽檐向上轻掀一下,以示致意;如果要停下来谈话,则一定要将帽子摘下来,拿在手上,说完话再戴上。如果因头疼、头癣、头疮等原因不便摘帽,也应向对方声明,并表达歉意。

(二)致意的次序

一般来说,在社交场合,男士应当先向女士致意,但如果男性年龄比女性大得多,年轻女性应当先向年长男性致意;同性之间年轻人先向年长者致意;职位低者先向职位高者致意;下级向上级致意,以表示对他们的尊敬,而后者要马上回应。当然,实际交往中,绝不应拘泥于以上原则。长者、上级、职位高者为了展示自己的谦虚、随和,主动向晚辈、下级、职位低者致意也不是不可以,这样做无疑会更具影响力,更能引起受礼者的敬仰与尊重。每天与同事第一次遇见时,双方都应该相互致意与问候。

二、握手

握手礼是当今世界上最通行的相见礼节,也是人们日常交往中最常用的一种会面礼节。握手礼蕴含着复杂的礼仪细节,承载着丰富的交际信息。握手的力量、姿势与时间的长短能够表达出握手对对方的不同礼遇与态度,显露自己的个性,给人留下不同的印象。人们也可通过握手了解对方的个性,从而赢得交际的主动,为以后的深入交往打下基础。因此,公关人员对此绝不能等闲视之,必须掌握握手的礼仪规范。

 12-1

握手的来历

关于握手礼仪的来源众说纷纭,但是最常见的有两种说法。

1. 握手之礼起源于中世纪的欧洲。而当时恰是身着戎装的骑士侠客盛行的时代,他们为了防身一个个头顶一顶铜盔，身披一身铠甲，腰挂一柄利剑，就连手上也罩上了铁套，遇到生人时动辄以手按剑相见。但是，当遇到朋友或熟人时，便摘下铜盔，脱下铁套，与对方握手，同时表示"我的右手不是用来握剑杀你的"，这正是握手之起源。

2. 握手最早发生在人类"刀耕火种"的年代。那时，在狩猎和战争时，人们手上经常拿着石块或棍棒等武器。他们遇见陌生人时，如果大家都无恶意，就要放下手中的东西，并伸开手掌，让对方抚摸手掌心，表示手中没有藏武器。这种习惯逐渐演变成今天的"握手"礼节。

（一）握手的场合

握手是人与人之间沟通思想、交流感情、增进友谊的一种方式，集欢迎、友好、祝贺、感谢、尊重、致歉、慰问、保重、惜别等多种复杂感情于一身。在下列场合需握手。

（1）遇到较长时间未曾谋面的熟人，应与其握手，表示为久别重逢而万分欣喜。

（2）在被介绍与人相识，双方互致问候时，应握手致意，表示为相识而感到荣幸与高兴，愿与对方建立友谊与联系。

（3）当对方取得佳绩或重大成果、获得奖赏、被授予荣誉称号或有其他喜事时，见面应与之握手以表示祝贺。

（4）在自己领取奖品时，应与发奖者握手以表示感谢。

（5）向他人表示恭喜、祝贺之时，如祝贺结婚、生子、升学、乔迁、事业成功或获得荣誉、嘉奖时，应与之握手，以示贺喜之诚意。

（6）应邀参加社交活动，如宴会、舞会或音乐会前后，应与主人握手，以示谢意。

（7）参加友人、同事或上下级的家属追悼会，在离别时，应与死者的主要亲属握手，表示劝慰。

（二）握手的顺序

握手不仅是一种礼节，同时也体现出一个人的气质、风度和涵养。从礼仪的角度讲，握手时伸手的先后顺序讲究"尊者优先"的原则，表现为长者优先原则、女士优先原则和职位高者优先原则。具体体现为以下几方面。

（1）女士与男士握手，应等女士伸手后，男士再伸手相握。身份高的和年长的男士例外。如果女士不伸手，说明无握手之意，男士可点头示意，不可贸然伸手。

（2）年长者与年轻者握手，应等年长者伸手后，年轻者再伸手相握。

（3）上级与下级握手，应等上级伸手后，下级才可伸手相握。如果是主宾关系，尽管主人是下级，也应先伸手表示欢迎。

（4）在表示感谢、祝贺、慰问、吊唁等特殊场合，男士、晚辈、下级也可先伸手。

（5）主人与客人握手，当迎接客人时，主人应先伸手，以示欢迎；当告别主人时，客人应先伸手，以示对主人的盛情款待表示感谢。

（6）社交场合，先到者应先伸手与后到者握手。

莫须有的"蚊子"

郑瑞是某单位的经理，一天，他被邀请参加一场晚宴。此次晚宴规模巨大，聚集了职场上的成功人士。在宴会上，郑瑞被朋友介绍给一位曹女士。为了表示自己的友好，他先把手伸出去了，可是那位曹女士居然没有反应，还在与一旁的朋友说说笑笑。郑瑞觉得非常尴尬，觉得手不能再缩回去了，撑了大概20多秒，那位女士还是不配合，后来他一着急，说："蚊子！"转手去打莫须有的"蚊子"。这种场面让周围的人都不禁捏了把汗，郑瑞也是满脸通红地离开了。

（资料来源：王义平. 职场礼仪. 上海：同济大学出版社，2009）

（三）握手的方法

握手虽是日常生活中司空见惯、看似平常的人际交往礼仪，但从握手中可以传递出许多信息。在两手轻轻一握之中，可以传达出热情的问候、真诚的祝愿、殷切的期盼、由衷的感谢，也可以传达出虚情假意、敷衍应付、冷漠与轻视。日本一位作家曾这样描写邓颖超与人握手的方式："她微笑着，目光安详，握手时，力量不强不弱，时间不长不短，很亲切，又恰到好处。她不仅用右手，而且把左手也轻轻地放在我的右手背上，刹那间，我感到她是多么慈祥而又庄重啊！邓大姐的握手，也是一种艺术魅力，给人力量和启示。"可见，握手得体与否，直接展示着一个人的形象。

1. 握手的姿态

行握手礼时，通常距离受礼者约一步，两足立正，目视对方，面带微笑，上身稍向前倾。右臂自然向前，伸出右手，四指并拢，拇指张开，掌心向内，高度大约与对方腰部齐平，与对方相握。相握的双手应上下抖动3～4次（不能左右摇晃），然后将对方的手松开，恢复原状。与关系亲近者握手时，可稍加力度和抖动次数，甚至双手交叉热烈相握。男士与女士握手时，一般只轻握对方的手指部分，切忌采用双握式握手。

2. 握手的时间

在普通情况下，与他人握手的时间不宜过短或过长。既不宜轻轻一碰就放下，也不要久久握住不放。如果是一般关系，双方见面握手时稍用力握一下即可放开；如果关系亲密，场合隆重，双方的手握住后应微摇几下，时间以3～5秒为宜。

3. 握手的力度

握手时，既不能有气无力，也不能握得太紧，甚至握疼对方的手。握得太轻，或只触到对方的手指尖，对方会觉得你傲慢或缺乏诚意；握得太紧，对方则会感到你热情过火，不善掩饰内心的喜悦，或觉得你粗鲁、轻佻而不庄重，这些都是失礼的。一般而言，握手时要稍微用力，并握住对方的手掌，握力为两公斤左右最佳。而初次见面，彼此不大熟悉的人握手，不要太用力；如果双方是熟人偶然相见，可适当用力甚至双手相握；男女之间握手，不管生熟与否，不宜用力过大。

（四）握手的要求

1. 握手必须用右手

即使是左撇子，也要伸右手握手，这是约定俗成的礼貌。如果恰好右手正在做事，一时抽不出来，或者手弄得很脏很湿，应向对方说明，摊开手表示歉意，或立即洗（擦）干净手，与对方热情相握。

2. 握手时表情要专心、热情

握手时要表现出热情、诚恳，双目要注视对方的眼睛，微笑致意，表现得专心致志。千万不能一面握手，一面东张西望、左顾右盼或斜视他处，甚至跟第三者说话等，给对方留下不屑一顾、心不在焉或敷衍了事的感觉。

3. 握手时要适当地寒暄几句

如"欢迎光临""很高兴认识你""我们又见面了""你气色不错"等。

（五）握手的禁忌

1. 忌不讲先后顺序

在正式场合，握手必须遵循长者优先、女士优先、职位高者优先的原则。如果两对夫妻见面，先是女性相互致意，然后男性分别向对方的妻子致意，最后是男性互相致意。

2. 忌戴手套握手

在社交活动中，如果女士的手套是其服装的组成部分，允许戴着手套和他人握手，但男士必须在与他人握手前脱下手套。

3. 忌用左手握手

尤其是在涉外场合，不要用左手与对方相握，因为有些国家的人普遍认为左手是不洁的，不能随便碰其他人。

4. 忌握手时身体其他部分行为不规范

比如握手时将另外一只手插在衣袋里；握手时另外一只手依旧拿着香烟等不放下；握手时东张西望、左顾右盼，这些心不在焉的做法都是错误的。

5. 忌交叉握手

在社交场合，如果要握手的人较多，可以按照一定的顺序进行，或由近及远或从左到右依次与人握手。基督教徒尤其忌讳交叉握手，因为交叉握手时形成的十字架图案被认为是很不吉利的。

6. 忌握手时手部不洁净

与对方握手之前，应该保持手部的洁净，手部粘着灰尘或很脏，都是对对方的不尊重。特别忌讳与他人握手后用手帕擦手。

7. 忌讳握手时左右摆动

握手时应上下抖动几下，不能左右摆动。

8. 忌坐着和对方握手

握手时应起立，坐着和对方握手不太合适，除非是年长者或身体有病，或不便站起来。

三、鞠躬礼

鞠躬，是"弯身行礼，以示恭敬"的意思。鞠躬礼是人们在生活中向别人表示恭敬的一种礼仪形式，它既适用于庄严肃穆或喜庆欢乐的仪式，又适用于一般的社交场合。随着社会文明程度的提高，鞠躬礼在人们的生活社交、商业服务中的使用越来越频繁，深深地表达对他人的敬意和感激之情。

（一）鞠躬礼的发源及发展

"鞠躬"起源于中国，商代有一种祭天仪式"鞠祭"，即祭品牛、羊等不切成块，而将其整体弯卷成圆的鞠形，再摆到祭台奉祭，以此来表达对上天的恭敬与虔诚。这种习俗在一些地方一直保持到现在，人们在现实生活中，逐步沿用这种形式来表达自己对地位崇高者或长辈的崇敬。现在鞠躬已成为一种比较常见的礼仪。

鞠躬礼是中国、日本、韩国、朝鲜等国家传统的、普遍使用的一种礼节。如今的日本，鞠躬礼是最讲究的。在日本，鞠躬的程度表达不同的意思。如：弯15°左右，表示致谢；弯30°左右，表示诚恳和歉意；弯90°左右，表示忏悔、改过和谢罪；韩国和朝鲜对鞠躬也很讲究，我们在电视剧中经常看到这样的情形：韩国和朝鲜妇女在会谈、宴会或做客时，一手提裙，一手下垂鞠躬，告别时面对客人慢慢退去，表示一种诚恳和敬意。

（二）鞠躬礼的适用场合

1. 见面问候

通常用于下级对上级、学生向老师、晚辈向长辈、服务人员向宾客表达由衷敬意的见面问候之礼。

2. 演员谢幕

演员表演完一个节目或演出结束后，常以鞠躬表达对观众掌声的谢意。

3. 演讲前后

上台时鞠躬，可表现演讲者的礼貌修养；演讲结束后鞠躬，则表达对听众的感谢。

4. 上台领奖

向授奖者和全体到会者行鞠躬礼，以示敬意。

5. 与日本人交往

日本人由于特殊的历史背景和地缘文化，形成了日常交际低姿态待人的民族习惯，鞠躬已成了必不可少的礼节。与日本人交往时，最好尊重他们的习惯。

（三）行鞠躬礼的正确方法

1. 三鞠躬

（1）行礼之前应当先脱帽，摘下围巾，身体肃立，目视受礼者。
（2）男士的双手自然下垂，贴放于身体两侧裤线处；女士的双手下垂搭放在腹前。
（3）身体上部向前下弯约90°，然后恢复原样，如此三次。

2. 深鞠躬

其动作与三鞠躬大体相同，区别在于深鞠躬一般只要鞠躬一次即可，但要求弯腰幅度一定要达到90°，以示敬意。

3. 社交、商务鞠躬礼

（1）行礼时，立正站好，保持身体端正。
（2）面向受礼者，距离为两三步远。

(3) 以腰部为轴，整个肩部向前倾 15°以上，并伴以"您好""早上好""欢迎光临"等问候语。

（四）行鞠躬礼的注意事项

（1）鞠躬前应脱帽。如果戴着帽子，应将帽子摘下，因为戴帽子鞠躬既不礼貌，也容易滑落，使自己处于尴尬境地。脱帽所用之手应与行礼方向相反，即向左边的人行礼要用右手脱帽，向右边的人行礼时用左手脱帽。

（2）行礼时，行礼者应与受礼者相距 2 米左右。

（3）行礼前，行礼者应用笑容和目光向受礼者致意。行礼时，目光随身体前倾而下移至受礼者的鞋尖处，表示一种谦恭的态度。礼毕再平视，目光柔和亲切，不要一面鞠躬，一面试图翻起眼睛看对方。

（4）鞠躬时，必须伸直腰、脚跟靠拢、双脚尖处微微分开，目视对方。然后以腰部为转折点，上体前倾 15°～90°（视对受礼者的尊重程度而定）。

（5）鞠躬时，弯腰速度适中，之后抬头直腰，动作可慢慢做，这样令人感觉很舒服。

（6）受礼者应及时还礼，鞠躬的度数与行礼者上体前倾的幅度大致相同。不过，长辈对晚辈、上级对下级不鞠躬，欠身点头还礼即可。

第二节 称呼礼仪

人与人打交道时，相互之间免不了要使用一定的称呼。不使用称呼，或者使用称呼不当，都是一种失礼的行为。称呼即称谓，指的是人们在日常交往中，用以表示彼此关系的名称用语。称呼的选择和运用，不仅反映了自身的教养和对被称呼者尊重的程度，而且在一定程度上体现着彼此之间关系的亲疏。从某种意义上讲，当一个人称呼另一个人时，实际上意味着自己主动地对双边关系进行定位。

案例 12-3

王欢是一名应届毕业生，刚毕业的她，整天穿梭在找工作的路途中。有一天，她接到了一个面试通知，是应聘行政客服一职。她准时来到该公司参加面试。由于对这份工作极度渴望，她在考官面前显得太过紧张，有些发挥失常了。就在她从考官眼中看出拒绝的意思而心灰意冷时，一位中年男士走进了办公室和考官耳语了几句。在他离开时，她听到人事主管小声说了句"经理慢走"。王欢灵光一闪，赶忙起身，毕恭毕敬地对他说："经理您好，您慢走！"她看到了经理眼中的些许诧异，然后他笑着对自己点了点头。第二天，王欢接到了录用通知，她顺利地进入了这家公司的客服部。后来主管告诉她，本来根据她那天的表现，是打算刷掉她的。但就是因为她对经理那句礼貌的称呼，让人事部门觉得她对行政客服工作还是能够胜任的，所以对她的印象有所改观，给了她这份工作。

（资料来源：王义平. 职场礼仪. 上海：同济大学出版社，2009）

案例中的王欢只因为一个称呼，在面试中转危为安，并得到了一份工作，可见称呼在人际交往中是多么重要。称呼礼仪是交际礼仪中的一个基本内容，它是打开交际之门的金钥匙。合理的称呼是给交际双方的见面礼，既能让对方有被重视和尊重的感觉，又能反映出称呼者自身的良好修养，还可以为之后的交谈提供良好的铺垫。因此，在公关工作实践中，公关人员必须要掌握称呼的通行做法。

一、称呼的方式

（一）工作中的称呼

在工作岗位上，人们彼此之间的称呼应正式、庄重而规范。大体有以下四类。

1. 职务性称呼

在工作中，为了体现人的身份有别并表达应有的敬意，往往以交往对象的职务相称，这是一种最常见的称呼方法。以职务相称，具体来说又分为四种情况。

（1）仅称行政职务。例如，"处长""部长""主任""科长""董事长""经理""护士长"，等等，它多用于熟人之间。

（2）在行政职务前加上姓氏。例如，"赵处长""刘主任""汪经理""李秘书"，等等，它适用于一般场合。

（3）在行政职务之前加上姓名。例如，"毛泽东主席""赵康博市长""杨树江主任""王明钦校长"，等等，它仅适用于极其正式的场合。

（4）有时，职务性称呼还可以同"泛尊称"组合在一起使用。例如，"部长先生""总统阁下"等。

2. 职称性称呼

对于拥有学术性职称、专业技术职称者，可以在工作中直接以其职称相称。在有必要强调对方的学术水平或技术水准的场合，尤其需要这样做。以职称相称，通常有下列四种情况。

（1）仅称职称。例如，"教授""律师""法官""主编""总工程师""研究员""会计师"，等等，它适用于熟人之间。

（2）在职称前加上姓氏。例如，"王教授""钱主编""王律师""孙研究员"等，它适用于一般场合。有时，可以进行约定俗成的简化，如可将"吴工程师"简称为"吴工"，但使用简称应以不发生误会、歧义为限。

（3）在职称前加上姓名。例如，"安文教授""杜锦华主任医师""王宏工程师""郭雷主编"，等等，它适用于十分正式的场合。

（4）有时，职称性称呼还可以同姓名、姓氏和泛尊称分别组合在一起使用。例如，"乔治·马歇尔教授先生""安娜律师小姐""法官先生"，等等。

3. 学衔性称呼

在一些有必要强调科技或知识含量的场合，可以将对方的学衔作为称呼，增加被称呼者的权威性，有助于增强现场的学术气氛。以学衔相称，通常有以下四种情况。

（1）仅称学衔。例如"博士"，多用于熟人之间。

（2）在学衔前加上姓氏。例如"李博士"。它常用于一般性交际。

（3）在学衔前加上姓名，例如"李静文博士"，仅适用于正式场合。

（4）将学衔具体化，说明其所属学科，并在其后加上姓名。例如，"史学博士周伟""工学硕士赵建明""法学学士李美珍"，等等，它适用于非常正式的场合，显得郑重其事。

4. 行业性称呼

在工作中，若不了解交往对象的具体职务、职称、学衔，有时不妨直接以其所在行业的职业性称呼或约定俗成的称呼相称。具体有以下两种情况。

（1）以其职业性称呼相称。在一般情况下，常以交往对象的职业作为称呼。如"王老师""李教练""高律师""吴警官""张会计"，等等。

（2）以其约定俗成的称呼相称。例如，对商界、服务行业的从业人员，人们一般习惯按性别的不同，分别称呼为"小姐""女士"或"先生"。其中，未婚者称"小姐"，已婚者或不明确其婚否者则称"女士"。在公司、宾馆、商店、餐馆、歌厅、酒吧、寻呼台、交通行业，此种称呼极其通行。在这种称呼前，可加姓氏或姓名。

（二）生活中的称呼

在日常生活中所使用的称呼，应当亲切、自然、准确、合理。常用的称呼大体有以下三类：

1. 对亲属的称呼

1）常规情况

亲属，即与本人有直接或间接血缘关系的人。在日常生活中，对亲属的称呼早已约定俗成，人所共知。例如，父亲的父亲应称为"祖父"，父亲的祖父应称为"曾祖父"，姑、舅之子应称为"表兄""表弟"，叔、伯之子应称为"堂兄""堂弟"等。对亲属的称呼一定要准确，切忌乱用。

对亲属的称呼，有时讲究亲切，不一定非常标准。例如，儿媳对公公、婆婆，女婿对岳父、岳母，皆可以"爸爸""妈妈"相称。

2）特殊情况

面对外人，对亲属可根据不同情况采取谦称或敬称。对本人的亲属，应采用谦称。称辈分或年龄高于自己的亲属，可在其称呼前加"家"字，如"家父""家叔""家姐"。称辈分或年龄低于自己的亲属，可在其称呼前加"舍"字，如"舍弟""舍侄"。称自己的子女，则可在其称呼前加"小"字，如"小儿""小婿"。

对他人的亲属，应采用敬称。对其长辈，宜在称呼之前加"尊"字，如"尊母""尊兄"。对其平辈或晚辈，宜在称呼之前加"贤"字，如"贤妹""贤侄"。若在其亲属的称呼前加"令"字，一般可不分辈分与长幼，如"令堂""令尊""令爱""令郎"。

对待比自己辈分低、年纪小的亲属，可以直呼其名，使用其爱称、小名，或是在其名字之前加上"小"字相称，如"毛毛""小宝"等。但对比自己辈分高、年纪大的亲属，则不宜如此。

2. 对朋友、熟人的称呼

对朋友、熟人的称呼，既要亲切、友好，又要不失敬意。大致有以下三种情况。

1）敬称

对于有地位、有身份的朋友、熟人或长辈，通常应当采用必要的敬称。如对长辈、平辈，可称其为"您"。对待晚辈，则可称为"你"。以"您"称呼他人，是为了表示自己的恭敬之意。

对于有身份者、年纪长者，可以"先生"相称。在称呼前面可以冠以姓氏，如"曾先生""何先生"。

对科技界、文艺界、教育界人士以及在其他领域有一定成就者,往往可称之为"老师"。同样,在称呼前,可加上姓氏,如"高老师"。

对同行中的前辈或社会上的德高望重者,通常可称之为"公"或"老"。其具体做法是:将姓氏冠以"公"之前,如"谢公";或将姓氏冠以"老"之前,如"周老"。

2)亲近的称呼

对于邻居、至交,有时可采用"大爷""大娘""大妈""大伯""大叔""大婶""伯伯""叔叔""爷爷""奶奶""阿姨"等类似血缘关系的称呼。这种称呼,往往给人信任、亲切之感。在这类称呼前,也可以加上姓氏。例如,"许大哥""齐大姐""余大妈""卫阿姨",等等。

3)姓名的称呼

在平辈的朋友、熟人之间,彼此之间可以姓名相称,例如,"李静""朱一凡""郑秋芬";长辈对晚辈也可以这么称呼,但晚辈不能如此称呼长辈。

有时,朋友、熟人之间为了表示亲切,可以在被称呼者的姓前分别加上"老""大"或"小"字相称,而免称其名。例如,对年长于己者,可称"老黄""大刘";对年轻于己者,可称"小郝"。

对关系较为密切的同性朋友、熟人或晚辈,可以不称其姓,而直呼其名,如"倩倩""雅丽"。对于异性,则一般不可这样做。要是称"刘俊英""王凤玲"为"俊英""凤玲",不是其家人,便是恋人或配偶了。

3. 对普通人的称呼

在现实生活中,对仅有一面之交、关系普通的交往对象,可酌情采取下列方法称呼。

(1)以其职务、职称或学衔相称。

(2)以其行业性称呼相称。

(3)以约定俗成的"泛尊称"相称。如"同志""先生""女士""夫人"等,这种称呼几乎适合于所有社交场合。泛尊称可以同姓名、姓氏和行业性称呼分别组合在一起,并在正式场合使用,比如,"王先生""李女士""校长先生""秘书小姐"等。

(4)入乡随俗,以当时所在地流行的称呼相称。

(三)涉外交往中的称呼

正确使用称呼,是涉外交往中应掌握的基本礼仪技能。称呼不当,是有失身份的事情,也极易引起误解,影响双方正常交往。按照国际惯例,在交际场所,一般称男子为"先生",称已婚女子为"夫人",称未婚女子为"小姐",如无法判断女方婚否,用"小姐"比贸然称之为"太太"更安全。在外交场合,为了表示对女性的尊重,可以将女性称为"女士"。这些称呼均可冠以姓名、职称、头衔等,如市长先生、怀特夫人等。对部长以上的高级官员,一般可称"阁下";对军人一般称军衔加"先生",知道姓名的可冠以姓名,如"戴高乐将军""斯大林元帅";对知识界人士,可以直接称呼其职称,或在职称前冠以姓氏,但称呼其学位时,除博士外,其他学位(如学士、硕士)不能作为称谓。

德国人十分注重礼节、礼貌。初次见面,一定要称其职衔。如果对方是博士,则可以频繁地使用"博士"这个称谓。

同美国人打交道时在称呼上不必拘礼。美国人在非正式场合,不论男女老幼或地位高低，都喜欢直呼对方名字。但在正式场合，如果与对方初识，还是先用正式称谓，等相互熟悉了或对方建议直呼其名时再改变。

日本人习惯用"先生"来称呼国会议员、老师、律师、医生、作家等有身份的人，对其他人则以"桑"相称。在正式场合，除称呼"先生"和"桑"外，还可称其职务，以示庄重。对政府官员要用其职务加上"先生"来称呼。

阿拉伯人对称呼不大计较，一般称"先生""女士"即可。但是由于受宗教和社会习俗等方面的影响，同阿拉伯妇女接触时不宜主动与之打招呼，多数情况下微笑或点头示意，就算礼节周到。

案 例 12-4

朱小艳进入了一家新的单位，领导带他熟悉周围环境，并介绍给部门的老同事认识。她非常恭敬地称对方为老师，大多数同事都欣然接受了。当领导把她带到一位同事面前，并告诉小艳，以后就跟着这位同事学习，有什么不懂的就请教她时，小艳更加恭敬地称对方为老师。这位同事连忙摇头说："大家都是同事，别那么客气，直接叫我名字就行了。"小艳仔细想想，觉得叫"老师"显得太生疏了，但是直接叫名字又觉得不尊敬，不知道该怎么称呼对方比较合理。

(资料来源：王义平. 职场礼仪. 上海：同济大学出版社，2009)

在职场上，过分亲昵和过分生疏的称呼都是不提倡的。新员工刚到单位时，对于难以把握的称呼，可以先询问对方，比如，"请问该怎么称呼您？"不知者不怪，对方都会把通常同事对他的称呼告诉你。这则案例中，对方要求小艳直呼姓名，只是客套话，作为一位新人，最好不要直呼其名，可以礼貌地询问一下对方。

二、称呼礼仪的原则

人际称呼的格调有雅俗之分，它不仅反映了称呼者自身的身份、性别、社会地位和婚姻状况，而且也反映了对交往对象的态度及亲疏关系，不同的称呼内容可以使人产生不同的情感和态度。在第一次见面时，只有使用高格调的称呼，才会使交际对象产生交往的欲望，因此，使用称呼语时要遵循以下三个原则。

1. 礼貌原则

这是称呼礼仪的基本原则之一。每个人都希望被他人尊重，合乎礼节的称呼，正是表达对他人尊重和表现自己有礼貌修养的一种方式。交际时，称呼对方要用尊称。现在常用的有："您"——"您好！""请您……"；"贵"——"贵姓""贵公司""贵方""贵校"；"大"——"尊姓大名""大作"；"老"——"张老""郭老"；"高"——"高寿""高见"；"芳"——"芳名""芳龄"等。

2. 尊崇原则

一般来说，汉族人有崇大、崇老、崇高的心态，如对同龄人，可称呼对方为哥、姐；对既可称"叔叔"又可称"伯伯"的长者，以称"伯伯"为宜；对副科长、副处长、副厂长等，也可在姓后直接以正职相称。

3. 适度原则

许多青年人往往喜欢对人称"师傅"，虽然亲热有余，但文雅不足且普遍性较差。对理发师、厨师、企业工人称"师傅"恰如其分，但对医生、教师、军人、干部、商务工作者称"师傅"就不合适了，如把小姑娘称为"师傅"（与对尼姑的称呼"师父"同音）则要挨骂了！所以，要视交际对象、场合、双方关系等选择恰当的称呼。

三、称呼禁忌

在人际交往中，尤其是在公务场合和重要的社交场合，称呼是很有讲究的。称呼不当就会失敬于人，失礼于人，有时还会导致严重后果，须慎重对待。在交往中，有一些称呼是人们忌讳使用的。作为公关人员，一定要注意以下几个称呼的禁忌。

（一）错误的称呼

1. 误读

称呼对方时，记不起对方的姓名或张冠李戴、叫（或念）错对方的姓名，都是极不礼貌的行为，是社交中的大忌。尤其是外国人的姓名，在发音和排列顺序上与中国人的姓名有很大差别，如果没有听清楚或没有把握，宁可多问对方几次，也不要贸然叫错。

2. 误会

对被称呼者的职务、职称、学衔、年龄、辈分、婚否以及同其他人的关系做出错误判断，也会出现错误的称呼，如将一名未婚女子称为"夫人"，显然就属于误会，会让对方不悦。

案例 12-5

被拒绝的生日蛋糕

有一位先生为一位外国朋友定做生日蛋糕。他来到一家酒店的餐厅，对服务员说："小姐，您好，我要为我的一为外国朋友定做一个生日蛋糕，同时写一份贺卡，你看可以吗？"小姐接过订单一看，忙说："对不起，请问先生，您的朋友是小姐还是太太？"这位先生也不清楚这位外国朋友结婚没有，他为难地抓了抓后脑勺想想说："小姐？太太？一大把岁数了，太太吧！"生日蛋糕做好后，服务员按地址到酒店客房送生日蛋糕，一个女子打开门，服务员有礼貌地说："请问，您是怀特太太吗？"女子愣了愣，不高兴地说："错了！"服务员丈二和尚摸不着头脑，抬头看看门牌号，再回去打个电话问那位先生，没错，房间号码没错。服务员又去敲门，"没错，怀特太太，这是您的蛋糕。"那女子大声说："告诉你错了，这里只有怀特小姐，没有怀特太太。"啪的一声，门被重重关上了。

在西方国家，特别是女子，很重视正确的称呼。如果搞错了，引起对方的不快，往往好事就变成坏事。中国也是一样，如果在一些重要场合称呼错了，很容易引起对方的反感，甚至会直接导致双方交流的终止。

（二）不适当的称呼

1. 替代性的称呼

在正式场合，若以"下一个""二十五号"等替代性称呼去称呼他人，为不适当的做法。

2. 跨行业的称呼

学生喜欢互称"同学"，军人往往互称"战友"，工人可以互称"师傅"。但这种行业性极强的称呼一旦被用来称呼"界外"之人，通常会有不伦不类之感。

3. 不恰当的简称

某些同事之间使用的非正式的简称，例如把"范局长"简称为"范局"，把"沙司长"简称为"沙司"，把"瞿校长"简称为"瞿校"，均不可使用于正式场合。另外，与他人打交道时，不使用任何称呼，也是极不礼貌的表现。

（三）不通行的称呼

不论是自称还是称呼他人，要注意不要使用让对方产生误会的称呼。有一些称呼，仅仅适用于某一地区，或者仅仅适用于国内。一旦超出一定范围，就有可能产生歧义，让别人误解。

1. 仅适用于某一地区

如北京人爱称等别人为"师傅"，山东人爱称呼别人为"伙计"，这类地区称呼在其他地区往往难以"畅行无阻"。

2. 仅仅适用于国内

一些中国人常用的称呼，如"爱人""同志""老人家"等，易让外国人产生误会，绝对不宜用于称呼外国人。例如，中国人常把自己的配偶称为"爱人"，而外国人则将"爱人"理解为婚外恋的"第三者"；而"同志"易被外国人理解为"同性恋者"；"老人家"易被外国人理解为"老弱不中用的人"。

另外，也不要使用过时的称呼或者不通用的称呼，让对方不知如何理解。

（四）庸俗的称呼

在正式场合，不要使用庸俗而格调不高的称呼。如以"兄弟""死党""哥们儿""姐们儿"相称等。在正式场合，不论对外人还是自己人，最好都不要称兄道弟。要是张口闭口"张哥""李姐""王叔"，不仅不会使人感到亲切，反而会让别人觉得称呼者的格调不高。

（五）绰号性的称呼

在一般情况下，一名有教养的人绝对不可擅自以绰号性称呼去称呼别人。不管是自己为别人起绰号，还是道听途说而来的绰号，都不宜使用。一些对他人具有歧视性、侮辱性的绰号，则更是禁止使用的。

第三节 介绍礼仪

在公关礼仪中，介绍是一个非常重要的问题。介绍是人际交往中增进了解、建立联系的一种最基本、最常规的方式，是人与人进行相互沟通的出发点。所谓介绍，通常是指在人们初次相见时，经过自己主动沟通，或者借助第三者的帮助，从而使原本不相识者彼此有所了解，相互结识。得体的介绍往往会给对方留下良好的第一印象，因此人们又把介绍称为交际之桥。

一、自我介绍

自我介绍是公关场合中常用的一种介绍方式。它是指在人际交往的各种活动中，人们为了有意去接触别人，或更多地结识新朋友，但又无人引见，于是主动向对方自报家门，把自己介绍给对方的行为。自我介绍好比一个人登台时的"亮相"，人们对你的评价从此时就开始了。要想给人留下最佳的第一印象，必须充分重视自我介绍。合理而得体的自我介绍，不仅可以扩大自己的交际圈，广交朋友，广结善缘，而且有助于展示自我形象，扩大其组织影响力。

（一）自我介绍的场合

在公关活动中，公关人员应注意自我介绍的场合，只有根据不同情况做出合适的自我介绍，才能合乎公关礼仪要求，产生良好的效果，达到自我介绍的目的。在下面的场合，有必要进行适当的自我介绍。

(1) 应聘求职时或应试求学时。
(2) 在社交场合，与不相识者相处时，或打算介入陌生人组成的交际圈时。
(3) 在社交场合，有不相识者表现出对自己感兴趣，或要求自己做自我介绍时。
(4) 交往对象因为健忘而记不清自己时。
(5) 有求于人，而对方对自己不甚了解，或一无所知时。
(6) 拜访熟人遇到不相识者挡驾，或对方不在，需要请不相识者代为转告时。
(7) 在出差、旅行途中，与他人不期而遇，且有必要与之建立临时关系时。
(8) 前往陌生单位进行业务联系时。
(9) 因业务需要，在公共场合进行业务推广时。
(10) 初次利用大众传媒向社会公众进行自我推荐、自我宣传时。

（二）自我介绍的时机

在公关活动中，进行自我介绍一定要选择恰当的时机。如对方有空闲，而且情绪较好又有兴趣时，就不会打扰对方，且能引起对方的注意；在对方谈话停顿时，主动进行自我介绍，"对不起打扰一下，我是……""很抱歉，可以打扰一下吗？""两位好，请允许我自我介绍一下"；在参加某活动晚到时，"女士们、先生们，对不起我来晚了，我是××，是吉林市木材公司销售部经理，很高兴和大家再次见面，请多关照"；也可以以被动方式自我介绍，如先委婉询问对方"先生，您好！请问我该怎样称呼您呢？"待对方做完自我介绍，再顺势介绍自己。

进行自我介绍时还应该注意时间问题，应尽可能地节省时间。在交际场合，介绍的时间无特殊情况下长于1分钟。即使是求职应聘，也最好不要超过3分钟。

（三）自我介绍需要注意的问题

成功的自我介绍，除了要考虑适当的时间、地点、氛围之外，还要依靠介绍者的态度、声调、言行举止的魅力，因此，自我介绍需要注意以下问题。

1. 态度真诚

进行自我介绍，态度一定要真诚、友善、谦和，举止庄重大方，表情坦然亲切，眼睛应看着对方或大家，不要显得不知所措、面红耳赤，更不能一副随随便便、满不在乎的样子。要显得落落大方，彬彬有礼，讲到自己时可将右手放在自己的左胸上，不要用手指点着自己。同时，自我介绍要实事求是，抬高或贬低自己都是不可取的。介绍时一般要留有余地，不可自吹自擂，夸大其词，不宜用"最""极""特别""第一"等表示极端的词句。

2. 内容适宜

自我介绍的内容相当广泛，可以包括本人姓名、年龄、身高、籍贯、就读学校、工作单位、职务、兴趣爱好、特长、简历、学历、追求和愿望等。但自我介绍并非要把所有的内容都和盘托出，而应该根据交际的目的、场合、时限和对方的需要等进行恰当的选择，尽量突出个性，使介绍能满足对方的期待。如参加应聘时的面试，就应该选择姓名、年龄、就读学校、所学专业或以前的工作经历、特长及个人奋斗目标等内容，让招聘者了解你胜任此项工作的原因，能战胜其他应聘者的优势。

2. 用语适度

在正式场合，自我介绍一定要精练，长话短说，废话不说。用语一般要求重点突出、简洁明确、得体有礼。而在非正式场合，则以个性突出、轻松随和、幽默风趣为上。同时，也应注意开始语和结束语的使用。总体来说，自我介绍时语气要自然，语速要正常，语音要清晰。

3. 注意强调

通过自我介绍，如果能让对方记住自己的姓名便成功了一半，所以在说姓名时切忌含混、马虎，可进行恰当的强调，如："我叫李华，李白的李，中华的华。"

4. 形式新颖

在介绍时，同样的内容换个说法，或将介绍的顺序做个变更，或找个与众不同的角度，都会使自己的介绍具有新颖性。

（四）自我介绍的顺序

自我介绍也有一个顺序问题。几个人见面，谁先自我介绍呢？根据公关礼仪的惯例，是地位低者先介绍。比如，主人要先向客人做自我介绍；公关人员向贵宾做自我介绍；男士要向女士做自我介绍。晚辈要向长辈做自我介绍。位低者先介绍，这是非常重要的一个细节。当然有的时候也没有必要过分拘泥于此，如果对方位低，但他忘了介绍，位置高的人，先做个自我介绍也没什么。但是从礼仪的角度来说，应该是位低的人先做介绍，这是介绍的顺序，是对地位高者的一种尊重。

在进行自我介绍时，如果有名片，则先递名片再做介绍，效果会更好。先递名片有三个好处，第一，可以少说很多话，头衔、职务等可以不用说了；第二，可以加深对方印象；第三，表示谦恭。自我介绍的时候，地位低者先介绍，交换名片的时候，也是地位低的人先递名片。

（五）自我介绍的具体形式

自我介绍往往能体现出一个人的胆量和气魄，也容易在社交中处于主动地位。自我介绍时要做到表达清晰、风趣、真实、流畅，尽量包含有关自己的信息以及与接下来的谈话相的内容。自我介绍的具体形式有以下几种。

1. 应酬式自我介绍

适用于某些公共场合和一般性的社交场合，其对象一般为泛泛之交且无意深交之人。这种介绍方式最简单，通常只有姓名一项即可，如："你好！我叫宋小宝。"

2. 工作式自我介绍

适用于工作场合，介绍内容包括本人姓名、供职的单位及部门、担任的职务或从事的具体工作三项。如："你好，我叫李阳，在北京大学经济管理学院教会计学。"

3. 交流式自我介绍

适用于社交活动，是一种刻意寻求与交往对象进一步交流与沟通，希望对方认识自己、了解自己、与自己建立联系的自我介绍。介绍的内容包括姓名、工作、籍贯、学历、兴趣以及与交往对象的某些熟人的关系。如："你好！我叫张伟，我在德华科技有限公司上班。我是李敏的老乡，都是山东人。"

4. 礼仪式自我介绍

适用于讲座、报告、演出、庆典、仪式等正规而隆重的场合，是一种意在表示对交往对象友好、敬意的自我介绍。介绍的内容包括姓名、单位、职务等，同时还应多加入一些适宜的谦辞、敬语，体现对交往对象的尊重。比如："各位来宾，大家好！我叫李翔，是庆春电脑公司的销售经理。我代表本公司热烈欢迎大家光临我们的展览会，希望大家……"

5. 问答式自我介绍

一般适用于应试、应聘和公务交往。介绍的内容应该是问什么答什么，有问必答。比如，主考官："请介绍一下你的基本情况。"应聘者："各位好！我叫王健，现年26岁，陕西西安人，汉族，毕业于西北大学中文系……"

二、介绍他人

介绍他人，又称第三者介绍，通常是由第三者为彼此不相识的双方相互引见，或把某人引见给他人的一种介绍方式。介绍他人由介绍人、被介绍人和接受介绍的人三方组成。在公关活动中，介绍他人是很常见的事情。如果某人没有被介绍给别人，就意味着人们忽视了他的存在，因而会令人尴尬和窘迫。因此，公关人员应了解并掌握为他人做介绍的基本礼仪规范，在公关场合合理而得体地为他人做好介绍。

案 例 12-6

一个小聚会中，大家聊天、喝酒，有一个男士喝多了，就跟男主人打听："你太太是哪里人呢？"男主人说太太是南方的。那老兄又道："都说南方美女多，其实，看了半天这个现场就没有一个是美女。"男主人跟他打哈哈说："对对对，是是是。"那位还再接再厉，说你们看看还真是没有美女，影响视觉。又指着不远处的一个女人说："你们看那个，越看那个家伙越像一头大胖猪。"他这话有点过了，是侮辱性的话，男主人气坏了，说："那是我太太。"他马上就往后退，说："我怎么能说你太太呢？我说的实际上是你太太后面那个年轻的姑娘。"主人还是不高兴，因为后面那个是他女儿。

（资料来源：金正昆．礼仪金说．西安：陕西师范大学出版社，2006，略有改动）

为什么会出现这种情况呢？表面上看是那个客人胡说八道，说话欠妥当，实际上怪主人，因为他没有及时地进行介绍，才导致出现如此尴尬的事。不管是在正式的公务、社交场合，还是在日常的人际交往中，替他人介绍是非常重要的。公关人员应掌握以下几点介绍他人的礼仪规则。

（一）介绍他人的时机

公关人员在下列情况下，通常有必要对他人进行介绍。

(1) 在公关活动中，接待彼此不相识的客人。
(2) 在办公地点，接待彼此不相识的来访者。
(3) 在陪同自己的接待对象时，有人过来跟自己打招呼，而他们彼此不相识，这时有必要给他们相互介绍一下。
(4) 在陪同上司、长者、来宾时，有人过来跟自己打招呼，而他们彼此不相识，这时有必要给他们相互介绍一下。
(5) 打算推荐某人加入某一交际圈。
(6) 受到为他人做介绍的邀请。

在介绍他人时，最好先说"请让我来介绍一下……""请允许我向您介绍一下……"等介绍词。

（二）介绍他人的顺序

介绍他人时，先介绍谁，后介绍谁，其顺序非常重要。根据礼仪规范，在为他人做介绍时必须遵守"尊者优先了解情况"的规则。做法大致是：介绍前先确定双方地位的尊卑，然后先介绍位卑者，后介绍位尊者，使位尊者先了解位卑者的情况。这是一个礼节性极强的问题。根据这个规则，为他人做介绍时的顺序有以下几种。

(1) 介绍上级与下级认识时，先介绍下级，后介绍上级。
(2) 介绍长辈与晚辈认识时，先介绍晚辈，后介绍长辈。
(3) 介绍女士与男士认识时，应先介绍男士，后介绍女士
(4) 介绍公司同事与客户时，应先介绍同事，后介绍客户。
(5) 介绍已婚者与未婚者认识时，先介绍未婚者，后介绍已婚者。
(6) 介绍同事、朋友与自己的家人认识时，应先介绍自己的家人，后介绍同事、朋友。
(7) 介绍来宾与主人认识时，应先介绍主人，后介绍来宾。
(8) 介绍与会先到者与后来者认识时，应先介绍后来者，后介绍先来者。

在以上的介绍顺序中，如果被介绍者之间同时符合两个以上的身份时，一般可按身份、年龄的顺序做介绍。例如，当一位年轻女性前来拜访一位年长的女性时，应将年轻女性介绍给年长男性，而不是遵循将男性介绍给女性的规则。公关人员应该明白，介绍顺序问题绝不是一个可有可无的形式问题，而是涉及个人修养和组织形象，以及公关活动目的能否如愿达到的问题。

（三）介绍他人的常见形式

1. 标准式介绍

这种介绍适用于正式公关场合，内容以双方的姓名、单位、职务等为主。如："我来给

两位引见一下。这位是华荣集团销售部经理黄奕小姐,这位是金海科技有限公司王总经理。"

2. 简介式介绍

这种介绍适用于一般的公关场合,内容只有双方姓名一项,甚至只提到双方姓氏。接下来就由被介绍者见机行事。例如:"我来介绍一下,这位是薛总,这位是李董,你们认识一下吧。"

3. 强调式介绍

这种介绍适用于各种公关交际场合,其内容除被介绍者的姓名外,往往还会刻意强调一下其中一位被介绍者与介绍者的特殊关系,以便引起另一位被介绍者的重视。如:"这位是柯达有限公司销售部小王,我侄儿,这位是中国电子信息集团王总经理,请王总多多关照。"

4. 引见式介绍

这种介绍适用于普通的公关场合,介绍者要做的,是将被介绍者双方引到一起即可。如:"两位认识一下吧?其实,大家都是校友,只是不是一个系,请你们自报家门吧!"

5. 推荐式介绍

这种介绍适用于比较正规的场合,介绍者是经过精心准备而来的,目的是将某人举荐给某人,介绍时,通常会对前者的优点加以重点介绍。如:"这位是余平先生,这位是我们公司的范景天总经理。余先生是一位管理方面的专业人士,是经济学博士。"

6. 礼仪式介绍

这种介绍是一种最为正规的他人介绍。与标准式略同,只是语气、称呼上都更为礼貌、谦恭,如:"安总裁,您好!请允许我介绍一下,这位是北京金德电器公司公关部经理饶旭先生,这位是宏大集团总裁安庆龙先生。"

(四)介绍他人时的注意事项

在为他人做介绍时,介绍人要注意以下几点。

(1)要了解双方是否有结识的愿望,不可贸然行事。

(2)介绍人的神态要热情友好,语言清晰明快。

(3)介绍时应有礼貌地用手掌示意,不可用手拍打被介绍人的肩、胳膊和背等部位,更不能用食指或拇指指向被介绍的任何一方。

(4)介绍人的陈述要简明扼要,使用敬语。在较为正式的场合,可以说:"刘局长,请允许我向您介绍一下……"同时,要口齿清楚,发音准确,以免发错音,把被介绍人的姓名读错。

(5)在介绍中要避免过分赞扬某个人,以免其他人有厚此薄彼的感觉。

(6)介绍人在为双方做介绍时,被介绍双方均应起身站立。宴会桌边,大家已端坐,或不便起立的人员(如年迈、残疾者等)除外。

(7)在介绍别人时,切忌把复姓当做单姓。常见的复姓有"欧阳""司马""司徒""上官""诸葛""西门"等,不要把"欧阳俊祥"称作"欧先生"。

(8)介绍他人时,也要注意实事求是、掌握分寸,不能夸大其词。如:副职不要免"副";讲师不要说成教授。

(9)接受介绍的人对他人的介绍要做出礼貌的反应,比如,"哦,你好""认识你很高兴""久仰大名",等等。看不起对方、摆架子、装腔作势应付对方都是失礼的。

(10) 介绍他人时,还可以说明被介绍者与自己的关系,便于新结识的人互相了解和信任。

第四节 名片礼仪

名片是人们用作交际或送给他人做纪念的一种介绍性媒介物,可以看做另一种形式的身份证。交换名片是人们社交交际中常用的一种介绍方式,且常发生在见面之时,因而名片礼仪也被视为一种常见的会面礼仪。在社交场合,特别是与人初识的场合,恰到好处地使用名片,既可以显示自己的修养风度,又可以扩大和加深人际交往。在公关交往中,名片更是不可缺少的工具。对公关人员来说,名片绝非可有可无,而是一种物有所值的实用型交际工具,是所在组织形象的一个缩影。

一、名片的内容

名片的内容一般包括工作单位、姓名、身份、地址、邮政编码、电话号码等,通常可根据用途不同而有所不同。在具体的人际交往中,名片可分为应酬性名片、社交名片、公务名片和单位名片,其内容各有侧重。

1. 应酬式名片

主要适合在社交场合应付泛泛之交,拜会他人时说明身份,馈赠时替代礼单,以及用作便条或短信。其内容通常只有个人姓名一项,至多还可以再加上本人的籍贯与字号。

2. 社交式名片

主要适用于社交场合,是作自我介绍与保持联络之用的个人名片。其内容有两项:一是个人姓名,应以大号字体印于名片中央;二是联络方式,应以较小字体印于名片右下方。联络方式一项包括家庭住址、邮政编码等内容,必要时还可加印住宅电话号码。一般不印办公地址,以示公私分明。若不喜欢被人上门打扰,可只印住宅电话号码,不印家庭住址与邮政编码。

3. 公务式名片

是指在商务、政务、学术、服务等正式的业务交往中所使用的个人名片。这是目前最为常见的一种个人名片。标准的公务式名片应由归属单位、本人称呼、联络方式三项内容构成。通常本人称呼应以大号字体印在名片正中央,归属单位与联络方式则应分别以小号字体印在名片的左上角与右下角。如有必要可在名片的另一面印上本单位的经营范围或所在方位。具体内容如下。

(1) 归属单位,由组织标识、供职单位、所在部门三部分组成,可酌情加减。但供职单位与所在部门均不宜多于两个,免得给人用心不专的印象,必要时可多印几种专用的名片。供职单位与所在部门均应采用全称。

(2) 本人称呼,由本人姓名、所任职务以及学术头衔三部分组成。后两项可有可无,但不宜过多。在本人姓名后没有必要加注先生、小姐、夫人等称呼。

(3) 联络方式,通常由单位地址、办公电话、邮政编码三部分组成。这三部分均不可或缺。不宜提供家庭住址与住宅电话,至于手机号码、传真号码与电子信箱地址是否需要列出,则应根据自己的实际情况而定。

通常本人称呼应以大号字体印在名片正中央,归属单位与联络方式则应分别以小号字体印在名片的左上角与右下角。如有必要,可在名片的另一面印上本单位的经营范围或所在方位,而且不必非印英文不可。

4. 单位式名片

主要用于单位对外宣传、推广活动。其内容包括两项:一是单位的全称及标识;二是单位的联络方式,包括单位地址、邮政编码、单位电话号码。

二、名片的用途

一般来说,名片是一个人身份、地位的象征,也是使用者要求社会认同、获得社会尊重的一种方式。在常规的人际交往中,名片的具体用途有以下几种。

1. 自我介绍

初次会见他人,以名片做辅助性自我介绍,效果更好。它不但可以说明自己的身份,强化效果,而且可以节省时间,避免啰唆,含糊不清。

2. 结交朋友

主动把名片递给别人,具有对对方友好、信任和希望深交之意。没有必要每逢遇见陌生人,便上前递上自己的名片。巧用名片,可以为结交朋友铺路架桥。

3. 维持联系

名片犹如袖珍通讯录,利用它所提供的资料,即可与名片的提供者保持联系。正因为有了名片上所提供的各种联络方式,人们的来往才变得更加现实和方便。

4. 业务介绍

公务式名片上列有归属单位等内容,因此利用名片亦可为本人及所在单位进行业务宣传,扩大交际面,争取潜在的合作伙伴。

5. 通知变更

利用名片可以及时地向老朋友通报本人的最新情况,如晋升职务、乔迁新居、变换单位、电话改号等。以变更后的新名片向老朋友打招呼,还可以使彼此的联系畅通无阻,使对方对自己的有关情况了解得更充分。

6. 拜会他人

初次前往他人居所或工作单位进行拜访时,可将本人名片交由对方的门卫、秘书或家人,转交给被拜访者,以便对方确认自己的身份,并决定见或不见。这种做法比较正规,可避免冒昧的造访。

7. 简短留言

拜访他人不遇,或者需要请人转达某件事情时,可在名片上写下几行字,然后将它留下,或托人转交,这样做不至于误事。

8. 用作短信

在名片的左下角,以铅笔写上几行字或短语,寄交或托人转交,如同一封信一样正式。

若内容较多，也可写在名片背面。

9. 用作礼单

向他人赠送礼品时，可将本人名片放入其中，或将其装入一个不封口的信封中，然后再将该信封固定于礼品外包装的上方，从而说明此乃何人所赠。

10. 替人介绍

介绍某人去见另外一个人时，可用回形针将本人名片（居上）与被介绍人名片（居下）固定在一起，必要时还可在本人名片左下角写上法文缩写"p. p"（意为"谨介绍"），然后将其装入信封，再交予被介绍人。这是一封非常正规的介绍信，按惯例会受到他人的高度重视。

三、名片礼仪

名片作为一种方便、使用性的交际工具，近年来使用的人越来越多，使用范围也越来越广。要想使名片在人际交往中发挥应有的作用，还必须注意掌握使用名片的各种技巧和礼仪规范。

（一）交换名片的时机

1. 需要交换名片的场合

在人际交往中，名片有时可与人交换，有时则不必与人交换。遇到以下几种情况，需要将自己的名片递交他人，或与对方交换名片。

（1）希望认识对方。
（2）表示自己重视对方。
（3）被介绍给对方。
（4）对方提议交换名片。
（5）对方向自己索要名片。
（6）初次登门拜访对方。
（7）通知对方自己的变更情况。
（8）打算获得对方的名片。

2. 不需要交换名片的场合

遇到以下几种情况，则不必把自己的名片递给对方，或与对方交换名片。

（1）对方是萍水相逢的陌生人。
（2）不想认识对方。
（3）不愿与对方深交。
（4）对方对自己并无兴趣。
（5）经常与对方见面。
（6）双方之间地位、身份、年龄差异悬殊。

（二）递送名片的礼仪

1. 递送顺序

在社交场合，名片是自我介绍的简便方式。交换名片的一般顺序是"先客后主，先低后高"。即地位低者先向地位高者递名片，男性先向女性递名片。出于公务和商务活动的需要，女性也可主动向男性递名片。当与多人交换名片时，应讲究先后次序，由近而远，或由尊而卑，依次进行，切勿跳跃式地进行，以免对方产生厚此薄彼之感；如果自己这一方人较多，则让地位较高者先向对方递送名片。

2. 递送方法

递名片给他人时，应郑重其事。最好是起身站立，面带微笑，注视对方，将名片正面面向对方，用双手的拇指和食指分别持握名片上端的两角，递送给对方。递送时可以说"这是我的名片，请多多关照""我叫杨光，这是我的名片，请笑纳""这是我的名片，希望今后保持联系"等客气话。如与外宾交换名片，可先留意对方是用单手还是双手递名片，随后再跟着模仿。因为，欧美人、阿拉伯人和印度人惯于用一只手与人交换名片；日本人则喜欢用右手送自己的名片，左手接对方的名片。

名片的递送应在介绍之后，在尚未弄清对方身份时不应急于递送名片，更不要把名片视同传单随便散发。切勿以左手递交名片，不要将名片背面面对对方或颠倒着面对对方，不要将名片举得高于胸部，不要以手指夹着名片递送。

（三）接受名片的礼仪

当他人表示要递名片给自己或交换名片时，应立即停止手中所做的一切事情，起身站立或欠身，面含微笑，目视对方。接受名片时，应恭敬地用双手的拇指和食指捏住名片的下方两角，并轻声说："谢谢！能得到您的名片十分荣幸！"如对方地位较高或有一定知名度，则可道"久仰大名"之类的赞美之词，切不可一言不发。

接过名片后，应十分珍惜，并当着对方的面，用 30 秒以上的时间，仔细把对方的名片看一遍。随后当着对方的面郑重其事地将他的名片放入自己携带的名片盒或名片夹之中。切不可在手中摆弄，或随意放在桌上，或随便拿在手上，或放在手中搓来揉去。如果接过他人名片后一眼不看，或漫不经心地随手往口袋或手袋里一塞，是对人失敬的表现。

对方递给你名片之后，如果需要当时将自己的名片递过去，则最好在收好对方的名片后再做，不要一来一往同时进行；如果自己没有名片或没带名片，应当首先对对方表示歉意，再如实说明理由，如"很抱歉，我没有名片""对不起，今天带的名片用完了，过几天我会给您寄一张的"。

（四）索要名片的礼仪

如果没有必要，最好不要强索他人的名片。若在公共场合有心索要他人名片，则需要讲究策略和方法，既要确保要到名片，又要争取给对方留下良好的印象。可采用以下技巧。

（1）交易法。"君欲取之，必先予之。"如果主动给对方递上自己的名片，一般而言，对方也会礼貌地给主动的一方递上自己的名片，以示相互间的友好与尊重。

（2）明示法。给对方递送名片的同时，礼貌地说："这是我的名片，请多关照。能否有幸与您交换一张名片？"

（3）谦恭法。询问对方："不知以后如何向您请教？"此法适用于向年长者索要名片。

（4）联络法。即询问对方："以后怎样与您联系？"此法适用于向平辈、晚辈或职位相当者索要名片。当他人索取本人名片，而自己不想给对方时，不宜直截了当，而应以委婉的方法表达此意。可以说："对不起，我忘记带名片了。"或者说："抱歉，我的名片用完了。"但若手中正拿着自己的名片，并且已被对方看见了，则这样讲显然不合适。如果本人没有名片，而又不想明说，亦可以这种方法委婉地表述。

【思考与练习】

1. 常见的会面礼仪有哪些？
2. 简述握手的正确姿势。
3. 请比较致意、握手、介绍、递送名片的先后顺序。
4. 请谈谈自我介绍和介绍他人的时机。

第十三章　公关沟通礼仪

【学习目标】

通过本章的学习，了解公关沟通礼仪在公关活动中的重要性；掌握接、打电话和使用移动电话的礼仪规范；了解并掌握交谈礼仪的原则、态度、要求；熟悉公关交谈的内容、技巧等；明确并谙熟交谈礼仪中的各种禁忌；理论联系实际，在生活中恰当运用电话礼仪和交谈礼仪，不断完善个人美好形象。

【本章导读】

在公关活动中，语言沟通的方式既有面对面的交谈沟通，也有非面对面的电话沟通。作为公关人员，要想取得良好的沟通效果，就需要掌握并恰当运用电话沟通和交谈沟通的礼仪规范，在接打电话时努力塑造礼貌热情的电话形象，在公关交谈中，充分展示自己的语言沟通技巧，展现个人及其组织的良好形象。

案　例　13-1

从前有一个秀才上街去买柴，他见到了卖柴的人就对卖柴的人说："荷薪者，过来。"这个卖柴的是个农民，没念过什么书，也就听不懂这位秀才说的"荷薪者"（担柴人）三个字是什么意思。但是卖柴的人却听懂了"过来"两字，于是这个卖柴农夫就把柴担到了秀才的面前。这时秀才接着问："其价如何？"卖柴的听不懂这句话，但是他听到这句话里面有个"价"字，于是就告诉秀才价钱。秀才接着说道："外实而内虚，烟多而焰少，请损之。"（其意思为：你的木柴外表是干的，里头却是湿的，燃烧起来会浓烟多而火焰小，请减些价钱吧！）卖柴的人因为听不明白秀才所说的是什么意思，于是就担着柴走了。

在人们的日常交际中，沟通是不可或缺的活动。人与人之间最宝贵的就是真诚、信任和尊重，而这一切的桥梁就是沟通。现实生活中，只要不是哑巴就会说话，但是会说话不一定会与人很好地沟通。能把话说得明白，并让对方听得明白，才是沟通。因为沟通从来都是双向的，而不是像上述案例中的秀才那样唱"独角戏"。石油大王洛克菲勒曾说："假如人际沟通能力也是同糖或咖啡一样的商品，我愿意付出比太阳底下任何东西都高的价格购买这种能力。"只有与他人有效沟通，才能获得自己所需要的资源，建立牢固而长久的人际关系，也才有可能在事业上获得成功。

在公共关系工作中，成功的公关人员都是擅长人际沟通、珍视人际沟通的人。在公关活动中，语言沟通的方式既有面对面的交谈沟通，也有非面对面的电话沟通。作为公关人员，要想取得良好的沟通效果，愉快地把正当的事情办理妥当，就需要掌握并恰当运用电话沟通和交谈沟通的礼仪规范。

第一节 电话礼仪

电话作为现代通讯工具，具有传递迅速、使用方便和效率高的特点。目前，电话已成为人际交往中使用频率最高、最方便、最经济的一种通信工具，在联系工作、开展业务、贸易洽谈、商品销售、互通信息、联络感情等方面发挥着极为重要的作用，成为人们沟通的桥梁。电话沟通就是借助电讯设备（如电话、手机等）进行的同时异地的双人交流，其沟通过程是通过一方打电话（主叫方）、另一方接电话（被叫方）来实现的。作为一种"只闻其声、不见其人"的人际沟通方式，电话沟通是通过电话里传来的声音、语调、语言内容等让对方做出想象的知觉，而这种想象知觉又常常成为双方建立友谊和信任的基础，它同样能反映通话人的礼仪修养。因此，公关人员在接打电话时应遵守电话礼仪，努力塑造说话严谨、谈吐不俗、亲切可信、礼貌热情的电话形象，以赢得对方的好感，这也是展示组织整体形象的有效方式。

一、打电话的礼仪

（一）时间选择

时间选择包括选择打电话的时间和电话交谈所持续的时间。不同的通话时间会收到不同的沟通效果，时间紧张会使通话效果受到影响。因此，打电话选择最佳通话时间，是非常重要的。选择时间时必须顾及对方的时间，根据对方的行业性质、作息时间、个人生活习惯等，尽量选择对方方便的时间打电话。除了紧急要事之外，一般不宜在早晨7：00以前或晚上10：00以后打公务电话。对于有午睡习惯的人，也不宜中午去打扰，以免令人反感。如打国际长途电话，还要注意各国、各地区的时差和生活习惯，以便选择最佳时间进行电话联系。如急需在清晨、深夜、中午等可能影响对方休息或用餐的时间打电话，应当先致歉。

打电话多长时间为好呢？在实际生活中，有多少事就该说多长时间，说清楚为止。但从相互尊重这个角度来讲，通话的持续时间应遵循长话短说的原则。电话礼仪中有一个规则，即"通话三分钟"规则。意思是在打电话时，发话人应当自觉地、有意识地将通话的时间控制在三分钟之内，当然也不是说不能超过三分钟，只是要求长话短说、废话不说。如果不是预约电话，通话时间三分钟以上的，就应首先说出自己要办的事或大意，并征询对方谈话是否方便，假如不方便，就和对方另约时间再联系。

（二）地点的选择

打电话时最好选择安静的环境，并事先消除杂音，以免影响通话效果或产生背景环境联想。使用移动电话者应避免在会议室、影剧院、图书馆、商场等公共场所通电话，否则，既影响他人，也影响通话效果。

（三）通话技巧

1. 做好打电话的准备

在通话之前，应事先做好充分准备。把对方的姓名、电话号码、通话要点等列出一张"清单"。简单的事项打个腹稿就可以了，比较复杂的事项最好事先记下要点以备忘。这样，通话时就有条理，避免现说现想、缺乏条理、丢三落四的现象发生。不仅为自己节省了时间，还会给对方留下办事干练、训练有素的良好印象。

2. 自我介绍

电话接通后，首先应面带笑容地说一声"您好"，然后顺理成章地进行自我介绍。按照电话礼仪的规则，自我介绍有下列几个模式。

（1）录音电话模式，即报电话号码。报电话号码的好处就是万一拨错了号，确认一遍就不至于再拨错。

（2）公务电话模式，公司总机或者部门电话一般报单位名称，如："你好，这里是华东科技有限公司！""你好！中文系。"

（3）私人电话模式。私人电话一般为专用电话，接通以后可以报上自己的姓名，让对方验证是不是打错了，如："王老师，您好！我是三年级四班的王晓磊"。

（4）社交电话模式。在社交场合通电话，一般要报三要素：单位、部门、姓名，如："你好！我是林海公司的销售经理陆林……"

一般来说，正式通话前的自我介绍是不能缺少的。即使接电话者正是你要找的人或是你熟悉的声音，仍要主动告诉对方自己的姓名。

3. 礼貌通话

通话时要注意语言、态度和举止的文明礼貌。

（1）语言文明。通话时要讲究语言的文明礼貌，不能使用粗陋庸俗的语言。例如，电话需要通过总机转接时，要对总机话务员问一声好，并说声"谢谢"。同时，诸如"请""麻烦""劳驾"之类的谦虚词，该用也一定要用。打办公室电话需要对方帮你找人接电话时，应手持电话筒静候，不能在电话里哼歌，也不能放下电话筒干别的事。如果对方说你要找的人不在，切不可毫无回音地将电话挂断，应说"谢谢，打扰了"或"谢谢，我过一会儿再打来"等。

（2）态度文明。打电话时应认真拨对号码，拨通后，应等电话铃响七次后还没人接时再放下话筒。若拨错了电话号码，且对方已接通时，不能"咔嚓"一声把电话挂断，而应向对方道歉后再放话筒。注意通话时的表情及声音，虽然电话交谈对方看不到你，但可以通过声音感觉出你的神态和表情。优雅的声音出自笑脸，你微笑着打电话，能让对方听到你友好、坦诚的声音。通话时，如果电话忽然中断，应立即再拨，并说明电话中断的原因，不要不了了之，或等对方再打来。

（3）举止文明。打电话时也要注意举止文明。例如，通话时嘴里不能吃东西或吸烟，不能与旁人说话。如果遇上急事，需要与身边的人说一两句，则应向对方道歉后手捂话筒；通话时不要把话筒夹在脖子下，不要趴着、仰着、坐在桌角上，不要把双腿高架在桌上；如果通话突然中断，或拨号时对方一直占线，要有耐心，不要骂骂咧咧，更不要采用粗暴的举动拿电话机撒气；挂电话时，要轻轻放下话筒，不能鲁莽地"啪"一下挂断。

4. 挂断电话

打电话谁先挂呢？交际礼仪的标准做法是：位高者先挂。比如，晚辈和长辈通电话，长辈先挂；下级跟上级通电话，上级先挂；学生和老师通电话，老师先挂；男士跟女士通电话，一般是女士先挂，当然，也要看具体情况，如果男士年长或地位高，则男士先挂。如果双方年龄、地位均相当，一般是求人的人等被求的人先挂，这是摆正位置、端正态度的问题。准备挂断电话时先说一声"再见",得到对方回应并听到对方放下话筒后再挂断电话,是对对方的尊重。

二、接电话的礼仪

(一)及时接听电话

打电话要遵循"通话三分钟"规则,接电话需遵循"铃响不过三声"规则。意思是要及时接电话,不要等铃声响很久才去接电话。但是,及时也需要把握时间,不要电话铃一响马上就伸手去接,应给对方准备的时间。一般是听到电话铃响了之后,手先伸上去,等它响到两三声的时候再接,这样显得稳重大方、不慌不忙。很多国外大公司都有规定,如果铃声响到六声以上才接电话,第一句应说:"您好,对不起,让您久等了"以示歉意。

(二)礼貌通话、做好记录

拿起话筒,应先说一声:"您好!"然后报出自己单位的名称或自己的姓名。碰到对方打错电话时,应体谅地说"没关系"或"不要紧";如果不是找你,而是请××听电话,且对方没主动报姓名,不要先问对方是谁,以免给人造成误会,应礼貌地请对方"稍候"。喊人接电话时应手捂话筒或把话筒轻轻放下,不能大喊"××,你的电话",而应走到需接电话的人身边告知他。如果要找的人不在,应对对方说:"对不起,××不在,需要我转告吗?"切忌冷冰冰地说:"他不在。"

在电话机旁边应放有笔和电话记录本,接电话时仔细倾听对方电话内容,养成边听电话边记录的习惯。记录完毕后,可重复一遍,核对准确。听电话时,应尽量避免打断对方讲话,但要给予对方积极反馈,不时以"嗯""好""对"等作答,让对方感到你在认真听。电话交谈结束时,应谦恭地问对方:"请问,您还有什么事吗?"这既是必要的客套,也是提醒对方该挂电话了,是一种很有人情味的表现。

(三)规范地代接电话

代接电话时,被找的人如果就在身旁,应告诉来电者"请稍候",然后立即转交电话。被找的人如果不在,应在接电话之初便相告,再表示自己可以"代为转告",切勿本末倒置:先查户口一样问个清楚,再说人家不在,这样会让来电者感觉对方不愿接电话。即使好意代为转告,也要注意方式,要征求来电者意愿,看对方愿意不愿意你代为转告。如果对方愿意,应照办,同时需要注意以下几点。

1. 准确记录要点

代接电话时,最好用笔记下对方要求转达的具体内容,如对方姓名、单位、电话、通话要点等,以免事后忘记。对方讲完后,应再验证一遍,避免不必要的遗漏。

2. 及时传达内容

代接电话后,要在第一时间把对方想要传达的内容传达到位。不管什么原因,都不能把自己代人转达的内容,托他人转告。

3. 尊重他人隐私

代接电话后,不要随意向他人扩散对方托你转达的事情。

案例 13-2

新加坡利达公司销售部文员刘小姐要结婚了，为了不影响公司的工作，在征得上司同意后，她请自己最好的朋友陈小姐暂时代理她的工作，时间为一个月。陈小姐大专刚毕业，刘小姐把工作交给她，并鼓励她好好干，准备蜜月回来后推荐陈小姐顶替自己。某一天，经理外出了，陈小姐正在公司打字。电话铃响了，陈小姐接起电话。

来电者："是利达公司吗？"

陈小姐："是。"

来电者："你们经理在吗？"

陈小姐："不在。"

来电者："你们是生产塑胶手套的吗？"

陈小姐："是。"

来电者："你们的塑胶手套多少钱一打？"

陈小姐："1.8美元。"

来电者："1.6美元一打行不行？"

陈小姐："对不起，不行。"

说完，"啪"地挂上了电话。经理回来后，陈小姐也没有把来电的事告诉他。过了一星期，经理提起他刚谈成一笔大生意，以1.4美元一打卖出了100万打。陈小姐脱口而出："啊，上星期有人问1.6美元一打行不行，我知道你的定价是1.8美元，就说不行。"上司当即脸色一变说："你被解雇了。"陈小姐哭丧着脸说："为什么？"

（四）非常规电话的处理

如果接到打错的电话，不要发怒，更不能出口伤人，正确的做法是简短地向对方说明情况后挂断电话。有时接起电话，问候多声却听不见对方说话，这时绝对不可以不分青红皂白，认为是恶意骚扰电话而破口大骂。这种情况极有可能是电话线路问题引起的，虽然你听不见对方的声音，但对方可能会听见你的声音。万一对方是你的客户或上级，听到你在这端破口大骂，会造成什么样的后果？如果对方是恶意骚扰，应简短而严厉地批评对方，不必长篇大论，更不应该说脏话。若问题严重，可以考虑报警解决。

三、移动电话使用礼仪

随着现代科技的不断发展，移动电话已成为现代通信工具的重要组成部分，其功能也随着科学技术的进步而更加完善。由于移动电话携带方便，联系快捷，不受时间、地点的限制，随时随处可以拨打电话、接收信息，所以备受人们的喜爱。据新华网报道，中国移动电话用户数在2001年7月底就已超过美国，荣居世界第一。使用移动电话时，除了要遵守上述接、打电话的礼仪规范外，还应该注意三点内容。

（一）安全使用

使用移动电话时，对有关的安全事项绝不可马虎大意，需要注意以下三点。

第一，注意信息内容的安全。为了保护个人的通信自由，确保自身信息的安全，自己的手机号码一般不宜随便告知他人,同样,也不应当随便打探他人的手机号码,更不应当不负责任地将别人的手机号码转告他人。从商业秘密的角度来讲,移动电话中不适合传递重要的商业信息。如果你跟总公司汇报谈判底线、底价是多少,合同上哪些细节要注意,等等,你一说,别人可能会全知道。因为如果使用一些技术手段,不仅可以确定打移动电话的人在什么位置,还可以知道具体的通话内容。当然这是非法手段,但窃取商业机密的情况不容小觑,所谓防人之心不可无,必须注意防范。

第二,注意安全操作。使用移动电话还需遵守关于安全的若干规定,比如,在驾驶汽车时,不宜使用手机通话,因为它极有可能导致交通事故;乘坐飞机时,必须自觉关闭随身携带的手机,因为它所发出的电子讯号,会干扰飞机的导航系统;在加油站或医院病房停留时,也不能使用移动电话,否则就有可能酿成火灾,或影响医疗仪器设备的正常使用。此外,在一切标有文字或图示禁用手机的地方,均须遵守规定。

第三,手机不宜相互借用。手机的SIM卡、内存、短信、电话号码从某种意义上说都是个人隐私,你拿了别人的手机,万一手机里的SIM卡被复制了,就会产生诸多问题和麻烦。出于自我保护和防止他人盗机、盗号等多方面的考虑,通常不宜随便将本人的手机借给他人使用,或前往不正规的维修点进行检修。同理,也尽量不要随意向别人借用手机,这也是基本礼貌问题,除非是有紧急情况则另当别论。

(二)文明使用

使用移动电话要注意文明礼仪,即要有尊重人、爱护人、关心人、体谅人的意识。比如,在公众场合要养成手机改成振动或者静音,甚至关机的习惯,不要在大庭广众之下手机频频响起,更不要在开会、听报告、观看演出等场合接听电话。需要与他人通话时,应寻找无人或人少的地方,这是文明教养的体现。

现在的手机有一些特殊的附带功能,比如可以录像、录音、拍照、收发短信等。从礼仪的角度来说,拍摄别人要征得对方同意,这是尊重对方隐私权的体现。发短信时也需注意,应发有效的信息或有益的信息,不要发那些内容不健康或没有实在意义的无聊短信,更不要动不动就给别人发黄段子,或者开不着边际的玩笑,否则会损害自己的形象,同时还有可能引起不必要的麻烦。

 案 例 13-3

短信惹的祸

李军,男,50多岁,是一个有职、有权、有地位、有面子的人,比较拘谨,不太爱开玩笑。一天,他放在桌上的手机响了,他的老婆帮他去看,发现是条短信,上面写着:"军哥,好想你,想你想你好想你,军哥,一定要想我呀!"短信的落款是"红红"。老婆凭直觉猜"红红"是个女人,于是,马上跟他翻脸,吵得天翻地覆,根本解释不清。李军后来忍无可忍,就领着他老婆去找这个"红红"。原来"红红"是个男人,叫马大红,比李军还要大两岁。他那天喝高了,骚扰李军才发那样的短信,但没想这个玩笑开得过头了。

(案例来源:金正昆.礼仪金说.西安:陕西师范大学出版社,2006,略有改动)

(三)规范使用

1. 讲究礼貌

不管是打电话还是接电话,手机通话的整个过程跟座机的使用是一样的,必须讲文明、讲礼貌。接通电话时，礼貌地问候；整个通话过程中语音清晰、语调平和、用语亲切、表达准确流畅；挂断电话时说声"再见"等。这些体现了个人的文明礼仪修养。

2. 保证畅通

使用手机的目的是保证自己与外界的联络畅通无阻，为此应采取一些行之有效的措施。接到他人打到手机的电话之后，一般应当及时与对方联络。没有特殊原因，与对方进行联络的时间不应当晚于五分钟。拨打他人的手机之后，也应保持耐心。如果对方需要查证问题，说好过一会儿打电话过来，在此期间，不宜再同其他人进行联络，以防电话占线。如果暂时不方便使用手机，可在语音信箱留言，说明具体原因，告知来电者自己的其他联系方式。有时还可采用呼叫转移方式，保证电话的畅通。

3. 携带到位

从使用规范这个角度讲，外出随身携带手机最佳的位置是公文包或小包，手机放在公文包或小包里是最不容易丢失的。

总而言之，公关人员遵守电话礼仪，将有助于所在组织与公众之间的有效沟通。礼貌、规范而得体地使用电话，可以使公关人员恰到好处地向别人表达尊重，有利于获得有益的信息并搭建合作之桥。反过来说，如果使用电话不规范、不得体，不仅会损害公关人员的电话形象，也会使其组织形象严重受损。

第二节　交 谈 礼 仪

案　例　13-4

电视连续剧《陶行知》中有这样一个情节：担任育才小学校长的陶行知，一次在校园里看到学生王友用泥块砸自己班里的同学，当即制止了他，并令他放学后立即到校长办公室。放学后，陶行知来到办公室，王友已经战战兢兢地站在门口，准备挨训。可陶行知却掏出一块糖果递给他，并说："这是奖给你的，因为你按时来到这里。"王友惊疑地接过糖果。接着，陶行知又将一块糖果放到他手里说："这第二块糖也是奖给你的，因为当我不让你砸人时，你立即住手了。"王友更加惊疑了。陶行知又掏出第三块糖给他："我已经调查过了，你用泥块砸那位同学，是因为他欺负女生，你砸他，说明你正直善良，且有跟坏人做斗争的勇气。"王友感动极了，他哭着说："校长，我错了，我砸的不是坏人呀！"陶行知满意地笑了，随即掏出第四块糖，说："你正确认识错误，我再给你一块糖，作为对你的再次奖励。"

陶行知先生不愧为出色的教育家，他批评一个顽皮淘气的学生，虽未说一句斥责的话，却达到了极好的教育效果。由此可见，交谈是一门艺术，尽管人人都会，然而效果却大不一样。所谓"酒逢知己千杯少，话不投机半句多"，正说明了交谈的优劣直接决定交谈的效果。中国自古就有"一人之辩重于九鼎之宝，三寸之舌强于百万之师"的说法。在公关工作中，较强的语言表达能力对公关人员事业的成功有着举足轻重的作用。

一、交谈礼仪的原则

交谈礼仪就是人们在交谈活动中应遵循的礼节和应讲究的仪态。可以说，在万紫千红、色彩斑斓的礼仪形式中，交谈礼仪占据主要地位。在公关活动中，公关人员要想与人进行良好的沟通，首先应遵守交谈礼仪的基本原则。

1. 态度诚恳，语言准确

古人云："慧于心而秀于言。"因为言为心声，语为人镜，交谈是打开人心扉的窗口。所以，人际交谈的基本原则是态度诚恳热情，在此基础上，还应注意语言表达的准确性，准确的语言能给人清晰的美感。

2. 待人平等，语言亲切

交谈的双方或多方可能身份、地位有所不同，但不论在何人面前，交谈的态度都应该是坦诚平等的。交谈时语言亲切，会给人轻松、愉快、温暖的感觉，也会得到对方的理解和信任。因为亲切友好的语言意味着平等、和谐、坦率和真诚，有助于建立和谐的人际关系。

3. 举止大方，语言幽默

公关人员不管与何人交谈，都应充满自信、精神饱满、落落大方、从容不迫，而不要萎靡不振、扭捏局促、唯唯诺诺，即便做不到谈笑风生，也不要躲躲闪闪、慌慌张张。富有幽默感的语言能为交谈增添魅力。幽默是一个人敏锐、机智和友善的体现，它不同于一般的玩笑，更不同于戏谑，能使人在会心的笑声中启发心智。公关人员在交谈时应恰当运用幽默的语言展示自己的风度和能力。

4. 使用礼貌用语，保持口语流畅

交谈中应注意随时使用礼貌用语，这是一种文明礼仪。同时还应注意语言的流畅性，尽量避开书面语言，用口语交谈。但在交谈中应该去掉过多的口头禅，如"那个""反正""然后"等，因为它们会阻碍语言的流畅，让人感到你是一个思维迟钝或逻辑混乱的人。

二、交谈礼仪的态度

交谈时所表现的态度，往往是交谈者内心世界的真实反映。态度决定一切，要想使交谈顺利进行，就务必要对自己的谈话态度予以准确把握、适当控制。具体而言，在交谈时应当体现出以诚相待、以礼相待、谦虚谨慎、主动热情的态度，切不可逢场作戏、虚情假意、敷衍了事、油腔滑调。在谈话态度方面，要注意以下几点。

（一）音量适中

交谈时的音量要适中，既能让所有听你讲话的人听清楚，又不打扰与此无关的人。比如，在办公室里还有其他人的时候，谈话双方一定要压低声音；在楼道与人打招呼、聊天时，也不能太大声，以免影响他人；在公务场合和公共场合，不能大喊大叫；当你对某人的做法实在不满意甚至感到气愤时，要先控制自己的情绪，不要高声大叫，以低沉的嗓音说出的话往往比大声叫喊更具震撼力。

（二）表情自然

表情通常是指一个人的面部神态、气色的变化和状态。人们在交谈时所呈现出来的种种表情，往往是其心态、动机的无声反映。为了体现自己的交谈诚意和热情，应当对表情予以充分注意。

1. 恰当运用目光语

我们常说"眼睛是心灵的窗口",一个人是聪慧还是狡诈,是忠厚还是愚蠢,以及他的喜怒哀乐,都能从目光中流露出来。所以,在交谈时不可忽略目光的作用。交谈者要用目光帮助自己表情达意,也要通过他人的眼神了解其情绪的变化、判断信息的真伪。恰当运用目光语,是指说话人眼睛应看着对方,表现出专注和诚意,或注视对方,或凝神思考,要与交谈内容配合。眼珠一动不动,眼神呆滞,或者直愣愣地盯视对方,都是极不礼貌的;目光游离,漫无边际,也是失礼之举;与多人交谈时,应不时地用目光与众人交流,以表示彼此是平等的。

2. 恰当运用表情语

在交谈时可适当运用眉毛、嘴、眼睛等在形态上的变化,有效地提高交谈的情景性、生动性和形象性,使对方获得声音感受的同时,也获得形象上的感受,可使对方对说话者表达的内容理解得更加透彻、深刻。同样,也可以用表情语表达自己对交谈内容的赞同、理解、惊讶或迷惑,既可以表明自己的专注之情,又能促使对方强调重点、解释疑惑,使交谈顺利进行。

(三) 举止得体

人们在交谈时往往会做出一些无意识的动作,这些肢体语言通常是对谈话内容和谈话对象的真实态度的反映。因此,要对自己的举止予以规范和控制。

1. 适度的动作是必要的

例如,发言者可用适当的手势来加强语气,帮助表达或补充说明其阐述的具体事由。倾听者可以用点头、微笑来反馈"我正在注意听""我很感兴趣"等信息。适度的举止既可表达敬人之意,又有利于双方的沟通和交流。但要注意,手势的幅度不要太大,频率不要过高,以免让人觉得心烦,影响注意力。

2. 避免过分、多余的动作

与人交谈时可有动作,但动作不宜过多,更不可手舞足蹈、拉拉扯扯、拍拍打打。为表达敬人之意,切勿在谈话时双手置于脑后,或是高架"二郎腿",头懒散地靠在沙发背上,大腹便便地叉开腿坐,等等。交谈时应尽量避免打哈欠,如果实在忍不住,也应侧头掩口,并向他人致歉。与人交谈,要注意控制手的小动作:不要用手敲击桌子、笔记本,或像表演杂技一样把笔放在手指上不停地旋转,也不要玩弄钥匙串、掏耳朵、剪指甲,因为这些多余动作会影响听者的注意力。尤其注意不要用一根手指指别人,因为这种动作有指责、侮辱之意。

(四) 善于倾听

在交谈中,双方或各方都希望自己的见解被对方接受,所以往往比较关注"说"的问题,而忽略"听"的问题。其实,"听"的一方在交谈中表现得神态专注,就是对"说"的一方最大的尊重。在公关活动中,能否实现与他人的高效沟通,取决于多种因素,其中善于聆听对方说话,是一个重要因素。可以说,倾听是与交谈过程相伴而行的一个重要环节,是交谈顺利进行的必要条件。如果把"说"视为输出,"听"就是输入,没有输入,那么输出就毫无意义。古人言:"愚者善说,智者善听。"公关人员在交谈中,要学会倾听,并善于倾听，需要重视以下几点。

（1）交谈时认真聆听对方的言谈，把自己的知觉、情感全部调动起来，表情要认真，做到目视对方、全神贯注、聚精会神，用心体验对方谈话提及的情景。在倾听时，不做无关的工作，也不要用心不专，不要出现"身在曹营心在汉"的明显走神儿现象。

（2）动作要配合。当对方观点高人一等，被自己接受，或与自己不谋而合时，应以微笑、点头等动作表示支持、肯定。

（3）语言要合作。在对方说的过程中，以"嗯"或"是"表示自己在认真倾听。在对方需要理解、支持时，应以"对""没错""真是这么一回事""我有同感"等语言加以呼应。必要时，还应在自己讲话时，适当引述对方刚刚发表的见解，或者直接向对方请教高见。

三、交谈礼仪的语言要求

语言是交谈的载体，交谈过程就是语言的运用过程。而语言运用是否准确恰当，直接关系到交谈能否顺利进行。对公关人员来说，强化语言方面的修养是至关重要的。在公关交谈中，语言的通俗易懂、文明礼貌、简洁明确是最基本的礼仪规范。

（一）通俗易懂

交谈语言最好是让人一听便懂的明白话，如果语言过于雕琢、堆砌辞藻、引经据典、咬文嚼字，或满嘴专业术语，就有卖弄学识之嫌，会让人闻之生厌，不知所云。公关人员与不同公众交谈时，还应充分考虑对方的职业、受教育程度等因素，所说的话力求平易通俗，以利于沟通与交流。

（二）文明礼貌

日常交谈虽不像正式发言那样严肃郑重，但必须注意用语的文明礼貌。交谈中要善于使用约定俗成的礼貌用语，这是博得他人好感与体谅的最为简单易行的做法。所谓礼貌用语，简称礼貌语，是指约定俗成的表示谦虚恭敬的专门用语。例如，客人到来，要说"光临"；起身告别，要说"告辞"；中途先走，要说"失陪"；请人勿送，要说"留步"；请人批评，要说"指教"；请人帮助，要说"劳驾"；托人办事，要说"拜托"；麻烦别人，要说"打扰"；求人谅解，要说"包涵"，等等。

公关人员在交谈中，一定要使用谦虚礼貌、文明优雅的语言，绝不能使用粗话、脏话、黑话、荤话、怪话、气话等；不可意气用事，以尖酸刻薄的话对他人冷嘲热讽；不可夜郎自大、目中无人，处处教训、指正别人。应尽量避免一些不文雅的语句和说法，不宜明言的一些事情可以用委婉的词句来表达，例如，想要上厕所时宜说"对不起，我去一下洗手间"，或"不好意思，我去打个电话"。

在公关场合，要多运用礼貌用语。

1. 问候礼貌语——"您好"

遇到相识者，不论是深入交谈，还是打个招呼，都应主动向对方先问一声"您好"。若对方先问候了自己，也要以此来回应。

2. 请托礼貌语——"请"

在要求他人做某件事情时，居高临下、命令的语气是不合适的，低声下气、百般乞求也没有必要。在此情况下，用上一个"请"字，就可以赢得主动，得到对方的好感。

3. 致谢礼貌语——"谢谢"

每逢获得理解、得到帮助、承蒙关照、接受服务、受到礼遇之时，都应当立即向对方道一声"谢谢"。这样做，既是真诚地感激对方，又是对对方的一种积极肯定。

4. 道歉礼貌语——"对不起"

当打扰、妨碍、影响别人，或是在人际交往中给他人造成不便，甚至给对方造成某种程度的损失、伤害时，务必及时向对方说一声"对不起"，这将有助于大事化小、小事化了，并且有助于修复双方的关系。

5. 道别礼貌语——"再见"

在交谈结束、与人作别之际，道上一句"再见"，可以表达惜别之意与恭敬之心。

（三）简洁明确

公关人员在交谈时，应言简意赅地表达自己的观点和看法，这样既能提高工作效率，也可展现自己精明干练的工作作风。切忌喋喋不休、啰啰唆唆、废话连篇，或没话找话、任意发挥、不着边际。同时，交谈语言还应明确，让对方听得懂，且准确无误地理解和领会自己所要表达的意思。为此，需要注意以下两点。

1. 讲普通话

交谈最基本的要求是发音标准、吐字清晰，所以，在公众场合与人交谈必须讲普通话，不能用方言、土话。同时，若没有外宾在场，应讲中文，慎用外语，否则会有卖弄之嫌。

2. 语言表述含义明确，不可模棱两可或出现歧义

例如："咱们单位里老张是长寿冠军，您排第二。可上周老张不幸去世了，所以这回该是您了！"说话者的原意是说对方已取代老张成为长寿冠军了，可乍一听却以为是说对方也要步老张后尘赴黄泉了。可见，语言明确是十分必要的。

四、公关交谈的内容

古希腊思想家亚里士多德指出："交谈由谈话者、听话者、主题三个要素组成。"其中，主题即交谈内容。与人交谈要注意两个问题，一是说什么，二是如何说。交谈的内容即"说什么"。我们常说"言为心声"，语言传递思想，表达情感，耐人寻味，所以内容很重要。与人交谈，应考虑哪些话该说，哪些话不该说。因此，交谈中应注意选择宜谈的内容和忌谈的内容。

（一）宜谈的内容

1. 目的性内容

即交谈双方业已约定，或者其中一方先期准备好的内容。例如，求人帮助、征求意见、传递信息、讨论问题、研究工作一类的交谈，往往都属于内容既定的交谈。选择这类内容，最好双方商定，至少要得到对方的认可。目的性内容往往适用于正式交谈。

2. 内涵性内容

即内容优雅、格调脱俗的内容。例如，文学、艺术、哲学、历史、地理、建筑等。内涵性内容适用于各类交谈，但要求面对知音，忌讳不懂装懂，或班门弄斧。

3. 愉悦性内容

即谈论起来令人轻松愉快、身心放松、富有情趣、不觉劳累厌烦的内容。例如，文艺演出、流行时装、美容美发、体育比赛、电影电视、休闲娱乐、旅游观光、名胜古迹、风土人情、名人逸事、烹饪小吃、天气状况等。愉悦性内容适用于非正式交谈，允许各抒己见、任意发挥。

4. 时尚性内容

即以此时、此刻、此地正在流行的事物作为谈论的中心，如住房改革、股市动荡、汽车降价、厄尔尼诺现象、电子宠物等。时尚性内容适用于各种交谈，但变化较快，在把握上有一定难度。

5. 对象性内容

即交谈双方，尤其是交谈对象有兴趣、有可谈之处的内容。这类话题的选择应以交谈对象为中心。例如，与医生宜谈营养、保健类话题；与老师宜谈教育治学类话题；与作家宜谈文学创作类话题，等等。对象性内容适用于各种交谈，但忌讳以己之长对人之短，否则"话不投机半句多"。

跳　海

在一只游船上，来自各国的一些实业家边观光边交谈。突然，船出事了，并开始慢慢下沉。船长命令大副："赶快通知那些先生，穿上救生衣，马上从甲板上跳海。"几分钟后，大副回来报告："真急人，谁都不肯马上跳。"于是，船长亲自出马。说来也怪，没过多久，这些实业家都顺从地跳下海去。"您是怎样说服他们的呀？"大副请教船长。船长说："我告诉英国人，跳海也是一项运动；对法国人，我说跳海是一种别出心裁的游戏；我同时警告德国人，跳海可不是闹着玩的；在俄国人面前，我就认真地表示，跳海是革命性的壮举。""你又怎样说服那个美国人呢？""那还不容易，"船长得意地说，"我只说已经为他办了巨额保险。"

这则案例也许就是一则笑话，但其中包含了一个浅显的道理，就是说话的内容和方式应尽可能地合乎对方的心理需要，这样才会取得令人愉快的效果。

（二）忌谈的内容

要让一场谈话客气地开始并愉快地结束，双方得以顺利地沟通，就需要注意交谈的忌讳，也就是说有一些话题是不应该在公众场合提出并谈论的。作为一个训练有素的公关人员，在与人交谈时不能随心所欲，因为口无遮拦是没有教养的表现。在公关交谈中，忌谈以下内容。

1. 涉及个人隐私的内容

一般而言，与人交谈不应提及涉及对方隐私的话题，如年龄、婚否、服饰价格、收入、履历、宗教信仰和政治信仰等，以免犯忌讳。

（1）年龄。我们都知道不应该问女性的年龄，其实有不少男性也不愿意被人问及年龄。年轻人怕被说"嘴上无毛，办事不牢"；人到中年面临是否事业有成的压力，尤其是处于升职与否的敏感年龄阶段，也不愿意与别人比来比去。所以，不论是男性还是女性，都不要问年龄。

（2）婚姻状况。过去在社交活动中，人们彼此问及婚姻状况是常有的事，表明对他人的关心和关系的亲近。但是现在，大家都知道婚姻状况属于个人隐私问题，在公众场合尽量避免谈及这个话题，也不要随意向别人打听。

（3）收入支出。在我国，曾经有很长一段时间大家的工资水平都相差不多，收入的来源单一，所以大家都不忌讳谈论工资、奖金等问题。但是现在人们的收入来源五花八门，水准也相差很多，即使是同一个单位的员工，年终奖金也未必相同，而且有些单位规定员工之间不许互相打听工资、奖金等。所以，问他人收入就成了忌讳。同样也不要问别人的支出，比如，买房用了多少钱，旅游花了多少钱，这些都属于不该问的。当然，也有人不忌讳谈论这个问题，不等别人问，自己就主动说了，但是这并不表明对方也愿意谈论这些问题。

（4）政治和宗教信仰。政治和宗教信仰是非常敏感的话题，在公众场合和涉外交往中不要谈论。如果有人提到这些，应该用别的话题引开。在涉外活动中，这不仅是礼仪问题，更是政治问题，必须慎重对待。

（5）家庭住址、私人电话。在公务名片上一般不要印家庭住址和私人电话，也不要轻易告诉别人。这是为了保证自己的个人空间和时间不被打扰，保证安全。同理，新交往的朋友，尤其是外国朋友，如果对方没有主动告诉你自己的家庭住址和电话，也不该向对方要。

（6）个人经历。与人交往的时候，人们都有一种心理：如果知道对方以前的一些经历，心里就会踏实一点儿。在公务活动中，人们也会尽量收集合作对象或谈判对手的背景资料。但是如果你不在人力资源部工作，不是在招聘员工，最好不要当面打听对方的经历。如果对方是一位成功人士，那么"英雄不问出处"；如果是一位普通人，过去的经历也属于个人私事，更不必问。

2. 捉弄对方的内容

在交谈中，不要用挖苦、讽刺、取笑对方的方式，谈论一些捉弄对方、让对方出丑的内容。更不要用笑话影射在座的人，否则会显得很不通情达理。如果让人陷入尴尬、下不了台，就更让人厌恶和反感。

3. 有错误倾向的内容

在交谈中，不要谈违背社会伦理道德、生活堕落、思想反动、政治错误、违法乱纪等错误倾向的内容。

4. 令人反感的内容

有时，在交谈中由于不慎，会谈及一些令交谈对象感到伤感、不快的话题，或对方不感兴趣、不愿提及的话题，遇到这种情况，应立即转移话题，必要时要向对方道歉，千万不要，将错就错，一意孤行。这类话题常见的有凶杀、惨案、灾祸、疾病、死亡、挫折、失败，等等。比如，在谈话开始阶段，还没有进入正式话题的时候，人们有时会以"最近身体怎么样"开头，这并不表明对方真的关心你的身体状况，只不过是一种寒暄罢了，所以不必认真地谈论自己的病痛。另外，外国人不喜欢谈论这个问题，因为在竞争激烈的环境里，身体健康与否是一个敏感的问题。此外，与别人谈论自己的疾病，也有失个人尊严。当然，当有人邀请你参加某个活动而你不想去的时候，"身体不舒服"是一个合适的借口，按礼仪的规矩，对方是不好意思详细询问的。

(三)公关礼仪"六不谈"

公关人员在工作和社交场合与人交谈时,有"六不谈"之说。所谓"六不谈",即有六大问题不能乱说。如果说出来,会有失身份,给对方一种缺乏教养的感觉。

1. 不要非议党和政府

公关人员作为中华人民共和国的公民,在思想、行动上要与党和政府保持一致,要爱国守法、明礼诚信,这是基本的教养,是社会公德的体现,也是政治方面的要求。

2. 不要涉及国家秘密与商业秘密

对个人来说,不该知道的事就不要打听,知道得越少对自己越安全。公关人员作为组织的一员,与人交谈时说话一定要有分寸,不能涉及国家秘密及行业秘密。

3. 不能随便非议交往对象

在交谈中,不要随便散播和听信谣言或搬弄是非,也不要随意贬低他人,或在背后谈论别人的短处,这不仅会让听的人感到尴尬,也会自贬身份。在商界,如果向对方大谈其竞争对手如何不好,其实并不会使对方增加对你的好感和信任,对方反而认为你不够诚实,不是可靠的合作伙伴。

4. 不在背后议论领导、同行和同事

说是非者必是是非人。在组织内部,可以开展批评和自我批评。但内外有别,在外人面前不要说自己单位和部门的坏话。维护自己组织的形象是一个人的基本教养。礼仪讲的是尊重,尊重自己,尊重别人。尊重自己的一个重要内容,就是尊重自己的职业,尊重自己的单位。一个受人尊重的人是有实力的人,是爱岗敬业、维护组织形象的人,而不是满腹牢骚、小肚鸡肠的人。

5. 不谈论格调不高的话题

与人交谈,尽量不谈格调不高的内容,如家长里短、小道消息、是是非非等话题,否则不但令人反感,还有损个人形象。如果时刻把绯闻、色情、男女关系等低级趣味的话题挂在嘴边,荤话连篇,就很难让人产生好感,且有失身份,显得低级无聊。

6. 不谈个人隐私问题

现代社会强调尊重个人隐私,公关人员在和他人交谈时,尽量避免涉及他人隐私的话题。

五、公关交谈的技巧

(一)音质、语速与声调的控制

交谈过程中,说话者的音质、语速和声调,也是传递信息的符号。同一句话,说时和缓或急促,柔声细语或高声大嗓,商量语气或颐指气使,面带笑容或板着面孔,效果往往会大相径庭。因此,公关人员要根据不同的交谈对象和场合,调整音质、语速和声调。

1. 音质

要想把话说好,准确表达自己的意思,就必须做到发音正确而清晰、用语准确且通俗。

相反，口齿不清、发音不准，就会影响内容的表达。公关人员需掌握普通话的标准发音，平时应勤加练习，多注意别人的谈话，多朗读书报等。同时，还需注意克服紧张情绪，与人交谈时自信大方、不急不躁。

2. 语速

与人交谈，语速应适中，不宜太快，也不宜太慢。说话太快会令人应接不暇，反应跟不上，而且自己也容易疲倦。有些人认为自己说话快些，可以节省时间，其实说话的目的，是让对方领悟你的意思。而说话太慢，也会使人着急，既浪费时间，也会使听的人不耐烦，甚至失去谈下去的兴趣。因此，谈话时，语速适中，即每分钟讲120个字左右，才最适宜。

3. 语调

语调也很重要。人们说话时常常会流露真情，语调就是流露真情的一个窗口。愉快、失望、坚定、犹豫、轻松、压抑、狂喜、悲哀等复杂的感情都会在语调的抑扬顿挫、轻重缓急中表现出来。语调同时还反映一个人的社交态度，那种心不在焉、和尚念经式的语调绝不会引起别人感情上的共鸣。因此，公关人员在重视言谈内容的同时，也需注意用语调传达自己真实的情感，与交谈对象实现良性互动。

总之，公关人员在日常交谈中，要做到谈吐得体、引人注目，就需要在音质、语速与声调方面有所控制，根据不同的交谈对象、场合和气氛，调整自己说话的方式和语言习惯等。一般来讲，在公众场合和别人交谈时要细语柔声，避免粗声大嗓或高声喧哗；语气要委婉柔和，避免疾言厉色或粗粝僵硬；发音要准确清晰、语速适中、张弛有度，不要含糊其词或连珠炮式、机关枪式说个不停；语调要抑扬顿挫、轻松自如，避免单调呆板、沉闷压抑。但是，一切都要自然，如果装腔作势，过分追求抑扬顿挫、字正腔圆，也会给人华而不实或表演的感觉。

（二）交谈的时间

任何交谈都应适可而止。虽然朋友之间的交谈往往"酒逢知己千杯少"，但是实际上仍需要见好就收，适可而止。这样不仅可以节省时间，还可以使每次交谈都令人回味无穷，保持美好的印象。同样，公关交谈也受到时间的限制。一般来说，普通公关场合的小规模交谈，以半小时以内结束为宜，最长不要超过1个小时。而且交谈中每人的每次发言，最好不要长于3分钟，至多不要超过5分钟。因为交谈时间一长，交谈所包含的信息与情趣易被"稀释"。

（三）交谈的禁忌

在公关活动中，交谈应以对方为中心，处处礼让对方、尊重对方。因此，公关人员在交谈中，应该遵循下列"五不要"。

1. 不要始终独白

交谈讲究的是双向沟通，因此，在交谈中要目中有人、礼让他人，要多给对方发言的机会，而不要一人把控话语权，只管自己尽兴，侃侃而谈，而始终不给他人开口的机会。如果只顾自己发表意见，而不愿听别人说话，甚至不容别人插话、发表看法，交谈就变成了"一言堂"。"一言堂"的谈话方式，或许可以显示口才，但结果往往不尽如人意，别人可能认为你自高自大，无视他人的存在。

2. 不要导致冷场

在交谈中，独掌话语权固然不好，但也不要走向另一个极端，即从头到尾保持沉默，不置一词，导致交谈冷场，破坏现场的气氛。不论交谈的内容与自己是否有关，自己是否有兴趣，都应热情投入，积极合作。不能只静坐听别人谈话，而自己却一直三缄其口。万一交谈中出现冷场，应设法打破僵局，可转移旧话题，引出新话题，使交谈畅行无阻。

3. 不要随意插嘴

出于对他人的尊重，交谈时要尽量让对方把话说完，不要轻易打断对方的谈话，要有耐心，这是一种基本教养。尤其是对方谈话兴致正浓时，如果突然打断对方，不仅干扰对方的思绪，破坏交谈的效果，而且会给人自以为是、喧宾夺主之感，有时还会弄得对方不知所措，下不了台。如果确需发表个人意见或进行补充，应待对方把话讲完，或在对方说话的间歇，以委婉的口气，自然得体地将自己的话简要说出。不过，插话次数不宜多，时间不宜长。对陌生人的交谈则绝对不能打断或插话。

4. 不要与人抬杠

抬杠是指喜爱与人争辩、固执己见、强词夺理。在一般性的交谈中，应允许各抒己见、言论自由、不做结论，重在集思广益、活跃气氛、取长补短。若以"杠头"自诩，自以为一贯正确、无理辩三分、得理不让人，非要争个面红耳赤、你死我活、大伤和气，是有悖交谈主旨的。事实证明，越是想逞口舌之快，就越不能与对方成为朋友。因此，如果不是讨论性的交谈，尽量不要与人强行争辩，要学会谦让对方。

5. 不要轻易否定他人

在交谈中，如果对方的言论无伤大雅，无关大是大非，一般不要轻易否定他人。对交谈对象的言论、观点，应当求大同存小异，若不触犯法律，不违反伦理道德，不侮辱国格人格，不涉及生命安全，就没有必要判断其是非曲直，更没有必要当面加以否定。如果对方真的犯了错误，又不肯接受劝告和批评，也不要急于求成，退一步想一想，延长一些时间，隔一两天或一个星期再谈。否则，大家固执己见、不可退让，不仅使交谈没有进展，反而伤害感情。

"肥皂水"哲学

有一次，戴尔·卡耐基在纽约租下一家饭店的大厅，准备在那里搞一次为期一个月的短期培训。就在他把所有的票都印好送出、所有的通知都发下去的时候，他接到了饭店的通知——必须付出比平常多3倍的价钱。他自然不愿增加费用。两天后，他直接去见饭店经理，说："接到你的来信，我感到十分震惊。但我不责怪你们，换了我，或许也会这么做。你是经理，当然要为饭店着想。现在让我们写下这件事对你们的利与弊吧。"他在"利"的下面这样写：1. 大厅可以空下来或作他用；2. 可租给人跳舞或开会，收入会比租给我做培训用高；3. 我占用一个月，你们可能会失去更大的生意。在"弊"的下面他写道：1. 我付不起你们的费用，会另选地址，你们将会失去这份收入；2. 我的培训会吸引很多受过教育的文化人，你们将会失去替自己做广告的极好机会；3. 你们每次花1万美元在报纸上做广告，也不一定会有这么多人来参观。这对于你们来说不是很值得吗？"请你们仔细考虑一下尽快通知我。"说完，他把纸条留给经理就走了。第二天，卡耐基便收到回信，租金只涨 50%，而不是原来的 3 倍。

一个人想永远不与人发生冲突，是不可能的。对待冲突，有人喜欢妥协退让，不管自己的想法对不对，这种人没有个性，很难在事业上获得成功；有人宁折不弯，结果是与人斗得两败俱伤；而有人像卡耐基一样，崇尚"肥皂水"哲学，懂得以退为进，他要得到利益，却处处为你着想，让你在一种温情脉脉的情绪中接受他的建议。这种聪明的做法，使他成为最有可能成就大事的人。

【思考与练习】

1. 打电话需要注意哪些礼仪规范？
2. 请谈谈如何接好电话。
3. 什么是交谈？它在人际沟通中有什么作用？
4. 公关交谈中哪些内容是忌谈的？
5. 联系实际，谈谈公关交谈礼仪中的"六不谈"和"五不要"。

参 考 文 献

艾瑞克·亚威包姆,鲍伯·布莱.2001.如何推进公共关系.赵连荣,等译.北京:企业管理出版社
陈观瑜.2005.公共关系教程新编.广州:中山大学出版社
陈先红.2007.公共关系学原理.武汉:武汉大学出版社
邓蓉,李华.2006.公共关系学.北京:中国农业出版社
郭文巨,李冲.2013.公共关系学.大连:大连理工大学出版社
韩宝森.2009.公共关系理论、实务与技巧.北京:北京大学出版社
胡锐.1994.现代公共关系原理.杭州:浙江大学出版社
黄番娇.1991.公共关系学.北京:高等教育出版社
黄荣生.2005.公共关系学.大连:东北财经大学出版社
黄士平.1995.现代礼仪学.武汉:武汉测绘科技大学出版社
纪华强.2005.公共关系的基本原理与实务.北京:北京工业大学出版社
金实青.2004.公共关系学.北京:北京工业大学出版社
金正昆.2005.公关礼仪.北京:北京大学出版社
金正昆.2006.礼仪金说.西安:陕西师范大学出版社
居延安,冯志坚.1990.公共关系实用大全.上海:上海文艺出版社
居延安.1989.公共关系学.上海:复旦大学出版社
居延安.2013.公共关系学.5版.上海:复旦大学出版社
居易.1989.公共关系手册.合肥:安徽人民出版社
匡斌.2005.通信营销——案例精选.北京:人民邮电出版社
李道平.2000.公共关系学.北京:经济科学出版社
李占才.2007.公共关系学概论.上海:上海交通出版社
廖为建.1993.公共关系学简明教程.广州:中山大学出版社
廖为建.2003.公共关系学教程.北京:当代世界出版社
刘芳.2006.公共关系与礼仪.上海:同济大学出版社
刘芳.2009.公共关系与礼仪.上海:同济大学出版社
刘利文.2004.服务运营管理.北京:清华大学出版社
龙志鹤,张岩松.2006.现代公共关系学.北京:经济管理出版社
卢山冰.2003.公共关系理论发展百年综述.西北大学学报(哲学社会科学版),(5)
孟建.2008.中国公共关系发展报告蓝皮书.上海:复旦大学出版社
秦启文,周永康.2004.形象学导论.北京:社会科学文献出版社
秦启文.1999.公共关系与公关礼仪.重庆:西南师范大学出版社
邵凌霞.2007.现代礼仪与公共关系.北京:科学出版社
沈杰,方四平.2006.公共关系与礼仪.北京:清华大学出版社
宋常桐.2007.公共关系与现代礼仪.北京:清华大学出版社
孙亦舟,邓淑华.2009.塑造企业形象的方法及途径.经营之道,(5)
王伟娅.2009.公共关系理论与实务.北京:清华大学出版社,北京交通大学出版社
王耀中,张阳.2011.改革开放以来中国服务业生产率实证分析.管理评论,(10)
王义平.2009.职场礼仪.上海:同济大学出版社
吴建安.2007.市场营销学.北京:高等教育出版社

吴建勋，于建华，丁华.2002.公共关系案例与分析教程.北京：中国物资出版社
吴勤堂.2004.公共关系学.武汉：武汉大学出版社
吴友富，于朝晖.2006.现代公共关系基础教程.上海：上海外语教育出版社
武敏中.1997.试论我国政府公共关系的现状及发展趋势.山西大学学报（哲学社会科学版），(2)
熊源伟.1997.公共关系学.合肥：安徽人民出版社
熊源伟.2001.公共关系案例.合肥：安徽人民出版社
徐波.1995.政府公共关系与塑造政府形象.天府新论，(2)
杨加陆.2005.公共关系学教程.上海：复旦大学出版社
袁世全.1992.公共关系百科词典.北京：知识出版社
翟庆萱.2002.企业组织形象塑造的原则.商业研究，(3)
张笃行.2004.公共关系学.成都：四川大学出版社
张国强，胡卫红.2004.实用公共关系学.长沙：中南大学出版社
张荷英.2009.现代公共关系学.4版.北京：首都经济贸易大学出版社
张丽娟.2007.浅谈现代企业形象的塑造.发展战略，(3)
张龙祥.1993.中国公共关系大词典.北京：中国广播电视出版社
张念宏.1989.公共关系词典.北京：中国国际广播出版社
张松岩.2006.公共关系案例精析.北京：中国社会科学出版社
张晓其.2008.公共关系与礼仪.北京：冶金工业出版社
张勋宗.2006.公共关系理论与实务.成都：电子科技大学出版社
张岩松.1999.现代实用公共关系.北京：中国物资出版社
张彦.2009.礼仪人生.北京：北京凤凰出版社
张英.1999.公共关系学.上海：同济大学出版社
张永，张景云.2006.公共关系管理.北京：科学出版社
赵宏中.1999.公共关系学.武汉：武汉理工大学出版社
赵洪立.2008.现代公共关系学.南京：南京大学出版社
赵景卓.1998.公关礼仪.2版.北京：中国时政经济出版社
赵晓兰，赵咏梅，缪春萍.2006.最新公共关系学.北京：中国社会科学出版社
朱权.2008.公共关系基础与实务.北京：机械工业出版社